Wilhelm Bleek

VORMÄRZ

Wilhelm Bleek

VORMÄRZ

Deutschlands Aufbruch in die Moderne
Szenen aus der deutschen Geschichte
1815–1848

C.H.BECK

Mit 23 Abbildungen

1. Auflage. 2019

2., durchgesehene Auflage. 2020

www.chbeck.de
Umschlaggestaltung: Rothfos & Gabler, Hamburg
Umschlagabbildungen: Kölner Dombaufest, 1848, Lithographie von J. C. Schall; und Friedrich List, © akg-images
Satz: Janß GmbH, Pfungstadt
Druck und Bindung: Druckerei C.H.Beck, Nördlingen
Gedruckt auf säurefreiem, alterungsbeständigem Papier
Printed in Germany
ISBN 978 3 406 73533 2

myclimate
klimaneutral produziert
www.chbeck.de/nachhaltig

INHALT

ANHANG

VORWORT

Die deutsche Geschichte zwischen 1815 und 1848 hat keinen guten Ruf. An ihrem Anfang steht der Wiener Kongress, auf dem eine neue Friedensordnung für Europa beschlossen wurde. Damit sollte das vorangegangene turbulente Vierteljahrhundert überwunden werden, einschließlich der Ideen der Französischen Revolution von 1789 und des nachfolgenden Schreckensregimes sowie der Unterwerfung fast des ganzen europäischen Kontinents unter die Herrschaft des französischen Kaisers. Die Jahrzehnte, die danach kamen, werden daher oft auf den Nenner einer «Restauration» gebracht. So wird ausgedrückt, dass vorrevolutionäre Grundstrukturen von Politik und Gesellschaft wiederhergestellt werden sollten, dass konservative, wenn nicht reaktionäre Ziele vorherrschten. Es wird unterstellt, dass die Zeit eine Ära des politischen Stillstands, wenn nicht Rückschritts war. Auf der anderen Seite werden die 33 Jahre von 1815 bis 1848, zumindest die 18 Jahre nach 1830, oft als «Vormärz» bezeichnet, als eine Zeit, die mit dem Erstarken des Bürgertums und der von ihm angeführten Einheits- und Verfassungsbewegung zur deutschen Revolution im März 1848 hinführte. Damit werden sie auf eine Vorläuferrolle reduziert und ihrer historischen Eigenständigkeit beraubt. Beide Epochenbegriffe, sowohl die Bezeichnung als Restaurations- wie auch als Vormärzzeit, stammen aus dem Bereich der Politik.

Aus kulturgeschichtlicher Perspektive hingegen hält sich bis heute die Epochenbezeichnung des «Biedermeier». Der Begriff stammt aus dem Jahrzehnt nach der Mitte des 19. Jahrhunderts, als in von den Münchener «Fliegenden Blättern» veröffentlichten Gedichten die fiktive Figur eines «Gottlieb Biedermeier» zum Symbol für spießbürgerliche Gemütlichkeit und Kleingeisterei wurde. Gegen Ende des 19. Jahrhunderts gewann der Terminus eine neutralere, positivere Bedeutung beim Verständnis der vormärzlichen Literatur- und Theaterproduktion, im breitesten Sinne seiner kulturellen Errungenschaften.

So werden seitdem Biedermeiermöbel als Ausdruck eines behaglichen, eleganten und eher schlichten Lebensgefühls geachtet, im Kontrast zu den bombastischen und erdrückenden Erscheinungen der nachfolgenden viktorianischen und wilheminischen Zeit.

Doch bis heute hält sich auch die kritische Vorstellung vom Biedermeier als einer Zeit, in der sich die Mehrheit des Bürgertums aus Frustration über die politischen Einschränkungen in die private Idylle des häuslichen Familienlebens und die Geselligkeit der unpolitischen Freundschaftskränzchen zurückzog. Die zeitgenössischen Gemälde von Carl Spitzweg und Karikaturen vom deutschen Michel mit seiner Schlafmütze sind bildhafter Ausdruck dieser abschätzigen Sicht. Dies wird aber der Vielfältigkeit und Widersprüchlichkeit der Vormärzzeit nicht gerecht. So war der in weiten Kreisen des Bürgertums zu beobachtende Bedeutungszuwachs von Musik und insbesondere dem Gesang von Liedern keineswegs auf die Hausmusik im familiären Kreis beschränkt. Schon in den vorangegangenen Befreiungskriegen waren die Söhne der Nation mit patriotischen Liedern auf den Lippen in die Schlacht gezogen. Deren Absingen wurde von der vormärzlichen Obrigkeit unterdrückt, doch die aufblühenden (Männer-)Gesangsvereine verstanden es, halböffentlich den Funken patriotischer Geselligkeit am Glimmen zu halten. Viele noch so unpolitisch erscheinende Zusammenkünfte in der Vormärzzeit trugen durch gemeinschafticheś Singen zur Entstehung des deutschen Nationalgefühls bei.

Gleichzeitig ereigneten sich in dieser Periode politischer Stagnation und Repression große gesellschaftliche, technologische, wirtschaftliche und wissenschaftliche Umwälzungen, für deren Charakterisierung zu Recht auch der Revolutionsbegriff verwandt wird. Seit dem letzten Drittel des 18. Jahrhunderts und bis in die zweite Hälfte des nachfolgenden Jahrhunderts kam es zu einer Bevölkerungsexplosion, die allgemein als eine demographische Revolution bewertet wird. Die Folgen waren dramatisch, es entstand eine große Unterschicht von Armen, die an und unter der Grenze des Existenzminimums vegetieren mussten.

Hoffnungen auf eine Bewältigung dieser sogenannten sozialen Frage verbanden sich mit dem Beginn des frühindustriellen Zeitalters. Dessen bahnbrechende Erfindung der Dampfmaschine war zwar bereits im 18. Jahrhundert in England gemacht worden, doch dauerte es Jahrzehnte, bis die neuartige Energiequelle auch in Deutschland zum Einsatz kam. Zum wichtigsten Motor beim Wandel von Wirtschaft und Gesellschaft wurde die dampfgetriebene Eisenbahn, die sich in Mitteleuropa seit Ende der 1830er Jahre durchsetzte. Das entstehende Eisenbahnnetz bewirkte eine revolutionäre Veränderung nicht nur im Güter- und Warenverkehr, sondern auch und besonders in der Kommunikationserfahrung der Zeit.

Begleitet wurden diese demographischen und technologischen Umwälzungen zwischen 1815 und 1848 von einem vielschichtigen und nachhaltigen Wandel in der Gesellschaftsordnung. Beruhte die in den vorangegangenen Jahrhunderten vorherrschende ständische Ordnung auf den statischen Prinzipien von Geburt und Hierarchie, so gewannen nun Bildung und Besitz als bürgerliche Mobilitätskriterien des sozialen Aufstiegs, aber auch des Abstiegs immer mehr an Bedeutung. Unterhalb von Adel und Bürgertum lebte die Bauernschaft nach der vom Staat verordneten Agrarreform weiterhin in einer eher prekären Existenz, sahen sich die Landwirte den Ungewissheiten von Markt und Kapital ausgesetzt.

Bei allem politischen Stillstand war die deutsche Geschichte zwischen dem Wiener Kongress und der Märzrevolution also eine Zeit mannigfacher Veränderungen, von Neuerungen und Fortschritten, aber auch von Krisen auf den Gebieten von Gesellschaft, Kultur, Wissenschaft, Technologie und Wirtschaft. Diese vielschichtigen Lebenslagen und Lebensgefühle der Deutschen zwischen 1815 und 1848 will das vorliegende Buch anhand einer Reihe von Miniaturen illustrieren. Bei der Auswahl der historischen Ereignisse, die diesen Szenen zugrunde liegen, ist versucht worden, die Unterschiedlichkeit der Geschehnisse und Milieus zu berücksichtigen, in denen sich die Multiperspektivität der geschichtlichen Wirklichkeit widerspiegelt.

Das politische Geschehen ist dabei nur einer unter vielen Entwicklungssträngen, keineswegs der dominierende. Es mag bei der Herkunft des Verfassers aus der akademischen Politikwissenschaft verwundern, doch hängt er nicht der weitverbreiteten Vorstellung einer Dominanz der politischen Sphäre über die anderen Bereiche der gesellschaftlichen, kulturellen und wirtschaftlichen Realität an. Umgekehrt lässt sich gerade an den deutschen Jahren zwischen

1815 und 1848 die politische Bedeutung von scheinbar außerpolitischen und privaten Lebensräumen wie Arbeit, Familie, Geselligkeit, Wissenschaft und dergleichen mehr aufzeigen.

Die Begrenzung des Buchumfangs und die schichtenspezifischen Unterschiede der Zugänglichkeit von historischen Quellen, aber auch die relative Kompetenz des Autors haben sicherlich manche Hintansetzung von weiteren Themen bewirkt, die ebenso der Ausleuchtung wert gewesen wären. Allgemein sind keine Episoden berücksichtigt worden, die sich in Österreich abgespielt haben. Damit wird nicht der problematischen Tendenz gefolgt, die deutsche Geschichte der ersten Hälfte des 19. Jahrhunderts von der späteren nationalstaatlichen Separierung zwischen preußisch dominiertem Deutschen Reich von 1871 und österreichischer Monarchie her zu sehen. Zum Deutschen Bund, der 1815 die Nachfolge des alten Heiligen Römischen Reiches Deutscher Nation antrat, gehörte selbstverständlich auch die deutschsprachige Hälfte der Habsburgermonarchie. Doch die Abläufe in diesem Territorium und vor allem die Intentionen der dort herrschenden politischen Führung mit dem Fürsten Metternich an der Spitze waren so unterschiedlich von der Entwicklung in Nord-, Ost- und Westdeutschland, dass ihre Berücksichtigung den Rahmen dieses Buches gesprengt hätte. Auf der anderen Seite wurden die preußischen Provinzen Ost- und Westpreußen sowie Posen, aber auch das Herzogtum Schleswig einbezogen, die in den Vormärzjahren – noch – nicht zum deutschen Staatsverband gehörten, aber bereits eine große, wenn auch umstrittene Rolle bei der Entfaltung der nationalstaatlichen Entwicklung Deutschlands spielten.

Dieses Buch will keine historische Fachstudie sein oder die geschichtswissenschaftlichen Diskussion voranbringen. Es versteht sich vielmehr als eine Überblicksdarstellung zur deutschen Geschichte zwischen 1815 und 1848, die wie beim Blick durch ein Kaleidoskop wechselhafte und farbenprächtige Bilder der Vielfältigkeit, der Widersprüchlichkeit und vor allem der Eigenständigkeit der vormärzlichen Jahrzehnte vermitteln soll. In der allgemeinen Öffentlichkeit, aber auch in der geschichtswissenschaftlichen Forschung vorherrschende Klischees über den Charakter der deutschen Vormärzzeit zwischen 1815 und 1848 sollen infrage gestellt werden, ohne dabei neue Generalisierungen vorschlagen zu wollen. Das soll dem inspirierten Urteil des Lesers überlassen bleiben. Wenn dabei trotz der anfangs genannten Bedenken gegen den Begriff des Vormärzes an seiner Verwendung festgehalten wird, so geschieht das nur in Ermangelung eines anderen eingeführten Wortes.

Am wichtigsten ist dem Verfasser die Hoffnung, dass die Lektüre dieser historischen Miniaturen aus der ersten Hälfte des 19. Jahrhunderts dem Leser einen ähnlichen Erkenntnisgewinn und vor allem auch Vergnügen vermittelt, wie er es selbst während seiner Arbeit erfahren konnte.

Toronto, im November 2018 *Wilhelm Bleek*

Diese französische Karikatur von Anfang 1815 nimmt die bekannte Charakterisierung des tanzenden Wiener Kongresses auf. In der Mitte vergnügen sich die Monarchen der drei Siegermächte (v. l. n. r.) Österreich, Russland und Preußen mit einer Quadrille, rechts von ihnen hält der König von Sachsen an seiner Krone fest, auf der linken Seite tanzt der britische Außenminister Castlereagh etwas isoliert und plumb eine Jig, und ganz links außen schaut gelassen der französische Außenminister zu. Ganz rechts außen springt die Republik Genua in Gestalt einer mit der phrygischen Mütze behüteten Frau empört in die Höhe, sie erwartet ihre Eingliederung in das sardinische Königreich. Alle Tänzer tragen Tanzschuhe mit Ausnahme der Reitstiefel des preußischen Königs. Die Details des Stichs erlauben seine Datierung auf die ersten Tage des Januar 1815, am 9. Januar wurde Talleyrand in das Direktionskomitee des Kongresses aufgenommen. Karikaturen als ironische Kommentare zum Zeitgeschehen erlebten in der ersten Hälfte des 19. Jahrhunderts einen Aufschwung, vor allem in England und Frankreich. In Deutschland hingegen war ihre Veröffentlichung bis 1848 durch die Zensurpolitik gehemmt, spielte danach in der Märzrevolution 1848/49 aber eine umso fulminantere Rolle.

DER WIENER KONGRESS

(1814/15)

Fürsten und Diplomaten verhandeln über eine europäische Gleichgewichtsordnung, tanzen miteinander und spionieren sich gegenseitig aus

Im September des Jahres 1814 machte sich ein Riesentross von Fürsten, Staatsmännern, Mitarbeitern und Bediensteten aus Deutschland und Europa mit Karossen aller Art auf den langwierigen Weg ins spätsommerliche Wien. In der barocken Haupt- und Residenzstadt des österreichischen Kaiserreiches konnte Franz I. als Gastgeber nicht nur den russischen Zaren und den preußischen König begrüßen, sondern auch viele weitere gekrönte Häupter nebst deren Gattinnen, Kronprinzen und Prinzen wie die Könige von Bayern, Dänemark und Württemberg, die Großherzöge von Baden und Oldenburg, den Kurfürsten von Hessen sowie zahlreiche deutsche Fürsten, deren Herrschaften 1803 mediatisiert worden waren. Weitere Dutzende von Staaten und Herrschaften wurden durch bevollmächtigte Gesandte repräsentiert, unter denen Talleyrand als Vertreter des wiederhergestellten französischen Königreichs der Bourbonen das größte diplomatische Geschick bei der Sicherung des Einflusses auf Europa bewies – umso bemerkenswerter, als sein Land doch erst kurz zuvor besiegt worden war. Diesen Herrschern standen Spitzendiplomaten zur Seite, angefangen vom Fürsten Metternich als österreichischem Außenminister, Graf Nesselrode als russischem Staatsmann und Fürst Hardenberg als preußischem Staatskanzler.

Das fürstliche und diplomatische Gefolge vervollständigten zahlreiche Berater, so in der preußischen Delegation Wilhelm von Humboldt und in der russischen Karl Freiherr vom und zum Stein, beide Väter der vorangegangenen preußischen Reformen. Der noch nicht dreißigjährige Jacob Grimm, der in Kassel seinem Kurfürsten als Bibliothekar diente, langweilte sich in Wien als kurhessischer Legationsrat acht Monate lang mit dem Verfassen und Abschreiben von Aktenvoluten, nahm Anstoß an den teuren Preisen, an dem Gewirr von «Grobheiten, Welthöflichkeiten, Intriguen», wie er seinem Bruder Wilhelm schrieb. Lediglich seine germanistischen Bücherkäufe und die Lektüre der neu erworbenen Schätze versetzten den studierten Juristen in bessere Stimmung.

Auch zahlreiche prominente Vertreter gesellschaftlicher Interessen waren an den Kongressort geeilt, um für ihre Anliegen zu antichambrieren. So warben die Buchhändler und Verleger Bertuch aus Weimar und Cotta aus Stuttgart für die Urheberrechte und die Zensurfreiheit. Repräsentanten der jüdischen Gemeinden in Deutschland setzten sich für die Gleichberechtigung ihrer Glaubensgenossen ein. Aus Berlin reiste der «Turnvater» Friedrich Ludwig Jahn an, um sein patriotisches Wunschbild von Großdeutschland zu propagieren.

Nach dem vorangegangenen turbulenten Vierteljahrhundert mit seinen revolutionären Umbrüchen, kriegerischen Verwicklungen und allgemeinen Entbehrungen unternahmen der österreichische Kaiser und noch mehr sein Außenminister alles, um an die vorangegangene glanzvolle und lebensfrohe Zeit des opulenten Rokokos anzuknüpfen. Das erste große Ereignis, mit dem der Wiener Kongress gesellschaftlich eröffnet wurde, war ein Hofball am 2. Oktober 1814, bei dem im Schein von 8000 Wachskerzen im großen und kleinen Redoutensaal der kaiserlichen Hofburg zwölftausend Menschen Polonäsen tanzten und sich an überbordenden Buffets labten. Zahlreiche weitere Tanzveranstaltungen, unter anderem in der großen Villa des Fürsten Metternich, schlossen sich an, bei denen bald der Walzer als moderner Paartanz die gezirkelten Polonäsen ablöste.

Zwischendurch besuchte die in der europäischen Musikmetropole versammelte auswärtige und einheimische Hautevolee Konzerte. Ludwig van Beethoven stand 1814/15 auf der Höhe seines Ruhmes. Der inzwischen sehr schwerhörige Komponist konnte am 29. November 1814 im großen Redoutensaal in Anwesenheit der siegreichen Herrscher und ihrer Spitzendiplomaten neben seiner kurz zuvor komponierten VII. Symphonie die Kantate «Der glorreiche Augenblick» mit ihrem Eingangschor «Europa steht! Europa steht» dirigieren. Auch seine Oper «Fidelio», deren Erstaufführungen in den vorangegangenen Kriegsjahren durchgefallen waren, erlebte nun eine vielbeklatschte Wiedergeburt und stand in den Monaten des Kongresses zehnmal auf dem Spielplan. Eine weitere Attraktion war «Die Hochzeit des Figaro» von Wolfgang Amadeus Mozart, der schon im Revolutionsjahr 1791 gestorben war. Doch der beliebteste Komponist war in den ersten Jahrzehnten des 19. Jahrhunderts der 1809 verstorbene Joseph Haydn – Beethoven hatte viele Bewunderer, galt aber anderen Musikliebhabern als «zu modern».

In den zahlreichen Wiener Theatern standen unter anderem die historischen Dramen Friedrich Schillers auf dem Programm. Leichteren Genuss bot der Besuch der Lustspiele August von Kotzebues, eines populären deutschen Dramatikers, der zeitweilig immer wieder in Diensten des russischen Zaren stand. Sehr beliebt waren die «lebenden Bilder», in denen Damen und Herren der oberen Schichten prominente Gemälde nachstellten. Der absolute Höhepunkt der offiziellen Vergnügungen während des Wiener Kongresses war aber am 23. November 1814 das «Große Karussel» in der Hofreitschule, vom Geist des Spätmittelalters inspirierte Ritterspiele. Wer die unmittelbaren Sinnesfreuden liebte, der konnte sich an den Feuerwerken erfreuen, beginnend mit dem Eröffnungsspektakel am 29. September 1814 im Prater. In diesem Ausflugsgelände an den Auen der Donau gingen oft die drei Spitzen des Kongresses, der österreichische Kaiser, der russische Zar und der preußische König, unter Anteilnahme der ganzen Bevölkerung spazieren. Sie unternahmen Kutsch- und später in den ersten Monaten des neuen Jahres Schlittenfahrten in der Wiener Umgebung, auch Hofjagden standen auf dem Programm.

Für dieses große Veranstaltungs- und Vergnügungsprogramm stützten sich die hochgestellten Kongressteilnehmer auf ein großes Heer an Dienstpersonal. Neben den Sekretären und Schreibern für die eigentlichen politischen Verhandlungen kümmerten sich Leibärzte, Frisöre, Lakaien und Beichtväter um das persönliche Wohl der Teilnehmer; Köche und Stallburschen versorgten den ganzen Haushalt. Viele dieser Bediensteten wirkten auch als Zuträger und Spione für die österreichische Polizeibehörde und die anderen Delegationen. Und nicht zuletzt die Kokotten, die Vertreterinnen des ältesten Gewerbes der Welt, die in Wien während der Zeit des Kongresses von den meisten Teilnehmern sehr rege frequentiert wurden, ließen sich in dieses umfassende nachrichtendienstliche Netzwerk einspannen. Es wurde von der «Obersten Polizei und Censur Hofstelle» organisiert, die ihren Sitz in einem Dachgeschoss der Hofburg oberhalb der Prunkgemächer der prominentesten Gäste hatte. Zur Ausstattung dieser Spionagezentrale gehörten auch Einrichtungen zum Aufdampfen von Briefen und zum Kopieren von Siegelabdrücken, mit denen die abgefangenen Korrespondenzen wieder verschlossen wurden. Die Berichte, die auf diesen geheimdienstlichen Aktivitäten beruhten, enthielten allerdings kaum diplomatische oder politische Geheimnisse, sondern zumeist nur Alltagstratschereien, die zur Unterhaltung des österreichischen Kaisers beitrugen und uns heute Einblicke in das gesellschaftliche Ambiente des Wiener Kongresses ermöglichen.

Das einfache Volk der österreichischen Metropole litt zwar unter der fünfzigprozentigen Erhöhung der Erwerbssteuer, die ihm von seinem Kaiser für diese europäische Konferenz auferlegt worden war, nahm aber mit seinem gleichermaßen grantigen wie lebenslustigen Naturell an diesem großen Schauspiel regen Anteil. Der Wiener Kongress war ein großes Gesellschaftstheater, bei dem die Feudalwelt des 18. Jahrhunderts wiederauferstand. Wie kein anderer hat der alte österreichische Feldmarschall und geistvolle Schriftsteller Karl Joseph von Ligne dieses Flair des Kongresses auf den Begriff gebracht: «Le Congrès danse beaucoup». Und hat, was weniger häufig zitiert wird, hinzugefügt: «mais il ne marche pas»: Der Kongress tanzt viel, aber er kommt nicht voran. Als der alte Bonvivant, von dem dieses bis heute wirkungsmächtige Bonmot stammt, Mitte Dezember 1814 starb, wurde seine prunkvolle Beerdigung ein Teil des bewunderten Festprogramms des Wiener Kongresses.

Bei allen diesen Vergnügungen kamen Diplomatie und Politik keineswegs zu kurz, sondern gingen mit diesen eine für den Wiener Kongress typische enge Verbindung ein. Die anschaulichste Verkörperung für diese Symbiose war Fürst von Metternich, den der russische Zar Alexander mit leicht sarkastischem Unterton den «beste(n) Zeremonienmeister der Welt» nannte. Clemens Lothar Wenzel Graf von Metternich stammte aus einem uralten rheinischen Adelsgeschlecht, wurde 1773 in Koblenz geboren. Schon sein Vater stand als Minister der österreichischen Niederlande in Diensten des Wiener Kaisers. Sein Sohn folgte ihm in die diplomatische Laufbahn, wurde österreichischer Gesandter zunächst in Dresden, dann in Berlin und schließlich ab 1806 Botschafter in Paris. Nach der Niederlage Österreichs im Sommer 1809 übernahm Metternich das Außenministerium, fädelte die Heirat der österreichischen Kaisertochter Marie-Louise mit dem französischen Kaiser ein und lavierte das Wiener

Kaiserreich durch die turbulenten Zeiten der europäischen Herrschaft Napoleons, schloss Österreich nach dessen Rückzug aus Russland und der Bildung der russisch-preußischen Allianz dieser antinapoleonischen Koalition an. Nach der Völkerschlacht von Leipzig vom Oktober 1813 erhob der österreichische Kaiser seinen Außenminister zum Dank in den Rang eines Fürsten.

Für den Lebenskünstler Metternich war Diplomatie eine Kunst der gesellschaftlichen Unterhaltung und der spielerischen Intrige. Maskenbälle, Amüsements und Boudoirabenteuer waren für ihn die Fortsetzung der Politik mit anderen, friedlicheren Mitteln als den an der Wende vom 18. zum 19. Jahrhundert dominierenden Kriegen. Er verkehrte gerne mit Diplomaten, Herrschern und Fürsten und nicht zuletzt mit schönen Frauen. Der Beau Metternich, mit der Tochter des verstorbenen österreichischen Staatskanzlers verheiratet, verfolgte das Ideal der «freien Liebe» des 18. Jahrhunderts, hatte zeit seines Lebens polyamouröse Affären, aus denen auch zahlreiche uneheliche Nachfahren hervorgingen. Während des Wiener Kongresses war er mit der Herzogin Wilhelmine von Sagan liiert, deren vormittäglicher Besuch zumeist am Anfang seines Arbeitstages stand. Dass seine Geliebte im selben Palast wie die Mätresse des russischen Zaren, die Fürstin Bagration, wohnte, erleichterte Metternichs Salon- und Schlafzimmerpolitik. Über ein Netzwerk von gesellschaftlichen und intimen Kontakten erfuhren die Herren des Wiener Kongresses, was die vormaligen kriegerischen Gegner sowie ihre Verbündeten und jetzigen diplomatischen Konkurrenten vorhatten. Vom bürgerlichen Arbeitsethos geprägten Staatsmännern wie Wilhelm von Humboldt, der sich in Akten vergrub und Denkschriften ausarbeitete, war diese spielerische Form der Staatskunst höchst suspekt, er sah im Fürsten Metternich ein prinzipienloses und zerstreutes Relikt des Ancien Régime. Bordellbesuche gehörten allerdings auch lebenslang zu seiner Routine.

Modernere Zeiten kündigten sich im Salon Fanny von Arnsteins an, der während des Wiener Kongresses seinen Höhepunkt erlebte. Fanny kam aus einer reichen jüdischen Familie Berlins, das musikalische Wunderkind Felix Mendelssohn war ihr Großneffe. Durch die Heirat mit Nathan Arnsteiner, einem österreichischen Hofbankier, der später als Freiherr von Arnstein geadelt wurde, kam sie nach Wien. Dort führte sie, im Geiste der Berliner jüdischen Aufklärung aufgewachsen, die Tradition nicht nur des Weihnachtsbaumes, sondern auch die des literarischen Salons ein. In ihrem Haus trafen sich in den Kongressmonaten des Jahres 1814/15 zahlreiche Diplomaten, Künstler, Schriftsteller und Wissenschaftler. Fanny von Arnstein setzte sich in diesem Kreis nicht nur für die preußischen Interessen ein, sondern förderte auch die Prinzipien der Gleichberechtigung, wurde zur Protagonistin der Emanzipation der Juden wie der Frauen.

Trotz all dieser Vergnügungen unterschiedlichster Art ließen die vom September 1814 bis Juni 1815 in Wien versammelten Monarchen, Staatsmänner und Diplomaten das politische Geschäft nicht zu kurz kommen. Dabei standen, wie bei Friedenskonferenzen nach langen kriegerischen Auseinandersetzungen üblich, Territorialfragen im Vordergrund, ging es den Kriegsgewinnern doch um geopolitische Beute hinsichtlich der Größe und Lage ihrer Zugewinne. Als die härtesten Nüsse erwiesen sich die Entscheidungen über die Zukunft Polens und Sachsens. Der russische Zar Alexander I., der sich als der eigentliche Befreier Europas von der napoleonischen Knute empfand, wollte die Herrschaft über ganz Polen übernehmen. Preußen, das in diesem Fall wie Österreich Gebietsgewinne aus den vorangegangenen drei Teilungen Polens hätte aufgeben müssen, wollte sich durch die Totalannexion Sachsens schadlos halten, hatte der sächsische König doch bis zum bitteren Ende an dem Bündnis mit Napoleon festgehalten. Gegen diese großen Gebietsansprüche hatten Österreich im Hinblick auf die deutsche Konkurrenz mit Preußen sowie England hinsichtlich der Gefährdung des kontinentalen Gleichgewichts gravierende Bedenken. Dem französischen Außenminister Talleyrand gelang es, eine diplomatische Allianz mit diesen beiden Mächten zu schließen, die seinem Land die Anerkennung als fünfte europäische Großmacht sicherte. Zeitweise drohte um die Jahreswende 1814/15 sogar ein Krieg zwischen den eben noch verbündeten Mächten, zwischen Russland und Preußen auf der einen und Österreich, Großbritannien und Frankreich auf der anderen Seite.

Das große diplomatische Drohspiel führte schließlich im Februar 1815 zu einem Kompromiss: Österreich behauptete das während der ersten Teilungen Polens gewonnene Galizien, Preußen behielt die

Provinz Posen, während der Großteil Polens, das sogenannte Kongress-Polen, vom russischen Zaren als «König von Polen» regiert werden sollte. Das Königreich Sachsen verlor zwar zwei Fünftel seines Territoriums an Preußen, blieb aber erhalten. Das protestantische Preußen erhielt Schwedisch-Vorpommern und in Westdeutschland ganz Westfalen und das Rheinland, zum Missfallen der dort überwiegend katholischen Bevölkerung. Metternich spekulierte 1815 darauf, dass die weit auseinanderliegenden preußischen Besitzungen in Ost- und Westdeutschland den Konkurrenten um die Vormacht in Deutschland schwächen würden. Doch in Wirklichkeit war damit der Weg Preußens zu einer gesamtdeutschen Macht eingeschlagen, das vormalig ost- und mitteldeutsche Königreich übernahm die Sicherung der deutschen Westgrenze gegenüber Frankreich. Österreichs Gewinne lagen vor allem in Norditalien und am Adriatischen Meer. Nur Großbritannien verzichtete auf territoriale Gewinne, seinem Wiener Verhandlungsführer Lord Castlereagh lag vor allem an der «Balance of Power», dem Gleichgewicht der Mächte, das den Einfluss des Vereinigten Königreichs auf dem europäischen Kontinent sichern würde.

Als das Kongressgerangel um Territorialfragen am Rande einer kriegerischen Auseinandersetzung stand, beschlossen die Parteien, den Konflikt durch Sachverständige in einem Statistischen Komitee zu entschärfen. Es trat erstmals am 24. Dezember 1814 zusammen und hatte die Aufgabe, die exakte Einwohnerzahl jener Ländereien zu ermitteln, die verteilt werden sollten. So bestand der preußische König auf Wiedererlangung der Herrschaft über jene 10 Millionen «Seelen», über die sein Königreich vor der Niederlage in der Schlacht bei Jena und Auerstedt (1806) verfügt hatte. Das Komitee konnte schon am 19. Januar 1815 eine komplette Liste der Bevölkerungszahlen in den umstrittenen Territorien vorlegen. Führender Kopf in diesem Expertenausschuss war der preußische Staatswissenschaftler Johann Gottfried Hoffmann. Dieser engste Berater des preußischen Staatskanzlers personifizierte die Befähigungen und Tugenden jener hohen Beamten, die zu Anfang des 19. Jahrhunderts in Preußen neben leitenden Staatsmännern wie dem Fürsten Hardenberg, Wilhelm von Humboldt und dem Freiherrn vom Stein die umfassenden Reformen von Verwaltung, Wirtschaft, Gesellschaft, Kultur und des

Heeres durchgeführt hatten. Hoffmann, ein Anhänger der neuen nationalökonomischen Ideen von Adam Smith, war nach einer Tätigkeit in der ostpreußischen Verwaltung und an der Königberger Universität 1810 als Professor an die neugegründete Universität zu Berlin berufen worden. Gleichzeitig wurde er der Gründungsdirektor des Königlich Preußischen Statistischen Bureaus, das unter seiner Leitung zum Vorbild für die Etablierung von Anstalten der administrativen Statistik in den meisten deutschen Staaten, aber auch in zahlreichen europäischen Nachbarstaaten wurde. Ziel Hoffmanns war es, die wirtschafts- und sozialpolitischen Aktivitäten der Regierung auf eine verlässliche empirische Grundlage zu stellen. Der Staatswissenschaftler Hoffmann knüpfte dabei an die ältere Tradition der Kameralistik als der Verwaltungslehre des frühneuzeitlichen Staates an, doch gleichzeitig kündigte sich in seinen weitgespannten Tätigkeiten schon das moderne Phänomen der wissenschaftlichen Politikberatung an.

In zahlreichen weiteren Ausschüssen arbeiteten während des Wiener Kongresses Diplomaten und Sachverständige ihren Monarchen und Staatsmännern zu. So beschäftigte sich ein Komitee mit den Grenzen der Schweiz und ihrer Kantone, entwickelte auch die vom Wiener Kongress verkündete «immerwährende Neutralität» der Eidgenossenschaft. Der Ausschuss für Internationale Flüsse führte zu einem Reglement über die Freiheit der Schifffahrt auf dem Rhein, die bis dahin, vor allem am Mittelrhein, durch zahlreiche Zunftrechte und Zollgrenzen behindert worden war. Auf Veranlassung von William Wilberforce, der 1807 im Londoner Parlament ein Verbot das Sklavenhandels durchgesetzt hatte, ließ der britische Außenminister Castlereagh vom Wiener Kongress ein Komitee einsetzen, das ein europaweites Verbot des «Negerhandels» vorbereitete. Und nicht zuletzt formulierte ein Ausschuss das noch heute geltende Reglement der diplomatischen Rangordnung einschließlich der Bestimmung, dass beim Empfang von Botschaftern in einem ausländischen Außenministerium beide Flügel der Eingangstür, bei Gesandten hingegen nur eine Seite zu öffnen sind.

Dieses Kaleidoskop europäischer Fragen und Themen arbeitete der Wiener Kongress in gewissenhafter, aber auch gemächlicher Detaildiplomatie ab, als Anfang März 1815 in Wien die Nachricht von der Flucht Napoleons aus dem ihm im ersten Pariser Frieden zugewiesenen Exil auf der Mittelmeerinsel Elba wie ein Blitz einschlug. Jacob Grimm hatte in einem Brief an seinen Bruder Wilhelm schon am 8. Oktober 1814 vorausgesagt: «Der Himmel muß diese Faulheit und falsche Arbeit wie ein Eis brechen, dann wird es freilich holterpolter hergehen.» Die in Wien versammelten Herrscher reagierten auf Napoleons triumphale Rückkehr in die französische Hauptstadt nicht nur mit der Mobilisierung ihrer Armeen, sondern trieben ihre Verhandlungsführer auch zum beschleunigten Abschluss der Kongressberatungen an. Dazu gehörten vor allem Beschlüsse über die zukünftige Gestalt Deutschlands nach dem vorangegangenen Ende des Heiligen Römischen Reiches Deutscher Nation. Lediglich der Freiherr vom Stein setzte sich als Berater des russischen Zaren für die Wiederbelebung des ehrwürdigen deutschen Kaisertitels ein.

Für die Regelung der deutschen Verfassungsfragen hatte der Kongress nach seinem Zusammentritt Mitte Oktober ein Deutsches Komitee etabliert, das aus Österreich, Preußen, Bayern, Württemberg und Hannover bestand. Doch aufgrund der obstinaten Widerstände Bayerns und insbesondere Württembergs wurde dieses Gremium schon einen Monat später ausgesetzt. Im Februar 1815 wurde es um das inzwischen wiederhergestellte Königreich Sachsen, Hessen-Darmstadt, die Niederlande (deren König in Personalunion als Großherzog in Luxemburg regierte) und Dänemark (dessen König auch Herzog von Holstein war) erweitert. Unter dem Zeit- und Kompromissdruck kamen Vorschläge für einen starken Bundesstaat, wie vor allem Wilhelm von Humboldt sie einbrachte, nicht zum Zuge, sahen doch die deutschen Mittelstaaten ihre soeben errungene Souveränität bedroht. Lediglich eine staatenbündische Verfassung Deutschlands erwies sich als akzeptabel.

Der Deutsche Bund wurde am 8. Juni 1815, einen Tag vor der Unterzeichnung der Kongressakte, in der Wiener Staatskanzlei mit der Verabschiedung der Deutschen Bundesakte konstituiert. Ihm gehörten 39 Mitglieder an, 35 souveräne Fürsten und vier Freie Städte. Österreich und Preußen traten ihm nur mit den Landesteilen bei, die schon vor 1806 zum alten Reich gehört hatten. Die Bundesakte war nur ein Rahmenvertrag. Die Regelung der Details der Verfassung des Deutschen Bundes wurde Ministerialkonferenzen anvertraut, die 1819/20 in Wien tagten und zur Wiener Schlussakte führten, die unter dem Einfluss der zwischenzeitlichen Ereignisse wesentlich restriktiver ausfiel, als 1815 noch erhofft werden konnte. So wurde die in Art. 13 der Bundesakte versprochene Einführung von landständischen Verfassungen in allen Bundesstaaten nur von den süddeutschen Monarchen und dem Großherzog von Sachsen-Weimar-Eisenach umgesetzt. Die Bundesakte wurde der am Tag nach ihrer Verabschiedung fertiggestellten Schlussakte des Wiener Kongresses eingefügt. Das war durchaus symbolträchtig, zeigte es doch, dass der Verfassung Deutschlands, dem Kernland des Kontinents, eine europäische Bedeutung zukam. Schon die Deutschland betreffenden Gebietsentscheidungen waren nicht von dem Kreis der deutschen Herrscher, sondern von den führenden europäischen Mächten, nicht zuletzt neben Österreich und Preußen auch von Russland, Großbritannien und dem bourbonischen Königreich Frankreich, getroffen worden.

Eine Woche nach dem Abschluss des Wiener Kongresses erlitt Napoleon, das französische Militärgenie und für fast zwei Jahrzehnte der Herrscher über ein europaweites hegemoniales Reich, am 18. Juni 1815 bei Waterloo seine letzte und vernichtende Niederlage. Einen Monat später bestieg er in Portsmouth das britische Kriegsschiff, das ihn auf die weitentfernte Insel St. Helena im Südatlantik brachte. Die fünfundzwanzigjährige Epoche der Französischen Revolution und des napoleonischen Kaiserreiches war damit zu Ende, das vom Wiener Kongress austarierte System bestimmte für die nächsten 33 Jahre, weitgehend sogar bis 1867/70, streckenweise sogar für die folgenden 100 Jahre bis zum Ersten Weltkrieg, die europäische Politik.

Auf Vorschlag des russischen Zaren schloss dieser mit dem österreichischen Kaiser und dem preußischen König Ende September 1815 eine «Heilige Allianz», welche die vorangegangenen politischen Beschlüsse des Wiener Kongresses mit einem christlich-spirituell inspirierten Fundament brüderlicher Liebe und Solidarität untermauern sollte, de facto aber zum symbolischen Ausdruck der bald einsetzenden Politik der Unterdrückung aller konstitutionellen und liberalen Bestrebungen wurde.

Schon bald nach dem Ende des Wiener Kongresses sind seine Beschlüsse und ihre Umsetzung in den anschließenden 15 Jahren unter den Begriff der «Restauration» gefasst worden. Er verdankt sich dem vielbändigen Werk des Berner Politikers und Publizisten Karl Ludwig von Haller, das seit 1816 unter dem Titel «Restauration der Staats-Wissenschaft» erschien. Restauration meint die Wiederherstellung der alten Verhältnisse, die zwischenzeitlich durch revolutionäre und kriegerische Ereignisse zerstört worden waren. In der Tat knüpfte der Wiener Kongress, wie schon an seinem gesellschaftlichen Ambiente abzusehen ist, an die Zeit vor 1789 an, vor dem Umsturz der sozialen und politischen Ordnung des feudalen Rokokos durch die demokratischen und nationalistischen Bestrebungen der Französischen Revolution. Zentrales Element dieser Wiederherstellung des Ancien Régime war die Restauration des Monarchischen Prinzips, wie es 1820 in Artikel 57 der Wiener Schlussakte ausdrücklich verankert wurde. Zur Verteidigung dieses Prinzips der Legitimität von kraft Geburt ausgeübter Herrschaft von oben gegen Ideen der Veränderung von unten wurden in den Jahren nach dem Wiener Kongress polizeistaatliche Gesetze und Maßnahmen eingesetzt, die dem Begriff einer Restaurationszeit bis heute einen anstößigen Hautgout geben.

Doch verkennt man die Bedeutung des Wiener Kongresses, wenn man ihn *in toto* unter das Prinzip der Restauration rubriziert. Vielmehr wurden die alten, vorrevolutionären Verhältnisse in wichtigen Aspekten nicht nur modifiziert, sondern auch aufgegeben. Dazu gehörte vor allem die Verfassung Deutschlands. Das komplexe Heilige Römische Reich Deutscher Nation, das 1806 nach tausendjähriger Existenz untergegangen war, wurde nicht erneuert, sondern durch den moderneren staatenbündischen Aufbau des Deutschen Bundes ersetzt. Die zahlreichen geistlichen Fürstentümer und weltlichen Herrschaften, die 1803 noch im Alten Reich mediatisiert worden waren, wurden trotz heftiger Bemühungen ihrer Lobbyisten auf dem Wiener Kongress nicht wiederhergestellt, so schrumpfte die Zahl der Territorien des Alten Reiches von 314 souveränen Herrschaften auf 39 Staaten des Deutschen Bundes. Die zahlreichen territorialen Flurbereinigungen, die in der napoleonischen Zeit insbesondere in Süddeutschland vorgenommen worden waren, führten zusammen mit den anschließend auf dem Wiener Kongress ausgehandelten Gebietsarrondierungen zu jenem territorialen Zuschnitt Deutschlands, der seine politische Karte bis in die heutige Zeit bestimmt.

Karl Ludwig von Haller verstand in seinem begriffsprägenden Buch unter Restauration die Wiederherstellung eines, wie er meinte, natürlichen Zustandes der patrimonialen Herrschaft, wie sie im Mittelalter bestanden hatte, und die Überwindung aller künstlichen, auf den Vertragsideen der Neuzeit beruhenden Staatskonstruktionen. Der Wiener Kongress ist diesem hochkonservativen, wenn nicht reaktionären Programm nicht gefolgt. Der Kongress und Fürst Metternich als sein leitender Staatsmann waren vielmehr bestrebt, durch Anpassungen an die gewandelten Zeitumstände die Grundstrukturen der alten Ordnung wieder zum Tragen zu bringen. Der Kongress blickte sowohl in die Vergangenheit, vor allem bei der Regelung der politischen Grundstrukturen, als auch in die Zukunft, vor allem bei territorialen und wirtschaftlichen Detailfragen. Die Wiener Zusammenkunft von 1814/15 spiegelte damit jene Ambivalenz von beharrenden Tendenzen und fortschrittlichen Entwicklungen wider, die zur Signatur der folgenden Jahrzehnte wurden.

Großherzog Carl August mit Johann Wolfgang von Goethe an dessen Wohnzimmertisch sitzend, Kreidezeichnung von Johann Joseph Schmeller, 1828. Den Großherzog verband eine lebenslange Freundschaft mit Goethe, den er 1775 in Frankfurt am Main kennenlernte und als Mitglied seines Regierungskollegiums nach Weimar rief. Der Dichter und Staatsminister war allerdings skeptisch gegenüber den liberal-konstitutionellen Neigungen seines Fürsten.

DIE VERFASSUNG VON SACHSEN-WEIMAR-EISENACH (1816)

Ein kleines thüringisches Fürstentum geht beim konstitutionellen Fortschritt voran

CARL · AUGUST · BEI · GOETHE.

Nachdem der Wiener Kongress in seiner am 8. Juni 1815 verabschiedeten Bundesakte in Art. 13 vereinbart hatte, dass in «allen Bundesstaaten [...] eine landständische Verfassung stattfinden» werde, kam ein knappes Jahr später dem Großherzogtum Sachsen-Weimar-Eisenach der Ruhm zu, als erstes Mitglied des Deutschen Bundes diese Verpflichtung erfüllt zu haben. Nach Vorarbeiten von Spitzenbeamten dieses thüringischen Kleinstaates trat am 6. April 1816 in dem Residenzstädtchen Weimar eine Beratungsversammlung zusammen. Sie stimmte schon einen Monat später am 11. Mai dem neuen «Grundgesetz über die landständische Verfassung des Großherzogtums Sachsen-Weimar-Eisenach» zu und datierte dessen Verabschiedung auf den Zeitpunkt der großherzoglichen Genehmigung am 5. Mai 1816 zurück.

Ausschlaggebend für diese zügige Erfüllung des Verfassungsversprechens der Bundesakte war der Reformwille des Weimarer Herrschers Carl August, der kurz zuvor auf dem Wiener Kongress vom Herzog zum Großherzog aufgewertet worden war. Carl August hatte 1775 nach Erreichen der Volljährigkeit den Weimarer Thron bestiegen. Schon unter der vorangegangenen Regentschaft seiner Mutter Anna Amalia hatte die kleine Residenz den Nimbus eines Musenhofes erworben. Diese Tradition setzte der achtzehnjährige Herzog fort, als er kurz darauf in Frankfurt am Main den Dichter Johann Wolfgang Goethe kennen- und schätzen lernte. Er überredete den acht Jahre älteren Patriziersohn, als Geheimer Legationsrat und Mitglied des Geheimen Consiliums, seines dreiköpfigen Beratergremiums, in den Dienst des thüringischen Kleinfürstentums zu treten. Für zehn Jahre bis zu seinem überstürzten Aufbruch nach Italien, wo er in den Jahren 1786 bis 1788 seine künstlerische Schaffenskraft wiederfand, rackerte sich Goethe in der Leitung der Weimarer Verwaltung ab, vor allem bei deren finanzieller Gesundung.

Unter der Anleitung seines Freundes Goethe entwickelte der junge Herzog ein großes Interesse an den Künsten und Wissenschaften einschließlich der naturwissenschaftlichen und technischen Disziplinen.

Carl August war stolz darauf, neben Goethe auch andere große Geister wie Christoph Martin Wieland, Johann Gottfried Herder und Friedrich Schiller in seiner kleinen Residenzstadt von 6000 Einwohnern versammeln zu können. Dieser vom Geist des aufgeklärten Absolutismus inspirierte Herrscher strebte danach, sein ererbtes Fürstentum kulturell an die Spitze der deutschen Staatenwelt zu heben und dabei auch politisches Gewicht zu gewinnen. Er war den Ideen der Französischen Revolution und der darauffolgenden Reaktion gleichermaßen abgeneigt. Die leitende Maxime dieses zugleich selbstbewussten wie wohlwollenden Landesvaters war es, «das alte Gute mit dem neuen Zustand der Dinge und den Lehren des Zeitlaufs zu vereinbaren».

Diesen Grundsatz formulierte Carl August während der Beratungen des Weimarer Staatsgrundgesetzes von 1809, das während der napoleonischen Reformzeit vereinbart wurde. Schon diese rheinbündische Verfassung zielte auf die Modernisierung ständischer Traditionen, die in Sachsen-Weimar-Eisenach im Gegensatz zu anderen von absolutistischer und bürokratischer Herrschaft geprägten deutschen Staaten nie untergegangen waren. In diesem Sinne knüpfte auch das neue Staatsgrundgesetz von 1816 an die vorangegangene Verfassung an, sollte diese lediglich modifizieren und erneuern.

Im Mittelpunkt dieses Reformprogramms stand die Wahl der Volksvertreter aus den drei Landständen. Dem Landtag sollten jeweils zehn Abgeordnete aus dem Kreis der Rittergutsbesitzer, der Städte und der Bauern angehören. Die historisch überlieferten Rechte der Rittergutsbesitzer wurden zwar bestätigt, doch kamen nun neben adligen auch bürgerliche Besitzer zum Zuge. Zusätzlich zu den dreißig von den drei Landständen zu wählenden Abgeordneten gehörte ein weiteres von der Landesuniversität Jena zu bestimmendes Mitglied dem Landtag an. Modernere Zeiten eines parlamentarischen Repräsentativsystems kündigten sich in der Bestimmung des Staatsgrundgesetzes an, dass «jeder Abgeordnete, von welchem Stande, von welchem Kreise, von welchem Bezirke er auch sey, Vertreter aller Staatsbürger ist» und neben den Gesetzen nur seiner Überzeugung und seinem Gewissen zu folgen habe (§ 67). Als besonders fortschrittlich hervorzuheben ist die Verwendung des Wortes «Staatsbürger», das an die Stelle des hergebrachten Begriffs «Untertan» trat. Insgesamt war die Verfassung von Sachsen-Weimar-Eisenach, so hat es der Verfassungshistoriker Hartwig Brandt formuliert, wie die meisten historischen Phänomene «ein Geflecht von Strebungen, die vorwärts drängten, und jenen, die retardierten».

Im frühen 19. Jahrhundert vorherrschende gesellschaftliche und politische Vorstellungen schlugen sich in den Bestimmungen des Staatsgrundgesetzes zum aktiven und passiven Wahlrecht nieder. Wählen konnte jeder Einwohner, der in einer Stadt oder einem Dorf ein Haus besaß; Frauen und Unmündige, für die das zutraf, übten ihr Stimmrecht allerdings durch ihre Ehemänner oder Vormünder aus. Auch wählten die Stimmberechtigten die Landtagsabgeordneten nicht direkt, sondern nur indirekt über Wahlmänner. Wählbar waren Weimarer Staatsbürger, die mindestens dreißig Jahre alt waren und als Städter neben einem eigenen Wohnhaus auch ein unabhängiges Einkommen von 300, in Weimar und Eisenach von 500 Talern besaßen, als Bauern aber an Haus und Gütern oder sonstigem Vermögen über mindestens 1500 Taler verfügen mussten. Somit besaßen wie in den meisten Vormärzstaaten nur an die drei Prozent der weimarischen Bevölkerung das passive Wahlrecht. Mit der Bedingung, dass lediglich Kandidaten gewählt werden konnten, die nicht nur von einem deutschen Vater abstammten, sondern auch christliche Eltern hatten, wurden nicht nur gläubige Juden ausgeschlossen, sondern auch in der ersten Generation getaufte Juden. So hätte das Musikgenie Felix Mendelssohn Batholdy im kulturstaatlich gestimmten Weimarer Großherzogtum über kein passives Wahlrecht verfügt.

Auch die im Staatsgrundgesetz verankerten Rechte des Weimarer Landtages basierten auf einer moderaten Fortführung und Erweiterung der hergebrachten landständischen Traditionen. Der Landtag sollte an erster Stelle zusammen mit dem Landesfürsten und den von diesem beauftragten Behörden den öffentlichen Haushalt festsetzen und alle Rechnungen kontrollieren. Aus diesem Etatrecht folgte konsequenterweise die Teilhabe der Volksvertretung an der Genehmigung von Steuern und anderen Belastungen der Staatsbürger. Auch allgemeine Gesetze, welche die Landesverfassung und die persönliche Freiheit, die Sicherheit und das Eigentum der Staatsbürger betrafen, bedurften der Zustimmung des Landtages. Schließlich wurde dem Gremium das Recht garantiert, dem Fürsten Beschwerden über Mängel und Missbräuche in der Gesetzgebung und Verwaltung des Landes, insbesondere Klagen über Willkür und Gesetzwidrigkeiten der Staatsdiener, vorzutragen.

Dieser landständischen Verfassung des Großherzogtums Sachsen-Weimar-Eisenach zufolge schwebte der Landesherr über der staatlichen Organisation, er wurde mit seinen Rechten und Pflichten kaum erwähnt – mit der einen Ausnahme des Verfassungseides, auf die noch einzugehen sein wird. Diese weitgehende Ausklammerung des Monarchen aus den Verfassungsbestimmungen war in dem ersten Entwurf zum Weimarischen Staatsgrundgesetz von 1816 noch nicht vorgesehen. Er stammte von Ernst Christian August von Gersdorff, den der Großherzog als seinen Chefdiplomaten auf dem Wiener Kongress schätzen gelernt hatte. Gersdorff wollte unter dem Einfluss der amerikanischen Constitution von 1787 und der französischen Charte Constitutionelle von 1814 in der Weimarischen Verfassung das Gewaltenteilungsprinzip umsetzen und einen Katalog von Grundrechten aufnehmen. Doch der Großherzog lehnte beides ab. Gersdorff zog sich daraufhin aus den Verfassungsberatungen zurück und überließ einem konservativer eingestellten Beamten die Begleitung der Verfassungsdebatten.

Das Weimarische Grundgesetz, wie es dann im Frühjahr 1816 zustande kam, war damit keine Vollverfassung, sondern entsprechend seinem Titel eine «Landständische Verfassung», in welcher Reformen der vorhandenen altständischen Verhältnisse auf den Gebieten der Wahl, der Rechte und der Geschäftsordnung des Landtages verankert wurden. Allerdings kam auch in dieser Verfassung die Lebensweisheit zum Zuge, dass keine Regel ohne Ausnahme blieb. So wurden im Schlussparagraphen zwei bereits anerkannte institutionelle Grundrechte nochmals dauerhaft zugesichert. Das war auf der einen Seite das Recht auf eine in drei Instanzen geordnete «unparteiische Rechtspflege». An seine Spitze trat 1817 das Oberappellationsgericht in Jena, das für alle thüringischen Kleinfürstentümer zuständig wurde und dessen unvoreingenommene Rechtsprechung den reaktionären Vormächten im Deutschen Bund oft ein Dorn im Auge war.

Noch bedeutsamer wurde die im Weimarischen Grundgesetz verankerte Bestätigung des Rechts auf «Freiheit der Presse». Da es dieses Recht in solcher Unbeschränktheit sonst nirgends in Deutschland gab, wurden Weimar und seine Universitätsstadt Jena zu Paradiesen der liberalen Presse, aber auch, wie sich bald zeigen sollte, der revolutionären Bestrebungen der Burschenschaft. Im Großherzogtum wurden nicht nur oppositionelle Zeitschriften von gesamtdeutscher Resonanz produziert, sondern hatten auch angesehene Buchhändler und Verleger ihren Sitz. An ihrer Spitze stand der für die Öffentlichkeitswirkung der Weimarer Klassik wichtige Unternehmer Friedrich Justin Bertuch, der auf dem Wiener Kongress als Sprachrohr des deutschen Buchhandels gewirkt hatte. Die Praxis der in der Weimarischen Verfassung verankerten Pressefreiheit, von Goethe oft als «Pressfrechheit» kritisiert, trug Großherzog Carl August bald nach Genehmigung der Staatsgrundgesetzes vielfältige Bedrängnisse durch die führenden Staaten des Deutschen Bundes, Österreich und Preußen, ein.

Das Weimarische Grundgesetz vom 5. Mai 1816 war eine zwischen dem Landesherrn und der Ständevertretung im Geiste des Spätmittelalters und der frühen Neuzeit vereinbarte, eine «paktierte» Konstitution – weder eine vom Herrscher oktroyierte noch eine einseitig von der Volksvertretung deklarierte Verfassung. Der Großherzog wurde zwar in dem Text kaum erwähnt, er stand aber nicht über der Verfassung, war vielmehr an sie gebunden. Daran ließ die verfassungsrechtliche Verankerung des Verfassungseides keinen Zweifel aufkommen, den nicht nur alle Staatsdiener leisten mussten, sondern den auch der Herrscher abzulegen hatte. Bei einem Thronwechsel hatte der neue Landesfürst schriftlich zu bekunden, dass er sich verpflichtete, die Verfassung «nach ihrem ganzen Inhalte während seiner Regierung zu beobachten, aufrechtzuerhalten und zu schützen» (§ 126). Erst danach konnte er die Huldigung des Landtages empfangen.

Zustandekommen und Inhalt des Weimarischen Grundgesetzes von 1816 waren ein Produkt jener «herrschaftlichen Integrations- und Konsenspolitik» (Henning Kästner), wie Carl August sie in dem halben Jahrhundert seiner Regierung und insbesondere seit Beginn der Rheinbundzeit im Jahr 1806 verfolgte. Durch die Verfassung strebte der Großherzog einen konstitutionellen Ausgleich zwischen den alten ständisch-monarchischen Traditionen und den neu entstandenen liberal-freiheitlich geprägten Strukturen nicht nur auf politischer, sondern auch auf gesellschaftlicher Ebene an. Die von Carl

August verfolgte Symbiose von aufgeklärt-absolutistischen Staatsvorstellungen, altständischen Vertretungsansprüchen und bürgerlichen Mitwirkungswünschen war Ausdruck einer Strategie, mit welcher der Großherzog das Überleben seines Kleinstaates sichern wollte. Auf der einen Seite sollte die bisherige in Stände zergliederte Untertanenschaft durch den als Volksvertretung konzipierten Landtag zu einem Staatsvolk integriert werden. Auf der anderen Seite ging es dem Landesfürsten darum, die bis dahin separaten und heterogenen alten und neuen Landesteile zusammenzuführen, hatte sich doch durch die Beschlüsse des Wiener Kongresses das ursprüngliche Territorium des Herzogtums durch die Übernahme von bisherigen Enklaven und durch Arrondierungen auf allen Seiten von 36 auf 66 Quadratmeilen fast verdoppelt und war die Einwohnerzahl von ca. 110 000 auf ca. 190 000 gewachsen.

Das neue Grundgesetz von Sachsen-Weimar-Eisenach stieß in der Öffentlichkeit nicht nur des Großherzogtums, sondern ganz Deutschlands auf ein positives Echo. Lediglich im eigenen Lande regten sich einige kritische Stimmen. So monierte unter dem Schutzschirm der Weimarer Pressefreiheit der Jenenser Naturforscher Ludwig Oken in seiner Zeitschrift «Isis» die Beschränkung des Grundgesetzes auf die landständische Seite und sprach ihm den Charakter einer Verfassung ab. Auf der anderen Seite galt den preußischen Liberalen das Weimarische Staatsgrundgesetz als «treffliches Beispiel» für ihre Erwartungen an den preußischen König Friedrich Wilhelm III., dass er endlich seine drei Mal gegebenen Verfassungsversprechen einlösen würde.

Großherzog Carl August von Sachsen-Weimar-Eisenach wurde von seinen Zeitgenossen und wird bis heute in den meisten Veröffentlichungen zur Geschichte des deutschen Vormärzes ein Lorbeerkranz um das fürstliche Haupt gewunden, er sei der erste deutsche Landesherr gewesen, der in der nachnapoleonischen Zeit das in der Bundesakte gegebene Versprechen der Einführung landständischer Verfassungen eingelöst habe. Die Faktengrundlage für diese Annahme mag bezweifelt werden. Das Herzogtum Nassau hatte sich schon Anfang September 1814 eine neue Verfassung nicht unähnlich dem Weimarischen Grundgesetz von 1816 gegeben, doch das war noch vor Beginn der Beratungen des Wiener Kongresses. Im Januar 1816 wurden im thüringischen Kleinfürstentum Schwarzburg-Rudolstadt und im westdeutschen Fürstentum Schaumburg-Lippe Verfassungen verabschiedet, erst danach kam das weimarische Großherzogtum zum Zuge.

Der verfassungsgeschichtliche Nachruhm Sachsen-Weimar-Eisenachs ist aber berechtigt, nicht nur im Hinblick auf seine relative Größe unter den deutschen Kleinstaaten, sondern vor allem hinsichtlich der Persönlichkeit seines charismatischen Landesherrn. Carl August setzte Maßstäbe für die nachfolgenden Konstitutionen in Süd- und Südwestdeutschland (Bayern und Baden 1818, Württemberg 1819). Danach wirkten die im Gefolge der Karlsbader Beschlüsse verschärfte Restaurationspolitik und insbesondere das im Deutschen Bund deklarierte «Monarchische Prinzip» als Bremse und brachte diese erste vormärzliche Welle deutscher Verfassungsgebungen zum Stoppen. Erst im Gefolge der französischen Julirevolution kam es wieder zur Verabschiedung neuer Verfassungen, von denen neben Kurhessen und Sachsen (beide 1831) vor allem das Hannoversche Staatsgrundgesetz von 1833 durch die Protestation von sieben Göttinger Professoren gegen seinen willkürlichen Bruch durch den Monarchen (1837) zu großer Aufmerksamkeit gelangte. Alle diese Verfassungen mussten den Landesherren mehr oder weniger abgerungen werden. So wundert es nicht, dass Carl August, der 1827 nach mehr als 50 Herrscherjahren starb, wesentlich das Fürstenbild des gemäßigten deutschen Liberalismus des 19. Jahrhunderts geprägt hat, nicht zuletzt in den Hoffnungen der Männer der deutschen konstituierenden Nationalversammlung, die am 18. Mai 1848 in der Frankfurter Paulskirche zusammentraten.

Die meisten Staaten des Deutschen Bundes, beginnend mit dem Großherzogtum Sachsen-Weimar-Eisenach, haben in der Vormärzzeit Kinderschritte im Verfassungsprozess unternommen, bevor sich die bürgerlich-liberale Bewegung nach der Märzrevolution an das Erwachsenenprojekt einer gesamtdeutschen Nationalverfassung wagte. Doch ausgerechnet die beiden deutschen Führungsmächte Österreich und Preußen, von denen die Verwirklichung der nationalstaatlichen Einheit wesentlich abhing, blieben trotz des Verfassungsversprechens im Artikel 13 der Bundesakte von 1815 in den vormärzlichen Jahrzehnten ohne Konstitution.

Das Großherzogtum Sachsen-Weimar-Eisenach war aufgrund seiner kulturellen Prominenz das einzige der kleineren Mitglieder des Deutschen Bundes, das nicht unter die allgemeine Aversion gegen «Kleinstaaterei» fiel. Sie wurde in Deutschland in der zweiten Hälfte des 19. Jahrhunderts unter dem Einfluss der deutsch-nationalen Geschichtsschreibung vor allem Heinrich von Treitschkes vorherrschend und wirkt bis heute fort, obwohl die Geschichtsforschung ihre Gültigkeit längst infrage gestellt hat.

Zu den vormärzlichen Kleinstaaten werden jene 30 Mitglieder von insgesamt 39 des Deutschen Bundes gezählt, die nach den beiden Großmächten Österreich und Preußen, die zusammen 58 Prozent der 30 Millionen Einwohner des Deutschen Bundes stellten, und den sieben Mittelstaaten Bayern, Württemberg, Hannover, Sachsen, Baden, Hessen-Darmstadt und Kurhessen (zwischen 3,5 Millionen und 0,5 Millionen) den Rest ausmachten. Das Großherzogtum Sachsen-Weimar-Eisenach stand dabei mit seinen knapp 200 000 Einwohnern an 16. Stelle der Rangliste, war ein Kleinstaat, aber sicherlich kein Zwergstaat wie seine zahlreichen thüringischen Nachbarfürstentümer (zum Beispiel Schwarzburg-Rudolstadt mit 53 000 und Schwarzburg-Sonderhausen mit 45 000 Einwohnern).

Über die quantitativen Schwellen der Unterscheidung zwischen Mittel-, Klein- und Zwergstaaten lässt sich trefflich streiten. Zumal wenn man bedenkt, dass sich auch die drei Freien Städte Bremen (48 000 Einwohner), Frankfurt am Main (47 000) und Lübeck (40 000) zahlenmäßig am unteren Ende der Tabelle befanden, lediglich Hamburg mit seinen an die 130 000 Einwohnern landete im Mittelfeld auf dem 18. Platz. Alle Klein- und Kleinststaaten mit Ausnahme der geschichtsmächtigen Freien Städte sahen sich mit dem weitverbreiteten Vorurteil konfrontiert, dass es sich bei ihnen um antiquierte Relikte der Vielzahl von Herrschaftsterritorien im untergegangenen alten Heiligen Römischen Reich Deutscher Nation handele. Sie erfüllten nicht die im Verlauf des 19. Jahrhunderts immer ausgeprägter werdenden Vorstellungen von moderner Staatlichkeit, die vor allem auf quantitative Größe und insbesondere qualitative Stärke, meint Kriegsfähigkeit, rekurrierte. In dieser Hinsicht konnte auch Sachsen-Weimar-Eisenach mit seiner Armee von 800 Soldaten kaum mithalten; kein Wunder, dass sein Großherzog sich in den Befreiungskriegen als preußischer Oberbefehlshaber eines deutschen Armeekorps verdingte. Die «Kleinstaaterei» im Deutschen Bund wurde als ein partikularistisches Hindernis auf dem Weg zur nationalen Einheit Deutschlands gesehen, die, so predigten viele bürgerliche Wortführer wie Friedrich Christoph Dahlmann und später dessen Schüler Treitschke, nur von Preußen erreicht werden konnte.

Doch heute hat sich nach den zentralistischen Irrwegen der deutschen Nationalgeschichte die Vorstellung von einer «föderalen Nation» (Dieter Langewiesche) durchgesetzt, die den vormärzlichen Kleinstaaten gerechter wird. Unbestritten ist, dass die Tradition kleiner Staaten in Deutschland auf kulturellem Gebiet eine dezentrale Vielfalt von Theatern, Opernhäusern, Museen und dergleichen ermöglicht hat, um die uns stärker zentralistisch ausgerichtete Nachbarn wie Frankreich beneiden. Doch auch in politischer Hinsicht hatten die kleineren Mitglieder des Deutschen Bundes und haben heute die kleineren Bundesländer der Bundesrepublik ihren Nutzen: Sie wirken als große Kommunen, in denen die Staatsbürger untereinander und im Verhältnis zu den Herrschenden vertrauter sind als in den anonymeren Großterritorien. Und nicht zuletzt bieten kleinere Herrschaftseinheiten Möglichkeiten zu experimentellen Reformen, die vorbildhaft für den größeren Nationalstaat werden können.

Die politische Entwicklung im vormärzlichen Großherzogtum Sachsen-Weimar-Eisenach steht beispielhaft für die Funktion von föderalen Kleinstaaten. Großherzog Carl August hat nie einen Zweifel daran aufkommen lassen, dass er seiner Politik eine gesamtdeutsche Dimension zumaß. Zwar musste das Großherzogtum noch unter der Herrschaft seines reformgesinnten Landesherrn auf Druck der restaurativen Großmächte Österreich und Preußen Abstriche an seinem Reformprogramm machen und Einschränkungen in der Liberalisierung hinnehmen. Doch insgesamt blieben dem mitteldeutschen Kleinstaat aufgrund der Konsens- und Kooperationspolitik zwischen seiner Herrschaft und Volksvertretung jene Konfrontationen erspart, die in anderen Staaten des Deutschen Bundes eher retardierend wirkten. Nicht zuletzt ging aus den vormärzlichen Kleinstaaten eine Mehrzahl jener Staatsmänner hervor, die 1848 die Führung der gesamtdeutschen Einheits- und Verfassungsbewegung übernahmen, mit dem Nassauer Heinrich von Gagern an der Spitze.

Nur einmal war die im Vergleich zu vielen anderen Staaten des

Deutschen Bundes verfassungspolitische Idylle des Großherzogtums Sachsen-Weimar-Eisenach gefährdet. Ausgerechnet Johann Wolfgang von Goethe, diese Galionsfigur des weltweiten Ruhms der Weimarer Klassik, provozierte 1826 fast einen Verfassungskonflikt. Nach der plötzlichen Italienreise hatte sich Goethe sukzessive aus den meisten seiner Weimarer Dienstgeschäfte zurückgezogen, ohne Einkommen und Rang zu verlieren. 1815, bei der Reform des Weimarer Staatsministeriums, hatte er vom Herzog, seinem Freund und Gönner, den Titel eines Staatsministers erhalten, ohne an der Arbeit des Gremiums mitwirken zu müssen. Doch behielt Goethe neben der Leitung des Weimarer Hoftheaters (bis 1817) bis an sein Lebensende die «Oberaufsicht über die unmittelbaren Anstalten für Wissenschaft und Kunst in Weimar und Jena».

Aus dieser Funktion heraus kam es 1826 zu einer dramatischen Auseinandersetzung zwischen Goethe und dem Weimarer Landtag. Der Staatsminister beantragte, die bisher vom Landtag regelmäßig bewilligte Etatsumme für sein Ressort von 11 777 Reichstalern um 100 Reichstaler zu erhöhen. Der Landtag wies darauf hin, dass Goethe es bisher nicht für nötig gehalten hatte, ihm eine genaue Kassenrechnung über die von ihm verwendeten Gelder vorzulegen, wie es das Weimarische Grundgesetz in § 105 verlangte. Der Konflikt drohte zum Skandal zu werden, als gemunkelt wurde, dass Goethe außerdem Gehälter an Personen zahle, die bereits verstorben waren. Goethe war über die Zumutungen des Gremiums so erbost, dass er ihm einen Zettel mit der provokanten Mitteilung zukommen ließ: «Einnahme: 000; Ausgabe: 000; folglich bleibt in der Kasse: x Thlr (eine Kleinigkeit)». Daraufhin drohten einige Abgeordnete, den ganzen Etat für Kunst und Wissenschaft zu streichen. Ein öffentlicher Eklat konnte nur dank der Vermittlungsbemühungen des Großherzogs und seiner Gattin vermieden werden. Großherzogin Luise gab dem Abgeordneten Heinrich Luden zu bedenken, einem fortschrittlich gesinnten Jenaer Professor der Geschichte und der Lehre der Politik: «Wir haben nur einen Goethe, und wer weiß, wie lange noch.» Der Landtag ließ die Sache schließlich auf sich beruhen, kürzte aber die beantragte Etaterhöhung von 100 auf 10 Reichstaler. So war für den alten Dichterfürsten die Weimarer Muße gesichert, in der er den zweiten Teil seiner Faust-Tragödie vollenden konnte.

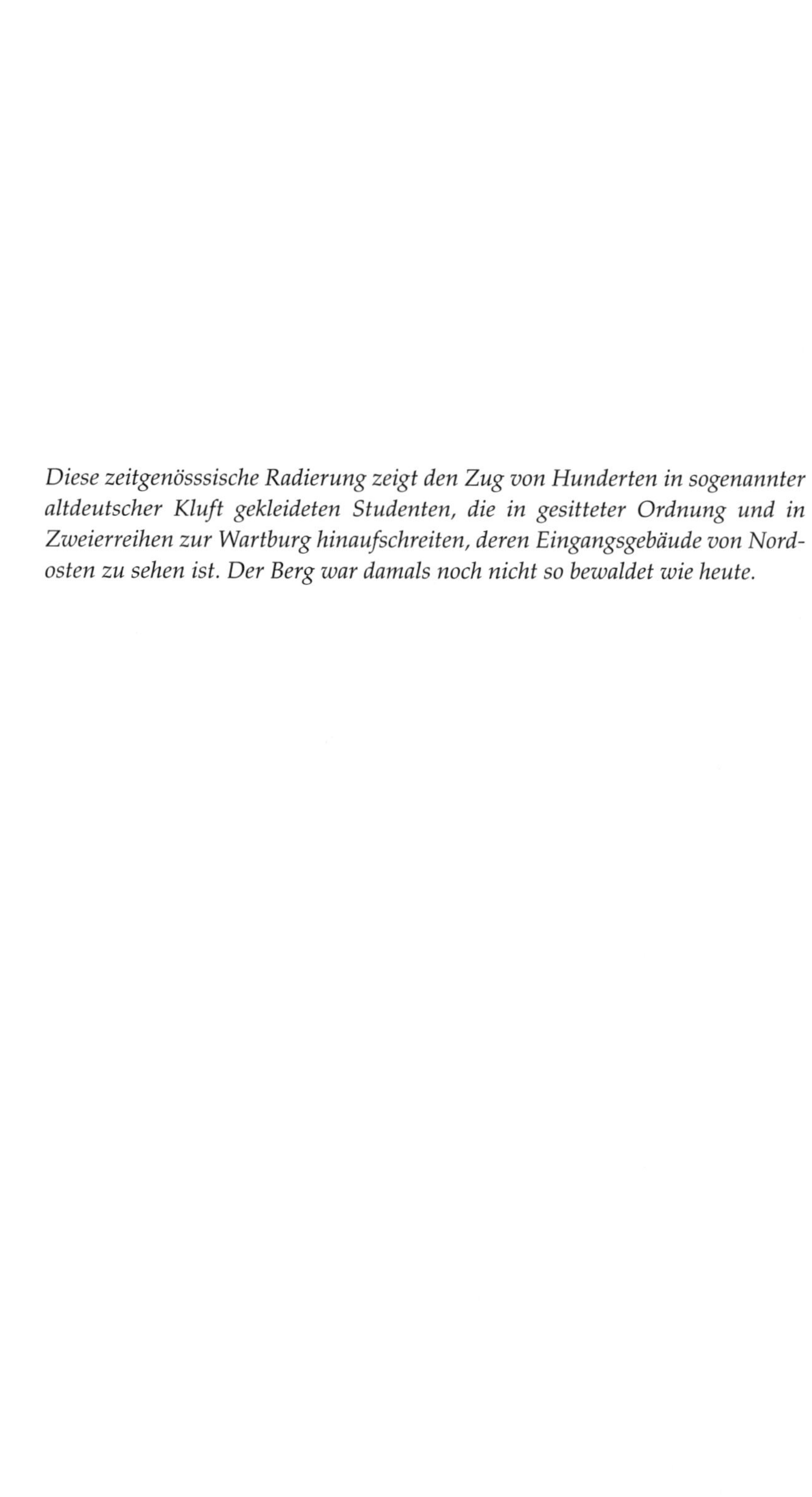

Diese zeitgenösssische Radierung zeigt den Zug von Hunderten in sogenannter altdeutscher Kluft gekleideten Studenten, die in gesitteter Ordnung und in Zweierreihen zur Wartburg hinaufschreiten, deren Eingangsgebäude von Nordosten zu sehen ist. Der Berg war damals noch nicht so bewaldet wie heute.

DAS WARTBURGFEST (1817)

Studenten zelebrieren zum 300. Jahrestag der Reformation einen patriotischen Gottesdienst und verbrennen anschließend Bücher

die Burschenfahrt auf die Wartburg am 18ten Octobr. 1817

Am frühen Morgen des 18. Oktober 1817, einem Sonntag, versammelten sich auf dem Marktplatz im thüringischen Eisenach unter Glockengeläut an die 500 Studenten. Sie trugen nach dem Vorbild ihres Berliner Idols Friedrich Ludwig Jahn, des sogenannten Turnvaters, eine «altdeutsche» Tracht: einen langen, zumeist schwarzen, enganliegenden Rock über einer geräumig geschnittenen Hose und ein Hemd mit einem weit geöffneten Kragen. Das war ein Kleidungsstil, mit dem sich die Burschen dezidiert von der Generation der Väter, zumal der Herrschenden, absetzten. Fürst Metternich beispielsweise trug den Rock bis zur Taille, darunter ein Hemd mit hohem Kragen und aufgebauschtem Binder, Kniebundhosen und kurze Haare. Die Studenten krönten beim Wartburgfest ihre Köpfe mit den langen Haaren und Bärten nicht wie üblich mit einem Barett, sondern einem Kranz aus Eichenlaub.

Die Mehrzahl dieser Studenten kam aus dem nahe gelegenen Jena, von der Landesuniversität des Großherzogtums Sachsen-Weimar-Eisenach und der übrigen kleineren sächsischen Herzogtümer. Doch auch die anderen mittel- und norddeutschen Hochschulen waren mit ansehnlichen Delegationen vertreten, die oft lange Wanderungen hinter sich hatten. So hatte die Gruppe von 30 Kieler Studenten zwei Wochen für ihren Burschenmarsch von der 400 km entfernten holsteinischen Ostsee nach Eisenach gebraucht.

In geordnetem Zuge, der von den Behörden des Großherzogtums und der Stadt genehmigt worden war, zogen die versammelten Studenten, während sich der Herbstnebel lichtete, bei strahlendem Wetter und kräftigem Gesang auf die hoch über Eisenach gelegene Wartburg, eine Wanderung von zwei Kilometern Länge und zweihundert Metern Höhenunterschied. An der Spitze des Zuges flatterte die Fahne der Jenaer Burschenschaft, ein Geschenk der örtlichen Frauen und Jungfrauen aus dem Vorjahr. Sie bestand aus drei gleich breiten Bahnen in den Farben Rot, Schwarz und Rot, über die schräg ein Eichenzweig gestickt war, wie auch die Bordüre in Gold. Diese Farben gehen bekanntermaßen auf die Uniformen des Lützowschen

Freikorps aus dem Jahr 1813 zurück, deren schwarzen Stoff, Knöpfe aus Messing und rote Verzierungen. Aus dieser studentischen Fahne, die noch heute im Museum in Jena zu bewundern ist, entwickelte sich in den nachfolgenden Jahrzehnten die schwarz-rot-goldene Trikolore als die freiheitliche Nationalflagge Deutschlands.

Am Tor der Wartburg wurden die Einlasskarten kontrolliert, nicht nur von den Teilnehmern des studentischen Zuges, sondern auch den zahlreichen Ehrengästen, an der Spitze vier Professoren der Jenaer Universität, darunter der Philosoph Jakob Friedrich Fries und der Mediziner und Naturforscher Lorenz Oken, zwei engagierte Förderer der studentischen Bewegung. An die tausend Menschen versammelten sich schließlich im Hauptraum der Burg, dem mit Eichengewinden geschmückten Rittersaal. Dieser Festraum, auch als Minnesängersaal bekannt, prangte noch nicht mit der Höhe und dekorativen Ausmalung, die erst in der Mitte des 19. Jahrhunderts während der Restaurierung der Wartburg vorgenommen wurde. Der niedrige und holzverkleidete Raum mit seinen kleinen Fenstern erzeugte vielmehr 1817 eine halbdunkle Atmosphäre, welche die weit zurückliegenden Zeiten des Mittelalters und der Reformation assoziieren ließ.

Die nun folgende Veranstaltung war schon in der am Vortag vom Organisationskomitee beschlossenen «Ordnung des Festes auf der Wartburg» als «Gottesdienst» angekündigt worden. Das entsprach dem primären Anlass des Wartburgfestes, der Jubiläumsfeier von Martin Luthers Thesenanschlag vom 31. Oktober 1517, mit dem die protestantische Reformation ihren Anfang nahm. Die studentischen Organisatoren des Jahres 1817 hatten ihre Dreihundertjahrfeier um zwei Wochen vorgezogen, damit sie noch in die vorlesungsfreie Zeit vor Beginn des Wintersemesters fiel.

Neben diesem zeitlichen Bezug des studentischen Festes vom Oktober 1817 kam natürlich auch seine Örtlichkeit auf der Wartburg zum Tragen. War doch auf dieser Burg Martin Luther vom Kurfürsten von Sachsen, seinem Schutzpatron, vom Mai 1521 bis Februar 1522 versteckt worden und hatte in dieser Schutzhaft nicht nur das Neue Testament ins Deutsche übersetzt, sondern auch zentrale Schriften für den protestantischen Glauben verfasst. Konsequenterweise eröffneten die Studenten am 18. Oktober 1817 ihren politischen

Gottesdienst mit dem Lied «Ein feste Burg ist unser Gott». Martin Luther hatte es in den 1520er Jahren geschrieben und vermutlich auch komponiert, es wurde mit seinem martialischen Text zum Kampf- und Trutzlied des deutschen Protestantismus, von Heinrich Heine als die «Marseiller Hymne der Reformation» charakterisiert.

Die Hauptansprache auf der Wartburgfeier hielt der 23-jährige Jenaer Student Heinrich Hermann Riemann. Dieser aus Ratzeburg stammende Pfarrerssohn hatte 1812 sein Theologiestudium begonnen, sich 1813 der Lützower Freischar angeschlossen, 1815 als preußischer Landwehrleutnant am letzten Feldzug gegen Napoleon teilgenommen und war für seine Tapferkeit in der Schlacht von Waterloo mit dem Eisernen Kreuz ausgezeichnet worden. Er begrüßte seine Zuhörer in den «heiligen Mauern» der Wartburg als «Brüder» – Schwestern kamen offiziell auch bei fortschrittlichen Studenten noch nicht vor, selbst wenn die Anwesenheit von einigen «edlen Frauen» vermerkt wurde. Ausdruck dieser allgemeinen Tendenz zur Verbrüderung in der Burschenschaftsbewegung war die Tatsache, dass bei der Anrede ihrer Mitglieder nun das intimere «Du» an die Stelle des zuvor unter Studenten wie generell im gesellschaftlichen Alltag vorherrschenden «Sie» trat.

Riemann feierte in seiner Quasipredigt Martin Luther als historisches Vorbild im gegenwärtigen Kampf um die Reinheit des Glaubens und die Freiheit des deutschen Vaterlandes und forderte seine studentischen Brüder auf, «eine eherne Mauer [zu] bilden gegen jegliche äußere und innere Feinde dieses Vaterlandes». Die deutschen Fürsten hätten mit Ausnahme des Großherzogs von Sachsen-Weimar-Eisenach ihr Versprechen gegenüber der Jugend, die für die Befreiung von fremder Knechtschaft ihr Leben eingesetzt habe, nicht gehalten. Riemanns Ansprache gipfelte in dem abschließenden Fürbittengebet: «Ewiger gütiger Gott, der du dein treues Volk erweckt hast aus der Finsternis, der du es erleuchtet hast und ihm den Weg geöffnet hast zu deiner einen Erkenntniß, der du dein gebeuteltes und getretenes Volk aus den Fesseln der Zwingherrschaft und Knechtschaft erhoben hast zur Freiheit, höre das Flehen deiner Kinder, die hier im Staube vor dir sich beugen; laß unser Gebet dir wohlfällig sein! Sieh gnädig herab auf unser Deutsches Vaterland, laß es gedeihn in Freiheit und Gerechtigkeit zu deinem Ruhme! […] Amen!»

Nach der politischen Predigt Riemanns wurde das aus dem Dreißigjährigen Krieg stammende Lied «Nun danket alle Gott» gesungen. Es war ursprünglich als Tischlied komponiert worden, dann aber als «Choral von Leuthen» zu preußisch-patriotischem Ruhmesglanz aufgestiegen, als im Dezember 1757 nach dem Überraschungssieg der Armee Friedrichs des Großen über die Österreicher der Legende nach 25 000 preußische Soldaten spontan dieses Lied anstimmten.

Nicht auf dem Programm der Gottesdienstfeier stand eine kurze Rede des philosophischen Mentors der Jenaer Studentenschaft, des Hofrats und Professors Fries. Er ermahnte seine Zuhörer, über der Feier der Vergangenheit nicht die Aufgabe der Gegenwart zu vernachlässigen, die Einheit nicht nur der deutschen Studentenschaft, sondern des ganzen Vaterlandes herbeizuführen. Die Veranstaltung wurde dann ganz in der Tradition protestantischer Gottesdienste mit dem Segen des Herrn abgeschlossen.

Diese Feier im Rittersaal der Wartburg war nicht nur der Form nach, sondern auch in Inhalt und Funktion Ausdruck der engen Verknüpfung von Religion und Nation, die seit Beginn des 19. Jahrhunderts im deutschen Protestantismus und insbesondere unter seiner studentischen Jugend zu beobachten ist. Diese Symbiose fand ihren Ausdruck in der politischen Interpretation der protestantischen Reformation, die als Befreiung von fremder, römisch-katholischer Knechtschaft verstanden wurde. Martin Luther wurde seit Beginn des 19. Jahrhunderts als deutscher Freiheitsheld verehrt und in einer historischen Reihe mit Marschall Blücher, dem militärischen Sieger über die französische Herrschaft, gefeiert.

Außerdem beinhaltete die Symbiose von Religion und Nation auch ein sakrales Verständnis des aufkommenden Strebens nach der deutschen Nation. Im politischen Gottesdienst auf der Wartburg waren Einheit und Freiheit des deutschen Vaterlandes nicht bloß politische Forderungen, sondern fanden ihren Ausdruck als Glaubenszuversicht und göttliche Hoffnung. Anknüpfend an die Lehren der deutschen Nationalbewegung, insbesondere an Ernst Moritz Arndt, wurde Deutschland als ein auserwähltes Volk verstanden, das sich durch gemeinsame Sprache und Religion, aber auch identische Abstammung auszeichnete.

Von diesem Selbstverständnis als einem christlich-deutschen

Vaterland ausgehend, war es, auch auf dem Wartburgfest, nicht weit bis zur Ab- und Ausgrenzung nicht nur von äußeren Feinden wie den Franzosen, sondern auch von als andersartig und fremd empfundenen Gruppen im eigenen Land wie den Juden, aber auch den Katholiken. So ist auf dem Wartburgfest der Samen nicht nur zur deutschen Einheitsbewegung gepflanzt worden, sondern es haben dort auch der Antisemitismus und der Antikatholizismus des protestantischen Deutschland ihren nicht nur religiösen, sondern auch gesellschaftlichen Begriff gefunden. Indem die nationale Einheit religiös aufgeladen wurde, wurde dem Übergang von einer relativ toleranten Nationalbewegung zur aggressiven fremden- und minderheitenfeindlichen Ideologie des Nationalismus Vorschub geleistet.

Nach dem politischen Sonntagsgottesdienst genossen die versammelten Studenten im Hof der Wartburg das gesellige Gespräch und Singen: Ein Buch mit dem Titel «Lieder auf der Wartburg zu singen» war verteilt worden, die meisten Weisen nach der Melodie von «Heil Dir im Siegerkranz», die auf die englische Königshymne zurückging. Anschließend wurde im Rittersaal ein Mittagessen eingenommen. Zu diesem Zweck hatte der Großherzog sogar seine Fischteiche geleert, ihm wurde in den Trinksprüchen gedankt. Am Nachmittag nahmen die 500 Burschen neben einer gleichen Zahl von Männern des Eisenacher Landsturms am Festgottesdienst zum Gedenken an die Leipziger Völkerschlacht in der Eisenacher Stadtkirche teil. Anschließend bewunderte man auf dem Marktplatz Turnspiele von Mitgliedern der Jenaer und Berliner Burschenschaft, die zur Keimzelle der von Friedrich Ludwig Jahn inspirierten deutschen Turnbewegung gehörten.

Abends um 6 Uhr trafen sich die Studenten wieder auf dem Eisenacher Marktplatz, um den vierten Jahrestag des Sieges bei Leipzig zu feiern. Der 18. Oktober wurde seit 1814 in jedem Jahr mit Freudenfeuern auf deutschen Hügeln und Bergen begangen, er sollte auf Anregung von Arndt und Jahn zum deutschen Nationalfeiertag werden. Großherzog Carl August hatte schon einen Monat vor dem Wartburgfest angeordnet, auch «eine angemessene Menge Brennholz zu Freudenfeuern» zur Verfügung zu stellen. Da der Berg mit der Wartburg an der Spitze sich für diesen Zweck nicht eignete, wich man auf den in entgegengesetzter Richtung nordöstlich von Eisenach gelegenen Wartenberg aus, dessen geräumige unbewaldete Kuppe ideal für die zahlreichen Feuer war, an denen sich mehrere Tausend Schaulustige ergötzten.

Nachdem der studentische Fackelzug auf dem Wartenberg angekommen war, hielt der Jenaer Philosophiestudent Ludwig Rödiger eine flammende Rede. Er beschwor das Recht der Studenten, die ihr Leben im Befreiungskrieg riskiert hatten, auch in Friedenszeiten mitbestimmen zu können. Das deutsche Vaterland erwarte von den Burschen die Bereitschaft, «Märtyrer zu werden für seine heilige Sache».

Damit war der offizielle Ablauf des Wartburgfestes abgeschlossen. Nicht auf dem Programm stand die «Zugabe des Festes», wie der Jenaer Medizinprofessor Dietrich Georg Kieser, der Chronist der Ereignisse des Wartburgfestes, sie charakterisierte: ein Autodafé von Büchern und Gegenständen, die dem patriotischen Hochgefühl widersprachen. Der Berliner Student Hans Ferdinand Maßmann, der zum Kreis um den «Turnvater» Jahn gehörte, hatte dem vorbereitenden Jenaer Festausschuss eine Verbrennung verabscheuter Bücher vorgeschlagen, war mit dieser Idee aber abgeblitzt. Er beschaffte sich dennoch mit Freunden aus einer Eisenacher Druckerei Makulaturpapier und schnürte es zu kleineren Packen mit Deckeln, auf denen er in großen Lettern die gekürzten Titel der verfemten Publikationen notierte. Maßmann bezog sich in seiner Rede, mit der er die wohlgeplante Überraschungsaktion einleitete, auf Luthers Verbrennung der päpstlichen Bulle und weiterer römischer Schriften am 10. Dezember 1520 in Wittenberg, er beschwor den «Haß gegen alle Bösen und Buben im Vaterlande». Dann verlas er aus einer vermutlich von Jahn verfassten Liste die Autoren und Titel von vorgeblich fortschritts- und volksfeindlichen Büchern, seine Gehilfen entnahmen deren symbolische Packen dem mitgebrachten Korb und übergaben sie mit Hilfe einer Heugabel den Flammen. Die herumstehende Menge stimmte jubelnd mit dem Ruf «Ins Feuer» zu, auch wenn ihr die Bücher und deren Autoren zumeist unbekannt waren. Selbst Maßmann musste später vor dem Berliner Universitätsgericht eingestehen, dass er die wenigsten Werke bei der Aktion kannte, holte die Lektüre aber im folgenden Wintersemester nach.

Zu den an die 25 Büchern, darunter auch einigen Zeitschriften, welche von den Burschen als anstößig verbrannt wurden, gehörten vor allem als reaktionär eingeschätzte Titel mit Carl Ludwig von Hallers soeben im ersten Band erschienenen «Restauration der Staatswissenschaften» an der Spitze. August von Kotzebues «Geschichte des deutschen Reiches von den Anfängen bis zu seinem Untergang» wurde als undeutsch verurteilt. Auch kritische Bücher zur deutschen Studenten- und Turnbewegung wurden den Flammen übergeben. Sammlungen zu den Polizeigesetzen fielen ebenso unter das studentische Verdikt wie der Code Napoléon als Ausdruck französischer Unterdrückungsherrschaft. Besonders geschmäht wurde Saul Aschers «Germanomanie». Dieser in der Tradition der Aufklärung stehende deutsch-jüdische Schriftsteller hatte nach 1815 nach dem Sieg über Napoleon in Auseinandersetzung mit den Schriften von Arndt und Jahn vor einem deutschtümelnden Nationaldünkel gewarnt. Sein Buch wurde dem Feuer mit den antisemitischen Worten übergeben: «Wehe über die Juden, so da festhalten an ihrem Judenthum und wollen über unser Volksthum und Deutschtum spotten und schmähen.»

Zum Abschluss der Verbrennungsaktion wurden noch drei Symbole des absolutistischen Militärsystems ins Feuer geworfen: ein preußischer Ulanenschnürleib, ein kurhessischer Haarzopf und ein österreichischer Korporalstock. Die später kolportierte Behauptung, dass auch die Schlussakten des Wiener Kongresses und der Heiligen Allianz verbrannt worden seien, war hingegen unzutreffend. Um Mitternacht, nachdem inzwischen auf dem Wartenberg ein schneidender Wind aufgekommen war, zogen die Studenten in die Stadt zurück und erwärmten sich bei einem Gelage.

Doch mit diesen Ereignissen vom 18. Oktober 1817 waren die studentischen Veranstaltungen auf der Wartburg keineswegs zu Ende. Am nächsten Tag folgte auf die historischen Gedenkveranstaltungen eine allgemeine Burschenversammlung, in der es um die eigentlichen Anliegen der in Eisenach versammelten Studenten für ihre zukünftige Organisation ging. Schon die Anfang 1816 in Jena gegründete sogenannte Urburschenschaft, von der die Einladung zu der gesamtdeutschen Zusammenkunft auf der Wartburg ausgegangen war, verfolgte ein dezidiertes Programm der Reform der Studentenschaft, insbesondere ihrer Lebens- und Organisationsweisen.

Dabei ging es um die Überwindung des partikularistischen Aufbaus und der antiquierten Rituale der herkömmlichen studentischen Landsmannschaften zum Beispiel im Duellwesen. Diese am Ziel der deutschen Einheit und des bürgerlichen Fortschritts orientierte Programmatik sollte nun nicht nur auf alle deutschen Studentenschaften übertragen werden, sondern auch als Fanal für die Veränderung aller politischen Verhältnisse in den deutschen Staaten dienen.

So war die am folgenden Tag, am 19. Oktober 1817, abermals im Rittersaal der Wartburg stattfindende Diskussion der «allgemeinen Burschenschaftsversammlung» geprägt vom Selbstverständnis der Studenten als Vorreiter im Kampf um konstitutionelle Freiheiten und nationale Einheit Deutschlands. Richtungsweisend wurde der längere Redebeitrag von Friedrich Wilhelm Carové, dem gemäßigten Sprecher der Heidelberger Burschenschaft. Dieses mit seinen 28 Lebensjahren im Vergleich zu anderen führenden Burschenschaftlern ältere Semester stammte aus dem Rheinland und studierte nach einem vorangegangenen Jurastudium seit 1816 in Heidelberg Philosophie unter Georg Wilhelm Friedrich Hegel. 1818 sollte er seinem verehrten Lehrer nach Berlin folgen. Carové, der gleichermaßen von den Ideen der Aufklärung wie der Romantik inspiriert war, sprach sich entschieden für die Verständigung zwischen verfeindeten Gruppen und Völkern aus. Er war ein Vorreiter der deutsch-französischen Verständigung und wandte sich gegen den christlich verbrämten Antisemitismus seiner norddeutschen Burschenschaftsbrüder.

Im Geiste der von Carové propagierten Versöhnung kam es am Ende der studentischen Versammlung auf der Wartburg zu anrührenden Verbrüderungsszenen. Am Nachmittag des 19. Oktober 1817 nahmen die in Eisenach versammelten deutschen Studenten aller Regionen und Konfessionen an einem gemeinsamen heiligen Abendmahl teil und verabschiedeten sich, bevor sie in ihre Universitätsstädte zurückwanderten, unter tränenreichen Wiedersehenswünschen.

Doch über dieser so harmonisch abgeschlossenen studentischen Zusammenkunft in der thüringischen Mitte Deutschlands braute sich bereits ein obrigkeitliches Gewitter zusammen. Auslöser war das radikale Autodafé am Abend des 18. Oktober 1817, das alle anderen gemäßigten und geordneten Erscheinungen des Wartburgfestes in den Hintergrund rücken ließ. Um die symbolische Verbrennung der als reaktionär verurteilten Schriften entbrannte ein heftiger Streit, zunächst auf publizistischer Ebene, dann auf der Ebene der Politik und Justiz. Auslöser war das schon eine Woche nach der Aktion verfasste Denunziationsschreiben von Karl Albert von Kamptz, dem Leitenden Direktor des preußischen Polizeiministeriums, an den Großherzog von Sachsen-Weimar-Eisenach, in dem dieser von einem Akt des «Vandalismus demagogischer Intoleranz» durch einen «Haufen verwilderter Professoren und verführter Studenten» sprach. Kamptz war persönlich von der Verbrennungsaktion betroffen, war doch ein von ihm herausgegebener Sammelband von deutschen Polizeigesetzen auf dem Wartenberg dem Feuer übergeben worden. Doch argumentierte der hochkonservative Jurist scharfsinnig nicht mit der Verletzung seiner eigenen Autorenrechte, sondern mit dem Angriff auf die obrigkeitliche Polizeigewalt und das monarchische Prinzip, trügen die Gesetze in seiner Sammlung doch die Unterschriften der Staatsoberhäupter, darunter auch des Großherzogs.

Noch gelang es dem Weimarischen Staatsministerium in seinem Bericht, der einen Monat nach dem Ereignis vorgelegt wurde, das Wartburgfest in Schutz zu nehmen, das insgesamt von den Studenten sehr gesittet durchgeführt worden sei. Die tadelnswürdigen Aktionen in der späten Abendzeit seien von einigen «Fremdlingen», die vermutlich Nichtakademiker seien, unternommen worden. Doch die Höfe in Wien und Berlin verschärften ihren diplomatischen Druck auf den Weimarer Großherzog, dessen frühe Gewährung einer Verfassung und insbesondere Zulassung der Pressefreiheit ihnen schon länger ein Dorn im Auge war. In Preußen wandte sich König Friedrich Wilhelm III. immer mehr jener Gruppe seiner Berater und Beamten zu, die der Restauration und nicht mehr der Reform nahestanden. Der Monarch veranlasste Verhöre von preußischen Wartburgteilnehmern, die Einschränkung und letztlich Aufhebung der Turnplätze und die systematische Überwachung suspekter Aktionen und Personen.

Im Großherzogtum Sachsen-Weimar-Eisenach kam es zu Gerichtsverfahren gegen Jenaer Professoren wie Fries und Oken, denen die Unterstützung aufrührerischer Aktionen vorgeworfen wurde. Sie endeten nach Verurteilungen noch in Freisprüchen durch die zweite Instanz. Doch es war offensichtlich, dass die Obrigkeiten, insbesondere in Wien und Berlin, nur auf einen weiteren Anlass warteten, um mit voller Gewalt gegen die an deutschen Universitäten vermuteten revolutionären Gefahren vorzugehen.

Diese Lithographie von Laurenz Lersch aus dem Jahr 1839 entstammt einer zeitgenössischen Werbebroschüre, mit welcher die Universität Bonn dem allgemeinen Rückgang der Studentenzahlen zu Ende der 1830er Jahre entgegenwirken wollte. Sie zeigt Studenten im sogenannten Arkadenhof des nach einem großen Brand von 1777 total renovierten Schlosses des Kölner Kurfürsten in der damals üblichen altdeutschen Tracht. Einige der Kommilitonen tragen die populäre lange Tabakspfeife, einer hat sogar seinen «Renommierhund» dabei, den jeder reichere Student der Zeit besaß. Hunde und Pfeifen waren an sich in der Universität streng verboten: Die Studenten machten sich ein Vergnügen daraus, die akademische Obrigkeit mit ihrer Karzerjustiz herauszufordern.

DIE GRÜNDUNG DER BONNER UNIVERSITÄT (1818)

Der protestantische König von Preußen errichtet eine akademische Bastion im katholischen Rheinland

Am 18. Oktober 1818 unterzeichnete der preußische König Friedrich Wilhelm III. in Aachen die Stiftungsurkunde für die «Rheinische Universität» in Bonn. Was auf den ersten Blick wie eine erfreuliche Angelegenheit aussah, war in Wirklichkeit eine schwere Geburt, die der Monarch nur widerwillig zuließ.

Auf dem Aachener Kongress sollte im Herbst 1818 die drei Jahre zuvor in Wien beschlossene europäische Friedensordnung befestigt werden. Erörtern wollte man auch die seit dem studentischen Wartburgfest vom Oktober 1817 wachsende Sorge der restaurativen Vormächte der Heiligen Allianz über die Unruhe an den mittel- und norddeutschen Universitäten. Sie wurde durch eine Denkschrift noch geschürt, die der russische Zar in Aachen seinen monarchischen Partnern zukommen ließ. Ihr Verfasser, ein aus Griechenland stammender russischer Staatsrat, hatte sich an deutschen Hochschulen umgetan und sie als Brandstätten atheistischer und revolutionärer Bestrebungen entlarvt. Dieser Verdacht jakobinischer Verschwörungen war Wasser auf die antirevolutionären Mühlen Metternichs. Der österreichische Staatskanzler beschwor den preußischen König, der Universitäts- und Pressefreiheit in seinem Land Zügel anzulegen. Kein Wunder, dass der von Natur aus ängstliche Friedrich Wilhelm III. zögerte, die dem Rheinland längst versprochene Hochschule zu gründen.

Doch der preußische Staatskanzler Hardenberg machte seinem Monarchen deutlich, dass er die Einlösung dieses Versprechens an seine neuen Untertanen im Rheinland nicht weiter aufschieben dürfe, wolle er deren Eingliederung in den preußischen Staatsverband nicht gefährden. Noch von Wien aus hatte Friedrich Wilhelm III. am 5. April 1815 in seinem Besitzergreifungspatent den Rheinländern die Zusage gegeben, in der neuen Provinz eine Universität und Bildungsanstalten für Geistliche und Lehrer zu errichten.

Damit war die «Preußische Rhein-Universität», unter welchem Namen sie lange Jahre firmierte, schon während des Wiener Kongresses gezeugt worden. Doch danach entbrannte ein langwieriger Streit um ihren Geburtsort. Zahlreiche rheinische Städte machten sich Hoffnung und verwiesen dabei wie Aachen, Düsseldorf, Duisburg, Koblenz und Trier auf frühere Hochschulen in ihren Mauern.

Der Wettbewerb spitzte sich schließlich auf die Konkurrenz zwischen Köln und Bonn zu. Für Köln sprach nicht nur die alte, 1388 gegründete Universität, die allerdings 1798 geschlossen worden war, sondern auch der Besitz kultureller Preziosen wie der imposante, wenn auch unvollendete Dom und die Kollektion mittelalterlicher Bilder, die von ihren Sammlern in eine Kölner Stiftung eingebracht werden sollten. Doch ebendiese Tradition des «heiligen Köln» ließ auch die preußischen Universitätsgründer ob der Dominanz der katholischen Hierarchie vor einer Universität in der rheinischen Metropole zurückschrecken.

Auch Bonn konnte auf eine Vorgängerinstitution verweisen, eine vom Kölner Kurfürsten im Geiste der Aufklärung 1777 gegründete Akademie, die 1786 in den Rang einer Universität aufgestiegen war, aber schon ein Jahrzehnt später während der französischen Besatzung unterging. Für den Bonner Standort sprachen nicht nur wirtschaftspolitische Erwägungen (die Stadt lag nach dem Verlust der kurkölnischen Residenzfunktion darnieder), sondern auch die leerstehenden Schlösser als Universitätssitz und nicht zuletzt die wunderschöne landschaftliche Lage am Ausgang des Mittelrheintals in die Kölner Bucht.

Alle diese Vor- und Nachteile der beiden Standorte wurden nicht nur von den beiden Städten in zahlreichen Eingaben vorgebracht, sondern auch in einer Fülle von Denkschriften und Gutachten erörtert. Selbst Johann Wolfgang von Goethe wurde um seinen Rat gebeten, legte sich aber nicht fest. In den kontroversen Stellungnahmen der preußischen Spitzenbürokraten schlugen sich nicht nur die seit 1815 im preußischen Beamtenapparat gärenden Auseinandersetzungen zwischen Reformern und Reaktionären nieder, sondern kamen auch die Spannungen zwischen Staatskanzler Hardenberg und Karl Freiherr vom Stein zum Altenstein zum Ausdruck, der im November 1817 die Leitung des neu eingerichteten Ministeriums für Kultus und öffentlichen Unterricht übernommen hatte. Altenstein, der zu den zentralen Säulen der preußischen Reform gehörte, wurde der eigentliche Geburtshelfer für die Bonner Universität – eine der

Bedeutung Wilhelm von Humboldts für die Gründung und die Erstberufungen der Berliner Universität im Jahr 1810 vergleichbare Rolle.

Der König entschied schließlich am 26. Mai 1818 in einer Kabinettsordre an den Staatskanzler, dass Bonn der Sitz der rheinischen Hochschule werden sollte. Er verfügte, dass die Universität ihre Vorlesungen im bevorstehenden Herbst beginnen sollte. Doch waren damit seine Zweifel nicht ausgeräumt, wuchsen vielmehr aus Sorge vor der burschenschaftlichen Bewegung weiter an. Staatskanzler Hardenberg musste sein ganzes diplomatisches Geschick einsetzen, um den König doch noch zur Einlösung seines Versprechens an die Rheinländer zu überreden.

In der Nacht vom 17. auf den 18. Oktober 1818 entwarf Johannes Schulze, der engste Mitarbeiter von Kultusminister Altenstein, in Aachen die Stiftungsurkunde. Am 18. Oktober 1818 unterschrieb König Friedrich Wilhelm III., morgens nach dem Frühstück, die Stiftungsurkunde der Universität Bonn. Es war wohl eher ein Zufall, dass die königliche Unterschrift am Jahrestag der Leipziger Völkerschlacht von 1813 und des Wartburgfestes von 1817 vollzogen wurde.

Die wichtigste Vorgabe an die neue Universität war die Bestimmung, dass sie wie die 1811 in Breslau gegründete Hochschule als paritätische Institution einzurichten war. Zwei theologische Fakultäten, eine katholische und eine evangelische, sollten streng gleichberechtigt nebeneinanderstehen. Damit wurde der Tatsache Rechnung getragen, dass die im protestantischen Erbe stehende preußische Monarchie eine Hochschule in der überwiegend katholischen Rheinprovinz etablierte. Aus Rücksicht auf die notwendige konfessionelle Gleichstellung hatte man zuvor die Anknüpfung an ältere Universitätstraditionen sowohl im katholisch-scholastischen Köln als auch im calvinistisch-reformierten Duisburg verworfen. Der Gründung im weniger einseitig vorbelasteten Bonn kam eine immense bildungs- und kulturpolitische Funktion bei der Integration der neuen Provinz in den preußischen Staatsverband zu.

Ein wesentliches Motiv für die Auswahl Bonns als Standort der rheinischen Universität waren die beiden Schlösser, in welchen die neue Hochschule ihren Sitz nehmen konnte. Am Südrand der Stadt hatten die Kölner Kurfürsten während des Barocks ein großzügiges und langgestrecktes Schloss errichtet, das nach dem Ende ihrer

Herrschaft und der anschließenden Franzosenzeit leer stand. In den Räumen dieses ehemaligen Residenzschlosses wurden für die neue Universität nicht nur 14 Hörsäle, die Bibliothek, die Dienstwohnung des Kurators und die Unterkünfte der Universitätsdiener, die Reithalle, der Fechtsaal und der studentische Karzer untergebracht. Auch das Klinikum einschließlich eines Operationssaales fand hier seinen Platz. Die vormalige katholische Schlosskirche wurde einer neuen Funktion zugeführt: Der preußische König übergab sie der Nutzung durch die Evangelische Gemeinde, die im katholischen Bonn nach 1818 mit dem Zuzug zahlreicher protestantischer Professoren ihren Anfang nahm.

Im damals außerhalb Bonns gelegenen Poppelsdorfer Schloss fanden die naturwissenschaftlichen Sammlungen ihre Unterkunft. Dabei konnte der erste Lehrstuhlinhaber für Botanik bei der Anlage des Botanischen Gartens an eine Gartenanlage anknüpfen, die er auf dem Freigelände um dieses Lustschloss vorfand.

Und nicht zuletzt übergab der preußische König der Bonner Universität großzügige Liegenschaften, an erster Stelle den Hofgarten südlich des Hauptgebäudes der Universität und die breite Poppelsdorfer Allee zwischen den beiden Schlössern, beides bis heute städtebauliche Kleinodien. Der Blick vom Hauptgebäude der Universität über die Hofgartenwiese auf den Rhein und die Godesburg sowie in der Ferne auf das Panorama des Siebengebirges gehört zu den Attraktionen Bonns.

Doch nicht nur die landschaftliche Umgebung, mehr noch die Berufung prominenter Professoren schon vor der offiziellen Eröffnung der rheinischen Universität sollte deren Anziehungskraft sichern. Kultusminister Altenstein gelang es, mit August Wilhelm von Schlegel einen illustren Fisch von interdisziplinärer Farbigkeit und europäischem Ansehen vom Genfer See an den Mittelrhein zu ziehen. Der hannoversche Pastorensohn hatte sich bereits in jungen Jahren als Mitglied des Jenaer Kreises der Frühromantiker zusammen mit seinem Bruder Friedrich, dessen damaliger Frau Caroline, ihrem späteren Gatten Friedrich Wilhelm Schelling und Friedrich von Hardenberg, genannt Novalis, einen Namen als geistvoller Literaturkritiker und -theoretiker gemacht und war danach durch Übersetzungen der Werke von Dante und Calderón sowie insbesondere Shakespeare berühmt geworden. Seit 1804 war Schlegel als Hauslehrer in einem Schloss am Genfer See der Begleiter und Berater von Madame de Staël, der kategorischen Kritikerin des französischen Kaisers und Bewunderin der deutschen Kultur.

Nach dem Tod Germaine de Staëls im Juli 1817 witterte Kultusminister Altenstein die Chance, Schlegel für eine preußische Universität zu gewinnen. Anfangs war Berlin im Gespräch. Doch dann präferierte der fünfzigjährige Gelehrte Bonn, da er sich in Heidelberg in die über 20 Jahre jüngere Tochter eines Theologieprofessors verliebt hatte, der er den Umzug in das ferne und raue Berlin nicht zumuten wollte. Schlegel fand in Bonn ein hochherrschaftliches Haus mit 14 Zimmern, doch gleich darauf kam die persönliche Katastrophe: Seine frisch angetraute Frau zog nicht nach Bonn, weil ihr Mann die Ehe nicht vollziehen konnte. Der Theoretiker der romantischen Liebe musste es hinnehmen, dass er zum Gegenstand sexueller Anzüglichkeiten seiner spätpubertären Studenten wurde.

Schlegel begann im November 1818 mit seinen Vorlesungen. Sie deckten ein breites Themengebiet ab, nicht nur die klassischen und romanischen sowie die deutschen und englischen Literaturen, sondern auch die Kunstgeschichte und die Geschichte des Altertums. Seine wegweisenden Studien über die indische Literatur und insbesondere das Sanskrit fanden zwar kaum studentisches Interesse, begründeten aber eine international hochgeachtete Forschungsrichtung.

Schlegel hatte mit den meisten seiner Themen unter den Studenten der jungen Universität eine große Zuhörerschaft. Doch noch mehr Eindruck machte das äußere Erscheinungsbild dieses alternden Paradiesvogels: Der eitle Gelehrte und Poet fuhr zu seinen von silbernen Kerzenkandelabern erleuchteten Vorlesungen mit einer Kalesche vor, ließ sich von einem livrierten Diener ankündigen, trug einen modischen Pariser Anzug und Glaceehandschuhe, schminkte sich und verfügte über 31 Perücken, wie seine studentischen Zuhörer minutiös beobachteten. So wurde er zur exotischen Attraktion unter den gutbürgerlichen Professoren der Gründungsjahrzehnte der Bonner Universität.

Große Hoffnungen verbanden sich an der neugegründeten Rheinischen Hochschule auch mit dem Renommee von Ernst Moritz Arndt, der bereits im August 1818 eine Berufungszusage als Professor der neueren Geschichte erhalten hatte. Der 1769 auf der damals zu Schweden gehörenden Insel Rügen geborene Sohn eines Gutspächters und vormaligen Leibeigenen war in der Zeit der französischen Fremdherrschaft als publizistischer Vorkämpfer der Befreiung Deutschlands und seiner nationalstaatlichen Einigung hervorgetreten. Der Reichsfreiherr vom Stein, dem Arndt im russischen Exil als Sekretär diente, hatte ihn ermuntert, sich schon im August 1814 um eine Professur an der rheinischen Hochschule zu bewerben.

Doch nach der endgültigen Befreiung Deutschlands von der napoleonischen Herrschaft drehte sich der politische Wind. Genau zu dem Zeitpunkt, als im Oktober 1818 der preußische König während des Kongresses von Aachen die Stiftungsurkunde für die Bonner Universität unterschreiben sollte, erschien der vierte Band von Ernst Moritz Arndts Sammlung zum «Geist der Zeit», in dem dieser mit derselben Verve wie zuvor für die äußere Befreiung des Vaterlandes nun für dessen innere Freiheit eintrat. Die Schrift wurde Friedrich Wilhelm III. von seinem Polizeiminister vorgelegt, worauf der Monarch mit Empörung reagierte und erwog, den ganzen Plan einer Universitätsgründung in seiner westlichen Provinz aufzugeben. Sein Staatskanzler konnte ihn mühsam überreden, das Kind nicht mit dem Bade auszuschütten. Nach der Gründung der Bonner Universität wurde die Ernennung von Ernst Moritz Arndt zwar aufrechterhalten, doch über diesem erstberufenen Professor hing von Anfang an das Damoklesschwert der Entlassung, zumindest Suspendierung vom Amt.

Die ersten an die rheinische Hochschule berufenen Professoren trafen im Verlauf des Wintersemesters 1818/19 in Bonn ein, die meisten aber erst zum Beginn des folgenden Sommersemesters. Gleiches galt für die Studenten: Im ersten Semester schrieben sich 47, im darauffolgenden Sommer schon 220 Kommilitonen ein. Darunter befanden sich zahlreiche Göttinger Studenten, die nach einem Streit mit Bürgern der Leinestadt an die neugegründete Bonner Universität zogen, unter anderem auch August Heinrich Hoffmann (von Fallersleben), der später die deutsche Nationalhymne verfasste. Bonn profitierte auch von der Ausweisung von zahlreichen «altdeutschen»

Studenten als «Ausländer» durch die sachsen-weimarischen Behörden nach dem Wartburgfest.

Auf diese an den Rhein verschlagenen Jenaer Burschenschaftler ging die Idee zurück, alle Bonner Studenten in einer «Allgemeinheit» zusammenzuführen. Der Name dieser Bonner Gründung dokumentierte, dass sie im Gegensatz zu den deutsch-christlichen Ausschließungstendenzen der Jenaer Urburschenschaft allen Kommilitonen offenstehen sollte, damit auch jüdischen Studenten. So gehörte zu den Mitgliedern dieser Vereinigung auch der aus einem jüdischen Elternhaus in Düsseldorf stammende Harry Heine, der nach seiner Konversion zum protestantischen Glauben im Jahr 1825 unter dem Namen «Heinrich Heine» zu deutscher und europäischer Berühmtheit aufstieg. Heine immatrikulierte sich im Wintersemester 1819/20 an der Bonner Universität für Rechts- und Kameralwissenschaften, dem Studiengang, dessen Absolvierung Voraussetzung für die berufliche Aufnahme in den höheren Justiz- und Verwaltungsdienst war. Doch schon in seinem ersten Studiensemester hörte Heine neben der vorgeschriebenen juristischen Pflichtvorlesung nicht nur die von Ernst Moritz Arndt angekündigte «Geschichte des deutschen Volks und Reichs», sondern vor allem Schlegels Kolleg über die «Geschichte der deutschen Sprache und Poesie». Im folgenden Sommersemester besuchte Heine gleich zwei von Schlegels Vorlesungen über die «Historisch-kritische Erklärung des Nibelungenliedes» und die «Deutsche Verskunst». Der literaturwissenschaftliche Altstar plauderte stundenlang mit dem Nachwuchspoeten über dessen Gedichte, der ihm im Juni 1820 in Dankbarkeit ein Sonett widmete. Das weitere Studium führte Heinrich Heine nach Göttingen und schließlich Berlin, doch bewahrte er seine Bonner Studienzeit in poetischer Erinnerung.

Heine gehörte auch zu den Studenten der «Allgemeinheit», die sich in der Tradition des Eisenacher Wartburgfestes von 1817 am 18. Oktober 1819 zu einem «Allerdeutschenfest» auf dem über Bonn gelegenen Kreuzberg versammelten, um der Leipziger Völkerschlacht zu gedenken. Eine größere Zahl von ihnen fuhr dann mit dem Schiff über den Rhein nach Königswinter und bestieg um Mitternacht den windumtosten Drachenfels, um dort ein Siegesfeuer anzuzünden. Heinrich Heine widmete dem Ereignis wenige Monate später ein romantisches Gedicht über «Die Nacht auf dem Drachenfels», das in dem ironischen Schluss endete, er habe von dem sagenumwobenen Burgfried nur «den Schnupfen und den Husten mit nach Hause» gebracht.

Das offene Agieren der Bonner «Allgemeinheit» ersparte ihr zunächst die nach dem Wartburgfest in allen deutschen Staaten eingeleiteten Maßnahmen gegen die geheimen Verbindungen. Eine der ersten Amtshandlungen des Rektors und Senats der am 18. Oktober 1818 eröffneten Bonner Universität war die Warnung der Studenten vor der Burschenschaft gewesen. Doch nach der anschließend zu schildernden Ermordung Kotzebues durch Carl Sand im März 1819 und den nachfolgenden Karlsbader Beschlüssen wurden auch in Bonn zahlreiche Studenten wegen Mitgliedschaft in den verbotenen Verbindungen relegiert.

Das tat dem rasanten Anstieg der Bonner Studentenzahlen keinen Abbruch, die schon zum Wintersemester 1821/22 auf 626 Namen und damit in die Größenordnung zahlreicher altetablierter Universitäten wie Heidelberg und Göttingen anstieg. Die rheinische Universität im idyllischen Bonn begann eine magische Anziehungskraft auf zahlreiche spätere Prominente auszuüben, so absolvierte dort Justus Liebig von 1819 bis 1821 sein Chemiestudium. Später gelangte Bonn in den Ruf einer vom Nachwuchs deutscher Fürstenhäuser präferierten Universität. Den Anfang machte im Sommer 1837 Albert von Sachsen-Coburg und Gotha, der drei Jahre später die englische Königin Victoria heiratete. Wenig später folgte der erste Hohenzollernprinz; auch die künftigen deutschen Kaiser Friedrich III. und Wilhelm II. studierten in der behüteten Idylle des Rheintals.

So wuchs die Bonner Universität nach einer schweren Geburt und prekären Kindheitsjahren seit den 1830er Jahren zu einer attraktiven und stabilen deutschen Universität heran. Zehn Jahre nach ihrer Gründung gewährte ihr der preußische König, ihr zögerlicher Geburtsvater, das Recht, seinen Namen zu führen. Heute ist die Bonner Hochschule die einzige deutsche Universität, die den altehrwürdigen Namen einer «Friedrich-Wilhelms-Universität» trägt.

Dieser Stahlstich von W. Pubuda von um 1840 zeigt August von Kotzebue, wie er im Wohnzimmer seines Mannheimer Hauses nach der tödlichen Verwundung durch Carl Sand zusammensinkt und ihm seine Tochter Emmy zu Hilfe kommt. In der linken Tür steht der Attentäter, in der rechten Tür Kotzebues dritte Frau Wilhelmina Friederike, die zwei Monate zuvor ihr achtes Kind geboren hatte, das letzte von 18 Kindern Kotzebues aus drei Ehen. An ihrer Hand erschrickt der vierjährige Sohn Alexander, der später zu einem bekannten Historienmaler wurde und zuletzt in München lebte.

DIE ERMORDUNG AUGUST VON KOTZEBUES DURCH CARL SAND (1819)

Ein Theologiestudent ersticht einen Lustspieldichter aus nationalistischem Glaubenswahn

Am 23. März 1819 spätnachmittags wurde in Mannheim ein kaltblütiges Attentat verübt. Der Täter, ein junger Theologiestudent in altdeutscher Tracht, ersuchte um ein Gespräch mit dem Opfer, einem populären Theaterschriftsteller. Kaum dass sich der Täter unter einem falschen Namen im Wohnzimmer des Hauses vorgestellt hatte, zog er einen Dolch und stieß unter dem Ausspruch «Hier, Du Verräther des Vaterlandes!» mehrfach zu. Das Opfer verschied kurz darauf in den Armen einer seiner Töchter.

Damit kam der Ermordete, August von Kotzebue, ans Ende seines schillernden Lebensweges, den er abwechselnd in Deutschland und Russland verbracht hatte. 1761 war er in Weimar als Sohn des Kabinettssekretärs der Herzogin Anna Amalia geboren worden. Nach einem Jurastudium trat Kotzebue in den Justiz- und später in den Verwaltungsdienst des russischen Zarenreiches, machte Karriere vor allem in Estland, wo er durch die Heirat mit einer baltendeutschen Adligen und den Kauf eines Rittergutes in den oberen Stand aufstieg.

Schon während seiner Studienzeit verfasste Kotzebue Schauspieltexte. Mit seinen 220 Bühnendichtungen wurde er zum populärsten Bühnenautor seiner Zeit, vor allem bei den weiblichen Theaterbesuchern öffneten seine Rührstücke oft die Tränenschleusen. Goethe mochte als stolzer Fürst der dichterischen Hochkultur auf die leichten und seichten Produkte des deutsch-russischen Konkurrenten herabblicken, doch als Weimarer Theaterdirektor setzte er sie immer wieder auf den Spielplan, füllten sie doch Zuschauerraum und Kasse. Kotzebue legte sich nicht mit Goethe an, doch in Fehden mit anderen Schriftstellern seiner Zeit zog er sich den Ruf eines frivolen, spottsüchtigen und streitbaren Parvenüs zu.

Anfang 1817 wurde August von Kotzebue als russischer Generalkonsul von Königsberg nach Weimar versetzt. Dabei ging es dem Zaren weniger um die Erledigung konsularischer Geschäfte in dem thüringischen Kleinstaat, sondern um einen Informanten, der ihm monatliche Berichte über kulturelle und politische Entwicklungen aus der geographischen und noch mehr der geistigen Mitte Deutschlands liefern würde. Im Mittelpunkt seiner Bulletins stand die Universität Jena als die Hochburg der nationalen Studentenbewegung. In seinem schon lange gehegten Verdacht, es könne sich bei der Urburschenschaft um die Vorhut eines gemeingefährlichen Revoluzzertums handeln, fühlte sich Kotzebue durch die Tatsache bestätigt, dass seine eigene 1814 erschienene «Geschichte des Deutschen Reiches» beim Wartburgfest am 18. Oktober 1817 auf den Scheiterhaufen geworfen wurde.

Der Konflikt zwischen dem konservativen Schriftsteller und den patriotischen Studenten brodelte über, als Ende 1817 eine Abschrift des Jahresabschlussberichtes Kotzebues an den Zaren versehentlich in die Hände der Jenaer Professoren Luden und Oken gelangte. Kotzebue wurde verdächtigt, ein russischer Geheimagent und Spion zu sein. So wurde ihm das Pflaster im thüringischen Großherzogtum zu heiß. Im Dezember 1818 flüchtete Kotzebue mit seiner Familie aus der bedrohlichen Atmosphäre Weimars nach Mannheim, um in der bekannten badischen Haupt- und Theaterstadt – die keine Universität und ihre Studenten beherbergte – Ruhe und Sicherheit zu finden. Doch schon nach drei Monaten spürte ein aufgehetzter Jenaer Student den Vater von 18 Kindern auf, das jüngste war zum Zeitpunkt der Mordtat erst zwei Monate alt.

Der Attentäter, Carl Ludwig Sand, wurde am 5. Oktober 1795 in Wunsiedel geboren, einem oberfränkischen Städtchen im Fichtelgebirge östlich von Bayreuth, das bis 1806 unter preußischer Verwaltung stand und 1810 zum Königreich Bayern kam. Sein Vater war ein pensionierter preußischer Justizamtmann, seine Mutter leitete einen Kupferhammer, ein kleines Hüttenwerk zur Verarbeitung von Kupfer. Als Heranwachsender erlebte Carl Sand die französische Besatzung seiner Heimat und deren wirtschaftliche Folgen für das Wohl seiner Familie, steigerte sich in eine aktionistische Hassstimmung gegen Frankreich und dessen Kaiser.

Anfang 1815 zog es Carl Sand in den Befreiungskrieg, doch als er an der Front ankam, war der Krieg mit der Schlacht bei Waterloo schon vorbei. So setzte er sein Theologiestudium in Erlangen fort. Im Oktober 1817 entschloss sich Sand, an die Universität Jena als den Mittelpunkt der burschenschaftlichen Bewegung zu wechseln. Auf dem Weg dorthin nahm er am 17./18. Oktober 1817 am legendären

Wartburgfest teil. Sand wurde Mitglied des Festausschusses und mit der feierlichen Begleitung der schwarz-rot-goldenen Fahne beim Zug auf die Wartburg beauftragt. Er verteilte Exemplare eines gedruckten Manifests, in dem er sich in langatmigen Worten gegen den Partikularismus der Landsmannschaften und für eine einzige vaterländische Burschenschaftsorganisation aussprach. Der Text gipfelte in dem Aufruf: «Jedweden Unreinen, Unehrlichen, Schlechten und wer nur immer seinen deutschen Namen entehrt, soll der *Einzelne* auf eigene Faust nach *seiner hohen Freiheit* [Hervorhebungen durch Carl Sand] zu offenen Kampfe entgegentreten.» Dieses verquaste Manifest fand unter den Teilnehmern des Festes keine Beachtung, wurde später aber als ein wichtiger Schritt in Sands Entwicklung zum politischen Attentäter erkannt.

Anschließend geriet Carl Sand an der Universität Jena unter den Einfluss Karl Follens, der kurz zuvor von der Gießener Universität an die Saliana gewechselt war. Dieser Privatdozent der Rechtswissenschaften führte die Gruppe der «Unbedingten». So nannte sich der radikale Flügel der Burschenschaften. Er vertrat einen extremen Nationalismus und propagierte die revolutionäre Erhebung gegen die Obrigkeit einschließlich der Ermordung deutscher Fürsten als Tyrannen. Für dieses Feindbild eignete sich der liberale Großherzog Carl August von Sachsen-Weimar-Eisenach kaum, so stilisierte Sand den in Weimar lebenden russischen Staatsrat Kotzebue dazu. Am 5. Mai 1818 schrieb er in sein Tagebuch: «Wenn ich sinne, so denke ich oft, es sollte doch einer mutig über sich nehmen, dem Kotzebue oder sonst einem solchen Landesverräter das Schwert ins Gekröse zu stoßen.»

Anfang des Jahres 1819 ließ sich Carl Sand zwei Dolche anfertigen. Am 8. März verließ er Jena, nachdem ihm Follen das Reisegeld geliehen hatte. Am Vormittag des 23. März erreichte er schließlich Mannheim. Schon am Mittag begab er sich zum Hause Kotzebues, der aber nicht zu sprechen war. Gegen fünf Uhr kehrte er nochmals zurück, und diesmal wurde er eingelassen. Als er kurz darauf von Kotzebue begrüßt wurde, stach er diesem, wie eingangs erwähnt, den größeren Dolch, sein sogenanntes Schwert, mehrfach mit großer Wucht in den Hals und Leib, unter anderem ins Herz. Der deutsche Bühnendichter und russische Staatsrat verblutete innerhalb einer halben Stunde.

Ursprünglich plante Sand, nach dem Mordanschlag zu fliehen. Doch nach der Tat bemerkte er an der Tür zum Wohnzimmer ein kleines Kind, den vierjährigen Sohn Alexander von Kotzebue. Dieser glaubte, dass der fremde Mann mit dem Vater Krieg spielen wolle. Das Schreien des Kindes veranlasste Carl Sand, sich selbst den kleineren Dolch in die Brust zu stoßen. Er schleppte sich vor die Haustür. An dieser wollte er ursprünglich ein mit der Überschrift «Todesstoß dem August von Kotzebue» betiteltes Bekennerschreiben anheften, in Anlehnung an den Mythos von Martin Luthers Thesenanschlag. Doch da er die beiden Dolche nicht mehr zur Hand hatte, übergab Sand die Erklärung einem Diener Kotzebues. In dem Text, an dem er wochenlang gefeilt hatte, rechtfertigte Sand seine Tat mit vielen frommen und patriotischen Worten, gipfelnd in dem Aufruf: «Die Reformation muß vollendet werden!» Danach zog Carl Sand den kleineren Dolch aus seiner eigenen Brust und fügte sich nochmals eine nun tiefere Wunde zu. Er kniete nieder und rief laut betend zum Himmel: «Großer Gott, ich danke dir, daß du mich dieses Werk der Gerechtigkeit hast vollbringen lassen!»

Sand wurde auf einer Trage ins Mannheimer Krankenhaus gebracht. 12 Tage später wurde er vom Hospital ins Zuchthaus verlegt, weil dort Bewachung und Vernehmung besser sichergestellt werden konnten. Auch dort erfuhr er eine Vorzugsbehandlung, lag in einem bequemen Zimmer abseits der Zellen. Drei Tage später wurde er von einem Heidelberger Chirurgieprofessor operiert, der anderthalb Pfund halbgetrocknetes Blut aus der Bauchhöhle entfernte. Auch in der Folgezeit blieb die Wunde offen und eiterte, Sand hatte erhebliche Schmerzen und war teilweise gelähmt. Sein Betragen während der ganzen Gefangenschaft wurde von den Wärtern wie der Untersuchungskommission als bescheiden, folgsam und kooperativ gelobt.

Nach dem bis Mitte des 19. Jahrhunderts in Deutschland üblichen sogenannten Inquisitionsverfahren war die erste Stufe bei Strafprozessen die Untersuchung durch einen Richter, der dann selbst den Prozess einleitete, bei dem nichtöffentlich verhandelt und lediglich nach Aktenlage entschieden wurde. Wegen der Bedeutung des Mordes setzte der Großherzog von Baden schon bald nach der Tat nicht nur einen Richter, sondern eine mehrköpfige Kommission zur

Untersuchung ein. Der Vorsitz wurde Staatsrat Levin Karl von Hohnhorst übertragen, einem angesehenen Richter des Hofgerichts, der später zum Präsidenten des Badischen Oberhofgerichts aufstieg. Hohnhorst gab 1820 in der Cottaschen Buchhandlung eine auf den Originalakten der Untersuchung beruhende «Übersicht» des Ablaufs, der Motive und vor allem der Suche nach Mitwissern des Attentats heraus, auf der die Vielzahl der bald danach erscheinenden, aber auch bis heute immer wieder publizierten Veröffentlichungen zur Ermordung August von Kotzebues durch Carl Sand beruht.

Zur Rechtfertigung seines Mordanschlags schrieb Sand am Abend der Tat bei der ersten Vernehmung, noch nicht wieder der Sprache mächtig: «A. v. Kotzebue ist der Verführer unserer Jugend, der Schänder unserer Volksgeschichte, und der russische Spion unseres Vaterlandes.» Wie schon in den Abschiedsbriefen an seine Familie und an seine burschenschaftlichen Freunde, die nach der Tat aufgefunden wurden, legitimierte Sand den Mord mit einem Amalgam von religiösen Märtyrervorstellungen und patriotischen Pflichtgefühlen. Karl August Varnhagen von Ense, der als preußischer Geschäftsträger am badischen Hof die Ereignisse aus nächster Nähe beobachten konnte, charakterisierte die Erklärungen Carl Sands als den Versuch, «ein wahnsinniges Unternehmen in dürftiges Pathos zu kleiden». Das Fundament für Sands weitschweifige Verteidigung war sein durch Follens Indoktrination entstelltes Verständnis der auf die Philosophen Schelling und Fries zurückgehenden Lehre, dass recht sei, was der Mensch nach seiner Überzeugung dafür halte. Sand hing explizit der Auffassung an, der Zweck heilige die Mittel.

Nach sechs Monaten fast täglichen Verhörs durch die Untersuchungskommission, die Rücksicht auf Schwächeanfälle des Angeklagten nahm, kam es im September 1819 zum Schlussverhör. Anschließend wurde die in diesem Monat in Mainz errichtete Zentraluntersuchungs-Kommission involviert. So wurden erst im November die Akten an das Badische Hofgericht in Mannheim zur Entscheidung abgegeben.

Es bestand kein Zweifel an der Planmäßigkeit der Tat. Im Rahmen seiner monatelangen Vorbereitungen hatte sich Carl Sand sogar in der Jenaer Anatomie über die Lage des Herzens informiert und den Überfall an einem burschenschaftlichen Freund geübt. Sands

Verteidiger argumentierte, dieser habe Irriges im Wahn der Wahrheit vollbracht. Sein Mandant sei gemütskrank, daher schuldfrei und unter psychiatrische Aufsicht zu stellen. Die beiden Gerichtsinstanzen folgten dieser Auffassung nicht. Ihnen lag nicht nur die explizite Erklärung Carl Sands vor, dass er seine Tat bei vollem Verstand verübt habe. Auch das Gutachten des Mannheimer Stadtphysikus über den physischen und psychischen Zustand Sands kam zu dem Schluss: «Was seine Vernunft betrifft, so hat der Unterzeichnete nie eine Zerrüttung an derselben wahrnehmen können.» Sein Verstand sei «mittelmäßig (nicht umfassend, nicht scharf, nicht gründlich) und ganz in der Herrschaft seines heftigen überspannten Vorstellungs- und Gefühlsvermögens befangen».

Hofgericht und Ober-Hofgericht konstatierten einen kalt, ruhig und besonnen ausgeführten Meuchelmord. Darauf stand die Enthauptung mit dem Schwert. Von der üblichen Verschärfung der Strafe für ein solches Verbrechen durch Aufstocken des Kopfes auf einem Pfahl sollte aber abgesehen werden. Die Entscheidung der letzten badischen Instanz erfolgte erst nach langem Zögern und auf Druck des österreichischen und preußischen Hofes am 5. Mai 1820. Zuvor war lange Zeit erwartet und wohl auch gehofft worden, dass Carl Sand seinen schweren Verletzungen erliegen würde. Der Großherzog von Baden zögerte noch eine Woche mit seiner Bestätigung bis zum 12. Mai, die Hinrichtung wurde dann auf Pfingstsamstag, den 20. Mai 1820 angesetzt.

Carl Sand reagierte, als ihm am 17. Mai sein Todesurteil verkündigt wurde, mit freudiger Erwartung. Als man ihn mit makaberem Hintersinn fragte, ob er den Kopf gerade halten könne, stand er von seinem Lager auf, ging im Zimmer auf und ab, hielt den Kopf in die Höhe und zitierte eine Viertelstunde lang den patriotischen Dichter Theodor Körner. Für sein letztes Abendessen bestellte er sich, der Jahreszeit angemessen, Spargel, wie er ihn von seiner Mutter liebte, am frühen Morgen seines letzten Lebenstages aß er die übliche Mehlsuppe. Bei Sonnenaufgang wurde Sand auf einer Kalesche zum Richtplatz gefahren. Kein Mannheimer Bürger hatte den Behörden ein Gefährt verkaufen wollen, so mussten sie es, wie die zeitgenössischen Berichte schrieben, von einem Juden ausleihen. Auf dem Prozessionszug zur Hinrichtungsstätte vor dem Heidelberger Tor grüßte der Delinquent freundlich nach beiden Seiten die vielen Menschen, die ihm ein Lebewohl zuriefen.

Carl Sand verhielt sich bei seiner Hinrichtung ruhig und beherrscht, sprach sogar ein ermunterndes Wort zu dem Scharfrichter Wittmann aus Heidelberg. Er hatte darum gebeten, sein nach altdeutscher Tracht langes Haupthaar nicht abzuschneiden, so wurde es hochgebunden, und es wurden nur einige Locken für seine Mutter abgeschnitten. Nach zwei Schwertstreichen fiel der Kopf, wurde der Menge gezeigt und neben dem Körper in den Eichensarg gelegt. Karl August Varnhagen von Ense hat aus dem Publikum die Reaktion überliefert: «Ach, es war doch gar ein zu schöner Mensch und ist so schön gestorben; ich hätte heulen können.»

Carl Sands Sarg wurde in der späten Nacht seines Todestages auf dem lutherischen Friedhof in Mannheim beigesetzt, ganz in der Nähe des Grabes von August von Kotzebue. Als dieser Friedhof Jahrzehnte später aufgelassen wurde, bettete man die sterblichen Überreste beider auf den Mannheimer Hauptfriedhof um. Dort sind die imposanten Grabmäler von Mörder und Ermordetem noch heute in nächster Nähe zu bewundern.

Mit dem zum Zeitpunkt seines Todes 59-jährigen Kotzebue und dem 24-jährigen Sand waren in einem politischen Attentat zwei Welten aufeinandergeprallt: Kotzebue verkörperte das alte, aufgeklärte, lebensfrohe und internationalistische Ancien Régime des 18. Jahrhunderts, Sand die neue vorgeblich sittlich rigorose Zeit des folgenden Jahrhunderts, in der die Idee der Nation zum emotional-politischen Glaubenssatz einer säkularen Religion erhoben wurde. Doch im Tode wurden sie durch eine Mordtat vereint, welche die Weichen für die politische Entwicklung des vormärzlichen Deutschland stellte.

Kaum dass der Kopf von Carl Sand gefallen war, stürmten Zuschauer das Schafott, schnitten blutige Späne ab und tauchten Taschentücher in das Blut. In diesem Reliquenkult verkörperte sich eine Märtyrergloriole, die der Mörder mit seinem Attentat angestrebt hatte und die ihm von vielen Bürgern nicht nur Mannheims, sondern ganz Deutschlands zugebilligt wurde. Der Scharfrichter war von der Hinrichtung so erschüttert, dass er seinen Beruf aufgab und sich aus den Balken des Blutgerüstes in seinem Rebgarten am Neckar ein Weinberghäuschen zimmerte, in dem die Heidelberger Burschenschaftler Carl Sands mit dem Wein seines Henkers gedachten.

Das Attentat Carl Sands auf August von Kotzebue zeitigte mit diesen beiden zwei Opfer, doch dabei blieb es leider nicht. Der nächste Leidtragende war Wilhelm Martin Leberecht de Wette. Dieser aus einer thüringischen Pfarrersfamilie hugenottischer Herkunft stammende Theologieprofessor lehrte seit 1810 neben Friedrich Schleiermacher an der neugegründeten Berliner Universität. Im Sommer 1818 reiste er in seine Heimat und lernte in Jena durch Jakob Friedrich Fries, einen mit ihm befreundeten Philosophieprofessor, Carl Sand kennen, der einen Besuch bei seinen Eltern arrangierte. So lag es für de Wette nahe, dass er eine Woche nach dem Mannheimer Ereignis der Mutter des Attentäters schrieb.

In diesem privaten Trostbrief vom 31. März 1819 nahm der Theologieprofessor Carl Sand gegen die Brandmarkung als Verbrecher in Schutz. Die Tat verstoße zwar gegen die weltlichen Gesetze und laufe den sittlichen Prinzipien zuwider. Ein guter Zweck heilige nicht das ungerechte Mittel. Doch werde, so fuhr der Theologieprofessor fort, der Irrtum Carl Sands entschuldigt durch die Festigkeit und Lauterkeit seiner Überzeugung: «Er war seiner Sache gewiß, er hielt es für Recht, das zu thun, was er gethan, und so hat er Recht gethan.» Diese auf der Gesinnungsphilosophie seines Freundes Fries beruhende Entschuldigung kulminierte in der abschließenden Würdigung des Mordes: «So wie die That geschehen ist durch diesen reinen, frommen Jüngling, mit diesem Glauben, dieser Zuversicht, ist sie ein schönes Zeichen der Zeit. Und was auch das Schicksal Ihres Sohnes seyn mag, er hat genug gelebt, da er für den höchsten Trieb seines Herzens zu sterben beschlossen hat.» Josef Görres hat 1819 in seinem Buch «Teutschland und die Revolution» de Wettes Trostbrief an die Mutter des Attentäters sehr prägnant auf den Begriff einer «Mißbilligung der Handlung bei Billigung der Motive» gebracht.

Die reaktionären Kräfte am preußischen Hof und in der protestantischen Kirche hatten die beiden liberalen Theologieprofessoren Schleiermacher und de Wette schon länger im Visier. Mitte August 1819 fiel den preußischen Polizeibehörden eine Abschrift des Trostbriefes von de Wette an die Mutter Carl Sands in die Hände. De

Wette leugnete die Abfassung des Briefes nicht, erwartete aber ein faires Gerichtsverfahren zur Klärung seiner Motive. Theologische Fakultät und Senat der Berliner Universität setzten sich für ihn ein, doch der König ließ sich nicht umstimmen. Am 18. September 1819 ordnete Friedrich Wilhelm III. die Entlassung de Wettes mit der Begründung an, er könne keinem Mann den Unterricht der Jugend anvertrauen, der einen Meuchelmord für gerechtfertigt halte. Die endgültige Entlassung wurde am 2. Oktober 1819 vollzogen.

De Wette lehnte das Angebot einer finanziellen Gnadengabe der Regierung in Höhe von drei Monatsgehältern, wie sie üblicherweise die Hinterbliebenen von Verstorbenen erhielten, als ehrenrührig ab. Doch das Geld, das Berliner Kollegen einschließlich seines eingefleischten Gegners Hegel für ihn sammelten, nahm er dankbar an. De Wette zog sich nach Weimar in die Nähe seines Geburtsortes zurück. In der Folgezeit veröffentlichte der Theologe eine Aktensammlung zu seiner Entlassung und setzte seine Herausgabe der Briefe Martin Luthers fort.

Wilhelm Martin Leberecht de Wette nannte die Entlassung in seinem Abschiedsschreiben vom 19. Oktober 1819 an den Senat der Universität zu Berlin einen «Schiffbruch». Karl Barth, der große protestantische Theologe des 20. Jahrhunderts, der 1934 seinen Bonner Lehrstuhl durch die Nationalsozialisten verlor, charakterisierte de Wette als einen «edlen Melancholiker». Erst nach drei Jahren fand de Wette wieder einen sicheren Hafen: außerhalb Deutschlands. Nicht nur wurde dem Gelehrten die Lehrstuhlberufung an jeder deutschen Universität verwehrt, auch seine Ernennung zum Pfarrer an der Braunschweiger St. Katharinenkirche wurde durch eine preußische Intervention verhindert.

Anfang 1822 wurde de Wette gegen die Vorbehalte der örtlichen Pietisten an die Universität Basel berufen. Dort förderte er nicht nur das Ansehen der Theologischen Fakultät, sondern erwarb sich auch als langjähriger Rektor große Verdienste um den Erhalt dieser Hochschule, deren Existenz durch die Konflikte zwischen der Stadt und der Landschaft des Kantons Basel stark gefährdet war. (Der Verfasser dieses Buches will nicht verschweigen, dass er ein Nachfahre Wilhelm Martin Leberecht de Wettes ist.)

Der burschenschaftliche Student Sand und der liberale Professor de Wette waren nur die ersten Betroffenen obrigkeitlicher Maßnahmen, die sich bald nach dem Mannheimer Attentat zur kollektiven Verfolgung der von ihnen repräsentierten Gruppen steigerten. An allen deutschen Fürstenhöfen herrschte die Furcht vor Folgetaten, grassierte die Terroristenangst. Angesteckt von der seit dem Schockerlebnis der französischen Jakobinerrevolution überall in Europa herrschenden Verschwörungsangst, vermutete man ein Komplott, suchte nach Komplizen der Mordtat. Trotz aller Bemühungen der Polizei- und Untersuchungsbehörden ließ sich die Existenz eines revolutionären Geheimbundes aber nicht nachweisen.

Das hielt die Obrigkeit nicht davon ab, die Burschenschaften unter Pauschalverdacht zu stellen und die bloße Mitgliedschaft in diesen studentischen Vereinigungen zu bestrafen. Besonders rigoros ging man in Preußen vor, wo es vor allem die Universitäten in Berlin und Bonn traf. Unter Leitung des Polizeidirektors von Kamptz fand im Juli 1819 auf der Grundlage lange vorbereiteter Listen eine groß angelegte Haussuchungs- und Verhaftungswelle statt. Sogar der Einsatz von Folter wurde erwogen. Viele Burschenschaftler wurden wegen Mitgliedschaft in einer geheimen Vereinigung zu hohen Strafen verurteilt, selbst zu Todesurteilen, die allerdings regelmäßig in 30 Jahre Festungshaft umgewandelt wurden.

Schon der bloße Verdacht burschenschaftlicher Kontakte genügte, Studenten ohne Verfahren von der Universität zu verweisen. Gegen zahlreiche Anhänger der Burschenschaftsbewegung wurde ein Verbot der Bekleidung öffentlicher Ämter ausgesprochen. So blieb vielen von ihnen nur der Ausweg in die Emigration, zunächst in die Schweiz, dann in die USA. Dazu gehörte auch Karl Follen, der geistige Anstifter des Mannheimer Attentats. Er gab bei der Gegenüberstellung mit Carl Sand zwar zu, diesem Reisegeld geliehen zu haben, redete sich aber ansonsten mit Gedächtnislücken heraus. Follen ging 1820 als Privatdozent an die Universität Basel und flüchtete dann vor einem preußisch-österreichischen Auslieferungsantrag in die USA, wo er an der Harvard University lehrte. Viele in Deutschland relegierte Studenten schlossen sich als sogenannte Philhellenen dem 1821 ausgebrochenen griechischen Aufstand gegen die türkische Fremdherrschaft an, was sie in den Augen von Metternich und anderen Ordnungspolitikern noch verdächtiger machte.

Während den Studenten gelegentlich jugendlicher Übermut als strafmildernder Grund zugutegehalten wurde, konnten die der studentischen Bewegung nahestehenden Professoren auf solche Nachsicht nicht hoffen. Sie wurden von reaktionären Ordnungshütern wie dem Polizeidirektor Kamptz als «Demagogen», als Volksverführer, abgestempelt, die Jagd auf sie wurde als «Demagogenverfolgung» gerechtfertigt. Im Juli 1819 wurde in Preußen nicht nur der «Turnvater» Friedrich Ludwig Jahn verhaftet, sondern auch an der erst ein halbes Jahr zuvor gegründeten Bonner Universität wurden bei gleich drei Professoren die Papiere beschlagnahmt und sie in die Untersuchungshaft abgeführt. Am schlimmsten traf es den fast 50-jährigen Ernst Moritz Arndt, den bekannten Dichter patriotischer Lieder: Zwar wagte kein Gericht eine Kriminaluntersuchung gegen ihn, doch blieb er bis zum Thronwechsel 1840 suspendiert. Erst in diesem Jahr durfte Arndt nicht nur seine Professur wieder antreten, sondern wurde auch demonstrativ gleich vom Senat der Bonner Universität zum Rektor gewählt. An der Berliner Universität war nach de Wette auch sein Freund und Kollege Schleiermacher gefährdet. Doch trauten sich die reaktionären Kräfte nicht an die Absetzung des charismatischen Professors, allerdings wurde dem hochangesehenen Theologen und Philosophen die Fortsetzung seiner Vorlesungen zur Staatslehre, heute würde man sagen: Politikwissenschaft, untersagt und wurden seine Predigten überwacht.

Besonders misstrauisch waren Metternich und die mit ihm verbündeten preußischen Kräfte gegenüber der Universität Jena als Hochburg der Burschenschaftsbewegung, der österreichische Außenminister diffamierte ihren Landesherrn Großherzog Carl August gar als einen «Altburschen». Unter dem Druck der Großmächte wurde Jakob Friedrich Fries jahrelang verhört und 1824 von seiner philosophischen Professur auf eine unpolitische Professur für Physik und Mathematik abgeschoben; der Historiker Heinrich Luden musste seine Politik-Vorlesungen einstellen. Der Naturforscher Oken wurde vor die Wahl gestellt, entweder die Herausgabe seiner Zeitung aufzugeben oder auf seine Professur an der weimarischen Landesuniversität zu verzichten. Er entschied sich für das Letztere.

Alle diese Verfolgungsmaßnahmen beruhten auf den berühmt-berüchtigten Karlsbader Beschlüssen. Im böhmischen Karlsbad fanden sich vom 6. bis 31. August 1819 die leitenden Minister von elf deutschen Staaten, mit Österreich und Preußen an der Spitze, zu einer geheimen Konferenz ein. Mancher aufmerksame Zeitgenosse wunderte sich, warum plötzlich so viele Staatsmänner auf Kur gingen. Das Ergebnis der Beratungen war unter anderem ein Universitätsgesetz, in dem nicht nur alle studentischen Verbindungen verboten, sondern auch an den Universitäten außerordentliche Regierungsbevollmächtigte zur Überwachung der Lehre eingesetzt wurden. Alle Professoren, die durch die «Verbreitung verderblicher, der öffentlichen Ordnung und Ruhe feindseliger oder die Grundlagen der bestehenden Staatseinrichtungen untergrabender Lehren» auffällig geworden waren, sollten entlassen werden. Im Pressegesetz wurde für alle Druckschriften unter 20 Bögen, das heißt 320 Seiten, die Vorzensur eingeführt, größere Druckwege unterlagen «nur» der Nachzensur. Diese Regelung stimulierte im vormärzlichen Deutschland die Produktion voluminöser Bücher. Zur Untersuchung «revolutionärer Umtriebe» wurde in Mainz eine zentrale Kommission als Bundesbehörde eingesetzt, die gleichzeitig als Geheimpolizei und Verfassungsschutz fungierte. Schließlich wurde die Exekutionskompetenz des Deutschen Bundes gegen widerspenstige oder revolutionsbedrohte Gliedstaaten verankert. Das bei der Verabschiedung dieser rigorosen Beschlüsse in Karlsbad praktizierte Verfahren, nur die wichtigsten Bundesländer einzuladen, war nach den Bestimmungen der auf dem Wiener Kongress 1815 verabschiedeten Deutschen Bundesakte eigentlich rechtlich unzulässig, auch wenn die Beschlüsse nachträglich am 20. September 1819 vom Frankfurter Bundestag einstimmig als Bundesgesetze sanktioniert wurden.

Metternich konnte die Karlsbader Beschlüsse als großen Erfolg seiner diplomatischen Kunst verbuchen. Bis heute ist unter den geschichtswissenschaftlichen Koryphäen umstritten, ob der österreichische Staatsmann die Ermordung Kotzebues durch Carl Sand primär als Beweis für die von ihm vorausgesagte Terrorismuswelle jakobinischen Ausmaßes oder bloß als Chance zur Durchsetzung seines gesamteuropäischen Stabilitätssystems angesehen hat. Wahrscheinlich schließt die eine die andere Auffassung nicht aus. Für Letzteres spricht die erste Reaktion Metternichs, als er am 9. April 1819 in Rom durch seinen Adlatus Friedrich von Gentz die Nachricht vom Mannheimer Attentat erhielt und diesem antwortete: «Ich für meinen Teil hege keinen Zweifel, daß der Mörder nicht aus eigenem Antriebe, sondern infolge eines geheimen Bundes handelte. Hier wird wahres Übel auch einiges Gute erzeugen, weil der arme Kotzebue nun einmal als argumentum ad hominem [das persönliche Schicksal eines Menschen als Beweismittel, W. B.] dasteht, welches selbst der liberale Herzog von Weimar nicht verteidigen mag. – Meine Sorge geht dahin, der Sache die beste Folge zu geben, die möglichste Partie aus ihr zu ziehen, und in dieser Sorge werde ich nicht lau vorgehen.»

Der österreichische Außenminister nutzte denn auch Sands Tat zur Durchsetzung eines restaurativen Ordnungssystems im Deutschen Bund. Dabei bediente er sich vor allem einer geheimen Korrespondenz mit Fürst Wittgenstein, dem preußischen Polizeiminister und ab 1819 Minister des Königlichen Hauses. Über diese Verbindung entfachte er die Furcht König Friedrich Wilhelms III. vor revolutionären Bestrebungen und erreichte, dass in Preußen das 1815 gemachte Verfassungsversprechen entgegen den Bemühungen des preußischen Staatskanzlers Hardenberg und der Minister Wilhelm von Humboldt, Beyme und Boyen nicht erfüllt wurde. Die Entlassung der drei Letztgenannten besiegelte die Niederlage der reformgesinnten Mitglieder der preußischen Staatsführung.

Damit hatte Metternich, der bald darauf zum Staatskanzler aufstieg, im diplomatischen Schachspiel um die Dominanz des österreichischen Kaiserreichs im Deutschen Bund auf Jahrzehnte gewonnen. Doch zu den Opfern der durch die Ermordung August von Kotzebues durch Carl Sand hervorgerufenen politischen Krise gehörte von nun an auch der Ruf Metternichs im überwiegenden Teil der öffentlichen Meinung Deutschlands: Er wurde als Verkörperung einer repressiven und rückwärtsgewandten Politik verfemt.

Direkt tragische Folgen hatte das bühnenreife Attentat Carl Sands auf August von Kotzebue für die allgemeine politische Entwicklung in den Vormärzjahren. Schon der Staatsrat von Hohnhorst, der 1819 die Mannheimer Kommission zur Untersuchung des Meuchelmordes anführte, nannte die Tat und ihre Folgen im Vorwort zu seiner Veröffentlichung ein «großes Trauerspiel». In Deutschland erstarrten die politischen Kräfte auf der Linken wie der Rechten in Stagnation,

Radikalisierung und gegenseitiger Verteufelung. Es begann, wie Thomas Nipperdey es formuliert hat, eine Zeit des «Entweder / Oder» zwischen den Anhängern der tradierten Ordnung und den Befürwortern revolutionärer Veränderungen. Die kontinuierliche Modernisierung, wie sie in den Jahren zwischen 1815 und 1848 im gesellschaftlichen, kulturellen, technischen und wirtschaftlichen Bereich zu beobachten war, wurde auf dem Gebiet der politischen Reform blockiert. Die Überzeugungstat Carl Sands, welche die in Karlsbad beschlossenen Unterdrückungsmaßnahmen legitimierte, machte den deutschen Vormärz zum Zeitalter des politischen Stillstands und Rückschritts.

Dieser Ankündigung der Premiere von Carl Maria von Webers Romantischer Oper «Der Freischütz» am 18. Juni 1821 kann man entnehmen, dass nicht nur im sogenannten Schauspielhaus am Gendarmenmarkt Opern aufgeführt wurden, sondern auch im Königlichen Opernhaus Unter den Linden Dramen wie Friedrich Schillers «Die Jungfrau von Orleans» auf dem Programm standen. Die beiden Häuser dienten also als die größere und kleinere Spielstätte der königlichen Schauspiele in der preußischen Hauptstadt.

DIE URAUFFÜHRUNG VON WEBERS «DER FREISCHÜTZ» (1821)

Romantische Liebesgeschichte im mythischen deutschen Wald

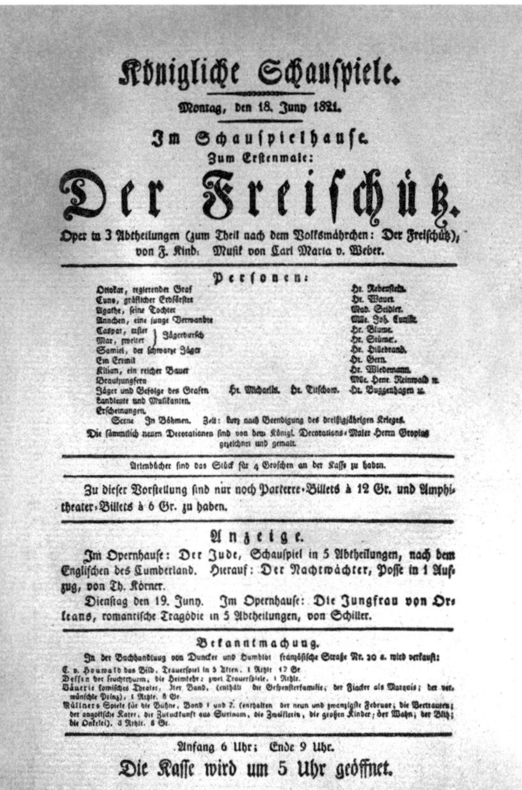

Königliche Schauspiele.

Montag, den 18. Juny 1821.

Im Schauspielhause.

Zum Erstenmale:

Der Freischütz.

Oper in 3 Abtheilungen (zum Theil nach dem Volksmährchen: Der Freischütz), von F. Kind. Musik von Carl Maria v. Weber.

Personen:

Ottokar, regierender Graf			Hr. Rebenstein.
Cuno, gräflicher Erbförster			Hr. Wauer.
Agathe, seine Tochter			Mad. Seidler.
Annchen, eine junge Verwandte			Mlle. Joh. Eunike.
Caspar, erster } Jägerbursch			Hr. Blume.
Max, zweiter } Jägerbursch			Hr. Stümer.
Samiel, der schwarze Jäger			Hr. Hillebrand.
Ein Eremit			Hr. Gern.
Kilian, ein reicher Bauer			Hr. Wiedemann.
Brautjungfern			Mlle. Henr. Reinwald u.
Jäger und Gefolge des Grafen	Hr. Michaelis.	Hr. Tilschow.	Hr. Buggenhagen u.
Landleute und Musikanten.			
Erscheinungen.			

Scene In Böhmen. Zeit: kurz nach Beendigung des dreißigjährigen Krieges.

Die sämmtlich neuen Decorationen sind von dem Königl. Decorations-Maler Herrn Gropius gezeichnet und gemalt.

Arienbücher sind das Stück für 4 Groschen an der Kasse zu haben.

Zu dieser Vorstellung sind nur noch Parterre-Billets à 12 Gr. und Amphitheater-Billets à 6 Gr. zu haben.

Anzeige.

Im Opernhause: Der Jude, Schauspiel in 5 Abtheilungen, nach dem Englischen des Cumberland. Hierauf: Der Nachtwächter, Posse in 1 Aufzug, von Th. Körner.

Dienstag den 19. Juny. Im Opernhause: Die Jungfrau von Orleans, romantische Tragödie in 5 Abtheilungen, von Schiller.

Bekanntmachung.

In der Buchhandlung von Duncker und Humblot französische Straße Nr. 20 a. wird verkauft:

C. v. Houwald das Bild, Trauerspiel in 5 Akten. 1 Rthlr. 12 Gr.
Dessen der Leuchtthurm, die Heimkehr: zwei Trauerspiele. 1 Rthlr.
Bäuerle komisches Theater, 1ter Band, (enthält die Gespensterfamilie; der Fiacker als Marquis; der verwünschte Prinz). 1 Rthlr. 8 Gr.
Müllners Spiele für die Bühne, Band 1 und 2. (enthalten der neun und zwanzigste Februar; die Vertrauten; der angolische Kater, die Zurückkunft aus Surinam, die Zweiflerin, die großen Kinder; der Wahn; der Blitz; die Onkelei). 3 Rthlr. 8 Gr.

Anfang 6 Uhr; Ende 9 Uhr.

Die Kasse wird um 5 Uhr geöffnet.

Gehrmann, Weber.

Am 18. Juni 1821 ging in Berlin im kurz zuvor wiedererrichteten Königlichen Schauspielhaus am Gendarmenmarkt unter großem Beifall die Uraufführung einer neuen Oper über die Bühne. Komponist dieses romantischen Singspiels über den «Freischütz» war der Dresdner Kapellmeister Carl Maria von Weber.

Schon vier Stunden vor Beginn der Premiere standen Tausende vor den Eingängen. Nur den Maßnahmen der Polizei war es zu verdanken, dass bei dem fürchterlichen Gedrängel nach Öffnung der Türen lediglich Kleider zerrissen wurden und es nicht zu Verletzungen kam. Im Publikum sah man keine Angehörigen des königlichen Hofes und nur wenige Adlige und hohe Beamte. Es dominierte das gebildete Bürgertum vor allem jüngeren Alters; die vielen Träger eines Eisernen Kreuzes erinnerten an die patriotische Zeit des genau sechs Jahre zuvor siegreich zu Ende gegangenen Befreiungskrieges. Zu den zahlreichen Studenten gehörte auch Heinrich Heine, der kurz zuvor nach dem Studienbeginn in Bonn und dem Intermezzo in Göttingen an die Berliner Universität gewechselt war. Auch die Familie des Bankiers Abraham Mendelssohn mit dem zwölfjährigen hochbegabten Sohn Felix nahm an der Uraufführung teil.

Für Carl Maria von Weber war die glanzvolle Berliner Uraufführung des «Freischütz» die Erfüllung seines künstlerischen Lebenstraumes. Der 34-jährige Spross einer aus Österreich stammenden Musikerfamilie – der Vater hatte sich ganz eigenmächtig das Adelsprädikat zugelegt – war 1786 im holsteinischen Eutin geboren, eine der vielen Stationen der herumziehenden Weber'schen Musiker- und Operntruppe. Carl Maria war von Jugend an durch die Tuberkulose gezeichnet, hinkte und hatte ein sehr ätherisches, schmales Gesicht. Ein Jahrzehnt lang hielt sich der begabte Jungmusikus mit wechselnden Stellungen in allen deutschen Gegenden über Wasser, bis er endlich Ende 1817 in Dresden als Kapellmeister eine dauerhafte Anstellung fand – und seine Verlobte, eine renommierte Sopranistin, heiraten konnte. Seit dem zwölften Lebensjahr komponierte Weber eine Vielfalt von Musikstücken für Klavier, Violine, Horn und vor allem für die von ihm besonders geliebte Klarinette, doch an der Spitze seines professionellen Strebens stand die Komposition von Opern.

Schon früh, im Jahr 1810, stieß Carl Maria von Weber auf die im «Freischütz» vertonte Sage. Doch erst die 1817 aufgenommene Zusammenarbeit mit dem Leipziger Librettisten Johann Friedrich Kind führte zur Verwirklichung des Projekts. In nur zwei Wochen verfasste dieser ein Libretto, danach begann Weber mit der Komposition, entwarf einzelne Arien und Chöre, wurde aber immer wieder durch andere Verpflichtungen unterbrochen. Ende Februar 1820 nahm Weber die abschließenden Arbeiten an seinem Werk wieder auf und beendete die Oper am 13. Mai 1820 mit dem Arrangement der Ouvertüre. Die Uraufführung sollte sich dann aber aus politischen Gründen noch über ein Jahr hinziehen.

Den Handlungskern des «Freischütz» hat Carl Maria von Weber im März 1817, nachdem er die Zusammenarbeit mit dem Librettisten Kind aufgenommen hatte, in einem Brief an seine Braut sehr bündig geschildert: «Ein alter fürstlicher Förster will seinem braven Jägerburschen Max seine Tochter und Dienst geben, und der Fürst ist es zufrieden, nur besteht ein altes Gesetz, daß jeder einen schweren Probeschuß ausführen muß. Ein anderer boshafter liederlicher Jägersbursche Kaspar hat auch ein Auge auf das Mädel, ist aber dem Teufel halb und halb ergeben. Max, sonst ein trefflicher Schütze, fehlt in der letzten Zeit vor dem Probeschusse alles, ist in Verzweiflung darüber und wird endlich dadurch von Kaspar dahin verführt, sogenannte Freikugeln zu gießen, wovon sechs unfehlbar treffen, dafür aber die siebte dem Teufel gehört. Diese soll das arme Mädchen treffen, dadurch Max zur Verzweiflung und zum Selbstmord geleitet wird. Der Himmel beschließt es aber anders. Beim Probeschuß fällt zwar Agathe, aber auch Kaspar, und zwar wirklich als Opfer des Satans, erste nur aus Schrecken, warum ist im Stück entwickelt. Das Ganze schließt freudig.»

Vorbild für dieses mit einem Happy End endende Libretto war ein altes Volksmärchen, das aber tragisch endete: Der verliebte Jägersbursche erschoss mit seiner vom Teufel gelenkten Kugel seine Angebetete, deren Eltern daraufhin vor Gram starben, während der unglückliche Bräutigam im Irrenhaus landete. Dieses Ende drehten der Komponist Weber und sein Librettist Kind, zwei gläubige

Christen, durch die Einführung eines frommen Eremiten um. Dieser schenkte der Braut nicht nur einen Kranz aus geweihten weißen Rosen, an denen die Kugel abprallte und stattdessen den Bösewicht Kaspar als den Verbündeten des Teufels tödlich traf. Er ermöglichte auch das glückliche Ende: Der aus Liebe schuldig gewordene Max musste dem Fürsten den rätselhaften Vorgang erklären und wurde von diesem zunächst des Landes verwiesen. Doch dann folgte der Herrscher dem Rat der heiligen Gestalt, gab den Brauch des Probeschusses auf und milderte den Bann auf ein Jahr. Wenn Max sich in diesem Bewährungsjahr nichts zuschulden kommen ließe, sollte er nicht nur die Hand seiner Agathe erhalten, sondern auch die Erbförsterei des Schwiegervaters übernehmen. Die Brüder Grimm hätten diesem märchenhaften Ausgang hinzugefügt: «Und wenn sie nicht gestorben sind, dann leben sie noch heute.»

Der «Freischütz» fand nach seiner triumphalen Berliner Premiere ein überwältigend positives Echo. Der Komponist konnte in sein Tagebuch eintragen: «Abends als erste Oper im neuen Schauspielhaus ‹Der Freischütz›. Wurde mit unglaublichstem Enthusiasmus aufgenommen. Ouvertüre und Volkslied da capo verlangt, überhaupt von siebzehn Musikstücken vierzehn lärmend applaudirt, alles ging aber vortrefflich und sang mit Liebe; ich wurde herausgerufen [...] Gedichte und Kränze flogen. Soli deo gloria.» Mit dem abschließenden lateinischen Ausdruck, wonach Gott allein die Ehre gebührte, nahm der Katholik Carl Maria von Weber eine Formel auf, mit der viele protestantische Musiker der frühen Neuzeit im Gefolge der Reformationslehre Martin Luthers, wonach nur die Gnade Gottes, nicht die guten Taten den Menschen erlösten, ihre Werke signierten, mit Johann Sebastian Bach und Georg Friedrich Händel an der Spitze.

Auch die meisten Musikkritiker applaudierten der neuen Oper. Die längste und gründlichste Rezension veröffentlichte in den zwei Wochen nach der Berliner Uraufführung die renommierte «Vossische Zeitung» in gleich vier Abfolgen. Sie wurde lange Zeit E. T. A. Hoffmann zugeschrieben. Dieser vielseitige und mit Carl Maria von Weber befreundete Berliner Kammergerichtsrat und Künstler hatte mit seiner in der deutschen Märchenwelt spielenden «Undine» das Paradebeispiel einer romantischen Oper komponiert, die im August 1816 im alten Schauspielhaus am Gendarmenmarkt uraufgeführt wurde, deren Siegeszug aber durch den Brand des Gebäudes im Juli 1817 einen Knick erhielt. Wer auch immer der anonyme Verfasser war, sein Text in der «Vossischen Zeitung» nahm zwar Anstoß an den Plattitüden des Librettos, insbesondere den klischeeartigen Stereotypen der Charaktere, lobte hingegen Webers «geniale Musik» über den grünen Klee. Damit knüpfe der Komponist nach Meinung des Kritikers an die Bedeutung Mozarts und Beethovens für die deutsche Oper an.

Beim Komponieren der Musik zu dem Libretto des «Freischütz» kam es Carl Maria von Weber nach eigener Aussage vor allem darauf an, die richtigen «Klangfarben» zu den darzustellenden Charakteren, Landschaften und Stimmungen zu finden. Die Rolle des verliebten Jägersburschen Max, die zwischen Hoffnung und Versagensangst schwankte und von einem Tenor zu singen war, wechselte zwischen Dur- und Moll-Tonarten; bei ihrer Orchesterbegleitung setzte Weber vor allem die Klarinette ein. Kaspar, der mit dem Teufel im Bunde stehende böse Jägersbursche, war von einem Bariton zu singen, der zumeist von den tiefen Moll-Tönen eines Fagotts begleitet wurde. Die Rollen der Agathe, der dem Jägersburschen Max zugetanen Tochter des alten Erbförsters, und Ännchens, der sie aufmunternden Freundin, sangen zwei Sopranistinnen, oft zusammen in Duetten. Dem teuflischen Samiel wurde überhaupt keine Singpartie zugewiesen, er hatte seinen Auftritt nur in den gesprochenen Dialogpartien der Oper, wurde dabei von bizarren Piccolotönen und dumpfen Paukenschlägen untermalt.

Diese musikalische Ausgestaltung des «Freischütz» spiegelt sich auch in seiner einleitenden Ouvertüre wider, mit deren Komposition Carl Maria von Weber im Mai 1820 seine Arbeit an der Oper abschloss. Das zehnminütige Musikstück, auch heute noch als alleinstehendes Konzertstück oft aufgeführt, beginnt sehr leise und verhalten, man assoziiert eine liebliche Waldstimmung. Es folgt ein beschwingter und expressiver Teil, der schließlich in eine dramatische und schnelle Tonfolge übergeht. In der ganzen Ouvertüre spielen Blasinstrumente und vor allem Hörner als Illustration der Jagd und des Waldes eine zentrale Rolle, während im Pizzicato gezupfte Kontrabässe und gedämpfte Paukentöne das Bedrohliche markieren. Zwischendurch explodiert das ganze Orchester als Ausdruck des Geisterheeres in der

Wolfsschluchtszene. Nach einem anschließenden Hin und Her von ruhigen und aufgeregten Musikelementen und dem Ringen zwischen ruhigen Dur-Tönen und unheimlichen Moll-Noten schließt die Ouvertüre mit dem Einsatz des vollen Orchesters in C-Dur, einem Ausblick auf das Happy End der Oper.

Carl Maria von Weber verstand seine Opern wie insgesamt seine Kompositionen als schildernde Musik, als Werke der Tonmalerei. Diese Eigenart einer Programm-Musik war typisch für die romantische Musikperiode in der ersten Hälfte des 19. Jahrhunderts. Es war nur konsequent, wenn Weber in seiner eigenen handschriftlichen Partitur des «Freischütz» im Mai 1820 den Untertitel «Romantische Oper in drei Aufzügen» vermerkte.

Romantische Opern waren kurz zuvor von E. T. A. Hoffmann als künstlerisches Produkt der Begegnung von irdischer, realer Welt und überrealer, geisterhafter Sphäre gedeutet worden. In diesem Sinne baut Carl Maria von Webers «Freischütz» vor allem auf dem wechselhaften Kontrast zwischen hellen Tages- und dunklen Abend- sowie Nachtszenen auf. Noch mehr als die lieblichen Tagesszenen faszinierten die Romantik die dämmerigen Abend- und düsteren Nachtzeiten, in denen geheimnisvolle, finstere Mächte ihr Unwesen trieben. Im «Freischütz» fand dieses romantische Faible seinen Höhepunkt in der Szene in der unheimlichen Wolfsschlucht, mit welcher der zweite Akt abschließt. Während Kaspar unter zauberischen Beschwörungsformeln die sieben Kugeln gießt und Max durch die Erscheinung nicht nur seiner toten Mutter, sondern auch den scheinbaren Absturz seiner geliebten Agathe verschreckt wird, entlädt sich den Partituranweisungen zufolge in der pechschwarzen Nacht ein Gewitter mit furchtbaren Blitzen, Donnerschlägen und prasselndem Regen. Im abschließenden dritten Akt kämpfen dann dämonisch-düstere und lieblich-helle Stimmungen miteinander, bis Letztere zum Schluss der Oper in dem überraschenden Happy End siegen.

Mit diesem fundamentalen Kontrast von hellen und düsteren Stimmungen gehen in Webers romantischer Oper wie allgemein in den Kunstwerken der Romantik zahlreiche weitere Kontraste einher. So oszilliert im «Freischütz» das Verhältnis zwischen Agathe und Max, den beiden Liebenden, zwischen der weiblichen Empfindsamkeit und Zuneigung der Erbförstertochter und den männlichen

Befürchtungen und Verzagtheiten des Jägersburschen. Bei dieser geschlechtsspezifischen Unterscheidung wird auf die für die Romantik charakteristische doppelseitige Sicht von Liebe als beseelter Zuneigung und als naturhafter Sexualität angespielt. Es wundert nicht, dass Maxens Furcht, der Schuss aus seinem «Rohr» könne das angestrebte Ziel verfehlen, im 20. Jahrhundert unter dem populären Einfluss der psychoanalytischen Lehren von Sigmund Freud als männliche Versagensangst interpretiert wurde – ob ernsthaft oder karikierend, sei dahingestellt. Doch Agathe wird schließlich durch ihre innige und unschuldsvolle Liebe zur Retterin ihres von Teufelsmächten verführten Geliebten.

Seinen intensivsten Ausdruck findet in Webers Oper das romantische Stilprinzip der Kontrastierung im Doppelcharakter des Waldes. Das zeichnet im Übrigen nicht nur die Musik, sondern auch die Literatur und Malerei der Romantik aus, es sei nur an die Prosa und Poetik von Annette Droste-Hülshoff und Joseph von Eichendorff und an die Gemälde von Caspar David Friedrich erinnert. Der deutsche Wald steht, im Text wie in der Musik des «Freischütz», sowohl für eine liebliche Landschaft als auch die Verkörperung des unheimlichen Grauens.

In den Volksszenen am Anfang der Oper wird die Waldidylle von Jägerchören besungen, untermalt von Hörnern. Deren beschwingte Noten erklingen in der Folge immer wieder. Doch daneben, oft mit ihnen verwoben, stehen düstere Töne der Kontrabässe und Pauken. Sie gipfeln in der Wolfsschluchtszene. Deren grauenvoller Charakter wurde schon in Carl Maria von Webers Partitur durch die Regieanweisung ausgemalt: «Furchtbare Waldschlucht, größtenteils mit Schwarzholz bewachsen, von hohen Gebirgen rings umgeben. Von einem derselben stürzt ein Wasserfall. Der Vollmond scheint bleich. Zwei Gewitter sind von entgegengesetzter Richtung im Anzug. Weiter vorwärts ein vom Blitz zerschmetterter, verdorrter Baum, inwendig faul, so daß er zu glimmen scheint. Auf der anderen Seite, auf einem knorrigen Ast, eine große Eule mit feurig rädernden Augen. Auf anderen Bäumen Raben und andere Waldvögel.» Die Umsetzung dieser Direktiven erforderte das ganze Talent der Bühnentechniker, zumal wenn man bedenkt, dass dabei noch keine Elektrizität eingesetzt werden konnte. So wundert es nicht, dass in den zeitgenössischen Besprechungen des «Freischütz» oft die Leistung der «Maschinisten» gelobt wurde.

Der Wald mit seinen zwei gegensätzlichen Gesichtern ist *der* mythische und mystische Ort der deutschen Romantik. Ihn hatte Carl Maria von Weber schon in seiner mit 14 Jahren komponierten Oper über das «Waldmädchen» beschworen, die er zehn Jahre später unter dem Titel «Silvana» in Frankfurt am Main wiederbelebte. Während der Dresdner Kapellmeister auf die verzögerte Berliner Premiere seines Hauptwerkes wartete, komponierte er 1820 die Oper «Preziosa» mit dem Zigeunerchor «Im Wald, im Wald, im frischen grünen Wald, wo's Echo schallt». Dieses Lied gehörte zum Standardrepertoire der deutschen Gesangsvereine, wurde vorzugsweise bei Liederfesten in engen Tälern mit besonderem nationalen Pathos gesungen. Auch heute noch erfreut sich das Lied «Wer hat dich, du schöner Wald», dessen Text von Joseph von Eichendorff 1810 verfasst und das 1841 von Felix Mendelssohn Bartholdy vertont wurde, großer Popularität. So ist «Der Freischütz» nur ein, wenn auch das bekannteste Beispiel für die Waldfaszination der deutschen Romantik.

Dieses forstliche Hauptmotiv geht mit dem allgemeinen Verständnis des «Freischütz» als Beginn einer Tradition deutscher Nationalopern einher. Die dafür vorgebrachten Argumente zielen nicht nur auf den kerndeutschen Gegenstand des Singspiels und die deutsche Sprache seines Librettos. Allerdings waren bereits Mozarts «Zauberflöte» und Beethovens «Fidelio» auf Deutsch verfasst worden. Noch wirkungsmächtiger waren die Umstände, unter denen Carl Maria von Weber seinen «Freischütz» in Berlin realisieren konnte. In der preußischen Residenzstadt favorisierten der König und sein Hof Stücke und Stil der italienischen Oper, und dort wurde im Verfolg dieser herrschaftlichen Musikpolitik 1818 der italienische Opernkomponist Gaspare Spontini zum königlichen Generalmusikdirektor berufen. Carl Maria von Weber musste deswegen auf die Verwirklichung seines Wunsches verzichten, als Kapellmeister von Dresden nach Berlin wechseln zu können. Doch genoss er weiterhin das Wohlwollen des Grafen Carl von Brühl, der als Generalintendant der preußischen Schauspiele die Oberaufsicht auch über die Berliner Opernaufführungen hatte. Brühl nahm den im Mai 1820 von Weber vollendeten «Freischütz» sogleich zur Premiere in Berlin an. Allerdings zog sich dann die Verwirklichung dieser Zusage über ein Jahr hin, weil zunächst einmal Spontinis pompöse Oper «Olimpia», in der sogar ein Elefant auftrat, im größeren Opernhaus Unter den Linden aufgeführt werden sollte. Für die Premiere des «Freischütz» war das kleinere Schauspielhaus am Gendarmenmarkt vorgesehen. Doch die Wiedererrichtung dieses im Juli 1817 abgebrannten Gebäudes durch den preußischen Stararchitekten Karl Friedrich Schinkel verzögerte sich. Der klassizistische Theater- und heutige Konzertbau konnte schließlich am 26. Mai 1821 mit Goethes «Iphigenie» wiedereröffnet werden. Danach kam endlich Carl Maria von Webers Oper zum Zuge. Dass sie schließlich am 18. Juni 1821, dem sechsten Jahrestag der siegreichen Schlacht bei Waterloo, über die Bühne ging, wurde dann von allen Beteiligten als ein gutes Omen gedeutet.

Der «Freischütz» als deutsche Oper spielte in der Folgezeit eine große Rolle bei der Formierung der deutschen «Kulturnation» (Friedrich Meinecke). Schon Carl Maria von Webers vorangegangene schwungvolle Vertonung (1816) des von Theodor Körner im Befreiungskrieg gedichteten Lieds über «Lützows wilde, verwegene Jagd» ging in das Standardprogramm der deutschen Männergesangsbewegung ein. In den ersten anderthalb Jahren nach seiner Uraufführung stand der «Freischütz» fünfzigmal auf dem Programm der Berliner Hofbühnen; bis 1870 waren in der preußischen Hauptstadt 383 Aufführungen zu verzeichnen. 1822 konnte Weber das Werk an seiner Heimatoper in Dresden dirigieren, im gleichen Jahr hatte es in Hamburg, Mannheim, Wien und Weimar Premiere. Von Goethe ist aus einem Gespräch mit Eckermann im Hinblick auf den «Freischütz» die Feststellung eines «Zulauf[s] der Menge» überliefert – durchaus keine abwertende Äußerung des Weimarer Dichterfürsten, wie wir aus seinem Kommentar zu den Publikumserfolgen des von ihm als seichten Theaterschriftsteller eingeschätzten August von Kotzebue wissen.

Zu den Bewunderern des «Freischütz» gehörten in Deutschland während des 19. Jahrhunderts Angehörige aller politischen Lager. Auch die preußische Hofgesellschaft legte ihre anfänglichen Vorbehalte ab, im Kern aber sprach die Oper vor allem das sich etablierende Bildungs- und Besitzbürgertum an. Richard Wagner begann 1841 einen Bericht aus Paris über die dortige Aufführung des «Freischütz» mit dem Ausruf: «O, mein herrliches deutsches Vaterland, wie muß ich für dich schwärmen, wäre es nur, weil auf deinem Boden der ‹Freischütz› entstand!» Wagner fühlte sich zeit seines Lebens Carl Maria von Weber als einem musikalischen Vorbild verbunden. Dieser war schon im Juni 1826 im Alter von 40 Jahren seinem langen Lungenleiden erlegen und wurde zunächst in London beerdigt, wo er wenige Wochen zuvor seine letzte Oper, den «Oberon», uraufgeführt hatte. Der junge Dresdner Kapellmeister Richard Wagner organisierte dann 1844 die Heimholung der Leiche Webers in die sächsische Residenzstadt und hielt dort die Grabrede.

Die große zeitgenössische Resonanz auf Carl Maria von Webers Oper beruht weniger auf einem geschlossenen «Gesamtkunstwerk», wie Richard Wagner es in seiner kompositorischen Theorie und Praxis anstrebte. Der «Freischütz» wirkte und wirkt vielmehr auf Zuschauer und Zuhörer eher wie eine Aneinanderreihung von Arien, Chören, Rezitativen und gesprochenen Dialogen – was diese Oper mit vielen anderen Singspielen gemeinsam hat. Wirkungsmächtigkeit entwickelte der «Freischütz» vielmehr durch die ungeheuer populären Klänge einzelner seiner Lieder. Diese wurden nicht nur in weitverbreiteten Klavierschulen öffentlich gepflegt und gehörten zum Standardrepertoire von Gesangsvereinen. Sie entpuppten sich auch von Anfang an in der vormärzlichen Alltagsöffentlichkeit als Gassenhauer, heute würde man sagen: als Schlager oder Hits. So verzeichnen Büchmanns «Geflügelte Worte» bis heute die Arien des Jägerburschen Max «Durch die Wälder, durch die Auen» und seiner angebeteten Agathe «Leise, leise, fromme Weise». Doch als populärstes Lied aus dem «Freischütz» erwies sich der von Agathe und ihren Brautjungfern gesungene Chorgesang über den «Jungfernkranz». Heinrich Heine beschrieb bald nach dem Besuch der Uraufführung in einem langen Brief, wie dieser Ohrwurm in Berlin vom frühen Morgen bis spät in die Nacht gesungen und gedudelt wurde: «Wenn Sie vom Hallischen nach dem Oranienburger Tor, und vom Brandenburger nach dem Königs-Tore, ja selbst, wenn Sie vom Unterbaum nach dem Köpenicker Tor gehen, hören Sie jetzt immer und ewig dieselbe Melodie, das Lied aller Lieder – den Jungfernkranz. [...] Und den ganzen Tag verläßt mich nicht das vermaledeite Lied.»

1852 entwickelte Richard Wagner, damals nach seiner Beteiligung an dem Dresdner Barrikadenaufstand vom Mai 1849 noch im Schweizer Exil, in seiner Schrift über «Oper und Drama» das musiktheoretische Konzept, das er dann in seinen großen Opern realisierte. Bei der Erörterung der unterschiedlichen nationalen Richtungen der europäischen Operntraditionen sprach er Carl Maria von Weber vor allem das Verdienst zu, Melodien gefunden zu haben, die in den Rang von deutschen Volksliedern aufsteigen konnten. Weber habe, so Wagner in einem schönen Bild, mit seinen musikalischen Tonfolgen auf der deutschen Waldwiese «Volksblumen» gepflückt: Die romantische «blaue Blume» von Novalis und Eichendorff lässt grüßen.

Richard Wagner erkannte, dass die große Wirkung der Opern seines Dresdner Vorgängers weniger in dem diesen später unterstellten kulturnationalistischen Anspruch einer «deutschen Oper» lag, sondern in der Komposition volkstümlicher Singweisen begründet war. Carl Maria von Webers musikalisches Werk mit dem «Freischütz» an der Spitze kann mit der romantischen Sammlung «Des Knaben Wunderhorn» verglichen werden, in welcher Achim von Arnim und Clemens Brentano zu Beginn des 19. Jahrhunderts von ihnen und ihrem Freundeskreis gesammelte Volkslieder veröffentlichten. Viele der Lieder des «Wunderhorn» basierten mehr auf einer künstlerischen Schöpfung der Herausgeber als einer akkuraten Wiedergabe von Überlieferungen aus der deutschen Vergangenheit. Doch ausschlaggebender war, dass sie vom Publikum als aus dem Brunnen der deutschen Volksgeschichte geschöpfte Kostbarkeiten wahrgenommen wurden. Diese Eigenschaft haben die Musikweisen Carl Maria von Webers nicht nur mit dem «Des Knaben Wunderhorn», sondern auch mit den populären «Kinder- und Hausmärchen» gemeinsam, welche die Brüder Grimm nicht nur sammelten, sondern auch umfassend bearbeiteten. Von allen diesen künstlerischen Produkten nahmen das Publikum und die weitere Öffentlichkeit an, dass sie schon immer zum volkstümlichen Schatz der Deutschen gehört hatten.

Im Bericht über die 7. Jahrestagung der Versammlung deutscher Naturforscher und Ärzte im Jahr 1828 in Berlin ist in der hier abgebildeten handschriftlichen Teilnehmerliste in der ersten Zeile die Unterschrift von Alexander von Humboldt zu lesen, danach stehen die Namen des schwedischen Chemikers J. J. Berzelius, des Geheimen Rates C. A. von Kamptz, des dänischen Physikers H. C. Ørsted, des Göttinger Astronomen und Mathematikers G. F. Gauß und des Berliner Staatsrates, Leibarztes und Goethefreundes D. Hufeland. Es war eine internationale Versammlung von nobelpreiswürdigen Gelehrten, mit der einen Ausnahme des Wirklichen Geheimen Rates Kamptz aus Berlin, der Direktor nicht nur im Preußischen Ministerium des Unterrichts, sondern auch der Polizei war und neben Metternich das vormärzliche Repressionssystem verkörperte.

DIE GRÜNDUNG DER VERSAMMLUNG DEUTSCHER NATURFORSCHER UND ÄRZTE (1822)

Akademische Vereinsbildung zwischen Geselligkeitsbedürfnis und Wissenschaftsfortschritt

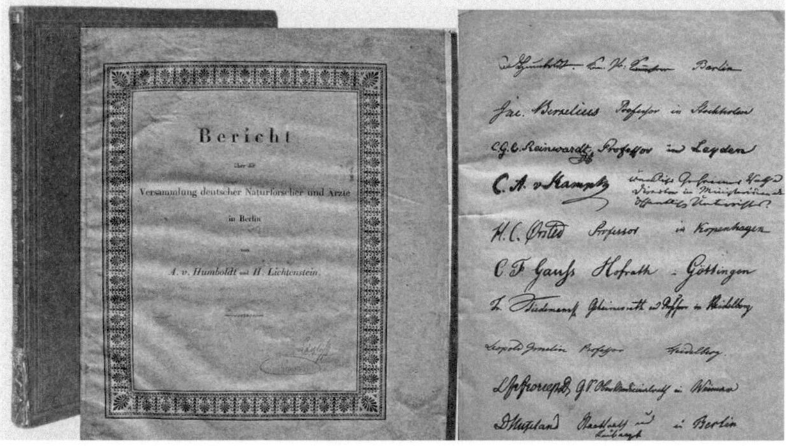

Am Abend des 18. September 1822 versammelten sich in Leipzig an die 20 Professoren der Medizin und Naturwissenschaften aus der Stadt und ihrer näheren und weiteren Umgebung. Die prominentesten unter diesen Gelehrten waren der Dresdener Gynäkologieprofessor Carl Gustav Carus, der Göttinger Anatomieprofessor Johann Friedrich Blumenbach und der Jenaer Professor für Naturgeschichte und Philosophie Lorenz Oken. Drei Teilnehmer aus Böhmen hatten im Hinblick auf ihre Wiener Obrigkeit Bedenken, ihre Namen zu veröffentlichen, sie wurden erst Jahrzehnte später bekannt. Hinzu kamen noch an die 40 weitere Gäste.

An den folgenden vier Vormittagen bis zum 23. September 1822 – Sonntag, der 22. September, blieb sitzungsfrei – standen akademische Vorträge auf dem Programm, wie es sich für Zusammenkünfte von Wissenschaftlern gehört. Den Anfang machte mit einer programmatischen Vorlesung «Ueber die künftige Bearbeitung der Naturwissenschaften» Carl Gustav Carus, der als von der Romantik inspirierter Arzt, Philosoph und Maler ein hohes Ansehen genoss. Ihm folgte der Dresdner Mediziner und Naturwissenschaftler Heinrich Gottlieb Ludwig Reichenbach mit einem Referat «Ueber das philosophische und natürliche Pflanzensystem»; zum Abschluss sprach der Hallenser Mathematiker und Physiker Ludwig Wilhelm Gilbert «Ueber neulich zu Paris ausgeführte Schallversuche und die neuesten Magnet-Experimente». Nachmittags besichtigten die Tagungsteilnehmer Leipzigs naturhistorische und kunstgeschichtliche Sammlungen, abends genoss man ein geselliges Zusammensein im Hotel de Russie und Hotel de Saxe.

Im Mittelpunkt dieser Leipziger Gelehrtenversammlung aber stand die Konstituierung einer «Gesellschaft Deutscher Naturforscher und Ärzte». In langen Gesprächen einigte man sich über die Aufgaben und Strukturen dieser Vereinigung. Zwei ortsansässige Kollegen wurden mit der Schlussredaktion dieser Absprachen beauftragt, die als «Statuten der Gesellschaft deutscher Naturforscher und Ärzte» zwei Wochen später unter dem Datum des 10. Oktober 1822 veröffentlicht wurden.

Der eigentliche Geburtshelfer bei der Gründung dieser neuen Gesellschaft, das wurde und wird von allen Mitgliedern der noch heute existierenden Wissenschaftlervereinigung immer wieder hervorgehoben, war Lorenz Oken – der sich ja auch als Embryologe einen Namen gemacht hatte. Dieser südbadische Bauernsohn war seit 1807 an der Universität Jena außerordentlicher Professor der Medizin, wurde fünf Jahre später zum ordentlichen Professor der Naturgeschichte befördert. Oken deckte in seinen Vorlesungen und Veröffentlichungen ein weites Themengebiet mit der vergleichenden Anatomie im Mittelpunkt ab. Als Schüler des Philosophen Friedrich Wilhelm Schelling ging er von einem ganzheitlichen Verständnis der Natur aus. Das daraus folgende holistische Verständnis aller Naturwissenschaften prägte nicht nur die von ihm initiierte Gesellschaft Deutscher Naturforscher und Ärzte, sondern schlug sich bereits seit 1817 in seiner Herausgabe eines ambitionierten Periodikums im Leipziger Verlag von Friedrich Arnold Brockhaus nieder. In ihm wurden unter dem Titel «Isis oder Encyklopädische Zeitung» Arbeiten und Rezensionen aus den verschiedensten Gebieten der Naturwissenschaften abgedruckt. Der Name bezog sich auf eine altägyptische Göttin, die als Schutzherrin der Geburt verehrt wurde. Oken wollte, wie er im Vorwort zur «Isis» schrieb, durch die «allseitige und zeitige Verbreitung aller menschlichen Entdeckungen, und der allseitigen und gründlichen Beurteilung geistiger Erzeugnisse in Wissenschaft, Kunst, Gewerbe und Handarbeit» zur «Gründung eines Gelehrtenstaates» beitragen.

In den ersten Jahren ihres Erscheinens veröffentlichte die «Isis» auch politische Berichte und Stellungnahmen, nicht zuletzt aus Okens eigener Feder. Seine Schilderung des Wartburgfestes, insbesondere der anschließenden Bücherverbrennung, trug ihm 1817/18 in erster Instanz eine Gefängnisstrafe ein. Zwar sprach das Jenaer Oberappellationsgericht ihn anschließend frei. Doch bald darauf wurde der Naturforscher und Zeitungsherausgeber wegen der Publikation eines der Berichte des Lustspielautors August von Kotzebue an den russischen Zaren zu einer Geldstrafe verurteilt. 1819 kam es im Zusammenhang mit der Veröffentlichung der Denkschrift eines russischen Informanten über die angeblich revolutionären Zustände an den deutschen Universitäten nach einer Beschwerde des russischen Gesandten am Weimarer Hof zu einer erneuten Anklage. Oken wurde daraufhin von Großherzog Carl August, der durch seine Schwiegertochter mit der russischen Zarenfamilie verwandt vor, vor die Wahl gestellt, entweder die Herausgabe seiner Zeitung einzustellen oder seine Professur an der weimarischen Landesuniversität aufzugeben. Er entschied sich für das Letztere. Veranlasst durch das sich nach den Karlsbader Beschlüssen verschärfende Zensurklima, traten in der «Isis» aber politische Meinungsäußerungen zurück, wurde die Zeitung zu einem Organ der gesamten Naturwissenschaften.

1817 berichtete Lorenz Oken in seiner soeben gegründeten Zeitschrift in lobenden Tönen über seine Teilnahme an der Zürcher Jahresversammlung der Schweizerischen Naturforschenden Gesellschaft, die 1815 gegründet worden war. Diese schweizerische Versammlung, deren Ehrenmitglied er im Jahr 1822 wurde, war für ihn der Anstoß zu einer entsprechenden Initiative in Deutschland. Im Juni 1821 veröffentlichte der Naturforscher in der «Isis» einen ersten Aufruf zu einer «Versammlung der deutschen Naturforscher» in Leipzig. Daraufhin machten sich schon einige Naturforscher «von Isar, Lech und Inn», wie es in ihrem etwas frustrierten Bericht hieß, im September 1821 nach Leipzig auf, trafen dort aber nicht auf die erhoffte Versammlung, die von Oken in der Zwischenzeit um ein Jahr verschoben worden war. Doch dann, im September 1822, kam es zur ersten Zusammenkunft der deutschen Naturforscher und Ärzte und zur Konstituierung ihrer Gesellschaft.

Die auf dieser Zusammenkunft beschlossenen Statuten machen deutlich, dass sich die Gesellschaft als eine Gelehrtenvereinigung verstand. Zwar wurde in § 3 postuliert, dass «jeder Schriftsteller im naturwissenschaftlichen und ärztlichen Fache» als Mitglied zu betrachten sei, doch im folgenden Paragraphen wurde sogleich eingeschränkt, dass die Verfasser nur einer Inauguraldissertation nicht als Schriftsteller anzusehen seien. Doch diese Tendenz zu einer geschlossenen Gesellschaft wurde durch die weitere Bestimmung in § 9 der Statuten ausgeglichen, dass die jährlich stattfindenden Versammlungen bei «offenen Türen» stattfinden sollten. So überwog von Anfang an bei den Treffen der Vereinigung die Anzahl der Gäste bei Weitem die Zahl ihrer Mitglieder. Spätestens mit dem Berliner Kongress im

Jahr 1828 wurde die Versammlung der deutschen Naturforscher und Ärzte unter der Leitung Alexander von Humboldts zu einem großen Gesellschaftsereignis.

Die Statuten bestimmten, dass die jährlichen Zusammenkünfte jeweils an einem wechselnden Versammlungsort stattfinden sollten, der auf dem vorhergehenden Treffen bestimmt werden sollte. In den Anfangsjahren der Gesellschaft tastete man sich noch mühsam aus dem mitteldeutschen Raum heraus, konnte aber eine stetig wachsende Mitgliederzahl verzeichnen. 1823 kamen 30 Kollegen zu der Versammlung, 1824 waren es in Würzburg 37 Mitglieder. 1825 stieg die Zahl der in Frankfurt am Main versammelten Gelehrten auf 88 und im Jahr darauf in Dresden auf 115 an, die von weiteren 250 Gästen komplettiert wurden. 1827 gelang mit München der Sprung nach Süden, 156 Mitglieder reisten in die bayerische Metropole.

Zu einem richtigen Entwicklungsschub kam es im Jahr 1828 mit der Versammlung deutscher Naturforscher und Ärzte in Berlin. Die Statuten der Vereinigung bestimmten, dass die Treffen von einem Geschäftsführer und einem Sekretär zu organisieren seien, welche am jeweiligen Versammlungsort wohnhaft sein sollten. Für die Berliner Versammlung übernahm diese Aufgaben zusammen mit dem Arzt und Zoologen Martin Heinrich Lichtenstein der weltberühmte Naturforscher Alexander von Humboldt. Dieser wahrhaft kosmopolitische Gelehrte war kurz zuvor vom preußischen König Friedrich Wilhelm III., dem er als dessen Kammerherr seinen Lebensunterhalt verdankte, aus Paris nach Berlin zurückbeordert worden. Um die Wende vom 18. zum 19. Jahrhundert hatte der Jüngere der Brüder Humboldt seine aufsehenerregenden Entdeckungsreisen in den Regenwald des heutigen Venezuelas und die Berge der Andenkette unternommen, die er danach in der Forschungsidylle der französischen Hauptstadt mit ihren großen Bibliotheken und renommierten Gelehrten in einem groß angelegten Werk auswertete. Sein Geburtsort Berlin erschien ihm im Vergleich zu diesen Abenteuern und der französischen Metropole wie eine verschlafene Residenzstadt. Alexander von Humboldt suchte auch im Alter von bald 60 Jahren nach neuen Herausforderungen für seine vielfältigen Talente. Als Wissenschaftler fand er sie in seinen Vorlesungen an der Universität, die wegen ihres Publikumsandrangs in den großen Saal der neben der Hochschule liegenden Singakademie verlegt werden mussten. Aus diesen naturkundlichen Vorträgen ging später sein großes Alterswerk über den «Kosmos» hervor. Sein Organisationstalent, das er ja schon bei seinen Forschungsreisen bewiesen hatte, blühte bei der Vorbereitung und Durchführung der Berliner Jahresversammlung der Naturforscher und Ärzte förmlich auf.

Die Zahl der Vorträge in den öffentlichen Versammlungen der Gesellschaft, die ebenfalls in der Singakademie stattfanden, stieg unter Humboldts Leitung sprunghaft auf 39. Unter anderem sprach Lorenz Oken, inzwischen Professor an der Münchener Universität, über das Zahlengesetz in den Wirbeln der Menschen. Hinzu kamen Hunderte von weiteren Beiträgen in den auf Humboldts Vorschlag neu eingerichteten sieben Sektionen: für Geognostik und Mineralogie, für Astronomie und Geographie, für Chemie und Physik, für Botanik, für Zoologie, für Anatomie und Physiologie und für praktische Medizin. In diesen kleineren Veranstaltungen sollten die Fachgelehrten untereinander diskutieren können, Forschungsprojekte und deren erste Ergebnisse vorstellen.

Trotz dieses dichtgedrängten akademischen Programms sorgte Alexander von Humboldt dafür, dass die Geselligkeit der Mitglieder und Gäste nicht zu kurz kam. Gemeinsames Singen gehörte von Anfang an zum Programm der Treffen der Naturforscher und Ärzte. Am Abend des ersten Berliner Sitzungstages fand ein Fest in Anwesenheit des preußischen Königs und seines Kronprinzen im wenige Jahre zuvor von Karl Friedrich Schinkel neu erbauten Königlichen Schauspielhaus am Gendarmenmarkt statt. Der Höhepunkt der musikalischen Unterhaltung auf dieser Veranstaltung war sicherlich die Aufführung einer Festkantate, die der noch nicht 20 Jahre alte Felix Mendelssohn Bartholdy komponiert hatte – Alexander von Humboldt war mit dessen Familie befreundet. Am letzten der fünf Sitzungstage konnte die Berliner Versammlung der Naturforscher und Ärzte eine, wie es hieß, «Lustfahrt» nach Potsdam genießen. Zum Abschied wurden prominente 117 Herren zum Mittagsmahl ins Schloss eingeladen und nach der Tafel dem König vorgestellt.

Diese Veranstaltung in der preußischen Hauptstadt, das macht der 1828 erstmals von den beiden Geschäftsführern erstattete «Amtliche Bericht über die Versammlung deutscher Naturforscher und

Ärzte» deutlich, war der erste große Wissenschaftlerkongress in Deutschland. 463 Mitglieder nahmen an ihm teil, wozu sicherlich noch eine ähnliche Zahl von Gästen kam. Alexander von Humboldt und Heinrich Lichtenstein gelang mit dem Wohlwollen des Königs und der Unterstützung durch dessen Behörden eine großartige Organisation, die sich um alle Details kümmerte, bis hin zur Bereitstellung von Unterkünften und opulenter Beköstigung. Es war eine Versammlung deutscher Wissenschaftler, die aber auch internationale Koryphäen anzog. So hielt der Däne Hans Christian Ørsted nach den Eröffnungsworten Alexander von Humboldts den ersten öffentlichen Vortrag über die von ihm entwickelte Theorie der elektromagnetischen Prozesse. Der Schwede Jörns Jacob von Berzelius, der mit seiner Entwicklung der chemischen Zeichensprache als Vater der modernen Chemie gilt, sprach über die uralischen Platinerze. Doch auch Nachwuchssterne leuchteten auf den Versammlungen deutscher Naturwissenschaftler und Ärzte erstmals auf. So referierte der Hallenser Privatdozent Wilhelm Weber über die Kompensation der Tonhöhe zusammenschwingender Körper und erregte damit die Aufmerksamkeit des berühmten Göttinger Astronomen und Mathematikers Carl Friedrich Gauß, was zu einer langjährigen Freundschaft und wissenschaftlichen Zusammenarbeit der beiden führte, die in der gemeinsamen Erfindung des elektromagnetischen Telegraphen gipfelte.

Die wichtigste Funktion der Jahresversammlungen deutscher Naturforscher und Ärzte war natürlich die wissenschaftliche Kommunikation unter Fachgenossen. Auf den ersten Treffen von 1822 bis 1827 wurden insgesamt 53 Vorträge gehalten. Deren Themen lassen sich zu einem Fünftel der Botanik zuordnen, gefolgt von den Bereichen der Anatomie und Physiologie sowie der Chemie und Physik. Am hinteren Ende der Prioritäten standen zoologische, astronomische und geographische Themen sowie, weit abgeschlagen, Aspekte der praktischen Medizin. Es fällt allerdings auf, dass viele der Vortragsthemen diese Fächergrenzen überschritten. Als Beispiel seien die zahlreichen Vorträge zur Embryologie genannt, einem speziellen Interessengebiet Lorenz Okens, bei dem sich humanmedizinische Anatomie und Physiologie mit der Botanik und Zoologie trafen.

Das einigende Band in diesen ersten Jahren der Versammlung

Deutscher Naturforscher und Ärzte war die Vorherrschaft der Ideen der Naturphilosophie. Diese von Friedrich Wilhelm Schelling formulierte Lehre eines ganzheitlichen Zusammenhangs nicht nur der Naturphänomene, sondern aller Erscheinungen der geistigen und materialen Welt war grundlegend für das holistische Wissenschaftsverständnis in der Epoche der deutschen Romantik. Besonders Lorenz Oken hing der naturphilosophischen Lehre an, stand damit auch dem Welt- und Wissenschaftsverständnis Johann Wolfgang von Goethes nahe, obwohl es immer wieder zu persönlichen Unstimmigkeiten und letztlich zum Bruch zwischen dem Professor an der Universität Jena und dem das Unterrichtswesen im Großherzogtum Sachsen-Weimar-Eisenach beaufsichtigenden Dichterfürsten gekommen war.

Die anfängliche Struktur der Versammlungen deutscher Naturforscher und Ärzte erfuhr eine einschneidende Veränderung auf dem Treffen in Berlin im September 1828. Nicht nur schwoll die Zahl der gemeinschaftlichen öffentlichen Beiträge auf 39 Vorlesungen an. Auch wurden die schon erwähnten zusätzlichen sieben Fachsektionen eingerichtet. Lorenz Oken war nicht glücklich über diese Ausdifferenzierung, stellte sie doch das von ihm verkündete romantische Ideal der Einheit der Natur und damit auch der Naturwissenschaften infrage. In der Folge blieb er lange Jahre den meisten Jahresversammlungen der von ihm gegründeten Gesellschaft fern.

Mit der Einführung von Sektionen in der Gesellschaft deutscher Ärzte und Naturforscher auf dem Berliner Jahrestreffen von 1828 kündigte sich eine Gegenbewegung zu dem in Deutschland in den ersten Jahrzehnten des 19. Jahrhunderts dominierenden, holistisch und spekulativ orientierten Wissenschaftsverständnis an. Nicht nur kam es zu einem fortschreitenden Prozess der Spezialisierung der Fächer. Auch wurde in allen deutschen Naturwissenschaften das geisteswissenschaftlich ausgerichtete Fundament durch ein an den Idealen empirischer und exakter Forschung orientiertes Programm verdrängt, womit man der in Westeuropa, insbesondere in Frankreich und England, vorherrschenden Tendenz folgte. Dass die Gesellschaft deutscher Naturforscher und Ärzte diesen Wandel des Wissenschaftsverständnisses mitgetragen hat, trug zu ihrer späteren Erfolgsgeschichte bei. Sie hat auf diese Weise in der zweiten Hälfte des 19. Jahrhunderts und im ersten Drittel des folgenden Jahrhunderts wesentlich zur Vorrangstellung der deutschen Naturwissenschaften einschließlich der Medizin überall in der Welt beigetragen.

Bei aller wissenschaftlichen Bedeutung des Austausches von Forschungsprogrammen und -ergebnissen auf den Versammlungen deutscher Naturforscher und Ärzte wurde ihnen doch von Anfang an eine große gesellschaftliche Dimension zugeschrieben. So sollten im persönlichen Zusammensein der Gelehrten die Antagonismen abgemildert werden, die sich im Wissenschaftsprozess oft ergeben. In diesem Sinne erklärte Lorenz Oken in seinem Gründungsaufruf vom Juni 1821 zur Absicht des Treffens: «Da die Versammlung nicht bloß gelehrte Mitteilungen zum Zwecke hat, sondern auch vorzüglich eine bessere Stellung der Gelehrten untereinander, ein Kennenlernen von Angesicht, Stimme und Rede; so ist zu wünschen, daß man wenigstens abends sich miteinander zu Tische setzt, damit die Unterhaltung sich auch auf die Gegenstände des Lebens verbreite, und die Bekanntschaften zahlreicher und inniger werden.» In diesem Sinne erklärten denn auch die im folgenden Jahr verabschiedeten Statuten es zum «Hauptzweck der Gesellschaft [...], den Naturforschern und Ärzten Deutschlands Gelegenheit zu verschaffen, sich persönlich kennen zu lernen» (§ 2 der Statuten).

Der Ort dieser geselligen Kommunikation der versammelten Naturforscher und Ärzte waren nicht nur die schon geschilderten Mittags- und Festessen sowie die Empfänge, sondern auch Exkursionen und Tanzveranstaltungen – bei den Letzteren waren auch Damen anwesend, die ansonsten in dieser Herrengesellschaft wie allgemein an den deutschen Universitäten bis Ende des 19. Jahrhunderts nichts zu suchen hatten. Hingegen hatten die Versammlungen deutscher Naturforscher und Ärzte von Anfang an die Funktion, neben den Fachwissenschaftlern auch Amateurwissenschaftler (als Gäste) zusammenzuführen, zwei Gruppen, die sich im Vormärz noch nicht so deutlich voneinander abhoben wie zu späteren Zeiten.

Die Treffen deutscher Naturforscher und Ärzte waren Teil der für die bürgerliche Gesellschaft des 19. Jahrhunderts typischen Entfaltung des Vereinswesens. An die Stelle der vorhergehenden statischen Ordnung von Ständen und Korporationen, in welche man in der vormodernen Zeit hineingeboren wurde, traten nun freiwillige und private Zusammenschlüsse, auch als «Assoziationen» bezeichnet. Erste Ansätze dieser neuen Vereinskultur kamen mit den Geselligkeits- und Lesevereinen noch in der aufgeklärten Phase des ausgehenden 18. Jahrhunderts auf. Mit Beginn des 19. Jahrhunderts gliederten sich aus diesem allgemeinen Vereinswesen vielfältige Zusammenschlüsse für speziellere Kulturbedürfnisse wie Turnvereine und (Männer-)Gesangsvereine und für besondere Berufszweige wie Lehrervereine und Ärztevereine aus. Gesellenvereine wurden zu Vorreitern von Arbeiterbildungsvereinen, aus denen dann nach der Jahrhundertmitte die politische Arbeiterbewegung hervorging.

Der Schwerpunkt dieser mannigfaltigen Vereinsbildungen lag zunächst auf der örtlichen Ebene, doch mit der Zeit kam es zu überregionalen und selbst gesamtnationalen Zusammenkünften. Auch die Versammlungen deutscher Naturforscher und Ärzte gingen aus lokalen Zusammenschlüssen von Medizinern und Naturwissenschaftlern hervor und bauten entsprechend ihren Statuten von 1822 bei der Vorbereitung und Durchführung der Jahrestreffen auf dem Organisationspotential am jeweiligen Versammlungsort auf. Auf der Leipziger Gründungsversammlung diskutierte man ausführlich über den Namen des Zusammenschlusses, verwarf zahlreiche Alternativen als zu strikt und entschied sich für eine «Gesellschaft», weil «im Grunde jede zufällige Vereinigung von einigen Menschen eine Gesellschaft genannt zu werden verdiene».

Das neue gesellschaftliche Phänomen der freien Vereinsbildung war der staatlichen Obrigkeit suspekt, auch wenn an ihm zahlreiche Beamte beteiligt waren. Im Gefolge der Karlsbader Beschlüsse vom September 1819 kam es zu einer strikten Überwachung des Vereinswesens. Davon betroffen war auch die Gesellschaft deutscher Naturforscher und Ärzte, war doch Lorenz Oken als deren Initiator bereits im Zusammenhang mit den burschenschaftlichen Bestrebungen und seiner Zeitschrift «Isis» auffällig geworden. So wundert es nicht, dass die Versammlungen der GDNÄ durch die politische Polizei überwacht wurden. Lorenz Oken muss aufgestoßen sein, dass sich als Ehrengast in die Teilnehmerliste der Berliner Jahresversammlung der deutschen Naturforscher und Ärzte ausgerechnet Karl Albert von Kamptz eintrug. Dieser fügte zwar als Berufsbezeichnung seine seit 1828 eingenommene Stellung als Direktor der Abteilung für öffentlichen Unterricht im Kultusministerium hinzu, doch war Kamptz auch weiterhin Leitender Direktor des preußischen Polizeiministeriums, in welcher Funktion er sich als der entschiedenste Verfolger aller mit dem Wartburgfest auffällig gewordenen Studenten und Professoren hervorgetan hatte.

Es war nur konsequent, dass sich die versammelten deutschen Naturforscher und Ärzte jeder politischen Diskussion enthielten. Dennoch kam ihren Treffen eine große politische Bedeutung zu. Nicht nur ermöglichten sie wie alle vormärzlichen Vereinsaktivitäten unter den allgemeinen Bedingungen des autoritären Obrigkeitsstaates eine Einübung in liberale, ja sogar basisdemokratische Organisationsformen. Auch realisierte sich in ihnen das Ziel nationaler Einheit, das auf der politischen Ebene erst noch zu verwirklichen war. In diesem Sinne gab Alexander von Humboldt in seiner Berliner Eröffnungsrede des Jahres 1828 der Versammlung das Motto vor: «Teutschland offenbart sich gleichsam in seiner geistigen Einheit.» Ähnliches lässt sich auch für die 1837 gegründete Versammlung deutscher Forst- und Landwirte und die im gleichen Jahr ins Leben gerufene Versammlung deutscher Philologen und Schulmänner sagen, vor allem aber für die 1846 erstmals zusammengetretene Versammlung der Germanisten. Die Ähnlichkeiten zwischen den fächerübergreifenden Treffen der deutschen Naturforscher sowie Ärzte und den Versammlungen der Germanisten gehen noch weiter, wenn man berücksichtigt, dass damals unter Führung der Brüder Grimm Germanistik nicht bloß als die Fachwissenschaft von deutscher Sprache und Literatur, sondern als der Verbund von Juristen, Historikern und Linguisten verstanden wurde, welche die deutsche Kultur zu ihrem Forschungsschwerpunkt gemacht hatten.

Allen diesen gesamtdeutschen Gelehrtentreffen war gemeinsam, dass ihr Versammlungsort jährlich wechselte und vorzugsweise in Universitäts- und Hauptstädten stattfand. Dies und der damit verbundene jährliche Wandel in der Geschäftsführung konnten als Vorbild für eine «föderale Nation» (Dieter Langewiesche) auch auf politisch-staatlicher Ebene dienen.

1824 war Friedrich Krupp, der Gründer der nach ihm benannten Gussstahlfabrik, gezwungen, infolge des wirtschaftlichen Niedergangs seines Unternehmens mit seiner Familie aus dem ererbten Patrizierhaus in der Essener Stadtmitte in das auf diesem Holzstich von A. Ritscher aus dem Jahr 1910 zu sehende winzige Aufseherhäuschen umzuziehen. Es lag direkt neben dem ersten Fabrikgebäude vor den Toren der Stadt. Anfang der 1870er Jahre ließ sein Sohn Alfred nach dem phänomenalen Aufstieg des Unternehmens nicht nur die «Villa Hügel» als hochherrschaftlichen Familiensitz errichten, sondern auch das in der Zwischenzeit verfallene Fachwerkgebäude renovieren und in die Glorie eines «Stammhauses» erheben.

DER TOD VON FRIEDRICH KRUPP (1826)

Nach dem Ableben des Gründers führen seine Witwe und ihr minderjähriger Sohn eine bankrotte Fabrik zu Weltrang

Am 8. Oktober 1826 starb in Essen nach langer Krankheit im Alter von nur 39 Jahren Friedrich Krupp, der Gründer und Namensgeber des weltbekannten Stahlunternehmens. Die medizinische Todesursache war nach Angabe seiner Witwe eine «Brustwassersucht», wahrscheinlich eine Tuberkulose. Seine Verwandten und Freunde sprachen auch von einer «Erschöpfung der Nerven» und deuteten damit Friedrich Krupps vorzeitiges Verscheiden als Folge einer psychosomatischen Hinfälligkeit, bewirkt durch seine beruflichen Rückschläge als Unternehmer. Zuletzt hatte auch seine Familie, die ihn immer wieder mit Krediten unterstützt hatte, das Vertrauen in die wirtschaftliche Kompetenz des kränkelnden Gründers verloren. So kann Friedrich Krupp an seinem Lebensende als eine «gescheiterte Existenz» (Lothar Gall) angesehen werden.

Zwei Jahre vor seinem Tod hatte Friedrich Krupp das stattliche Familien- und Handelshaus am Flachsmarkt in der Essener Stadtmitte, in dem er und seine vier Kinder geboren waren, an den Schwiegervater als seinen Gläubiger verkaufen müssen. Er war mit seiner Familie in das winzige Aufseherhäuschen neben dem Schmelzbau seines Fabrikgeländes vor den Toren der Stadt gezogen. Dem Auszug aus dem Stadthaus folgte das Ausscheiden aus seinen städtischen Honoratiorenämtern: Ende 1824 musste Friedrich Krupp sein Amt als Stadtrat, als städtischer Brandoffizier und als Adjutant des Bürgerwachtbataillons niederlegen. Er wurde aus der Liste der Essener «Kaufleute mit Rechten» gestrichen, verfügte nicht mehr über eine staatliche Handelskonzession. So hatte Friedrich Krupp an seinem Lebensende nicht nur sein ererbtes Vermögen, sondern auch seinen überlieferten Stand und damit sein Ansehen als Essener Bürger verloren.

Die Krupps waren achtbare Kaufleute protestantischen Glaubens, die im 16. Jahrhundert aus den Niederlanden nach Essen eingewandert waren. Durch «passende» Ehen hatten sie in das wohlhabende Stadtbürgertum eingeheiratet. Ihr Handel mit sogenannten Kolonialwaren – Gewürzen, Spezereien und Tabak – blühte. Zu Wohlstand kamen die Krupps auch durch ihre Tätigkeit als Verleger im Textilgewerbe, bei der sie, wie im späten 18. Jahrhundert und frühen 19. Jahrhundert üblich, das Rohmaterial für die Heimweber besorgten und deren Produkte zentral vermarkteten. Besonders geschäftstüchtig war Friedrich Krupps früh verwitwete Großmutter Helene geborene Ascherfeld, die ihr Vermögen im Kauf von zahlreichen Grundstücken anlegte. So erwarb sie 1799 in einer Versteigerung die Hütte «Gute Hoffnung» in Sterkrade (heute ein Stadtteil von Oberhausen). Deren Gussstahlproduktion vertraute sie 1807 ihrem Enkel Friedrich an, der damit für sich – und seine Nachfahren – das industrielle Betätigungsfeld fand, das sich seitdem mit dem Namen Krupp verbindet.

Das Gussstahlverfahren war ein großer Fortschritt in den historischen Bemühungen zur Herstellung eines verfeinerten, elastischen und schmied- sowie schweißbaren Eisens. Dieses aus Eisenerz in Hochöfen gewonnene Metall wurde seit uralten Zeiten in einem mühsamen Wechselprozess von Glühen, Schmieden und Abhärten in Wasser beziehungsweise Öl zu Stahl veredelt. Seit dem 18. Jahrhundert suchte man nach Schmelzverfahren, bei dem Eisen durch Ausscheidung von Schadstoffen als Schlacken zu Stahl als einem Massenprodukt verfeinert werden konnte. Zentral bei diesen Bemühungen wurde die Erkenntnis, dass man den Kohlenstoffanteil des Eisens unter zwei Prozent senken musste, um Stahl zu erhalten. Lag der Anteil des Kohlenstoffs über zwei Prozent, war das Produkt zwar härter, aber auch spröder und ließ sich nur als Gusseisen verarbeiten.

Der entscheidende Durchbruch zur fabrikmäßigen Produktion von Stahl gelang um 1740 dem Uhrmacher Benjamin Huntsman im englischen Sheffield. Er setzte Tiegel ein, das heißt feuerfeste Behältnisse aus Ton und Grafit, in denen der Rohstahl in einem koksbefeuerten Schachtofen eingeschmolzen wurde, wodurch die sonst im Stahl verbleibenden Schadstoffe als Schlackenreste vollständig abgesondert wurden und vor allem der Kohlenstoffgehalt reduziert wurde. Nach einer etwa fünfstündigen Schmelze wurde der so behandelte Stahl in Formen (Kokillen) gegossen, daher die Bezeichnung «Gussstahl». Das Verfahren war in alchimistischer Tradition von der Aura des Geheimnisses umgeben, erforderte aber vor allem eine genau koordinierte Abfolge der einzelnen Arbeitsschritte. Sein Edelstahlprodukt eignete sich vor allem für die Herstellung von

Messern, insbesondere Rasiermessern, von Werkzeugen und Walzen – auch und besonders zur weiteren Bearbeitung von Stahlrohlingen.

Friedrich Krupps erste Erfahrungen in der Stahlproduktion erwiesen sich als ein Fehlstart. Schon acht Monate nach der Übernahme der Sterkrader Gutehoffnungshütte musste er diese wegen geschäftlichen Misserfolgs seiner Großmutter zurückgeben, die das Unternehmen daraufhin an die Oberhausener Kaufmannsbrüder Haniel verkaufte. Doch seitdem war der junge Friedrich Krupp vom metallurgischen Bazillus infiziert, begeisterte sich für die Produktion von Stahl. Die Rückkehr in das Handelsgeschäft seiner Vorfahren kam für ihn nicht mehr infrage. Der Tod der geschäftstüchtigen Großmutter im Jahr 1810 ermöglichte Krupp den Verfolg seines Lebenswunsches, erbte er doch mit seinen Geschwistern deren beträchtliches Vermögen.

Am 20. November 1811 ließ der Vierundzwanzigjährige die Firma «Fried. Krupp» als eine Gussstahlfabrik notariell eintragen. Der Jungunternehmer setzte seine Hoffnungen auf die Stahlproduktion, weil durch die 1806 von Kaiser Napoleon verfügte Kontinentalsperre, eine Wirtschaftsblockade des britischen Königreiches, die bis dahin dominierenden Importe aus England ausgefallen waren. Friedrich Krupp sicherte sich die Mitarbeit von zwei Teilhabern, die ihre technischen Kenntnisse in das Unternehmen einbringen sollten. Doch die Erwartungen an die unzuverlässigen Teilhaber erfüllten sich nicht, und bei einem nachfolgenden dritten Teilhaber saß Krupp vermutlich einem Schwindler auf.

Für den Fabrikgründer begann eine mühselige Zeit des Experimentierens auf einem kleinen Fabrikgelände mit Schmelzbau und Hammergebäude in Altenessen an der vormaligen Walkmühle, deren Bachlauf früher der Textilproduktion und nun der Bearbeitung der Stahlrohlinge diente. Schwankungen in der Güte des eingesetzten Rohstahls sowie Unsicherheiten bei dem Einsatz der Zuschlagsstoffe führten immer wieder zu Qualitätsmängeln, die zu Frustrationen und Reklamationen von Seiten der Kunden führten. Auf der anderen Seite verstand Friedrich Krupp es in dieser wechselhaften Zeit des «Trial and Error», erfolgversprechende Arbeitsabläufe und Temperaturen bei der Veredelung des Stahls herauszufinden. Eine große Rolle bei diesem relativen Fortschritt des Erfinders spielte der

Bezug der Tonerde für die Herstellung der Tiegel, in denen die Stahlmasse erhitzt wurde. Friedrich Krupp entschied sich für feuerfesten Ton aus einer Grube in Mehlem südlich von Bonn, dessen hoher Siliziumgehalt beim Schmelzprozess vom Stahl absorbiert wurde. Der auf diese Weise gewonnene metallurgische Härtegrad wurde zum Markenzeichen des Kruppstahls.

1819 wurde der Umzug des Großteils der Krupp'schen Stahlproduktion auf ein größeres Gelände im Westen vor der Stadt notwendig. Bis 1823 konnte sich die Fabrikneugründung einer relativen Konsolidierungsphase erfreuen. Dazu trug vor allem die Einsicht des Firmengründers bei, dass von der bloßen Herstellung von Gussstahlblöcken und -stangen wenig Profit zu erwarten war, diese Rohprodukte waren der englischen und belgischen Konkurrenz kaum gewachsen. Erfolgversprechende Verkaufsnischen waren nur von der Weiterverarbeitung des Gussstahls zu Fertigprodukten zu erwarten. Aus dem Krupp'schen Gussstahl wurden zunächst vor allem Werkzeuge hergestellt, beginnend mit Feilen, dann Geräte für das Gerber- und Ledergewerbe, die Fingerhutproduktion, die Buchbinderei und schließlich den Bergbau. Besonders erfolgreich war Friedrich Krupp bei der Herstellung und dem Verkauf von Münzstempeln, hielt der tiefengehärtete Essener Gussstahl doch den bei Münzprägungen notwendigen hohen Druck besser aus als die gewöhnlichen Stahlqualitäten. Auch die Verwendung des Krupp'schen Gussstahls zur Herstellung von Walzen und Walzmaschinen zur Edelmetallbearbeitung ließ sich gut an.

Doch auf Dauer stand die Profitabilität der Fabrik auf mehr als wackligen Füßen. Gewaltigen Experimentier- und Investitionskosten standen nur geringe Einnahmen gegenüber. Vor allem die schwankende Qualität der eingesetzten Rohstoffe und damit auch der Produkte machten dem Fabrikgründer zu schaffen. Der chronische Mangel an Betriebskapital konnte kaum durch die Kredite aus der Kaufmannsfamilie Friedrich Krupps, vor allem von seinem Schwiegervater, behoben werden. Der Niedergang der Fabrikgründung schlug sich auch im Schwund ihrer Beschäftigten nieder: Hatte die Zahl 1818 ihren Höchststand von 10 erreicht, so fiel sie bis 1826, dem Todesjahr von Friedrich Krupp, auf 4 Arbeiter. Produktion und Einnahmen des Unternehmens sanken zum Nullpunkt der Insolvenz ab.

Friedrich Krupps Witwe Therese geborene Wilhelmi hatte beim Tod ihres Mannes dessen zwiespältiges Erbe zwar für sich selbst angenommen, es aber für ihre vier Kinder ausgeschlagen, um diese vor dem wirtschaftlichen Risiko zu bewahren. In den folgenden 24 Jahren bis zu ihrem Tode 1850 erwies sich die «Witwe Krupp», unter welchem Namen sie überwiegend firmierte, als unternehmerisch kluge Inhaberin der Gussstahlfabrik, setzte so die Krupp'sche Familientradition geschäfts- und lebenstüchtiger Frauen fort. Ihr zur Seite stand der älteste Sohn Alfried, der schon vor dem Tod des Vaters im Betrieb ausgeholfen und vom siechen Friedrich Krupp die Geheimnisse der Gussstahlproduktion erfahren hatte. Der Sohn äußerte sich später eher geringschätzig über seinen Vater, doch seine Mutter hielt er in hohen Ehren, als er im Jahr 1880 an die Prokuristen seiner Firma schrieb: «Ich habe mehr von meiner Mutter gelernt als von meinem Vater. Ich habe ihren Fleiß geerbt, mit dem sie das Hauswesen rettete.» Nach dem Tod des Vaters rückte Alfried Krupp mit seinen 14 Jahren de facto in die Rolle des kaufmännischen Geschäftsführers und technischen Betriebsleiters der Firma «Fried. Krupp» auf. Später, nach Geschäftsreisen auf die Britischen Inseln, verkürzte er seinen Vornamen nach englischem Sprachgebrauch zu «Alfred».

Auf den Tod des Gründers folgten mühsame Jahre der langsamen Erholung der Gussstahlfabrik. Zentral für die Rekonvaleszenz des Unternehmens wurde der Aufbau eines Vertriebsnetzes durch den Kruppsohn, der mit seinem Produktangebot zu alten und neuen Kunden zunächst in Deutschland und dann in ganz Europa fuhr. Durch eine kulante Politik der Zurücknahme defekter Werkstücke konnte er das Vertrauen der Geschäftspartner und auch der Geldgeber wiederherstellen.

Es gelang Alfred Krupp, den in seiner Fabrik erzeugten tiefengehärteten Stahl zu marktfähigen Spezialprodukten zu verarbeiten und diese zu gewinnbringenden Preisen abzusetzen. Mit der Herstellung von Walzen und Walzmaschinen knüpfte er an eine schon zu Lebzeiten des Vaters eingeleitete Produkttradition an und erreichte mit ihr in den 1830er und 1840er Jahren den wirtschaftlichen Durchbruch des Unternehmens. Insbesondere die durch die Gründung des Deutschen Zollvereins im Jahr 1834 erreichte Vergrößerung des zollfreien Marktes führte zu einem Aufschwung des Unternehmens. Kein Wunder, dass im Jahr darauf auf dem Essener Fabrikgelände eine Dampfmaschine aufgestellt wurde, durch welche die mühsame Krafterzeugung für die Hammerwerke durch Wasserläufe und von Hand ersetzt werden konnte. Dabei erwies sich die Nachbarschaft zu der Kohlenzeche erneut als ein Standortvorteil.

Gegen Ende der 1840er Jahre führte die große Konjunktur im deutschen Eisenbahnbau und -betrieb zu einer anschwellenden Nachfrage nach den Produkten der Krupp'schen Gussstahlfabrik. Zunächst fanden vor allem die von ihr hergestellten Schienen, Waggonfedern und Wagenachsen einen umfangreichen Absatz. Dann entwickelte Alfred Krupp den nahtlosen Radreifen, der die bis dahin bruchanfällige Schweißnaht bei Eisenbahnrädern obsolet machte. Für die Erfindung erhielt er 1851 das englische und im Jahr darauf das preußische Patent. Diese Errungenschaft leitete eine erste Boomperiode des Unternehmens ein; zu Recht wurden drei aufeinandergelegte Reifen später zum Firmensymbol und Markenzeichen der Essener Stahlfabrik. 1851 erregte die Firma mit einer Gussstahlkanone auf der Weltausstellung in London Aufsehen. Ab den 1860er Jahren profilierte sich das Unternehmen als *der* Kanonenlieferant nicht nur des preußischen Staates, sondern auch vieler anderer europäischer und außereuropäischer Staaten. So wurde gegen Ende des 19. Jahrhunderts der Name Krupp zum weltweiten Synonym für ein Rüstungsunternehmen.

Beim historischen Blick auf die beiden Gründungsgenerationen der Kruppfabrik überwiegt das Bild von einem weitgehend gescheiterten Vater Friedrich Krupp und einem im Gegensatz dazu höchst erfolgreichen Sohn Alfred Krupp. Hatte die Firma beim Tod des Gründers 1826 vier Arbeiter, so waren es beim Tod seines Sohnes im Juli 1887 12 000 Beschäftigte. Der Vater entsprach mit seinem Zwergbetrieb mehr dem Typ eines ruhelosen technischen Bastlers und Entdeckers, der sich mit seiner Erfindung des Tiegelstahls kaum am Markt durchsetzen konnte. Der Sohn war der Prototyp eines erfolgreichen Unternehmers, der die vom Vater geerbte technische Begabung mit der kaufmännischen Intelligenz der früheren Ahnen vor allem auf Seiten der Witwen verknüpfte. So gelang es Alfred Krupp, den ererbten Kleinbetrieb in einem rastlosen Expansionskurs über eine Essener Großfabrik zu einem Weltunternehmen mit Werken auf allen Kontinenten auszubauen.

Bei aller Unterschiedlichkeit der Persönlichkeiten darf aber nicht übersehen werden, dass Vater und Sohn Krupp mit ganz unterschiedlichen Marktbedingungen konfrontiert waren. Die Geschichte der Firma «Fried. Krupp», zumal in ihren ersten mühsamen vier Jahrzehnten während der Vormärzzeit, ist eine gute Illustration für die wirtschaftlichen Entwicklungsstadien, wie der amerikanische Wirtschaftshistoriker Walt Rostow sie 1960 konzipiert hat. Die Fundamente der Firma im Essener Handels- und Kaufmannsgeschäft liegen noch in der vorindustriellen ersten Phase einer traditionellen Gesellschaft, die sich durch Stagnation auszeichnete. Friedrich Krupps beschwerliche erste 15 Gründerjahre sind charakteristisch für das zweite Stadium einer Periode des Übergangs, in der die technischen und naturwissenschaftlichen Kenntnisse als Voraussetzungen für den nachfolgenden wirtschaftlichen Aufschwung geschaffen wurden. Der Markt für die Produkte aus Tiegelstahl war in dieser frühindustriellen Zeit noch sehr beschränkt. Auch während der nachfolgenden 25 Jahre bis 1850 hatte Alfred Krupp noch mit jenen begrenzten Bedingungen zu rechnen, die seinem Vater das Überleben schwer gemacht hatten. So schrieb er über seine ersten Jahrzehnte in der vom Vater gegründeten Fabrik, er sei gleichzeitig deren «Prokurist, Korrespondent, Kassierer, Schmied, Schmelzer, Koksklopfer, Nachtwächter beim Zementofen und sonst noch viel dergleichen» gewesen.

Doch mit der Jahrhundertmitte setzte in Deutschland die sogenannte «Take-off»-Phase der industriellen Konjunktur ein, in der es zu einer sprunghaften Steigerung der Investitionen, des Marktes und der Produkte kam. Der Aufschwung des Industrialisierungsprozesses konnte sich nun aus eigener Kraft selbst tragen. Diese dritte Phase ist in der Geschichte der Firma Krupp durch die Erfindung des nahtlosen Eisenbahnreifens (1851) eingeleitet worden. Alfred Krupp, dem eigentlichen Schöpfer des Weltruhms der Firma Krupp, war es zu seinen Lebzeiten noch vergönnt gewesen, mit dem Erfolg seiner Firma die in Deutschland im letzten Viertel des 19. Jahrhunderts vorherrschende vierte Phase eines Reifestadiums der industriellen Entwicklung zu erleben.

Alfred Krupp schrieb 1867: «Vom Vater haben wir kein Vermögen geerbt und auch keine Kenntnisse und keinen Namen. Die Fabrikation brachte nach altem Verfahren keinen Gewinn, und es wurde nichts beibehalten als der Ort und das leere Gebäude.» Er führte den Misserfolg des Vaters darauf zurück, dass sich dieser mit seinen vielen Ehrenämtern und Verpflichtungen verzettelt habe. Auch sei er gegenüber seinen Teilhabern zu vertrauensselig gewesen. Doch mit dieser Kritik wurde der Sohn der Tatsache nicht gerecht, dass er dem Vater neben wertvollen Geschäftskontakten vor allem ein technisch ausgereiftes Verfahren zur Herstellung von Tiegelstahl verdankte, das zur Grundlage seines unternehmerischen Erfolgs wurde. Vor allem aber übersah Alfred Krupp bei allem persönlichen Stolz auf seine eigene im Vergleich zum Vater überragende Lebensleistung, in welchem Maß er in der zweiten Hälfte des 19. Jahrhunderts von den allgemeinen technik- und wirtschaftsgeschichtlichen Verhältnissen profitierte, die für Friedrich Krupp im ersten Jahrhundertviertel noch nicht gegeben waren.

Der Sohn Krupp stand auf den Schultern seines Vaters, und so war es nur angemessen, dass die Firma bis zu ihrer Verschmelzung mit der Thyssen AG im Jahr 1998 in ihrem Namen auch den abgekürzten Vornamen des ursprünglichen Gründers führte. Die vormärzliche Gründungsgeschichte der «Fried. Krupp Gussstahlfabrik» wurde auch dokumentiert in dem Erhalt des Aufseherhäuschens neben dem Schmelzbau, in dem Friedrich Krupp seine letzten zwei Lebensjahre verbracht und sein Sohn als Teenager in der Dachkammer viele Nächte in der Sorge um die Gesundheit des Vaters und von dessen Fabrik wachgelegen hatte. In den 1870er Jahren wurde dieses weitgehend verfallene Fachwerkgebäude renoviert und in die Glorie eines «Stammhauses» erhoben, das den märchenhaften Aufstieg der Firma von einer früh-, wenn nicht vorindustriellen Fabrikklitsche zu einem Industrieimperium manifestierte. Nach der Totalzerstörung im Zweiten Weltkrieg ist das Stammhaus zum 150. Jubiläum im Jahr 1967 rekonstruiert worden und steht heute vor dem modernistischen Essener Verwaltungsgebäude der «Thyssen-Krupp AG». Es ist Ausdruck des Geschichtsmythos, der auch die vormärzliche Gründung der Firma umweht.

Dieser Stahlstich von Albert Henry Payne aus dem Jahr 1840/41, den er nach einer Zeichnung des Hamburger Malers Johann Heinrich Sander anfertigte, zeigt den an der Wesermündung neu angelegten Bremer Hafen gut ein Jahrzehnt nach seiner Eröffnung mit transatlantischen Segelschiffen im Hafenbecken sowie rechts der Häuserzeile des Hafenortes mit dem Säulenportikus des Amtshauses, in dem die Hafenverwaltung residierte, und links im Hintergrund das hannoversche Fort Wilhelm. Der Gesamteindruck: Der Kauf und Bau des neuen Hafens haben sich für die Hansestadt Bremen gelohnt.

DER BAU VON BREMERHAVEN (1827)

Die Hansestadt Bremen legt einen neuen Zugang zum Meer an

Am 11. Januar 1827 unterzeichnete die Freie Stadt Bremen einen Vertrag mit dem Königreich Hannover, mit dem es seine Zukunft als Seehafenstadt sicherte, die im Sand der Weser zu versickern drohte. Mit dem Staatsvertrag erwarb Bremen 88,7 Hektar hannoversches Land auf der östlichen Seite des Mündungstrichters der Weser in die Nordsee, nördlich des Nebenflusses Geeste. Für dieses Weideland, auf dem vier Häuser standen und insgesamt 19 Personen wohnten, zahlte die Freie Stadt dem benachbarten Königreich 77 658 Taler, 17 Groschen und 1 Pfennig. Das entsprach nach dem Silbergehalt des Talers 150 000 Euro, doch bei Berücksichtigung der historischen und heutigen Kaufkraft einem Wert von über 4,5 Millionen Euro. Diese Investition sollte es Bremen ermöglichen, auf dem Außendeichgelände parallel zur Weser ein Hafenbecken zu bauen, das durch eine Schleuse gegen die Gezeiten des Ozeans gesichert werden sollte. Zugleich war geplant, an der Ostseite der Halbinsel, die durch die Einmündung der gewundenen Geeste in den Wesertrichter gebildet wurde, eine Ansiedlung und insbesondere bremische Werften zu platzieren.

Von diesem großen Projekt versprach sich die Seehandelsstadt eine Befreiung aus vielfachen Bedrängnissen. Bremen liegt über 70 Flusskilometer von der Mündung der Weser in die Nordsee entfernt. Seit vielen Jahren war eine zunehmende Versandung des Flusses zu beobachten: Die Schifffahrt wurde durch wechselhafte Sandbänke und Untiefen erschwert, die Fahrrinne war stellenweise nur anderthalb Meter tief. Gleichzeitig wuchs die Größe der Segelschiffe. So drohte die Verlagerung des Hafengeschäfts von der traditionsreichen Hansestadt nach Brake, einem kleinen oldenburgischen Ort auf dem Westufer der Weser, auf halber Strecke zwischen Bremen und der Mündung in die Nordsee.

Diese Unwägbarkeiten des Bremer Zugangs zum Meer schlugen sich schon seit Beginn der frühen Neuzeit in zahlreichen Territorialkonflikten um die Wesermündung nieder, in die sich auch damalige europäische Großmächte wie Dänemark und Schweden einmischten. Das letztgenannte Dreikronenreich begann im letzten Drittel des 17. Jahrhunderts an der Geestemündung genau an der Stelle, die später Bremen erwerben sollte, mit dem Bau einer Festungs- und Handelsstadt, der Carlsstadt, blieb damit aber im wechselhaften europäischen Kriegsgeschehen stecken. Später fiel die Ostseite des Wesertrichters an das Kurfürstentum Hannover, das 1814 zum Königreich erhoben wurde und vor allem durch die Personalunion mit Großbritannien zu politischer Größe aufstieg. Nach dem vorangegangenen Intermezzo der Einverleibung ganz Norddeutschlands in das napoleonische Kaiserreich Frankreich erhielt die Bremer Kaufmannschaft 1817 von der Regierung in Hannover das Recht, an der Mündung der Geeste Güter von See- auf Flussschiffe umzuladen. Doch musste Bremen daran gelegen sein, eine dauerhaftere Lösung für sein Überleben als Hafenstadt zu finden.

Zur eigentlichen Kraft hinter dem bremischen Befreiungsschlag wurde mit Johann Smidt ein Predigersohn, der auch selbst Theologie studiert hatte, dann aber zunächst als Senator und ab 1821 als Bürgermeister in den Dienst seiner Heimatstadt trat. Er verband calvinistische Zielstrebigkeit mit einer charismatischen Ausstrahlungskraft. Vor allem aber zeichnete sich Smidt durch großes diplomatisches Verhandlungsgeschick aus, das er schon als Sprecher der Freien Städte auf dem Wiener Kongress unter Beweis gestellt hatte, als er deren Anerkennung als selbständige Mitglieder des Deutschen Bundes erreichte.

Von Mitte 1825 bis Anfang 1827 führte der Bremer Bürgermeister geheime Verhandlungen in Hannover; selbst in seinen brieflichen Berichten an eingeweihte Senatskollegen und Mitarbeiter in Bremen verwandte er für seine Anweisungen unsichtbare Tinte. Bedenken auf hannoverscher Seite mussten vor allem bei der eigentlichen Regierung des Königreichs, der «Deutschen Kanzlei» in London, überwunden werden. Ihr Leiter, Graf Münster, hatte das Ohr des britischen Königs, der gleichzeitig bis 1837 auch König von Hannover war. Schließlich konnte Smidt die politischen und bürokratischen Spitzen des Königreichs von Hannover davon überzeugen, dass der Erwerb des Geländes einschließlich der Abtretung der Hoheitsrechte auch im Interesse Hannovers lag, das von der Alternative eines oldenburgischen Weserhafens keinen Vorteil gehabt hätte.

Das Großprojekt für den neuen «Bremer Haven» – so die niederdeutsche Schreibweise – umfasste den Bau nicht nur eines Hafenbassins, einer Schleuse und eines Vorhafens, sondern auch die Errichtung einer Ansiedlung. Seine Planung und Bauaufsicht vertraute der Bremer Senat einem jungen und hochbegabten holländischen Wasserbauingenieur, Jacobus Johannes van Ronzelen, an. Auch die Ausführung übernahmen vier holländische Bauunternehmer. Das Hafenbecken sollte 750 Meter lang, 57,5 Meter breit und 5,25 Meter tief werden. Es wurde von 900 Arbeitern mit der Hand ausgeschachtet, der Aushub mit einfachen Karren auf den neuerrichteten Deich zwischen Hafen und Weser transportiert.

Während die Bremer Bürgerschaft den Staatsvertrag über den Ankauf der Exklave an der Wesermündung zunächst einstimmig begrüßt hatte, kamen während der Ausführung des Projektes bei den knauserigen Kaufleuten aufgrund der steigenden Ausgaben immer mehr Zweifel an der Rentabilität des Vorhabens auf. Die Gesamtkosten stiegen schließlich auf 600 000 Taler, was in etwa heutigen 35 Millionen Euro entspricht, und Bürgermeister Smidt hatte mit den Zweifeln seiner Bürger zu kämpfen.

Ganz entgegengesetzt war die enthusiastische Teilnahme Goethes an dem Projekt. Sein Gesprächspartner Eckermann berichtete unter dem Datum des 10. Februar 1829: «Ich fand Goethe umringt von Karten und Plänen in bezug auf den Bremer Hafenbau, für welches großartige Unternehmen er ein besonderes Interesse zeigte.» Das war zur gleichen Zeit, als der Weimarer Dichterfürst an dem Schluss der «Der Tragödie zweiter Teil» seines «Faust» arbeitete und dabei auf die Gewinnung und Besiedlung neuen Landes an der Meeresküste, die Trockenlegung von Sümpfen sowie die Anlage von Häfen und Kanälen einging. Goethe ist offensichtlich vom Bau des neuen Bremer Hafens inspiriert worden, als er im fünften Akt von «Faust II» reimte: «Dort im Fernsten ziehen Segel, / Suchen nächtlich sichern Port, / Kennen doch ihr Nest die Vögel, / Denn jetzt ist der Hafen dort.»

Der «Bremer Haven» wurde nach dreijähriger Bauzeit am 12. September 1830 etwas unerwartet eröffnet, als das amerikanische Segelschiff «Draper» aus Baltimore auf der Reede erschien und sein Kapitän auf Einlass bestand. Das Schiff lief zwar im Vorhafen auf Grund, schaffte es aber schließlich durch die Schleuse in den Hafen. Zur

Belohnung stand dem Kapitän nach alter Konvention die lebenslange Befreiung von Hafengebühren zu.

Die großen Ausgaben für den Erwerb des Geländes und den Bau des «Bremer Havens» erwiesen sich als eine glückliche Investition in die Zukunft Bremens. Zahl und Tonnage der Schiffe, die den neuen Hafen ansteuerten, wuchsen kontinuierlich an. Im Juni 1847 legte mit der «Washington» der erste amerikanische Steamer an, damit wurde der kontinuierliche Post- und Passagierliniendienst von Nordamerika nach Kontinentaleuropa eröffnet. Dieser Raddampfer – Schraubendampfer galten noch als zu unzuverlässig – passte allerdings nicht durch die Schleuse in Bremerhaven, musste auf der Weser mit ihren Gezeitenströmungen ankern. So wurde der Bau eines neuen Hafens immer dringlicher und schließlich 1848/49 unternommen. Später folgten in der zweiten Hälfte des 19. Jahrhunderts diesem «Neuen Hafen» neben dem nun als «Alten Hafen» firmierenden Bassin von 1830 viele weitere Häfen; so nutzte Bremen die im Staatsvertrag von 1827 vorgesehene Option zu weiteren Gebietszukäufen von Hannover für seine Exklave an der Wesermündung reichlich aus. Doch auch das Königreich selbst öffnete sich dem Seeverkehr, legte 1845 am Südufer der Geestemündung ebenfalls einen Hafenort, Geestemünde, an.

Die transatlantischen Segelschiffe brachten aus Nordamerika vorwiegend Baumwolle, Reis, Rohrzucker und vor allem Tabak nach Bremen, genauer gesagt, in den neuen «Bremer Haven». Bald endeckten die Reeder an der amerikanischen Ostküste, aber auch in Bremen, dass sie für die Fahrt von Europa in die Vereinigten Staaten keinen unnützen Ballast mehr aufnehmen mussten, sondern mit der Passage von Auswanderern einen Profit machen konnten.

Die transatlantische Migration, die Auswanderung von Einzelnen, Familien und manchmal sogar ganzen meist religiösen Gemeinschaften nach Nordamerika, ist ein umwälzender, im Wortsinne revolutionärer Einschnitt in die individuellen und kollektiven Biographien. Seit den 1830er Jahren stieg die Zahl der Auswanderer aus Deutschland, seit 1845 aus Irland und seit 1860 aus Italien, wenn auch mit konjunkturellen Schwankungen, kontinuierlich an und wurde in der zweiten Jahrhunderthälfte zum Massenphänomen. Die Hauptursache war dabei die Bevölkerungsentwicklung, die demographische Schere zwischen immer noch hohen Geburtenzahlen und sinkender Sterblichkeit, die in der ganzen Vormärzzeit zur Übervölkerung und infolgedessen zur vermehrten Arbeitslosigkeit und Armut führte. Die Folge dieser demographischen Verursachung der Auswanderungswelle waren wirtschaftliche Beweggründe, sowohl beim Entschluss zur Emigration aus der alten Heimat (Push-Faktoren) als auch zur Immigration in die neue Heimat (Pull-Faktoren).

Deutschland wie ganz Europa, wenn nicht die ganze Welt durchlitten im Gefolge des Vulkanausbruchs im indonesischen Tambora (1815) für viele Jahre Missernten, die Teuerungs- und Hungerkrisen bewirkten. Es waren vor allem Kleinbauern, landlose Landarbeiter und bäuerliches Gesinde, aber auch Kleingewerbetreibende und Handwerker, die in die Arbeits- und Einkommenslosigkeit stürzten und ihr Durchkommen, aber auch das Überleben ihrer Familien nur in der Auswanderung möglich sahen. Insbesondere die in Süddeutschland vorherrschende Realteilung des bäuerlichen Erbes führte dazu, dass die Auswanderer während der Vormärzzeit vor allem aus der Pfalz, aus Württemberg, Baden, Franken und Hessen kamen. In diesen Gebieten verschärfte der Niedergang des Heimgewerbes, insbesondere der Leinenhandweberei durch die englische Konkurrenz der mechanisierten Baumwollindustrie, den Auswanderungsdruck noch.

Neben diesen ursächlichen demographischen und nachfolgenden ökonomischen Ursachen spielten bei der transatlantischen Emigration aus Deutschland auch politische Faktoren, insbesondere nach der Pariser Julirevolution von 1830 und der Märzrevolution von 1848/49, eine allerdings zahlenmäßig eher geringere Rolle. Und nicht zuletzt waren es religiöse Minderheiten wie Juden aus vielen deutschen Gegenden, Mennoniten aus Bayern und Altlutheraner aus Preußen, die ihr Seelenheil in den toleranteren Vereinigten Staaten von Amerika suchten. Insgesamt wanderten im 19. Jahrhundert über fünf Millionen Deutsche nach Nordamerika aus, davon 90 Prozent in die USA. Ihr amerikanischer Ankunftshafen war zumeist New York, Abschied von der deutschen Heimat nahmen sie überwiegend in Bremerhaven.

1830, im Jahr der Eröffnung des neuen Hafens, waren es bloß 17 Auswanderer, die den Weg über Bremerhaven in die Neue Welt nahmen, doch schon zwei Jahre später stieg die Zahl auf über 10 000 an. Seit der Mitte der 1840er Jahre mit ihrer Hungerkrise verließen jedes Jahr mehr als 30 000 über Bremerhaven ihr Vaterland.

Das Transportmittel waren Segelschiffe von 30 bis 40 Meter Länge, die je nach Bauart 100 bis 250 Auswanderer befördern konnten. Nur ganz wenige betuchtere Emigranten konnten sich eine komfortable Kajüte leisten. Die Masse der transatlantischen Migranten war hingegen während ihrer sechs- bis achtwöchigen Reise in die neue Heimat in den sogenannten Zwischendecks der Laderäume in qualvoller Enge und unter unhygienischen Verhältnissen zusammengepfercht: Orte von oft nur anderthalb Meter Höhe, mit kleinen Holzverschlägen als Schlafkojen.

Der junge Friedrich Engels, der eine Kaufmannslehre in einem Bremer Kontor absolvierte, hat 1841 in einem unter einem Pseudonym verfassten Zeitungsartikel über «Eine Reise nach Bremerhaven» die Zustände in einem Auswandererschiff sehr eindrücklich beschrieben: «Um das ganze Zwischendeck läuft eine Reihe von Betten herum, mehrere nebeneinander und je zwei übereinander. Eine drückende Luft herrscht hier, wo Männer, Weiber und Kinder wie die Pflastersteine auf der Straße nebeneinander gepackt liegen, Kranke neben Gesunden, alles zusammen. Man stolpert jeden Augenblick über einen Haufen Kleider, Geräte und dergleichen; hier schreien kleine Kinder, dort hebt sich ein Kopf aus einem Bette. Es ist ein trauriger Anblick; und wie mag es sein, wenn ein anhaltender Sturm alle übereinander wirft und die Wellen übers Vordeck jagt, so daß die Luke, die allein frische Luft hereinläßt, nicht geöffnet werden kann!» Schon in diesem Text des 21-jährigen Kaufmannslehrlings werden die publizistische Veranlagung und das sozialpolitische Engagement von Friedrich Engels deutlich, die sich vier Jahre später in seinem bahnbrechenden Buch zur «Lage der arbeitenden Klasse in England» einem breiteren Publikum offenbarte und ihn zum unentbehrlichen Freund und Mitarbeiter von Karl Marx bei der politökonomischen Analyse des Kapitalismus machen sollte.

Die transatlantischen Emigranten hatten, bevor sie sich in Bremerhaven einschiffen konnten, schon eine mühselige Reise von ihrem alten Heimatort hinter sich. Bremen erhielt erst 1847 einen Anschluss an das norddeutsche Eisenbahnnetz, das aber für ein weiteres Jahrzehnt nicht an die süd- und südwestdeutschen Bahnlinien angeschlossen war. Bremerhaven, oder genauer sagt, Geestemünde, erhielt erst 1862 eine Bahnverbindung mit Bremen. Der Zuganschluss direkt an den Auswandererquai in Bremerhaven ist erst eine Errungenschaft der Wende vom 19. zum 20. Jahrhundert.

Im Vormärz mussten die Auswanderer in Bremen selbst eine längere Zwischenstation einlegen, um bei den dort ansässigen Behörden, Maklern und Reedereien die Formalitäten zu erfüllen und insbesondere den Kauf der Tickets zu tätigen. Die knausrigen Bremer Geschäftsleute hatten beim Abschluss des Kaufvertrags mit dem Königreich Hannover genau darauf geachtet, dass die Reedereien ihren offiziellen Sitz nicht aus der Stadt in den Vorort verlegten. Die Überfahrt nach Nordamerika kostete 1841 zwischen 21 und 38 Taler. Von Bremen aus wurden die Auswanderer dann in völlig überbelegten Weserkähnen nach Bremerhaven spediert. Dort führte die unregelmäßige Abfahrt der Schiffe oft zu wochenlangen Wartezeiten in der Hafenstadt, während derer die Migranten vor allem in den dortigen Gasthöfen Ausgaben für Essen und Unterkunft tätigen mussten. Um diesem Missstand abzuhelfen, baute ein Bremerhavener Kaufmann 1849 ein «Auswandererhaus», das lange Zeit größte Gebäude am Ort, in dem an die 2000 Durchreisende preiswerter unterkommen und verköstigt werden konnten.

Hamburgische Reeder als die hanseatischen Konkurrenten Bremens auf dem Gebiet des Nordatlantikverkehrs wollten von dem «Auswandererpack» zunächst nichts wissen, so profitierte Bremen mit seinem neuen Hafen von einer Marktnische, die in der zweiten Hälfte des 19. Jahrhunderts zu einem einnahmeträchtigen Oligopol wurde. In den letzten beiden Jahrzehnten des Jahrhunderts lag die jährliche Zahl der Auswanderer über Bremerhaven immer über 100 000, so stieg der Ort zum größten europäischen Auswandererhafen auf. Zu Beginn des 20. Jahrhunderts holte der Hamburger Hafen auf, nicht zuletzt durch die Auswanderer aus Osteuropa, insbesondere die vor den dortigen Pogromen fliehenden Juden.

In Bremen war der Motor des Auswandererbooms die 1857 gegründete Großreederei des Norddeutschen Lloyd, die von Anfang an für den Transatlantikverkehr Dampfpassagierschiffe mit größerem Komfort als auf den Segelschiffen einsetzte. Zwischen der Eröffnung des Hafens im Jahr 1830 und der Ablösung der transatlantischen Schiffspassage durch den Flugverkehr in den 1970er Jahren verließen über sieben Millionen Auswanderer Europa über Bremerhaven in Richtung Nordamerika.

Kein Wunder, dass sich für Bremerhaven die metaphorische Bezeichnung als «Vorort von New York» einbürgerte. Dank der weitsichtigen Politik seines Bürgermeisters im ersten Drittel des 19. Jahrhunderts konnte Bremen nicht nur den Abstieg in die wirtschaftliche Bedeutungslosigkeit vermeiden, sondern auch auf Dauer, bis heute, zum zweitgrößten Hafen Deutschlands aufsteigen.

Am 23. April 1843 wurde in Leipzig im Rahmen eines großen musikalischen Festprogramms das weltweit erste Denkmal für Johann Sebastian Bach enthüllt. Initiator und Mäzen dieses Monuments für den Leipziger Kantor und Komponisten war Felix Mendelssohn Bartholdy, der 1835 als 26-Jähriger die Leitung des örtlichen Gewandhausorchesters übernommen hatte. Er setzte in der sächsischen Metropole seine Berliner Aktivitäten zur Wiederbelebung des musikalischen Bach-Erbes fort. Der Reinerlös seines Orgelkonzerts in der Thomaskirche am 26. August 1840 und der Leipziger Wiederaufführung der Matthäus-Passion am 4. April 1841 floss in die Errichtung eines Bach-Denkmals vor der Thomaskirche, die dann noch fehlende Summe zur Vollendung des Projektes spendete Mendelssohn Bartholdy aus seinem Privatvermögen. Der Entwurf zu dem im Geiste der Romantik sehr verspielten Denkmal stammte von dem Dresdner Maler Eduard Bendemann. Nach einem seiner Aquarelle entstand 1850 der hier abgebildete Holzschnitt.

DIE WIEDERAUFFÜHRUNG DER MATTHÄUS-PASSION

(1829)

Der junge Felix Mendelssohn Bartholdy erweckt Johann Sebastian Bach zu neuem Leben

Am 21. Februar 1829 kündigte die «Berliner Allgemeine Musikalische Zeitung» eine Aufführung von epochaler Bedeutung an: «Ein wichtiges und glückliches Ereignis steht der musikalischen Welt, zunächst aber Berlin nahe bevor. In den ersten Tagen des März wird unter Direktion des Herrn Felix Mendelssohn Bartholdy ‹Die Passionsmusik nach dem Evangelisten Matthäus› von Johann Sebastian Bach aufgeführt werden. Das grösste und heiligste Werk des grössten Tondichters tritt damit nach einer fast einhundertjährigen Verborgenheit in das Leben, eine Hochfeier der Religion und Kunst.» Der Verfasser dieser Ankündigung hatte nicht zu viel versprochen: Den drei Aufführungen im großen Saal des Gebäudes der Berliner Singakademie mit seinen an die tausend Plätzen war am 11. und 21. März und am 17. April 1829 nicht nur ein phänomenaler Publikumserfolg beschieden, sie leiteten auch ein Comeback des musikalischen Werkes des Johann Sebastian Bach ein, das bis heute andauert.

Zu den vielfältigen Pflichten des Kantors an der Leipziger Thomaskirche hatte es gehört, an jedem Sonntag im Gottesdienst eine Kantate aufzuführen. Noch anspruchsvoller waren die Erwartungen für die hohen christlichen Feiertage. So war in der Karwoche in einer aufwendigen musikalischen Veranstaltung der Passion von Jesus Christus, dessen Gefangennahme, Verurteilung, Kreuzigung und Grablegung zu gedenken. 1724 führte Bach erstmals in einem Vespergottesdienst am Nachmittag des Karfreitags seine Passion nach dem Evangelium des Johannes auf, ihr folgte 1727 die Matthäus-Passion. Der Inhalt dieser vierstündigen Aufführung bestand aus der Vertonung einer kunstvollen Mischung des Passionsberichtes im 26. und 27. Kapitel des Matthäus-Evangeliums, von Choralversen und Kirchenliedstrophen sowie von freien Dichtungen kontemplativer und pietistischer Natur.

Nach Johann Sebastian Bachs Tod im Jahr 1750 wurde die Matthäus-Passion über Jahrzehnte nicht mehr aufgeführt, galt nicht nur als zu lang, sondern auch als zu kompliziert, entsprach mit ihrer intellektuellen Konzeption nicht mehr dem sich wandelnden musikalischen Zeitgeist und wurde als veraltet abgetan. Doch weiterhin wurden einzelne Partien aus dem Werk vorgetragen. Dieses Fortwirken des musikalischen Erbes von Bach hatte seinen Mittelpunkt nicht etwa in Leipzig, sondern in Berlin. Der Thomaskantor hatte sein musikalisches Aufführungsmaterial weitgehend seinem Sohn Carl Philipp Emanuel vermacht, der als Cembalist am Hofe Friedrichs des Großen angestellt war, bevor er 1768 die Nachfolge Georg Philipp Telemanns als Musikdirektor in Hamburg antrat.

Das Werk Bachs lebte vor allem in der Vokalmusik fort, insbesondere in den Singakademien des späten 18. und frühen 19. Jahrhunderts, dem musikalischen Zweig des in dieser Zeit aufblühenden Vereinswesens. Das Bildungsbürgertum sah in der Pflege des Gesangs einen wichtigen Beitrag zur ästhetischen und moralischen Erziehung des Menschen. In diesem Sinne wirkte auch die 1791 in Berlin gegründete Singakademie. Deren Leitung übernahm 1800 Carl Friedrich Zelter, ein Maurermeister, der sich autodidaktisch zum Musiker und Musikpädagogen fortgebildet hatte und später nicht nur eine Professur an der Akademie der Künste erhielt, sondern auch mit der Aufsicht über das ganze öffentliche Musikwesen Preußens beauftragt wurde. Dieser enge Freund Goethes hielt das Erbe Johann Sebastian Bachs wach, doch die Aufführung der Matthäus-Passion galt ihm als zu schwierig. Über diese Bedenken des siebzigjährigen preußischen Musikzaren setzten sich im Jahr 1829 mit jugendlichem Elan zwei seiner begabtesten und miteinander befreundeten Schüler hinweg, der Schauspieler und Opernsänger Eduard Devrient und das vormalige musikalische Wunderkind, der junge Komponist Felix Mendelssohn Bartholdy.

Felix Mendelssohn war 1809 in Hamburg als Sohn des Bankiers Abraham Mendelssohn geboren worden. Sein Großvater war der berühmte Berliner Philosoph Moses Mendelssohn, der als Sohn eines Rabbiners im jüdischen Ghetto Dessaus aufgewachsen war und nach dem Umzug in die preußische Hauptstadt zu einer Schlüsselfigur der Aufklärung in Deutschland aufstieg. So nahm ihn Gotthold Ephraim Lessing zum Vorbild für seinen «Nathan der Weise». Sein Sohn Abraham Mendelssohn, der Vater von Felix, kam als Bankier zu Besitz und Vermögen. Sein Wunsch, mit seiner Familie im großbürgerlichen Bildungsbürgertum voll akzeptiert zu werden, führte zu einer umfassenden Erziehung seiner Kinder im Geiste des neuhumanistischen Ideals. Zum Unterricht von Felix Mendelssohn durch Eltern und Privatlehrer gehörten nicht nur alte und neue Sprachen, Geschichte, Mathematik, Geographie und Zeichnen, sondern auch Turnen und Schwimmen, vor allem aber die Musik. Schon im Kindesalter übte Felix wie auch seine gleichermaßen begabte Schwester Fanny das «Wohltemperierte Klavier» Johann Sebastian Bachs, erhielt außerdem Unterricht im Violinspiel und später an der Orgel. Zelter unterwies ihn in der Musiktheorie und anschließend in der Komposition. Als Zehnjähriger verfasste Mendelssohn Bartholdy eine Doppelsonate für zwei Klaviere; es schlossen sich weitere Klavierwerke, Kammermusikstücke, geistliche Motetten, Opernkompositionen und schließlich Symphonien an. 1825/26 entstanden sein bis heute oft aufgeführtes Oktett (Opus 20) und die meisterhafte Ouvertüre zum «Sommernachtstraum» (Opus 21). Alle diese Werke wurden in dem Barockpalais der Familie Mendelssohn in der Leipziger Straße 3, zumeist in dessen berühmtem Gartensaal, geprobt und erstmals aufgeführt; heute residiert an dieser Adresse der Bundesrat.

Diese Entfaltung Felix Mendelssohn Bartholdys zum bewunderten Musiker und Komponisten orientierte sich an den Vorbildern von Georg Friedrich Händel und Wolfgang Amadeus Mozart, vor allem aber Johann Sebastian Bachs. Zu Weihnachten 1823 schenkte die Großmutter mütterlicherseits dem Vierzehnjährigen eine Abschrift der Partitur der Bach'schen Matthäus-Passion. Felix und sein Freund Eduard Devrient, der als Bariton an der Königlichen Oper die Jesus-Partie übernahm, begannen im Winter 1827, mit einem kleinen Chor und Orchester aus befreundeten Musikliebhabern Teile der Matthäus-Passion im häuslichen Kreis, bei «Singetees», einzustudieren. Schließlich überredeten Ende 1828 die «Rotznasen», wie Zelter seine beiden Musikschüler nannte – Felix war noch keine 20 Jahre alt –, ihren zögerlichen Lehrer, ihnen das Gebäude der Singakademie zu vermieten und deren Chormitglieder zur Teilnahme an dem Großprojekt zu ermuntern.

Der Erfolg der ersten Aufführung der Matthäus-Passion am 11. März 1829 war so groß, dass sie zehn Tage später an Bachs 144. Geburtstag (21. März 1829) wiederholt wurde. Zum Zeitpunkt der dritten Aufführung einen Monat später, am Karfreitag (17. April 1829), hatte Mendelssohn bereits die erste seiner vielen und für seinen künstlerischen Erfolg so wichtigen Reisen nach England und Schottland angetreten, daher übernahm an seiner Stelle Zelter die musikalische Leitung – und rühmte sich gegenüber seinem Freund Goethe, dass er der Vater der glanzvollen Wiedergeburt des großen Werkes von Johann Sebastian Bach sei!

Felix Mendelssohn Bartholdy verhalf der Matthäus-Passion von Johann Sebastian Bach zu ihrer «zweiten Geburt». Doch die musikalische Schöpfung, die er dabei präsentierte, unterschied sich wesentlich von der ursprünglichen Komposition von 1727. Bach hatte seine Matthäus-Passion für zwei Chöre, zwei Orchester und acht Solostimmen komponiert. Während sich bei Bachs Aufführung die beiden Chöre aus 24 Knaben rekrutierten, welche die Thomasschule besuchten, setzte Mendelssohn bei der Wiederaufführung 158 Sänger ein, zumeist Erwachsene. Dass dabei die Sopranstimmen sowohl im Chor wie in den Partien der Solisten nicht mehr von Knaben, sondern von Frauen übernommen wurden, gehört in die Geschichte der mühsamen Entwicklung in der Gleichberechtigung der Geschlechter, von der Fanny, die Komponistin und Schwester von Felix, ein Lied singen konnte. Die mehr als sechsfache Vergrößerung des Chors hatte zur Folge, dass auch das Orchester entsprechend anwachsen musste. Während bei der Erstaufführung Bach an der Orgel saß, leitete Mendelssohn die Matthäus-Passion von einem Flügel aus, spielte mit der linken Hand und dirigierte mit der rechten, benutzte dabei einen Taktstock, dessen Gebrauch erst kurz zuvor in Mode gekommen war.

Doch die gravierendsten Veränderungen erfolgten bei der Wiederaufführung der Passion in Bezug auf die Dauer der Aufführung. Die Originalfassung von Bach hatte vier Stunden benötigt, Mendelssohn reduzierte das Werk auf dem Konzertpublikum zumutbare zwei Stunden. Die Kürzungen, die er vornahm, betrafen vor allem Arien, Choräle und Rezitative, hingegen nicht die Zitate aus dem Evangelium des Matthäus. Auf diese Weise erreichte er, dass die von Bach verfassten Sätze mehr erbaulicher und kontemplativer Art, die sich an gläubige Zuhörer des Gottesdienstes richteten, zugunsten der dramatischen Abfolge des Passionsberichtes zurücktraten. Insgesamt lag Felix Mendelssohn Bartholdy mit Rücksicht auf die Aufmerksamkeit des Konzertpublikums an einer dynamischen und zügigen Wiedergabe des Werkes.

Zum großen Erfolg der konzertanten Matthäus-Passion trug auch bei, dass sie 1830 erstmals im Druck veröffentlicht wurde. 1841 dirigierte Mendelssohn, der 1835 die Leitung der Gewandhauskonzerte in Leipzig übernommen hatte, das Passionswerk in der Thomaskirche – mehr als 100 Jahre nach der dortigen ersten Aufführung durch Bach. Der Erlös dieses Konzertes war für das von ihm angeregte erste Bach-Denkmal der Stadt bestimmt, das im April 1843 feierlich enthüllt wurde. Mendelssohn starb in der Blüte seiner Schaffenskraft am 4. November 1847 im Alter von 38 Jahren in der Messestadt.

Die für Mendelssohns Werk charakteristische Symbiose von Kunst und Religion, von Gläubigkeit und Musikalität führte dazu, dass er oft als der «zweite Bach» gewürdigt wurde. Ein erheblicher Teil seiner Kompositionen war geistlicher Natur. Wenige Monate nach der Wiederaufführung der Matthäus-Passion begann er im Herbst 1829 mit der Arbeit an einer Reformationssymphonie. Anlass war die bevorstehende Dreihundertjahrfeier der von dem Reformator Melanchthon verfassten Augsburger Konfession von 1530. Der letzte Satz dieses Orchesterstücks orientierte sich an dem Luther-Choral «Ein feste Burg ist unser Gott», der Quasi-Nationalhymne des protestantischen Deutschland. Höhepunkte der geistlichen Kompositionen Felix Mendelssohn Bartholdys waren allerdings seine beiden Oratorien, mit denen er an die musikalische Tradition nicht nur Bachs, sondern auch Händels anknüpfte. Im «Paulus» (uraufgeführt 1836) würdigte der Komponist auf der Grundlage des Neuen Testaments das Wirken jenes Apostels, der als der eigentliche Gründer der christlichen Kirche gilt. Im «Elias» (1846) vertonte er den Text aus dem Alten Testament über das Leben dieses Propheten, den Abschluss bildete die alttestamentarische Verheißung auf das Kommen des Messias.

In dieser Verknüpfung zwischen jüdischem Alten Testament und christlichem Neuen Testament fand auch der religiöse Entwicklungsweg Felix Mendelssohn Bartholdys seinen Ausdruck. Hinter der Entscheidung seines Vaters, den fünfzehnjährigen Sohn und dessen Geschwister durch die Taufe dem reformierten Glauben zuzuführen, hatte nicht nur das gesellschaftliche Motiv gestanden, den Aufstieg seiner Kinder im deutschen Bürgertum abzusichern, sondern auch die Überzeugung, dass das Christentum ein moderneres, reformiertes Judentum sei. Der Sohn wurde durch den Religionsunterricht, die Taufe und die Konfirmation umfassend in den protestantischen Glauben als wichtigen Bestandteil des preußischen Bildungsbürgertums eingeführt. In der Singakademie lernte Mendelssohn den großen Theologen und Philosophen Friedrich Schleiermacher kennen. Er stand dessen theologischem Verständnis von Frömmigkeit als einer Sache des Gefühls und des Herzens nahe und identifizierte sich mit der Aussage von Schleiermacher in dessen «Reden über die Religion» von 1799, dass Kunst und Religion «zwei befreundete Seelen» seien. Felix Mendelssohn Bartholdy gehörte wie zahlreiche Berliner Prominente seiner Zeit zur Gemeinde der Dreifaltigkeitskirche Friedrich Schleiermachers und wurde auf deren Friedhof begraben.

Während viele Künstler der Vormärzzeit zum Katholizismus neigten bzw. konvertierten, war Felix Mendelssohn Bartholdy mit seiner Verknüpfung von moderner Bildungsidee und Herzensfrömmigkeit der Prototyp eines romantischen Protestanten. Sein ungeheures Schaffensethos passt zudem in eine calvinistische Prädestinationslehre, wie Max Weber sie untersucht hat (der mit Felix Mendelssohn Bartholdy über dessen Frau Cécile geborene Jeanrenaud, der Tochter eines hugenottisch-reformierten Frankfurter Predigers, verwandt war). Der Hallenser Theologe Hartmut Ruddies hat den Komponisten sogar als einen «Kulturprotestanten» charakterisiert, ein Begriff, der eigentlich für eine gesellschaftspolitische Strömung in der evangelischen Elite der zweiten Hälfte des 19. Jahrhunderts und des frühen 20. Jahrhunderts reserviert ist. Unkontrovers erscheint aber die Begründung von Ruddies: Bei Felix Mendelssohn Bartholdy «verband sich auf eine seltene, ja einzigartige Weise eine völlig unbefangene Aufgeschlossenheit für die humane Bildung seiner Zeit mit einem lebendigen protestantischen Glauben, der seine jüdischen Wurzeln kannte und schätzte».

Die direkten Vorfahren von Felix Mendelssohn Bartoldy verkörperten die Erfolgsgeschichte der rechtlichen Emanzipation der deutschen Juden um die Wende vom 18. zum 19. Jahrhundert, er selbst stand für die anschließende weitgehend gelungene gesellschaftliche Assimilation. Der Großvater Moses Mendelssohn genoss als sogenannter Schutzjude den von Friedrich dem Großen verliehenen Status eines geduldeten Bürgers und hielt am jüdischen Glauben fest. Sein Sohn Abraham profitierte von der bürgerlichen Gleichstellung der Juden im Gefolge der Preußischen Reform (1812) und hing der Vorstellung eines alle Religionen überwölbenden Vernunftglaubens an. Um seinen Kindern die volle, nicht nur rechtliche, sondern auch gesellschaftliche Integration in das deutsche Bürgertum zu ermöglichen, ließ er sie 1816 im reformierten Glauben taufen. Bei dieser Gelegenheit fügte er auch seinem Familiennamen den Zusatz «Bartholdy» an, der auf den Namen des Familienbesitzes einer Meierei am Schlesischen Tor in Berlin zurückgeht. Abraham hatte die Erwartung, dass seine Kinder den Namen Mendelssohn aufgeben würden, doch sein Sohn wollte nicht bloß «Felix Bartholdy» genannt werden. Felix hielt bei aller christlich-protestantischen Gläubigkeit an seiner jüdischen Herkunftsidentität fest, auch aus Verehrung für den Großvater Moses Mendelssohn.

Dieser rechtliche und gesellschaftliche Aufstieg in der Abfolge von drei Generationen gelang den Mendelssohns, weil sie mit ihrem Besitz und ihrer Bildung eine Minorität in der jüdischen Minderheit verkörperten. Die meisten in Deutschland lebenden Familien jüdischen Glaubens brauchten länger, bis sie als gleichgeachtete Mitmenschen akzeptiert wurden. Vielen gelang dieser Erfolg nur partiell, denn in der zweiten Hälfte des 19. Jahrhunderts ging die traditionell religiös fundierte Judenfeindschaft in die Frühform eines rassistisch begründeten Antisemitismus über, der schließlich zur furchtbaren «Endlösung der Judenfrage» im Holocaust führte. Im mühevollen Aufstieg von Juden in die wirtschaftlichen, wissenschaftlichen und kulturellen Eliten der deutschen Vormärzzeit nahm Felix Mendelssohn Bartholdy eine Vorreiterstellung ein. Der große Erfolg seiner Wiederaufführung der Matthäus-Passion war der Ausgangspunkt zu seinem nachmaligen gewaltigen Ansehen als Dirigent und Komponist – zu seinen Lebzeiten.

Mit der Wiederaufführung der Matthäus-Passion bestätigte Felix Mendelssohn Bartholdy seine 13 Jahre zuvor erfolgte Konversion vom jüdischen zum christlichen Glauben. Ihm selbst war diese Bedeutung des Musikereignisses durchaus bewusst, wie eine von seinem Freund Devrient überlieferte Anekdote dokumentiert. Nachdem die beiden Ende 1828 in der Singakademie ihrem Lehrer Zelter die Zustimmung zur Aufführung der Passion abgerungen hatten, rief Mendelssohn auf dem nahe gelegenen Opernplatz überglücklich seine Genugtuung darüber aus, «dass es ein Komödiant und ein Judenjunge sein müssen, die den Leuten die größte christliche Musik wiederbringen!»

Doch dieser nicht nur musikalische, sondern auch gesellschaftliche Erfolg rief Neider auf den Plan, führte zu Unterstellungen opportunistischer Motive. So verspottete Heinrich Heine 1844 in seiner Versdichtung «Deutschland. Ein Wintermärchen» Felix Mendelssohn Bartholdy mit den satirischen Worten: «Der brachte es weit im Christentum, ist schon Kapellmeister.» Heine, der auch als Musikkritiker tätig war, hielt Mendelssohn zwar für künstlerisch sehr begabt, warf ihm aber vor, sich weitgehend auf eine sklavische Kopie der Werke von Bach und Händel zu beschränken. Immer wieder klang bei Heine die Beobachtung an, dass der Taufzettel das «Entréebillet» für den opportunistischen Aufstieg in der deutschen Gesellschaft sei. Der zur literarischen Aufbruchsbewegung des «Jungen Deutschland» gehörende Dichter war sich dabei durchaus bewusst, dass er selbst auch diesen Weg des Übertritts von der jüdischen in die christliche Religion gewählt hatte, allerdings mit weniger Erfolg: Dem promovierten Juristen war die von seiner Familie angepeilte Karriere in der öffentlichen Verwaltung oder der Wissenschaft vorenthalten geblieben. Auch als Dichter blieb Heinrich Heine die volle Anerkennung in seinem Vaterland zu seinen Lebzeiten und weit bis ins 20. Jahrhundert zumeist versagt.

Trotz der bürgerlichen Emanzipation von deutschen Juden durch staatliche Edikte und ihrer gesellschaftlichen Assimilation durch den Übertritt in christliche Religionsgemeinschaften wirkten auch in der ersten Hälfte des 19. Jahrhunderts tief verwurzelte Stereotypen der tradierten Judenfeindschaft fort. Felix Mendelssohn Bartholdy hat diese antijüdischen Vorbehalte und Vorurteile zu seinen Lebzeiten kaum erfahren, doch nur drei Jahre nach seinem Tod erschien 1850 ein Aufsatz über «Das Judenthum in der Musik». Autor dieser Polemik, die zunächst unter einem Pseudonym erschien, war Richard Wagner. Dieser hatte zuvor als Dresdner Kapellmeister dem Leiter der Leipziger Gewandhauskonzerte noch ehrerbietige Briefe geschrieben, doch nun führte Wagner Mendelssohn neben dem Opernkomponisten Giacomo Meyerbeer als Beispiel dafür an, dass es den schädlichen Einfluss von Juden auf die deutsche Musik zu bekämpfen gelte. Juden könnten in Sprache und Kultur, vor allem aber in ihrem Gesang, nur «nachsprechen» und «nachkünsteln», es fehle ihnen an kreativer Originalität. Dieses von Richard Wagner in die Welt gesetzte Klischee hat über viele Jahrzehnte, wenn nicht ein Jahrhundert lang in Deutschland das Allgemeinurteil über den Wert des musikalischen Werkes von Felix Mendelssohn Bartholdy vergiftet.

Die Wiederaufführung der Matthäus-Passion im März 1829 hat nicht nur die weltweite und bis heute andauernde Renaissance des musikalischen Werkes von Johann Sebastian Bach eingeleitet. Sie steht auch für eine an der Wende vom 18. zum 19. Jahrhundert zu beobachtende Revolution in der Musikkultur, die man in Anlehnung an den Titel der Habilitationsschrift von Jürgen Habermas als Strukturwandel der Musik-Öffentlichkeit charakterisieren kann.

Bis Ende des 18. Jahrhunderts waren Höfe und Gotteshäuser die Aufführungsorte von musikalischen Werken, Fürsten und Geistliche die Arbeitgeber von professionellen Musikanten. Zu Beginn des 19. Jahrhunderts führte die Entfaltung des Bürgertums zu einem einschneidenden Wandel nicht nur in der gesellschaftlichen und politischen, sondern auch in der musikalischen Öffentlichkeit, wie er prototypisch an der Wiederaufführung der Matthäus-Passion abzulesen ist. Sie fand nicht wie zu Bachs Zeiten in einer Kirche, sondern in der Berliner Singakademie statt, einem Konzertsaal, den zwei Jahre zuvor die gleichnamige bürgerliche Chorvereinigung unter ihrem Dirigenten, dem gelernten Baumeister Zelter, im Kastanienwäldchen hinter der Neuen Wache nach von Schinkel inspirierten Plänen hatte errichten lassen. Zu der ausverkauften Veranstaltung erschien nicht nur eine große Delegation des Hofes mit König Friedrich Wilhelm III. und dem kunstsinnigen Kronprinzen an der Spitze, sondern auch viel Prominenz aus dem kulturellen Leben. Neben dem Theologen Friedrich Schleiermacher, dem Naturforscher Alexander von Humboldt und dem Historiker Johann Gustav Droysen, die alle drei mit der Familie Mendelssohn befreundet waren, sind unter den Zuhörern auch die Namen von Georg Wilhelm Friedrich Hegel und Heinrich Heine überliefert. Von dem berühmten Berliner

Philosophen, der in diesem Winter auch über die Ästhetik der Musik las, ist allerdings die knurrige Bemerkung überliefert, «das sei keine rechte Musik», während der jungdeutsche Dichter, der kurz vor der Emigration nach Paris stand, sich gelangweilt fühlte. Mit diesem abschätzigen Urteil waren die beiden aber eine Ausnahme in der Resonanz auf die Aufführung. Das allgemeine Echo war enthusiastisch. Der riesige Erfolg beruhte auch auf einer regelrechten Pressekampagne von Adolf Bernhard Marx, einem Freund der Familie Mendelssohn und seit 1824 der Herausgeber der «Berliner Musikalischen Zeitung», der enthusiastische Bekanntmachungen wie die eingangs zitierte Ankündigung und begeisterte Rezensionen veröffentlichte. Dass der Erlös der Veranstaltung dem Verein zur Erziehung sittlich verwahrloster Kinder zufloss, trug zu ihrem Triumph bei.

So spiegelt sich in der wechselhaften Aufführungspraxis der Matthäus-Passion der Übergang von einer liturgischen Kirchenmusik mit Kantoren und Schulchören zur Konzertmusik durch große bürgerliche Chorvereine und Orchester mit Musikdirektoren am Pult wider. Bei aller Kontinuität der religiösen Thematik beinhaltete diese Entwicklung eine Verweltlichung der geistlichen Musik. In ihr schlägt sich auch der für das 19. Jahrhundert charakteristische zwar langsame, aber doch unaufhaltsame allgemeine Säkularisierungsprozess nieder.

Zum Erfolg der Reiseführer von Karl Baedeker trug nicht nur die Genauigkeit der Texte, sondern auch das Layout der Bände bei. Dazu gehörte auch die graphische Gestaltung der Buchdeckel, neben der uniformen Rotfärbung die Auswahl der Abbildungen. In der hier abgebildeten fünften Auflage der «Rheinreise» von 1846 wurden in einem Rahmen von Weintrauben das Straßburger Münster, die unvollendeten Türme des Kölner Doms, die Burg Rheinstein, das Schloss Stolzenfels und die Pfalz bei Kaub gezeigt. Oberhalb dieser Vignetten war der Zusammenfluss von Mosel und Rhein bei Koblenz und Ehrenbreitstein abgebildet. Die Rückseite des Einbandes zierte eine ähnliche Auswahl von Kirchen, Burgen und Rheinszenen.

DIE ERSTVERÖFFENTLICHUNG DES «BAEDEKER» (1832)

Ein Reiseführer läutet den modernen Massentourismus ein

Im Jahr 1832 veröffentlichte Karl Baedeker, ein Koblenzer Verlagsbuchhändler, seinen ersten Reiseführer. Damit begann der Welterfolg einer Publikationsgattung, für die bald der Name ihres Schöpfers ein Synonym wurde.

Baedeker wurde 1801 in Essen geboren und entstammte einer alten Buchdrucker- und Buchhändlerfamilie. Nach einer einschlägigen Lehre in Heidelberg und Berlin eröffnete er 1827 in Koblenz eine Verlagsbuchhandlung, die anfangs vor allem auf die Veröffentlichung von Schulbüchern spezialisiert war. Durch die Übernahme einer bankrotten Koblenzer Konkurrenzfirma erweiterte sich 1832 die Angebotspalette. Dazu gehörte vor allem eine in dem in Konkurs gegangenen Verlag 1828 veröffentlichte «Rheinreise von Mainz bis Köln», in welcher der Koblenzer Gymnasialprofessor Johann August Klein diesen idyllischen Abschnitt des Mittelrheins aus historischer, topographischer und malerischer Perspektive beschrieb, wie es im Untertitel hieß. Baedeker fügte dem Text von Klein in der 1832 von ihm verlegten Neuauflage nur eine Rheinlaufkarte bei, die auf der erst vier Jahre zuvor von der preußischen Verwaltung durchgeführten topographischen Erfassung der Westprovinzen beruhte. Für die zweite 1835 in seinem Verlag erschienene Auflage wurde die «Rheinreise» flussaufwärts um die Strecke bis Basel und flussabwärts bis Düsseldorf sowie um das Nahe-, Mosel- und Ahrtal erweitert.

Den für alle weiteren Baedeker-Reisehandbücher charakteristischen Aufbau erhielt die «Rheinreise» im Jahr 1839 mit der dritten Auflage. Der Verleger wirkte als energischer Redakteur und sachkundiger Bearbeiter, gab dem Inhalt eine straffere Gliederung und verfasste ergänzende, konzise Textpassagen. Er leitete den Band mit allgemeinen Hinweisen zu den Verkehrsverbindungen, Gasthöfen, Trinkgeldern, Kunstsammlungen und Museen sowie zur Topologie und Geologie des Rheinlandes ein, den mittelrheinischen Weinbau und die Güte seiner Produkte nicht zu vergessen. Im Hauptteil zu den «Merkwürdigkeiten», einem vormärzlichen Terminus für Sehenswürdigkeiten, wurden die von Johann August Klein stammenden weitschweifigen Beschreibungen zu Geschichte und Topographie der rheinischen Orte und Landstriche erheblich gekürzt, hingegen von Baedeker die Detailinformationen zu den einzelnen Städten ausgebaut und ihnen Stadtpläne beigefügt.

An erster Stelle der praktischen Hinweise Baedekers standen die Dampfschiffverbindungen. Schon Klein hatte 1828 die Fahrzeiten der preußisch-rheinischen Dampfschiffe zwischen Köln und Mainz verzeichnet, nachdem im Jahr zuvor der Linienverkehr mit diesem neuartigen Verkehrsmittel auf dem Mittelrhein aufgenommen worden war. Baedeker gab nicht nur die Zeiten für alle Stationen an, sondern auch die Fahrpreise für die unterschiedlichen Klassen auf dem Schiff bis hin zum Entgelt bei der Mitnahme von Kindern, Wagen, Pferden und Hunden. Besondere Aufmerksamkeit investierte der gewissenhafte Koblenzer Verleger in die Recherche von preiswerten Gasthäusern. Er empfahl, wie er im Vorwort der von ihm bearbeiteten Auflagen schrieb, kleine, gute und billige Unterkünfte, in denen dem «einfachen und bescheidenen Reisenden» nicht wie in größeren Hotels mit ihrer Plüschausstattung das Geld aus der Tasche gezogen werde. Insgesamt schlug sich in Baedekers praktischen Empfehlungen seine Maxime nieder, durch seine Hinweise zur Schonung des Geldbeutels der Reisenden beizutragen. Allerdings fügte der nicht nur sparsame, sondern auch lebenserfahrene Verfasser hinzu: «Die Begleitung von Damen auf Reisen erhöht natürlich die Kosten beträchtlich.»

Der ganze Inhalt der «Rheinreise», so versicherte Baedeker im Vorwort, beruhte auf seiner eigenen Anschauung. Der Koblenzer Verlagsbuchhändler war als leidenschaftlicher Reisender auch sein eigener Rechercheur. Immer wieder erwähnte er in den Vorworten seiner sich bald über das Rheintal und Deutschland ausweitenden Reiseführer, er habe sich die erfassten Länder und Gegenden selbst erwandert. So wundert es nicht, dass Jacob Grimm im «Deutschen Wörterbuch» unter dem Stichwort «erwandern» einen Nachweis aus dem Vorwort zu Baedekers Schweizer Reiseführer anführte: «notizen, die der verfasser sich mühsam erwandert und erforscht hat.» Auf diese Weise wurden die von Karl Baedeker verlegten, bearbeiteten und verfassten Bücher zu Markenzeichen für die quantitative Genauigkeit und qualitative Zuverlässigkeit von Reiseinformationen. Doch bei allem

Streben nach Fehlerlosigkeit und Objektivität scheute der Koblenzer Reisebuchverleger nicht vor Bewertungen zurück. So vergab er ab der Mitte der 1840er Jahre nach dem Vorbild seines englischen Konkurrenten John Murray die sogenannten Baedeker-Sterne zur Hervorhebung von besonders sehenswürdigen Attraktionen, eine Praxis, mit der heute der Michelinführer hervorragende Restaurants auszeichnet.

Johann August Klein, der Autor der ursprünglichen «Rheinreise», war 1831 gestorben, doch bis zu deren 5. Auflage im Jahr 1846 wurde er noch als Verfasser genannt. Daher ließ Karl Baedeker seinen eigenen Namen nur als Verleger drucken, wohl infolge der ihm eigenen Bescheidenheit, aber auch aus Traditionsüberlegungen. Auf dem Titelblatt der 1849 erscheinenden 6. Auflage wurde dann erwähnt, dass die Klein'sche Rheinreise von Baedeker bearbeitet worden sei. In der 7. Auflage der «Rheinreise» von 1852 nannte Baedeker den Gymnasialprofessor nicht mehr, da Text und Gestaltung des Bandes kaum mehr auf diesen zurückgehe. Der Verleger trug damit dem Tatbestand Rechnung, dass der Reiseführer seit der Übernahme in seinen Verlag von ihm selbst redigiert und recherchiert worden war, der Inhalt überwiegend von ihm stammte und daher zu Recht mit seinem Namen identifiziert wurde.

Reisebeschreibungen gibt es seit der Antike, es sei nur an Homers «Odyssee» erinnert. Auch die 1828 von Johann August Klein verfasste «Rheinreise» stand in einer jahrhundertealten Tradition der Veröffentlichung von Eindrücken, die während Reisen durch das Rheintal gewonnen worden waren. Diese literarische Gattung transformierte Karl Baedeker, machte aus der romantisch-epischen Reisebeschreibung Kleins ein benutzerfreundliches, praktisches Reisehandbuch. So war es nur konsequent, dass er die «Rheinreise» durch systematische Verknappung des Textes und Verkleinerung der Schrifttype auf ein handliches Taschenbuch von 10,5 mal 16 cm mit unter 350 Seiten reduzierte. Mit diesem Buch in der Hand konnte man eine Reise nicht nur vorbereiten, sondern auch durchführen, war nicht mehr, wie Baedeker begründete, vor Ort auf geldgierige und oft unzuverlässige Lohnbedienstete angewiesen. Baedekers Reisehandbücher fungierten im besten Wortsinne als «Reiseführer»: Der Reisende hatte das Buch nicht nur in der Hand, sondern der Baedeker-Band nahm, bildlich gesprochen, den Reisenden an die Hand.

So transformierte Karl Baedeker die Gattung der Reisebücher zu einem Medium des modernen Massentourismus. Er reihte sich damit in die Schar jener vormärzlichen Erfinder ein, deren nicht nur technische Innovationen von wirtschaftlicher Bedeutung, sondern auch mediale Neuerungen von gesellschaftlicher Relevanz für die folgenden 100 Jahre, wenn nicht bis heute epochemachend waren.

Die Kulisse der vormärzlichen Erfolgsgeschichte der von Karl Baedeker verfassten und verlegten Reiseführer war die kulturgeschichtliche Erscheinung der Rheinromantik. Sie war ein markanter Teil der Epoche der Romantik, die zu Ende des 18. Jahrhunderts einsetzte. In der Rheinromantik wie allgemein in der literarischen, künstlerischen und philosophischen Romantik kam in Reaktion auf die vorangegangene Aufklärungszeit mit ihrer Betonung von Rationalität und Verstand eine gefühlsbetonte, harmonisierende und idealistische Weltsicht zum Ausdruck. Sie beruhte auf dem ganzheitlichen Verständnis einer Einheit von Natur, Geschichte und Kunst.

Am Anfang der Rheinromantik stand die Faszination englischer Dichter wie Mary Shelley und Lord Byron und britischer Maler, unter denen William Turner der bekannteste war, für den Mittelrhein, dessen Landschaft ihrem poetischen Schönheitsideal entsprach. Diese Wertschätzung der «rauen und wilden» Gegend zwischen Köln und Mainz, die August Wilhelm Schlegel 1802 auf einer Reise am Nieder- und Mittelrhein entdeckte, inspirierte in der Folgezeit seinen frühromantischen Freundeskreis zu einer Vielzahl von Gedichten, Romanen und Sagensammlungen. Deutsche Maler vor allem der Düsseldorfer Schule und Studenten insbesondere der 1818 gegründeten Bonner Universität wurden durch die Fülle von landschaftlichen, historischen und nicht zuletzt mythischen Attraktionen am Mittelrhein zu Wanderungen entlang des Flusses und auf seinen Höhen motiviert; es sei nur auf die lebenslange Wirkung seiner kurzen Bonner Studentenzeit auf das dichterische Werk von Heinrich Heine verwiesen. Im Gefolge der frühromantischen Entdeckung des Rheintals besuchten 1815, kurz nach der Übernahme des Rheinlandes durch Preußen, auch drei Söhne von König Friedrich Wilhelm III. und ein prinzlicher Vetter die landschaftlichen und historischen Juwelen der neuen Westprovinz. Während sich auf dieser Reise Kronprinz Friedrich Wilhelm impulsiv für die Vollendung des Kölner Domtorsos aussprach, engagierten sich seine Brüder und sein Cousin vor allem für die Wiederherstellung von Burgruinen. Die Einführung der Dampfschifffahrt führte dann in den 1830er Jahren zur Entdeckung des Mittelrheins durch das allgemeine Publikum, zu seiner Erschließung für den bürgerlichen Tourismus.

Das romantische Bild des Mittelrheins, aus dem der Reiseführer Karl Baedekers erwuchs, beruhte auf der Wahrnehmung einer als dramatisch empfundenen Landschaft. Im Mittelpunkt stand dabei der dunkle Fluss, der durch seine Einengung in ein hartes Gebirge aus Schiefer-, Basalt- und Vulkangestein zugleich attraktiv und bedrohlich erschien. Auf beiden Seiten des Rheins wechselten sich schroffe Felsen und steile, von Weinstöcken bepflanzte Hänge ab. Am Ufer des Flusses zwängten sich kleine Städte und Dörfer mit pittoresken Fachwerkhäusern und mittelalterlichen Kirchen. Und über allem thronten auf den Bergkuppen zahlreiche Burgen, die meisten von ihnen durch kriegerische Einwirkungen zu stimmungsvollen Ruinen verfallen. In dieser Mittelrheinlandschaft spiegelte sich in den Augen romantisch gestimmter Besucher eine faszinierende Symbiose von Natur, Geschichte und Kultur wider. Johann August Klein, der Vorgänger Karl Baedekers, verwandte für dieses Gesamtkunstwerk den anschaulichen Begriff eines «Naturgemäldes», der auf Alexander von Humboldt zurückging, und versicherte sich zu seiner Beschreibung des weiblichen Einfühlungsvermögens seiner Frau, wie er 1828 im Vorwort seines Reiseführers schrieb.

Es wundert nicht, dass am Mittelrhein die ersten Maßnahmen eines staatlichen Landschaftsschutzes in Deutschland ergriffen wurden. Steinbrüche im Siebengebirge südlich von Bonn waren seit dem 13. Jahrhundert Hauptlieferanten für den Bau des Kölner Domes, mit dem Drachenfels an der Spitze. Schon im 17. Jahrhundert war die Burganlage weitgehend eingestürzt. Als zu Beginn des 19. Jahrhunderts mit der Restaurierung des Domtorsos und ab 1842 mit dem Entschluss zur Vollendung der Kathedrale die vollständige Zerstörung von Berg und Ruine drohte, schritt die preußische Regierung ein. Zunächst wurde der Steinbruch am Drachenfels geschlossen, dann die ganze Bergkuppe vom preußischen Staat gekauft. So wurde die Hälfte des Bergfrieds, einer der markantesten Anblicke der Rheinromantik, gerettet.

Die Krönung der romantischen Sehenswürdigkeiten am Mittelrhein waren die «kühne(n) Burgen auf wilden Felsen» (Friedrich Schlegel), zwischen Bingen und Koblenz über 40 an der Zahl. Sie alle waren, mit Ausnahme der uneinnehmbaren Marksburg, durch die französischen Truppen unter Ludwig XIV. gegen Ende des 17. Jahrhunderts in den Pfälzer Erbfolgekriegen zu Ruinen geworden, was aber ihre romantische Ausstrahlungskraft nicht minderte, eher umgekehrt. Für die Wiederherstellung dieser Zeugnisse mittelalterlichen Rittertums engagierten sich nach 1815, nach der Besitzergreifung des Rheinlands durch Preußen, dessen Prinzen. Als Erstes wurde 1825 bis 1829 Rheinstein bei Bingen von Prinz Friedrich von Preußen im Stil einer alten Burg wieder aufgebaut. Der preußische Kronprinz Friedrich Wilhelm erhielt im Jahr 1823 die Burgruine Stolzenfels von der Stadt Koblenz zum Geschenk und ließ sie ein Jahrzehnt später durch preußische Staatsarchitekten mit Schinkel an der Spitze renovieren und ausbauen. Was dabei herauskam, war keine mittelalterliche Wehrburg mehr, sondern eine Sommerresidenz des künftigen Königs im Stil eines neugotischen Schlosses, umgeben von einem Landschaftspark. Der Monarch hatte nichts dagegen, die Beschaulichkeit seiner rheinischen Residenz den Untertanen zu öffnen, wenn er sich nicht gerade am Mittelrhein von der Hektik der Berliner Regierungsgeschäfte erholte.

Karl Baedeker war sich beim Verfassen seines Reiseführers bewusst, dass zur Romantik des Mittelrheins nicht nur die Landschaft und ihre Burgen, sondern vor allem die mit diesen verknüpften Sagen und Mythen gehörten. Am nördlichen Ausgang des engen Rheintals, südlich von Bonn gegenüber dem Siebengebirge, steht der Rolandsbogen, der letzte Rest einer im Dreißigjährigen Krieg von den Schweden zerstörten Burg. Mit diesem steinernen Fenster wird eine der vielen Sagen von Roland, dem treuen Vasallen Kaiser Karls des Großen, verknüpft. Dass die Rolanderzählung im 8. Jahrhundert spielte und die Burg erst im 11. Jahrhundert erbaut wurde, hat dem Glauben an diese Sage keinen Abbruch getan. Als der Bogen 1837 einstürzte, wurde er schon drei Jahre später nach einem Spendenaufruf des sowohl demokratisch gesinnten wie romantisch eingestellten Dichters Ferdinand Freiligrath nach Plänen des Kölner Dombaumeisters Zwirner wiedererrichtet. Auch mit einem markanten

Bau am Südende des Mittelrheintals, dem sogenannten Mäuseturm auf einer Insel an der Rheinkehre bei Bingen, verbindet sich eine Sage. Danach suchte im 10. Jahrhundert ein Mainzer Erzbischof auf der Insel Zuflucht vor dem Aufstand seiner hungernden Untertanen. Doch in dem erhofften Refugium sei der hartherzige Prälat von Tausenden von Mäusen überfallen und bei lebendigem Leibe aufgefressen worden. In Wirklichkeit aber diente dieser Turm als Zollwache, war ein Mautturm aus dem 14. Jahrhundert.

Die bekannteste Rheinsage ist bis heute die Erzählung von der verführerischen Frauengestalt der Lorelei, die, auf einem steil aufragenden Schieferfelsen bei St. Goarshausen sitzend, sich die goldenen Haare kämmt. Durch ihren Gesang lenke die Nixe die Schiffer bei der Navigation durch die Rheinkurve ab und lasse sie in den Strudeln und Riffen des Flusses zerschellen. Was nach einer uralten Sage klingt, ist in Wirklichkeit eine Schöpfung der dichterischen Rheinromantik. Clemens Brentano, der Bruder Bettine von Arnims und Freund der Brüder Schlegel, verfasste 1802, inspiriert von antiken Mythen, die Ballade «Zu Bacharach am Rheine», die von einer betörenden Zauberin handelt, die mit ihren Liebeskünsten die Männer zuschanden macht. Zum weltbekannten «Märchen aus alten Zeiten» wurde die Kunstsage von der Lorelei durch das Gedicht, das Heinrich Heine 1824 verfasste, und insbesondere dessen anschließende Vertonung auch der letzten Strophe: «Ich glaube, die Wellen verschlingen – am Ende Schiffer und Kahn, – Das hat mit ihrem Singen – Die Lorelei getan.»

Neben der Rheinromantik war es eine Revolution im Verkehrswesen, welche den vormärzlichen Konjunkturboom von Reisehandbüchern beflügelte. Zu Anfang des 19. Jahrhunderts wurde der Güter- und Personenverkehr auf dem Rhein noch durch Segelschiffe abgewickelt, die stromaufwärts auf die mühsame Unterstützung durch die Zugkraft von Männern und Pferden («treideln») angewiesen waren. Nachdem 1807 der Amerikaner Robert Fulton das erste Dampfschiff gebaut hatte, kam 1816 das erste englische Schiff den Rhein herauf bis Köln gedampft. Schließlich nahm am 1. Mai 1827 die Preußisch-Rheinische Dampfschiffahrts-Gesellschaft mit Sitz in Köln den regelmäßigen Schiffsverkehr auf. Mit drei Schaufelraddampfern wurde ein Liniendienst zwischen Köln und Mainz eingerichtet. Für die Fahrt stromaufwärts brauchte man zwei Tage, stromabwärts nur einen Tag. 1836 wurde in Düsseldorf die Dampfschiffahrts-Gesellschaft für den Nieder- und Mittelrhein gegründet. Aus dem Zusammenschluss der beiden Gesellschaften gingen 1853 die noch heute florierenden «Köln-Düsseldorfer» Dampfer hervor.

Die Dampfschifffahrt auf dem Mittelrhein erfreute sich eines phänomenalen Aufschwungs. Schon 1835 verzeichnete man über Hunderttausend Passagiere, 1849 waren es mehr als eine Million. Dazu trug bei, dass Dampfschiffe in den 1840er Jahren das Standardverkehrsmittel am Mittelrhein waren, das enge Tal wurde erst im nachfolgenden Jahrzehnt durch Eisenbahnen erschlossen. Als der Historiker und Politiklehrer Friedrich Christoph Dahlmann im März 1830, damals frisch aus Kiel nach Göttingen berufen, in Bonn den mit ihm befreundeten Althistoriker Niebuhr besuchte, bestieg er in Mainz zusammen mit seiner Frau einen Dampfer und machte auf der Fahrt die Bekanntschaft von Clemens Brentano, der ihn mit Erläuterungen zu Geschichte und Schönheit des Mittelrheins unterhielt. Im November 1842 benutzte der inzwischen als Wortführer der Protestation der Göttinger Sieben zu gesamtdeutscher Prominenz aufgestiegene Professor wieder von Mainz aus dieses ihm vertraute Verkehrsmittel, um, aus Jena kommend, nach fünf Jahren der akademischen Stellungslosigkeit in Bonn einen Lehrstuhl zu übernehmen. Bei der Ankunft an Dahlmanns neuem Wirkungsort böllerten die Schiffskanonen wie beim Empfang eines Fürsten.

Mit der Einführung der regelmäßigen und vergleichsweise schnellen Dampfschifffahrt begann auf dem Mittelrhein das Zeitalter des Tourismus. Schon Johann August Klein hatte 1828 dem Titel seiner «Rheinreise» den Zusatz hinzugefügt: «Ein Handbuch für Schnellreisende», meinte damit die Touristen. Wort und Phänomen des «Tourismus» waren um 1800 im reisefreudigen Großbritannien aufgekommen und bürgerten sich gegen 1830 in Deutschland ein. Auch wenn Karl Baedeker nie von «Tourismus», sondern von «Fremdenverkehr» sprach, so gliederten sich doch seine Reiseführer nach den Dampfschiff- und Eisenbahntouren. Seine Beschreibung des Rheintals folgte dem Panorama, wie es sich den Reisenden auf einem Schiff eröffnete. Seit Baedeker 1838 eine Bahnfahrt von Köln nach Antwerpen unternommen hatte, war er auch von dem neuen Verkehrsmittel der Eisenbahn fasziniert, das aber, wie gesagt, das Mittelrheintal erst in den 1850er Jahren erreichte.

So profitierten Baedekers Reiseführer von dem einsetzenden Massentourismus, dem er selbst aber skeptisch gegenüberstand. Baedeker riet von einer bloßen Dampfschifffahrt auf dem Mittelrhein ab, empfahl die Verknüpfung mit Fußwanderungen. Als er 1849 seine «Rheinreise» um angrenzende Gegenden erweiterte, schrieb er in dem Kapitel über die Pfalz: «Wahren Genuß von einer Reise durch die gesegnete Pfalz hat nur der Fußwanderer. [...] Er braucht nicht zu befürchten, hier jenem anmaßenden und übersättigtem Reisepöbel bei jedem Schritt zu begegnen, der in dem engeren Rheinthal vermöge des leichten Dampf-Verkehres das Land heuschreckenartig überfluthet hat.»

Mit dem vormärzlichen Aufschwung von Reisehandbüchern verband sich auch ein sozialgeschichtlicher Wandel in der Zusammensetzung des Reisepublikums. Bis Anfang des 19. Jahrhunderts war Reisen weitgehend ein Privileg des begüterten Adels. Vor allem für junge englische Aristokraten waren Bildungsreisen («Grand Tours») eine Selbstverständlichkeit. Der Weg ins klassische Italien führte sie über das Mittelrheintal und die Schweiz, die sie beide in ihrer eigenen Attraktivität schätzen lernten. Mit der einsetzenden ökonomischen Emanzipation des Bürgertums entwickelte sich eine breitere soziale Schicht, die sich nicht nur durch bildungsbürgerliche Interessen auszeichnete, sondern auch über die finanziellen Mittel zur Durchführung von Reisen und Ferien verfügte. Es ist bezeichnend, dass schon Johann August Klein seiner 1828 veröffentlichen «Rheinreise» ein Verzeichnis der örtlichen Buch-, Kunst- und Musikalienhandlungen anfügte. Es wurde nach der Übernahme der Bearbeitung durch Karl Baedeker durch ein Kapitel über die Kunstsammlungen und Museen am Mittelrhein ersetzt, das bis hin zur Aufzählung und Würdigung der einzelnen Gemälde und Antikenstücke ging. Baedekers Veröffentlichungen waren die Reiseführer des deutschen Bildungsbürgertums, er selbst offenbarte sich in den Texten als ein – im doppelten Wortsinne – führender Exponent dieses Milieus.

Der große Erfolg seiner erstmals 1832 veröffentlichten und danach alle paar Jahre aktualisierten und neu aufgelegten «Rheinreise» ermutigte Karl Baedeker, 1839 Reiseführer für Belgien und für Holland, dann 1842 ein umfassendes «Handbuch für Reisende durch Deutschland und den Oesterreichischen Kaiserstaat» zu veröffentlichen, das in der Folgezeit in mehrere Bände aufgeteilt werden musste. Ein großer Publikumsrenner wurde auch Baedekers erstmals 1844 veröffentlichter Reiseführer zur Schweiz, seine Lieblingsveröffentlichung, hatte er doch selbst einige Schweizer Berge als Erster erstiegen. Diese Reiseführer brachte Baedeker meist auch in englisch- und französischsprachigen Ausgaben auf den Markt. Nach Karl Baedekers Tod erschienen in seinem Verlag Reiseführer zu allen Kontinenten und den meisten Ländern der Welt. Es ist überliefert, dass Lawrence von Arabien bei seiner abenteuerlichen Beteiligung am Aufstand der Araber gegen die osmanische Herrschaft im Ersten Weltkrieg den Baedeker «Palestine and Syria» im Gepäck hatte.

Zur Weltmarke wurden die Bände des «Baedeker» nicht nur durch ihre thematische Expansion, sondern auch durch ihre Umschlaggestaltung. Die ersten Auflagen der «Rheinreise» zierte ein gelber Pappeinband mit einer biedermeierlichen Kollage zunächst aus Wappen und symbolischen Figuren wie Rittern und Edelfräulein, dann aus mittelrheinischen Ansichten, Landschaften und vor allem Burgen. Den Buchrücken der 3. Auflage von 1839 schmückte ein Dampfschiff. Ab 1846 folgte Baedeker dem Erscheinungsbild der englischen Reiseführer von John Murray und übernahm von diesen den charakteristischen roten Leineneinband mit goldener Schrift.

Als Karl Baedeker am 4. Oktober 1859 – auch infolge Arbeitsüberlastung durch die vielfältigen Aufgaben als Rechercheur, Autor, Redakteur, Drucker und Verleger – in Koblenz starb, schloss sich seinem Trauerzug ein zufällig des Weges kommender Reisender an – mit einem roten «Baedeker» in der Hand.

Goethes Todesanzeige vom 23. März 1832 wurde von seiner Schwiegertochter Ottilie verfasst, die den Verstorbenen vor seinen offiziellen Titeln als ihren «geliebten Schwiegervater» hervorhob. Ihr Mann, Goethes einziger Sohn, war schon im Oktober 1830 im Alter von 40 Jahren in Rom verstorben: August von Goethe hatte dem lebenslangen Schatten seines berühmten Vaters entfliehen wollen und war doch mit der italienischen Reise dessen Spuren gefolgt. Goethes Ehefrau Christiane geborene Vulpius war bereits Anfang 1816 mit 51 Jahren verschieden. Zwischen dem für damalige Zeiten sehr alten Weimarer Dichterfürsten und seiner Schwiegertochter bestand ein herzliches Verhältnis, auch und gerade im Hinblick auf die drei heranwachsenden Enkel, von denen der elfjährige Wolf eine große Rolle im Alltag seines Großvaters spielte.

GOETHES LEBENSENDE (1832)

Der Dichterfürst vollendet den zweiten Teil seiner Faust-Tragödie und stirbt

Gestern Vormittags halb Zwölf Uhr starb mein geliebter Schwiegervater, der Grofsherzogl. Sächsische wirkliche Geheime-Rath und Staatsminister

JOHANN WOLFGANG VON GOETHE,

nach kurzem Krankseyn, am Stickflufs in Folge eines nervös gewordenen Katharrhalfiebers.

Geisteskräftig und liebevoll bis zum letzten Hauche, schied er von uns im drei und achtzigsten Lebensjahre.

Weimar, 23. März 1832.

OTTILIE, von GOETHE, geb. von POGWISCH,
zugleich im Namen meiner drei Kinder,
WALTHER, *WOLF* und *ALMA* von *GOETHE*.

Am 22. März 1832 starb um die Mittagszeit in seinem Stadthaus am Weimarer Frauenplan Johann Wolfgang von Goethe, im Lehnstuhl neben seinem Bett sitzend. Letzte Krankheit und Tod Goethes hat sein Arzt Dr. Carl Vogel in einem minutiösen Bericht geschildert, der im Jahr darauf in der medizinischen Zeitschrift «Journal der practischen Heilkunde» veröffentlicht wurde. Vogel war in Weimar der Leibarzt nicht nur der großherzoglichen Familie, sondern seit 1824 auch des «Dichterfürsten» (dem dieser Ehrentitel allerdings erst in der zweiten Hälfte des 19. Jahrhunderts zugesprochen wurde).

Der Arzt diagnostizierte bei seinem berühmten Patienten eine Abfolge von «Catarralfieber, Lungenentzündung, Versagung der Atmung und des Herzens». Heute würde der Totenschein wahrscheinlich «Herzinfarkt» als Letalursache vermerken. Die Krankheit hatte damit begonnen, dass sich Goethe acht Tage vor seinem Tode beim Wechsel von seinem stets überheizten Arbeitszimmer ins Freie zu einer Ausfahrt eine Erkältung zugezogen hatte.

Durch den Bericht Dr. Vogels sind auch die vielzitierten letzten Worte Goethes überliefert worden: «Mehr Licht». Allerdings hatte der Arzt nach seiner eigenen Aussage in diesem Augenblick für einen kurzen Moment das Sterbezimmer verlassen, befand sich wie alle Weimarer Freunde und die beiden Enkelsöhne im Nachbarraum. Diese Worte der sterbenden Weimarer Geistesgröße werden meist als Anweisung Goethes an seinen Diener Friedrich Krause gedeutet, die Fensterläden weiter aufzumachen, nachdem seine Augen versagt hatten. Doch Krause selbst berichtete später: «Es ist wahr, dass er meinen Namen zuletzt nannte, aber nicht um den Fensterladen aufzumachen, sondern er verlangte den Botchanpen, und den nahm er selbst und hielt denselben so fest an sich, bis er verschied.» «Botchanper» ist die deutsche Verballhornung des französischen «pot de chambre»: Goethe fragte in seinen letzten Lebensmomenten nach seinem Nachttopf und hielt diesen auf seinem Schoß. Diese eher pikante Vermutung der letzten Worte ersetzten seine Freunde durch die poetischere Legende vom «mehr Licht», festigten so die Glorifizierung des Verstorbenen, die ja schon vor dessen Tod eingesetzt hatte.

Johann Wolfgang von Goethe erfreute sich auch in seinem letzten Lebensjahrzehnt einer erfüllten und produktiven Existenz. Er war schon 1788 unter Beibehaltung des Titels und des Gehalts durch seinen Fürstenfreund Carl August von der Beteiligung an den Weimarer Regierungsgeschäften entlastet worden, führte allerdings auch weiterhin die Oberaufsicht über die künstlerischen und wissenschaftlichen Anstalten Sachsen-Weimar-Eisenachs. 1817 entband ihn Carl August auch von der Theaterleitung, nachdem die Spannungen zwischen Goethe und Karoline Jagemann untragbar geworden waren. Diese Starschauspielerin – und Mätresse des Großherzogs – wollte bei der Aufführung eines französischen Boulevardstücks in der Hauptrolle einen dressierten Pudel einsetzen. Goethe erklärte daraufhin, er werde von der Theaterleitung zurücktreten, wenn das Theater auf den Hund käme.

Der genialische Dichter folgte auch im achten Lebensjahrzehnt seinen lebenslangen Neigungen. Dazu gehörten im Gefolge seiner früheren amtlichen Tätigkeit im Weimarer Hüttenwesen seine breiten naturkundlichen Interessen, angefangen mit der Geologie und Mineralogie über die Morphologie und Botanik bis hin zur Optik und Meteorologie. So nimmt es nicht wunder, dass Goethe mit großem Interesse die Versammlungen Deutscher Naturforscher und Ärzte verfolgte, insbesondere die von seinem Freund Alexander von Humboldt organisierte Tagung des Jahres 1828. Dieser würdigte in seiner Berliner Eröffnungsrede «Goethe, den die großen Schöpfungen dichterischer Phantasie nicht davon abgehalten haben, den Forscherblick in alle Tiefen des Naturlebens zu tauchen».

Einen Großteil seines Arbeitsalltags verbrachte Goethe in seinen letzten Lebensjahren mit der Ordnung seines im Hinblick auf das Volumen, aber auch die thematische Vielfältigkeit gewaltigen Nachlasses. Dabei stand seit Mitte der 1820er Jahre eine «Ausgabe letzter Hand» seiner Werke im Mittelpunkt, für die er Privilegien von allen 39 deutschen Einzelstaaten erhielt, die das Unternehmen gegen unerlaubte Nachdrucke schützten. Goethe wurde damit in Deutschland zum ersten Inhaber eines Urheberrechtes, eines Copyright. Das Projekt sollte 40 Bände und weitere 20 Bände für den nach seinem Tod zu publizierenden Nachlass umfassen und erschien im Cotta Verlag, seinem Hausverlag. Es brachte Goethe das beträchtliche Honorar von 60 000 Talern ein.

Bei diesen Arbeiten stützte sich Goethe auf einen ganzen Stab von Mitarbeitern: Neben einem Schreiber und Kopisten, einem Archivar und einem Registrar, einem Revisor seiner kunsthistorischen Schriften, einem Helfer bei den naturwissenschaftlichen Texten und einem Lexigraphen ist vor allem Johann Peter Eckermann zu nennen, der ihn seit 1824 als inspirierender Gesprächspartner unterstützte und dem Dichterfürsten viele Äußerungen und Erinnerungen entlockte.

Goethe reiste nicht mehr, die Welt kam zu ihm. Der Dichterfürst hielt Hof und empfing Besuche, war aber wählerisch bei der Auswahl derjenigen, denen er die Gunst eines Zutritts zum Haus am Frauenplan gewährte. Dazu gehörte auf Empfehlung seines Berliner Freundes Zelter auch Felix Mendelssohn Bartholdy. Bei dessen erstem Besuch im November 1821 spielte ihm das damals elfjährige Wunderkind Stücke von Bach und Beethoven, aber auch eigene Kompositionen vor. Einige Jahre später besuchte auch Carl Maria von Weber die Weimarer Berühmtheit, Goethe allerdings störte dessen Klavierrezital durch lautes Reden.

Goethe nahm bis an sein Lebensende intensiven Anteil an dem Geschehen in aller Welt. Darüber informierte er sich nicht nur durch seinen umfassenden Briefwechsel, sondern auch durch seine Neigung zu ausführlicher Zeitungslektüre, die er manchmal sogar als Sucht empfand, die ihn von seinen Nachlassarbeiten abzuhalten drohte. Insbesondere dem in Paris erscheinenden «Le Globe» entnahm Goethe in seinen letzten Lebensjahren nicht nur die Rezeption seines Werkes und die literarischen Entwicklungen in Frankreich, sondern auch den ihn erschreckenden Ablauf einer abermaligen Revolution im Nachbarland und die frühsozialistischen Utopien Saint-Simons. Besonders faszinierte Goethe die allgemeine Beschleunigung der Lebensverhältnisse, auch wenn er seine Altersskepsis gegenüber dem rapiden Wandel der gesellschaftlichen und technischen Möglichkeiten der Zeit nicht unterdrücken konnte. Im Juni 1825 schrieb er Carl Friedrich Zelter vom Streben aller Welt nach Reichtum und Schnelligkeit: «Eisenbahnen, Schnellposten, Dampfschiffe und alle möglichen Facilitäten der Communication sind es worauf die gebildete Welt ausgeht.» Er sprach mit Eckermann über die Möglichkeiten eines Kanals bei Suez, einer mittelamerikanischen Verbindung von Atlantik und Pazifik bei Panama und den Bau einer Wasserstraße zwischen Rhein und Donau.

Alle diese Wahrnehmungen der technischen und wirtschaftlichen Modernisierungspotentiale in der Vormärzzeit flossen in Goethes «Faust. Der Tragödie Zweiter Teil» ein, der sein großes Alterswerk, sein poetisches Testament, wurde. Die Beschäftigung mit dem schon im Spätmittelalter populären Faust-Stoff vom hochmütigen Gelehrten bildete – mit langen Unterbrechungen – das Lebensthema Goethes, hatte er doch schon als Zwanzigjähriger noch in Frankfurt, vor dem Wechsel nach Weimar, am «Urfaust» gearbeitet. Ende des 18. Jahrhunderts nahm er die Arbeit an dem Stoff wieder auf, veröffentlichte schließlich 1808 den ersten Teil der Tragödie, der allerdings erst 1829 seine erste Bühnenaufführung erlebte. Schon zu Anfang des 19. Jahrhunderts hatte Goethe mehrere Szenen für eine Fortsetzung des «Faust» verfasst, insbesondere für den Helena-Akt, den späteren dritten Akt des zweiten Teils der Tragödie. Ab 1825 arbeitete der alte Dichter dann sehr intensiv und diszipliniert an dem Abschluss seines «Hauptgeschäftes», wie er es nannte. Einzelne Partien seiner Arbeit wurden bereits veröffentlicht, so 1827 die «Klassisch-romantische Phantasmagorie» zu Helena als «Zwischenspiel zu Faust» im vierten Band der «Ausgabe letzter Hand». Am 21. Juli 1831 vermerkte Goethe in seinem Tagebuch: «Abschluß des Hauptgeschäftes». Der Dichter versiegelte sein «Faust»-Manuskript und legte es im Nachlass ab. Im Januar 1832 öffnete Goethe das versiegelte Paket nochmals, um die einzelnen Akte besser aufeinander abzustimmen.

Der zweite Teil von Goethes «Faust» unterscheidet sich in vielfacher Hinsicht vom ersten Teil. Das beginnt schon mit seinem Umfang: «Faust I» hat 4612, «Faust II» hingegen 7499 Verse, eine große Hürde für ungekürzte Aufführungen, wie sich in der Theatergeschichte zeigen sollte. Goethe selbst war sich durchaus bewusst, dass er mit der «Tragödie zweiter Teil» kein Bühnenstück, sondern ein Gedicht von epischem Ausmaß geschaffen hatte. Die Dramaturgie der beiden Teile ist völlig konträr. Der erste Teil folgt weitgehend einer durchgehenden Handlung, spielt nach überlieferten Theatermaximen zwar nicht an einem Ort, wohl aber überwiegend in einem Zeitraum, nämlich an der Wende vom Mittelalter zur Neuzeit. Er ist primär eine Gretchen-Tragödie: Ein junges unschuldiges Mädchen wird von Heinrich Faust, einem frustrierten Gelehrten, verführt, tötet ihr uneheliches Kind und wird als Kindesmörderin zum Tode verurteilt. Der nach Lebensgenuss strebende Faust hat sich zur Erfüllung seiner Wünsche auf einen Pakt mit dem Teufel, mit Mephisto, eingelassen, kann seine Geliebte aber nicht retten.

Die Fortsetzung der Tragödie behandelt oberflächlich gesehen Fausts weiteres Leben, folgt dabei aber keinem dramatischen Handlungsfaden, sondern liefert nur lose verbundene, dafür aber umso tiefsinnigere Bilder. Der Text umfasst, mit Goethes eigenen Worten, «volle dreitausend Jahre», vom Untergang Trojas in der Antike bis zur Gegenwart der Vormärzzeit mit dem griechischen Befreiungskampf und dem Beginn der industriellen Revolution. Der erste Akt spielt in einer mittelalterlichen Kaiserpfalz und schildert die finanziellen Schwierigkeiten des Herrschers, die auf den Rat von Mephisto, der die Rolle eines Hofnarren übernommen hat, durch die Einführung von Papiergeld gelöst werden sollen, eine der Moderne entnommene Idee. Im zweiten Akt steht in einem mittelalterlichen Labor die Herstellung eines Homunculus, eines künstlichen Menschen, durch Wagner, den Famulus von Faust, im Mittelpunkt. Der dritte Akt mit der Liebesaffäre zwischen dem gleichzeitig nach beruflichem und gesellschaftlichem Erfolg wie nach persönlichem Glück strebenden Faust und Helena als dem Urbild aller Schönheit spielt zunächst in der Antike, dann in einer romantischen Ritterburg und schließlich in einem schattigen Hain, der zeitlosen Verkörperung eines idyllischen Arkadien. Aus der Vereinigung von Helena und Faust geht der sprunghafte Jüngling Euphorion hervor, der seine Eltern ergötzt, dann aber abstürzt: Goethe nimmt damit die antike Legende von Ikarus auf, ist aber nach eigener Aussage vom kurz zuvor erfolgten Tod von Lord Byron inspiriert worden, in dem er seinen Nachfolger als poetisches Genie gesehen hatte. Im vierten Akt kommt Faust dem Kaiser in seinem Kampf mit einem Gegenkaiser zu Hilfe und wird mit der Belehnung von Küstengebieten belohnt.

Im fünften Akt schließlich herrscht «Faust im höchsten Alter» über ein Weltreich an der Küste, das er durch den Einsatz von Arbeitermassen und Dampfmaschinen bei Deich- und Kanalbauten gewonnen hat. Goethe ließ sich beim Verfassen dieser Szene, wie erwähnt, von seinem Studium des Baus eines neuen Hafens an der Wesermündung inspirieren, mit dem die Hansestadt Bremen ihren Zugang zur offenen See sicherte. Bei diesem Projekt ist dem Großunternehmer Faust die idyllische Hütte eines alten Paares, Philemon und Baucis, im Wege. Er lässt das Häuschen nebst einem Kirchlein mit einem ihn nervenden Glöckchen, aber auch die alten Leute und einen bei ihnen Zuflucht suchenden namenlosen Wanderer beiseiteschaffen. Goethes in diesem abschließenden Akt intendierte Aussage ist unübersehbar: Er ist fasziniert von den Errungenschaften der Moderne und gleichzeitig besorgt um ihre Folgen für Leib und Seele der Menschheit.

Im Text dieser von Goethe in sechs Lebensjahrzehnten entwickelten monumentalen Faust-Tragödie erfährt das Persönlichkeitsbild ihres Titelhelden durch die Feder ihres Autors einen bemerkenswerten Wandel: Aus einem jungen Stubengelehrten und «brünstigen Liebhaber» (Rüdiger Safranski) wird im Helena-Akt ein deutscher Ritter von edler Gestalt in der Blüte seines Lebens, dann ein Stratege im Generalstab und schließlich im hohen Alter ein Großunternehmer beim Deichbau und transatlantischer Kaufmann, ein «Global Player» (Michael Jaeger). Goethe schuf in seinem Faust das Bild eines modernen Menschen: tatkräftig in seinem Handeln und leidenschaftlich in seinen Gefühlen, ungeduldig in seinem Wissensdurst, ein sich souverän dünkender Herrscher über die Naturgewalten.

Am Ende seines «Faust. Der Tragödie Zweiter Teil», das Goethe unter dem ihn höchst verunsichernden Eindruck der Pariser Julirevolution verfasste, hört der blind gewordene Faust das Geklirre von Spaten. Er glaubt, sie würden auf seiner Großbaustelle eine neue Welt graben, doch dabei schaufeln sie nur sein eigenes Grab. Faust stirbt. Doch nachdem die Erscheinung eines büßenden Gretchens Fürsprache zugunsten ihres Geliebten eingelegt hat, retten Engel unter Führung der gnadenreichen Mater Gloriosa sein Unsterbliches, seine Seele. Mephistopheles verliert damit die Wette, die er im ersten Akt des ersten Teils abgeschlossen hat: Wenn er Faust in allen seinen Wünschen an das Leben helfen würde, dann stünde ihm die Seele des Verstorbenen zu.

Die Vollendung der Faust-Tragödie im hohen Alter Goethes war keineswegs selbstverständlich. Vor allem die ihm Nahestehenden sorgten sich, ob dem Freund noch der Abschluss seines Werkes gelingen würde. Als Wilhelm von Humboldt von dessen Versiegelung hörte, schrieb er an Goethe, er solle doch nicht nur seinen Freunden, sondern auch sich selbst die Freude bescheren, durch eine Druckveröffentlichung «das Ganze zu kennen». Goethe antwortete ihm am 17. März 1832 mit einer zwar freundschaftlich formulierten, aber doch eindeutigen Absage. Der zweite Teil des «Faust» zeige so eindeutig seine unterschiedliche Herkunft aus früheren und späteren Phasen eines «so lange tätig nachdenkenden Leben[s]», dass er die Lektüre nicht den Freunden zu seinen Lebzeiten, sondern erst danach dem späteren Publikum zumuten wolle. Der in seinem öffentlichen Auftreten so große Selbstgewissheit ausstrahlende Weimarer Dichterfürst gab gegenüber dem Tegeler Freund seinen Selbstzweifeln unverblümt Ausdruck: «Der Tag ist aber so absurd und konfus, daß ich mich überzeuge meine redlichen, lange verfolgten Bemühungen um dieses seltsame Gebäu[de] würden schlecht belohnt und an den Strand getrieben, wie ein Wrack in Trümmern daliegen und von dem Dünenschutt der Stunden zunächst überschüttet werden. Verwirrende Lehre zu verwirrtem Handeln waltet über die Welt.» Dieses Schreiben war der letzte Brief Goethes vor seinem Lebensende: Er unterzeichnete ihn am Vormittag des Tages, an dessen Nachmittag er erkrankte.

Doch die in diesem Brief ausgedrückten Selbstzweifel über den zweiten Teil der Faust-Tragödie waren nur eine Seite der Medaille, Goethe verstand auf der anderen Seite die Rätselhaftigkeit und Vieldeutigkeit seines letzten großen Werkes als das Produkt einer bewussten Absicht. Schon bei der Aufnahme der intensiven Abschlussarbeiten an der Faust-Tragödie sagte er am 6. Mai 1827 zu Eckermann: «[J]e inkommensurabler und für den Verstand unfaßlicher eine poetische Production, desto besser.» In diesem Sinne schrieb er Mitte Mai 1831 seinem Freund Zelter, sein «Faust» solle «ein offenbares Rhätsel» bleiben, «die Menschen fort und fort ergetze[n] und ihnen zu schaffen mache [n]».

Vier Tage nach seinem Tode, am 26. März 1832, wurde Johann Wolfgang von Goethe in der Weimarer Fürstengruft beerdigt. Diese

Grabstätte des großherzoglichen Hauses von Sachsen-Weimar-Eisenach war wenige Jahre zuvor auf dem 1818 angelegten neuen Weimarer Friedhof errichtet worden. Anfang Juli 1828 wurde dort Goethes Freund Großherzog Carl August neben den Katafalken seiner Vorfahren beigesetzt. Goethe fand seine letzte Ruhe neben dem Sarg mit dem Namen seines bereits 1805 verstorbenen Freundes Friedrich (von) Schiller; die darin aufgehobenen Gebeine stammen allerdings nicht von seinem Klassikerzwilling, wie vor kurzem DNA-Untersuchungen ergeben haben. Die Trauerworte bei der Beerdigungsfeier hielt der Weimarer Generalsuperintendent und Oberhofprediger Johann Friedrich Röhr, der den Verstorbenen als die letzte und bedeutendste der Weimarer Geistesgrößen würdigte.

Nach Goethes Lebensende verstärkten sich die Bestrebungen, sein Erbe zu bewahren und seinen Ruhm zu mehren, doch wurden auch kritische Einwände gegen seine Person unüberhörbar. An erster Stelle der Bemühungen um den Glorienschein des Verstorbenen stand natürlich sein Weimarer Freundeskreis. Johann Peter Eckermann und Friedrich von Müller, der Staatskanzler des Großherzogtums, übernahmen die Veröffentlichung des von Goethe vorbereiteten Nachlasses, in dessen erstem Band im Herbst 1832 dann auch der zweite Teil der Faust-Tragödie erschien. Der Weimarer Kreis hielt auch das Bild der imposanten Persönlichkeit des verstorbenen Freundes durch die Publikation von Erinnerungen an den Meister am Leben, an erster Stelle natürlich Johann Peter Eckermann durch seine «Gespräche mit Goethe» (1836/48).

Der herausragende Fan bei der Vergötterung Johann Wolfgang von Goethes war aber Bettine von Arnim. Sie war die Tochter von Maximiliane de la Roche, für die Goethe in seiner Jugendzeit geschwärmt, die dann aber den aus Italien stammenden Frankfurter Kaufmann Peter Brentano geheiratet hatte. Bettine Brentano wuchs im Kreis der Frühromantiker auf, arbeitete an der von ihrem Bruder Clemens Brentano und dessen Freund Achim von Arnim, den sie 1811 heiratete, zu Anfang des 19. Jahrhunderts herausgegebenen Sammlung von deutschen Volksliedern «Des Knaben Wunderhorn» mit. Doch als eigenständige Autorin trat Bettine erst nach dem frühen Tod ihres Mannes im Jahr 1831 – und dem späten Tod Goethes im darauffolgenden Jahr – auf die literarische Bühne. In ihrem 1835 veröffentlichten «Goethes Briefwechsel mit einem Kinde» knüpfte sie an zwei Besuche in Weimar als zwanzigjährige Verehrerin im Jahr 1807 an. Der damals schon in der zweiten Hälfte seines sechsten Lebensjahrzehntes stehende Dichterfürst hatte sich dabei einem freundschaftlichen Briefwechsel mit ihr zugänglich gezeigt. Doch als Bettine einige Jahre später in einer persönlichen Auseinandersetzung Goethes Ehefrau Christiane als eine «wahnsinnige Blutwurst» beschimpfte, musste der Ehemann ein Hausverbot gegen sie aussprechen.

Bettines Buch enthielt nicht nur eine phantasievolle Collage von tatsächlich zwischen ihr und Goethe ausgetauschten Briefen und hinzuerfundener Korrespondenz, sondern auch ein «Tagebuch», in dem sie der Schwärmerei eines jungen Mädchens freien Lauf ließ. Bettine widmete diese Veröffentlichung drei Jahre nach Goethes Tod «Seinem Denkmal», wie es im Untertitel hieß. Von der vielbegabten Freifrau stammte auch der noch zu Lebzeiten Goethes angefertigte Entwurf eines bildhauerischen Ehrenmals für den geliebten Dichter, das diesen auf einem Thron sitzend zeigt. Das Gipsmodell ist zwar nie vollständig ausgeführt, aber auf zeitgenössischen Abbildungen der alternden Bettine verewigt worden.

Neben diesen Bemühungen, den verstorbenen Goethe auf ein gottgleiches Podest zu heben, regten sich aber auch schon zu seinen Lebzeiten nicht nur ästhetische Einwendungen gegen sein Werk, sondern vor allem moralische und religiöse Vorbehalte gegen seine Persönlichkeit. Schon der große Publikumserfolg der «Leiden des jungen Werthers» (1774) war wegen seines Verständnisses von freier Liebe und dem daraus folgenden Suizid der Kritik ausgesetzt. In Weimar rümpften gegen Ende des Jahrhunderts die vornehmen Kreise die Nase ob des jahrzehntelangen außerehelichen Liebesverhältnisses des inzwischen geadelten Goethes zu Christiane Vulpius, einer Putzmacherin; auch die schließlich erfolgende eheliche Legalisierung änderte wenig an diesem Standesdünkel. Orthodoxen christlichen Kreisen missfiel Goethes Distanz zum kirchlichen Dogma, seine pantheistische Gleichsetzung von Gott mit der Welt und der Natur.

Der burschenschaftlichen Bewegung nahestehende Intellektuelle nahmen politisch motivierten, nationalistisch gefärbten Anstoß an dem ästhetischen Weltbürgertum Goethes, seiner politischen Indifferenz und seinem Opportunismus während des deutschen Befreiungskriegs gegen Napoleon, seinen Vorbehalten gegen die im Weimarer Großherzogtum im Gefolge des Staatsgrundgesetzes von 1816 herrschende «Preßfrechheit» und seinem Eintreten im Alter für eine Weltliteratur. Vor allem im «Jungen Deutschland» versammelte Schriftsteller wie Ludwig Börne und Theodor Mundt unterstellten Goethe, sich dem aristokratischen Milieu angepasst zu haben, ein Fürstenknecht zu sein, dessen Werke der Verbrämung des restaurativen Milieus dienen würden. Hingegen fand Friedrich Schiller, Goethes Weimarer Mitklassiker, als poetischer Herold von staatsbürgerlicher Freiheit und nationaler Einheit den Applaus der jüngeren Generation.

Mit dieser vielfältigen Bekrittelung Goethes hat sich Friedrich Christoph Dahlmann in einem Nachruf auseinandergesetzt, der im Februar 1833 in der «Hannoverschen Zeitung» erschien. Der Ende 1829 an die Göttinger Universität berufene Professor der Neueren Geschichte und Staatswissenschaft stand in diesem Jahr auf der Höhe seines akademischen und öffentlichen Ansehens und war vom hannoverschen Vizekönig und den Ständen mit der Ausarbeitung des reformorientierten Entwurfs eines neuen Staatsgrundgesetzes für das Königreich beauftragt worden. Dahlmann bewunderte Goethes Werke, insbesondere das Flüchtlingsliebesepos «Hermann und Dorothea» (1797), nach dessen Hauptfiguren er seine beiden Kinder nannte. Er verteidigte den Dichter gegen die Vorwürfe der Ungläubigkeit und des Illiberalismus. Goethe, so klang Dahlmanns feinfühlige Kritik an, habe sich zwar im Alter zu sehr auf ein «selbstzufriedenes Thun in Wesen und Schreibart» zurückgezogen, doch seine in acht Lebensjahrzehnten gezeigte «selbständige Natur» sei bewundernswürdig.

Am differenziertesten unter allen zeitgenössischen Nachrufen ist die Würdigung der verstorbenen Weimarer Dichtergröße durch Heinrich Heine ausgefallen. Er hat Goethe nur ein einziges Mal persönlich gesprochen, als er als Göttinger Student im Oktober 1824 im Anschluss an seine Harzreise bei einem Besuch in Weimar von dem Geheimrat eher kühl und vornehm abgefertigt wurde. Das hat Heine nicht davon abgehalten, Goethe 1833 in seinem Buch

«Zur Geschichte der neueren schönen Literatur in Deutschland» zwar in seinem typischen Ton der Ironie als «Ach ja, der große Heide!» anzureden, doch gleichzeitig gegen die moralisierende und politisierende Kritik von konservativer wie progressiver Seite in Schutz zu nehmen. Heine teilte zwar das politische Programm des «Jungen Deutschland» und war sich der quietistischen Wirkung der Werke Goethes bewusst. Doch führte das nicht zu dessen Abwertung, der junge Lyriker bewunderte vielmehr in Goethe den begnadeten Künstler.

Heinrich Heine sprach im Zusammenhang mit Goethes Tod vom «Ende einer Kunstepoche» und meinte damit das Ende der in sich ruhenden Ästhetik der Klassik. In der Tat markierte Goethes Tod im März 1832 zunächst das Ende seiner Vorherrschaft in der deutschen Kultur, war nicht nur formal, sondern auch inhaltlich der Abschluss der sogenannten Goethe-Zeit. Goethe hatte ahnungsvoll schon 1825 an seinen Freund Zelter geschrieben, «wir werden, mit vielleicht noch Wenigen, die Letzten sein einer Epoche, die sobald nicht wiederkehrt».

Schon zu seinen Lebzeiten wurde dem Weimarer Dichterfürsten vorgehalten, er sei eitel und selbstgefällig, lasse sich gerne bewundern, hülle sich in Weihrauchwolken. In der zeitgenössischen und späteren Goethe-Kritik kam oft ein Kratzen am Denkmal zum Ausdruck. Heinrich Heine hat die Goethe-Aversion der jüngeren Dichter seiner Zeit im schönen Bild erklärt: «Das ist ein junger Wald, dessen Stämme erst jetzt ihre Größe zeigen, seitdem die hundertjährige Eiche gefallen ist, von deren Zweigen sie so weit überragt und überschattet wurden.» In den Jahrzehnten nach Goethes Tod sank sein Ansehen, erreichte seinen Tiefpunkt 1849, im Jahr seines 100. Geburtstages – mit der einen fulminanten Ausnahme des von Franz Liszt in Weimar organisierten Festkonzertes, bei der auch ein vierstimmiger Chor mit Szenen aus dem «Faust II» zur Aufführung kam. Diese Abwertung, ja Ignorierung Goethes änderte sich im letzten Drittel des 19. Jahrhunderts nach der Gründung des Wilhelminischen Reichs. Johann Wolfgang Goethe wurde zusammen mit Friedrich Schiller in den Olymp der Klassiker versetzt.

Im Hinblick auf die große Aufmerksamkeit, welche die Person und das Werk Goethes mit wechselhaften Rezeptionskonjunkturen auch fast zwei Jahrhunderte nach seinem Tod selbst heute noch erfahren, wird man den Titel eines Aufsatzes, mit dem der Weimarer Klassiker 1813 über «Shakespeare und kein Ende» sprach, aufnehmen und umformulieren können: Goethe und kein Ende.

Diese nachträglich kolorierte Lithographie von Erhard Joseph Benzinger zeigt den langgestreckten Festzug auf das Hambacher Schloss am 27. Mai 1832, das Häuschen zum Kauf der Karten für das Mittagsmahl und darüber die Holzhütten und Zelte für die Ausgabe von Essen und Getränken. Der Kopf des Zuges hat bereits die Spitze des Schlosshügels erreicht, auf der obersten Zinne der Ruine wird die Trikolore mit Fahnenbahnen aus Gold, Rot und Schwarz aufgepflanzt. Die dargestellte Reihenfolge der Farben entsprach zumeist noch nicht der heute offiziellen Sequenz, die sich erst 1848 in der Märzrevolution allgemein durchsetzte. Entsprechende heutige Abbildungen des Zuges auf die Hambacher Schlossruine beruhen auf einer späteren Retusche der Fahnen.

DAS HAMBACHER FEST (1832)

Dreißgtausend feiern den europäischen Völkerfrühling

Was ist des Deutschen Vaterland?» Mit diesem 1813 von Ernst Moritz Arndt verfassten patriotischen Schlager einschließlich der Antwort «soweit die deutsche Zunge klingt» setzte sich am frühen Sonntagmorgen, dem 27. Mai 1832 auf dem Marktplatz des kleinen pfälzischen Weinstädtchens Neustadt ein Zug von an die 30 000 Bürgern, überwiegend Männern, unter Glockengeläut und Böllerschüssen in Bewegung. Sein Ziel wurde im zweiten Lied von 300 Handwerksgesellen besungen: «Hinauf Patrioten! Zum Schloß, zum Schloß!» Gemeint war die vier Kilometer entfernte und 250 Meter höher am Ostrand des Haardtgebirges gelegene Schlossruine von Hambach. Dort sollte, wie es in der Einladung hieß, im «Deutschen Mai» ein «Fest der Hoffnung» gefeiert werden.

Den Anfang der Prozession machte nach der Musikkapelle eine Gruppe von Frauen und Jungfrauen, in deren Mitte ein mit einer weiß-roten Schärpe geschmückter Fähnrich die gleichfarbige Flagge Polens trug. Nach einer Abteilung der Bürgergarde folgten Festordner, alle mit Schleifen aus Schwarz, Rot und Gold geschmückt, als Begleitung einer großen Flagge aus ebendiesen deutschen Farben mit der Inschrift «Deutschlands Wiedergeburt». Der ganze Landrat Rheinbayerns, wie die Pfalz damals firmierte, mit seinen 23 Volksvertretern wurde von einer weiteren Abteilung der Festordner eingerahmt. Der Hauptteil der langgestreckten Karawane kam aus einer Vielzahl von deutschen Regionen, der Großteil aus den benachbarten Gauen des Rheinlandes, Badens, Württembergs und Frankens. Alle Gruppen führten deutsche Fahnen, nicht die Flaggen ihrer Staaten und Stämme, so wurde eine von Pfälzern getragene bayerische Fahne bald wieder eingerollt. Eine weitere Abteilung der Neustädter Bürgergarde bildete den Abschluss des Zuges, dessen Umfang alle Erwartungen der Organisatoren bei Weitem übertraf.

Das Hambacher Fest war eine Frucht der Oppositionsbewegung in der vormärzlichen Pfalz. Diesen auf die ältere Tradition des kurpfälzischen Territoriums auf beiden Seiten des Rheins zurückgehenden Namen erhielt das Gebiet westlich des Flusses und südlich der

Nahe allerdings erst 1838. Es war vom Wiener Kongress dem Königreich Bayern als Kompensation für Salzburg und das Innviertel zugesprochen worden, die wieder an Österreich fielen. Die wald- und weinreiche Gegend firmierte zunächst als «Rheinbayern» und dann offiziell als «Rheinkreis». Dem neubayerischen Gebiet wurde nach 1815 die Beibehaltung mancher progressiver Institutionen aus der zwanzigjährigen Zugehörigkeit zu Frankreich zugesagt, insbesondere auf dem Gebiet der Gerichtsverfassung und des Pressegesetzes.

Der bayerische Rheinkreis zog zahlreiche deutsche Publizisten an, welche sich in ihrer Kritik an den gesellschaftlichen, politischen und wirtschaftlichen Verhältnissen zunehmend radikalisierten. An erster Stelle standen zwei politische Schriftsteller, die beide Jurisprudenz studiert hatten, was sich bei der Auseinandersetzung als nützlich erwies. Der eine von ihnen, Philipp Jakob Siebenpfeiffer, konnte auf eine respektable Karriere in bayerischen Verwaltungsdiensten zurückblicken, zuletzt als Landkommissär – heute würde man sagen: Landrat – in Homburg, als er 1831 durch die Ausstrahlung der französischen Julirevolution politisiert wurde. In der von ihm herausgegebenen Zeitschrift «Rheinbayern» (ab 1830) und Zeitung «Bote aus dem Westen» (ab April 1831) prangerte er die vielfachen Missstände im linksrheinischen Bayern an. Die Münchener Zentrale suchte ihren unbequemen Beamten durch eine Strafversetzung als Leiter eines Zuchthauses im schwäbischen Kaisheim aus dem Verkehr zu ziehen. Doch Siebenpfeiffer lehnte ab, klagte und ließ sich lieber in den Ruhestand versetzen, um sich nun vollberuflich der fortschrittlichen Journalistik zu widmen.

Siebenpfeiffer gewann als Bundesgenossen bei diesen Bemühungen Johann Georg August Wirth. Dieser hatte 1831 in München zunächst eine regierungstreue Zeitung übernommen, gründete dann aber die regierungskritische «Deutsche Tribüne». Mit ihr zog er in den vorgeblich freiheitlicheren Rheinkreis, doch schon im März 1832 verbot der Bundestag seine Publikationen.

Zur Unterstützung dieser von Zensurmaßnahmen und Verboten bedrängten oppositionellen Publizistik wurde Anfang 1832 der «Deutsche[r] Vaterlandsverein zur Unterstützung der freien Presse» gegründet, kurz: Pressverein. Ihm traten viele Mitglieder nicht nur aus Rheinbayern, sondern auch aus anderen deutschen Regionen bei.

An zahlreichen Orten bildeten sich sogenannte Filialkomitees des Pressvereins, selbst in der französischen Hauptstadt, wo die beiden Schriftsteller Heinrich Heine und Ludwig Börne dazugehörten (Letzterer nahm als Ehrengast am Hambacher Fest teil). In Neustadt an der Haardt (heute: an der Weinstraße) übernahm es die Ortsfiliale des Pressvereins, das Hambacher Fest zu organisieren. 32 Neustädter Bürger, vorwiegend aus dem gehobenen Besitz- und Bildungsbürgertum, unterzeichneten die von Siebenpfeiffer verfasste Einladung zu einem Nationalfest, bei dem es um die «Erstrebung gesetzlicher Freiheit und deutscher Nationalwürde» gehen sollte.

Der bayerische Regierungspräsident des Rheinkreises suchte Anfang Mai das geplante Fest durch ein rigoroses Verbot zu verhindern. Er verhängte den Ausnahmezustand: Der Zutritt zu Neustadt und Umgebung wurde verboten, die Polizeistunde verschärft, alle Versammlungen mit mehr als fünf Personen wurden untersagt, Reden an öffentlichen Orten unter Strafe gestellt. Der Stadtrat von Neustadt und der Landrat der Provinz Rheinbayern legten förmlichen Protest ein. Der Regierungspräsident musste das Verbot zurücknehmen, die liberalen Kräfte feierten den Gesichtsverlust der Obrigkeit als einen Sieg.

Bei der Vorbereitung und Durchführung des Hambacher Festes standen wie insgesamt in der liberalen Bewegung der Vormärzjahrzehnte bürgerliche Eliten an der Spitze: Kaufleute, Winzer und Bierbrauer, Ärzte und Studenten. Insbesondere Juristen und Publizisten waren die geborenen Wortführer und Organisatoren der vormärzlichen Oppositionsbewegungen. Die Masse der Teilnehmer des Hambacher Festes aber entstammte mit Handwerksgesellen, Krämern, Kleinbauern und Tagelöhnern dem Kleinbürgertum. Sie wurden durch die andauernden sozialen und wirtschaftlichen Missstände in der Pfalz motiviert, hatten unter Missernten, schlechten Weinbauerträgen und der Holznot zu leiden. So protestierten Dürkheimer Winzer beim Zug auf das Schloss mit der Inschrift «Die Weinbauern müssen Trauern» auf einer schwarzen Fahne gegen ihre katastrophale wirtschaftliche Lage.

Die Spitze des langgestreckten Zugs erreichte das Hambacher Schloss um 9.30 Uhr. Nachdem zunächst die polnische Fahne und anschließend auf der höchsten Zinne der Ruine die deutsche Flagge aufgepflanzt worden waren, begann das eigentliche Fest. Die Veranstaltung war vor allem ein Redefest. Über 30 Ansprachen wurden gehalten, die zum Großteil in der von J. G. A. Wirth zusammengestellten Broschüre dokumentiert sind. Manche der Redner wiederholten ihre Beiträge gleich mehrfach an verschiedenen Plätzen, was angesichts der akustischen Bedingungen bei dieser Massenversammlung nahelag. Bei allen inhaltlichen Nuancen dominierte in den Hambacher Reden ein gefühlvoller, oft ausschweifender und poetischer, immer pathetischer Stil. Nachdem der Neustädter Arzt Dr. Philipp Hepp um 10 Uhr von der Hauptrednertribüne die Versammlung eröffnet hatte, folgten am Vormittag die Reden der beiden prominenten Wortführer des Festes.

Siebenpfeiffer, der bereits in der Überschrift der Einladung die Parole vom «Deutschen Mai» ausgegeben hatte, beschwor in seiner Rede den Völkerfrühling. Deutschland müsse den Winter der Unterdrückung und Zersplitterung durch Fürsten und Aristokraten überwinden. «Die Natur der Herrschenden ist Unterdrückung, der Völker Streben nach Freiheit.» Schon in der Einladung hatte sich Siebenpfeiffer besonders an die deutschen Frauen und Jungfrauen gewandt. In seiner Rede führte er aus, dass «das deutsche Weib nicht mehr die dienstpflichtige Magd des herrschenden Mannes, sondern die freie Genossin des freien Bürgers» sein solle, um «unsern Söhnen und Töchtern schon als stammelnden Säuglingen die Freiheit» einzuflößen. Er schloss mit dem Aufruf: «Hoch lebe jedes Volk, das seine Ketten zerbricht und mit uns den Bund der Freiheit schwört! Vaterland – Volkshoheit – Völkerbund hoch!»

Noch eindrucksvoller, allerdings auch kontroverser war nach Augenzeugenberichten die anschließende Rede von Wirth. Er beklagte den Hunger, den Jammer und das Elend, welche die Herrschaft der 34 Monarchen und der Vielzahl von Aristokraten über Deutschland ausgeschüttet habe. Die österreichische und preußische Politik bringe Unglück über ganz Europa, insbesondere Polen, Ungarn und Italien. Wenn in Deutschland die Volkshoheit herrschen würde, könne sich Europa zu einem innigsten Völkerbund zusammenschließen. Abschließend rief Wirth aus: «Hoch! Dreimal hoch leben die vereinigten Freistaaten Deutschlands! Hoch! Dreimal hoch das conföderirte republikanische Europa!»

Die auf dem Hambacher Fest immer wieder beschworene Völkerverständigung fand ihren höchsten Ausdruck in den Solidaritätsbekundungen für die unterdrückten Polen. Auf dem Wiener Kongress war die frühere Aufteilung Polens unter Österreich, Preußen und Russland wiederhergestellt worden. Im November 1830 überfiel eine Gruppe polnischer Militärs und Zivilisten die Residenz des russischen Statthalters in Warschau. Nach anfänglichen Siegen brach die Rebellion im Herbst 1831 zusammen. Aufständische Polen traten auf preußisches und österreichisches Gebiet über und nahmen das Asylangebot der neuen Pariser Regierung an. Viele der Exilanten führte der Weg nach Frankreich über Südwestdeutschland, insbesondere durch die Pfalz. So wundert es nicht, dass auch auf dem Hambacher Fest nicht nur deutsche Redner ihre Solidarität mit den unterdrückten Polen bekundeten, sondern auch eine Adresse des polnischen Nationalkomitees in Paris verlesen und polnische Lieder gesungen wurden, nicht zuletzt das bekannte «Noch ist Polen nicht verloren», die heutige Nationalhymne des 1919 nach mehr als einem Jahrhundert wiederhergestellten polnischen Staates.

In diese weinselige Stimmung der Völkerverständigung fiel allerdings ein Wermutstropfen durch die drohenden Hinweise, die Wirth in seiner Rede im Hinblick auf die deutsche Westgrenze gegenüber Frankreich machte. Er warnte, dass die Franzosen als Preis für ihre Unterstützung einer progressiven Veränderung im deutschen Nachbarland die Wiedergewinnung des linken Rheinufers fordern würden. Die Freiheit Deutschlands dürfe aber nicht auf Kosten seiner Integrität erkauft werden. Umgekehrt forderte Wirth, dass Elsass und Lothringen mit Deutschland wiedervereinigt werden müssten. Gegen diese Redepassage Wirths protestierte nicht nur ein Sprecher des Straßburger Clubs der Volksfreunde, auch der Redaktionsausschuss distanzierte sich in der Dokumentation.

Zwischen den Reden und Adressen wurden immer wieder patriotische Lieder gesungen. Zum Hambacher Fest war eigens unter dem Titel «Volksstimmen» eine «Sammlung von Gesängen für alle Deutschen» gedruckt worden, deren über 50 Liedertexte neben patriotischen Klassikern aus dem Befreiungskrieg (vor allem von Ernst Moritz Arndt und Theodor Körner) speziell für das Fest verfasste

Dichtungen beinhaltete. Die Liedersammlung wurde später von den bayerischen Behörden beschlagnahmt.

Das Hambacher Fest wurde mit beeindruckender Sorgfalt vorbereitet und durchgeführt. So wurde der Weg auf den Berg verbreitert und befestigt und unterhalb der Ruine an der äußeren Ringmauer eine Fläche eingeebnet. Lebensmittel und Unterkünfte wurden bereitgestellt. Mitgebrachte Waffen waren am Rathaus abzugeben. Überall sorgten Ordner und Bürgergarden für den friedlichen Ablauf des Festes. Für das Mittagessen wurden eigens Lauben und Zelte errichtet. Dass dabei nur ungefähr 1000 Personen Platz nehmen konnten, war kein großer Nachteil, denn der Preis von 1 Gulden 45 Kreuzern war für die meisten Festteilnehmer unerschwinglich. Günstiger konnte man sich an Imbissbuden mit Brot und Würsten versorgen, auch Wein und Bier flossen in Strömen. Ausdrücklich wurde von den Veranstaltern darauf hingewiesen, dass die Besucher des Festes nicht auf Freibier spekulieren könnten; so schreckte man Angehörige der Unterschichten ab, von denen man Randale befürchtete. Das Mittagessen wurde allerdings durch den Wettergott in Mitleidenschaft gezogen: Am Vormittag des Festes war nur leichter Regen gefallen, der aber um die Mittagszeit zu einem Gewitterregen anschwoll. Doch um halb drei hörte der Niederschlag wieder auf, brach die Sonne durch. Die 30 000 Teilnehmer ließen sich die Feststimmung nicht durch das launische Wetter verderben. Erst bei anbrechender Dunkelheit verließen sie den Hambacher Schlossberg, zogen sich überwiegend nach Neustadt in die Wirtshäuser zurück. Ein Hambacher Winzer berichtete, dass durch «die ganze Nacht geschossen, gefressen, gesoffen und jubiliert» worden sei.

Das Hambacher Fest wurde von einer Flut von Fahnen, Kokarden und Schärpen in den Farben Schwarz, Rot und Gold geschmückt. Diese deutschen Nationalfarben gehen auf die Uniformen des Lützowschen Freikorps aus dem Jahr 1813 und die Fahne der Jenaischen Urburschenschaft von 1815 zurück, die im Oktober 1817 dem Studentenzug auf die Wartburg vorangetragen wurde. Die Anordnung in drei unterschiedliche Farbbänder gemäß der Trikolorentradition der Französischen Revolution, die nach der Julirevolution von 1830 im Nachbarland wieder aufgenommen worden war, hatte beim Hambacher Fest ihren ersten massenhaften Auftritt in Deutschland. Kontrovers war allerdings die Reihenfolge der drei horizontalen Farbstreifen. Ein Blick auf die erste und bekannteste, von Erhard Joseph Benzinger gestochene und später kolorierte Lithographie des Zugs auf das Hambacher Schloss zeigt, dass (von oben nach unten) alle drei möglichen Sequenzen auftauchten: Schwarz-Rot-Gold, Rot-Gold-Schwarz und Gold-Rot-Schwarz. Vielfach wird spekuliert, dass es sich dabei um Übertragungsfehler bei der Kolorierung gehandelt habe. Wahrscheinlicher erscheint aber, dass sich noch keine eindeutige Abfolge der deutschen Nationalfarben durchgesetzt hatte. Doch die Hambacher Hauptfahne mit ihrer Aufschrift «Deutschlands Wiedergeburt», die dem Zug vorangetragen und auf der höchsten Zinne der Ruine gehisst wurde und heute im Hambacher Schloss ausgestellt wird, zeigt eindeutig, wenn auch altersbedingt stark verblasst, von oben nach unten die Reihung «Schwarz-Rot-Gold». Auch die Festbeschreibung spricht von dieser Abfolge. So wurde am Hambacher Schloss am 27. Mai 1832 auch die Geburt der freiheitlichen Nationalflagge Deutschlands gefeiert.

Diese Flagge wurde von der liberalen Bewegung der Vormärzzeit als Verkörperung ihrer politischen Ziele verstanden: Einheit (als staatliche Verfasstheit der ganzen deutschen Kulturnation), Freiheit (als Verbürgung staatsbürgerlicher Grundrechte) und Gleichheit (als rechtliche Ebenbürtigkeit aller Bürger) sowie Völkerverständigung (als friedliches Zusammenleben aller europäischen Völker). Alle diese Werte hatten jeder für sich eine längere Tradition in der politischen Bewegung Deutschlands, das Neuartige an den Hambacher Forderungen war ihre gegenseitige Bedingtheit. So mochte es Ansätze einer liberalen Verfassung in einzelnen deutschen Staaten bereits nach 1815 gegeben haben, doch die Hambacher bestanden darauf, dass nur die nationalstaatliche Einheit die staatsbürgerliche Freiheit und die europäische Völkerverständigung sichern würde. Als höchster Wert des anzustrebenden gesamtdeutschen Verfassungsstaates wurde von den meisten Hambacher Rednern die «Volkshoheit», meint die Volkssouveränität, postuliert.

Diese Zukunftsvision im «deutschen Mai» beruhte auf einer Fundamentalkritik der gegenwärtigen Zustände. Staatliche Zersplitterung, Verweigerung von Verfassungen, Feudalherrschaft, Zensursystem, Gewissenszwang, Staatsschulden, nichtöffentliches Gerichtsverfahren, Mainzer Untersuchungsbehörde und vieles mehr wurden als Misere angeprangert, mit dem Frankfurter Bundestag als der Quelle allen Übels. Grundlegende Absicht der Wortführer des Hambacher Festes war die Gründung einer patriotischen Volksbewegung, in der sich alle deutschen Oppositionskräfte vereinigten. Nur wenn die herrschenden Gewalten diese im Rahmen der Gesetze legal agierenden Fortschrittskräfte mit illegalen Mitteln unterdrücken würden, sei man bereit, zur Verteidigung der eigenen Rechte auch zu den Waffen zu greifen.

Die Mehrzahl der Teilnehmer des Hambacher Festes verließ Neustadt schon am Montagmorgen, den 28. Mai 1832. Absprachen über das weitere Vorgehen standen im Mittelpunkt von Nachbesprechungen an diesem Tag. Zunächst trafen sich im Neustädter Schießgebäude etwa 400 Teilnehmer. Diese Versammlung verlief kontrovers und tumultartig. Man benannte zwar auf Vorschlag von Siebenpfeiffer und Wirth durch Zuruf 20 Vertrauensleute, doch deren Funktion war höchst umstritten. Auch die anschließende Beratung im kleineren Kreis von 18 Personen brachte keine Klärung. Drei Lager zeichneten sich ab: Die einen wollten die bisherige Arbeit des Pressvereins fortsetzen und diesen zu einer politischen Partei fortentwickeln; die Zweiten eine «provisorische Regierung» einsetzen; die Dritten zum bewaffneten Aufstand übergehen. Man konnte sich schließlich nur darauf einigen, dass jeder auf eigene Faust handelte. Als Heinrich Heine in Paris von diesem Ausgang hörte, rief er in spöttischer Verzweiflung aus: «O Schilda, mein Vaterland!»

Die Obrigkeit, sowohl im Königreich Bayern als auch im Deutschen Bund, nicht zuletzt dessen politischer Prinzipal in Gestalt des Fürsten Metternich, verfolgte das Hambacher Fest mit größtem Misstrauen, sah in ihm den Ansatz zu einer revolutionären Massenbewegung. Nach dem Motto «Wehret den Anfängen» sollte jede freiheitliche Äußerung im Keim unterdrückt werden. Wirth wurde zwei Wochen nach dem Fest verhaftet, Siebenpfeiffer zwei Tage später. Sie wurden mit elf weiteren Organisatoren des Hambacher Festes der «versuchten Aufreizung zum Umsturz der Staatsregierung» angeklagt. Die Untersuchungshaft zog sich über ein Jahr hin, erst am 29. Juli 1833 kam es zum Prozess vor dem Assisengericht, das heißt einem Geschworenengericht. Diese rechtsstaatliche Errungenschaft der Französischen Revolution war zusammen mit der Mündlichkeit und Öffentlichkeit des Gerichtsverfahrens nach der Befreiung Deutschlands von der napoleonischen Herrschaft in allen linksrheinischen Gebieten beibehalten worden, nicht nur Bayerns, sondern auch Preußens. Die Gerichtsverhandlung, die aus Sicherheitsgründen in die Festung Landau verlegt worden war, wurde als erste in Deutschland durch den «Geschwindschreiber» Franz Xaver Gabelsberger mitstenographiert, den Münchener Erfinder der Kurzschrift. So ist auch die alle beeindruckende siebenstündige Verteidigungsrede von J. G. A. Wirth wortwörtlich überliefert, allerdings fiel die Veröffentlichung der Verhandlungen durch Zensureingriffe lückenhaft aus. Der Prozess endete am 16. August 1833 nach einer vierstündigen Beratung der zwölf Geschworenen mit dem sensationellen Freispruch aller sieben anwesenden Angeklagten – fünf waren zuvor geflüchtet, die Verhandlung gegen einen wurde verschoben.

Doch auch nach diesem Freispruch war die obrigkeitliche Verfolgung der Organisatoren des Hambacher Festes nicht vorbei. So wurden Siebenpfeiffer und Wirth wegen Beleidigung in- und ausländischer Beamter weiterhin in Untersuchungshaft gehalten und schließlich zu zwei Jahren Haft vom Zuchtpolizeigericht verurteilt (diese Gerichte verfolgten Vergehen, nicht Verbrechen wie die Assisengerichte; sie waren lediglich mit Richtern besetzt). Zuvor hatte König Ludwig I. die bayerischen Richter zu größerer Strenge ermahnt. Siebenpfeiffer gelang danach die Flucht aus dem Gefängnis, er floh in die Schweiz, wo er 1845 starb. Auch Wirth wurde von Sympathisanten befreit, wollte aber seine Freiheit nur durch einen Richterspruch wiedererlangen, stellte sich wieder der Obrigkeit und saß seine Strafe ab. Nachdem er auch weiterhin von den bayerischen Behörden bedrängt wurde, floh er ins Elsass und nach Nancy, schließlich ebenfalls in die Schweiz. 1848 wurde Wirth im kleinen thüringischen Fürstentum Reuß jüngere Linie in die Deutsche Konstituierende Nationalversammlung gewählt, starb aber schon einen Monat nach seinem Eintritt in die Paulskirche im Juli 1848.

Während des Hambacher Festes und in den Wochen danach machte König Ludwig I. von Bayern Ferien in Italien. So initiierte das Münchener Staatsministerium die ersten Schritte gegen die vermeintliche Pfälzer Erhebung. Zwei Tage nach seiner Rückkehr in die Hauptstadt beauftragte der König am 22. Juni 1832 Fürst Karl Philipp von Wrede, mit rechtsrheinischen Truppen in dem linksrheinischen Territorium «Ruhe und Ordnung» wiederherzustellen. Wrede war ein streng konservativ und royalistisch eingestellter bayerischer Feldmarschall und Staatsminister sowie Vertrauter Metternichs. Unter seinem Befehl marschierte ein ganzes Armeekorps von 8500 Mann, mehr als die Hälfte der damaligen bayerischen Armee, in der Pfalz ein. Wrede schlug nicht nur die nach dem Hambacher Fest in vielen pfälzischen Ortschaften aufflammenden Unruhen nieder, knüpfte dabei an seine Erfahrungen bei der Bekämpfung des Tiroler Bauernaufstandes unter Andreas Hofer aus dem Jahr 1808 an. Er zielte auch auf die dauerhafte Ausrottung des in der Pfalz herrschenden «Revolutionsgeistes»: Politische Vereine sowie öffentliche Feste und Versammlungen politischen Charakters wurden verboten, schwarz-rot-goldene Fahnen und Abzeichen geächtet, die Errichtung von Freiheitsbäumen, wie sie nach dem Hambacher Fest vielfach in Rheinbayern aufgestellt worden waren, untersagt.

Alle diese und weitere drastische «Maßregeln zur Aufrechterhaltung der gesetzlichen Ordnung und Ruhe» wurden am 5. Juli 1832 durch Bundesbeschluss auf das ganze Gebiet des Deutschen Bundes ausgedehnt. Metternich hatte schon wenige Tage nach dem 27. Mai 1832 in Briefen an zahlreiche Adressaten bekundet, dass das «scandalöse Hambacher Fest» eine gute Gelegenheit zur Verschärfung der staatlichen Sicherheitspolitik im Deutschen Bunde biete. So schrieb er an den preußischen Bundestagsabgeordneten von Nagler: «Das Hambacher Fest kann, wenn es gut benutzt wird, das Fest des Guten werden; die Schlechten haben sich mindestens sehr übereilt.» Damit kein Missverständnis aufkommt: Mit dem «Guten» meinte der österreichische Staatskanzler sein eigenes Lager, mit den «Schlechten» die auf politische Veränderungen drängenden Kräfte. Es ist kein Zufall, dass Metternich fast die gleichen Worte bereits 1819 nach dem Attentat von Carl Sand auf August von Kotzebue verwandt hatte. Doch dieses Mal brauchte er das Ereignis nicht, um den preußischen König auf seine eigene Linie festzulegen, sondern um die Verfassungsstaaten des Deutschen Bundes mit den Königreichen Bayern und Württemberg an der Spitze, aber auch die Großherzogtümer Baden und Sachsen-Weimar-Eisenach auf Vordermann zu bringen.

Die Wut der sich radikalisierenden Kräfte der politischen Linken Deutschlands auf den Bundestag als Instrument des reaktionären «Systems Metternich» entlud sich ein Jahr nach dem friedlichen Hambacher Fest in dem Sturm revolutionär gesinnter Studenten und Privatdozenten auf die Frankfurter Hauptwache am 3. April 1833. Die Aktion sollte ein Fanal zum Aufstand gegen das repressive Regime des Deutschen Bundes sein. Dieser Putsch, an dem keiner der Hambacher Wortführer beteiligt war, scheiterte kläglich. Er bot aber den reaktionären Kräften die Begründung, in 60 Artikeln, die Anfang 1834 auf einer erneuten Runde Wiener Ministerialkonferenzen unter Leitung Metternichs beschlossen wurden, die schon bestehenden Einschränkungen der Mitwirkungsrechte der Volksvertretungen, der Pressefreiheit und des Universitätswesens noch weiter zu verschärfen. So wurden die meisten Anhänger oppositioneller Bestrebungen entweder in den Untergrund oder in die Emigration gezwungen.

Nachdem die pfälzische Bevölkerung 1832 durch das Hambacher Fest bei dem bayerischen König in München in den kollektiven Verdacht geraten war, aufsässige und undankbare Untertanen zu sein, bot zehn Jahre später die Heirat seines Kronprinzen Maximilian mit Prinzessin Marie von Preußen die Gelegenheit zur Wiedergutmachung. Königstreue Pfälzer Honoratioren schenkten die Ruine dem künftigen Herrscher zur Hochzeit und nannten sie von da an «Maxburg». Maximilian plante den Wiederaufbau im Geiste der romantischen Mittelalterbegeisterung, wie sie in derselben Zeit der preußische König Friedrich Wilhelm IV. in seiner Rheinprovinz auslebte, doch das Projekt geriet wegen der hohen Kosten sehr bald ins Stocken.

Das Hambacher Fest vom Mai 1832 war sowohl im Hinblick auf seine Teilnehmerzahl als auch seine öffentliche Resonanz die größte politische Veranstaltung der Jahre zwischen 1815 und 1848. An ihm lässt sich exemplarisch die Bedeutung von politischen Festen als frühliberalen Instrumenten der öffentlichen Meinungsbildung im deutschen Vormärz aufzeigen. Politische Feste wirkten als Scharniere zwischen dem gesellschaftlichen Bereich und der politischen

Sphäre. Bürger identifizierten sich im geselligen Rahmen – zu dem neben Reden und Unterhaltungen auch gemeinsames Schreiten, Singen und Essen gehörten – mit den Stimmungen der auf politischen Wandel drängenden Bewegung. Die Feste mochten in noch so friedlichem und geordnetem Rahmen ablaufen, der sich in ihnen zeigende Wille zur Veränderung wurde von den konservativen Kräften instinktiv erkannt und planmäßig unterdrückt.

Das hatte eine Verlagerung der vormärzlichen Festkultur in äußerlich unpolitische Aktivitäten zur Folge. Als Beispiel seien das Dürerfest von 1828 und die Gutenbergfeste von 1837 und 1840, aber auch die zahlreichen regionalen und schließlich gesamtdeutschen Sänger- und Turnfeste genannt. Doch auch bei diesen scheinbar unpolitischen Festen, die zu Unrecht als Rückzug in eine für die Biedermeierzeit typische politikferne Bürgerlichkeit abgetan werden, blieb das auf politische Beteiligung und Veränderung drängende Potential erhalten, wartete nur auf günstigere Rahmenbedingungen.

Diese Abbildung gibt ein Schaubild wider, das 1933 in der Ausstellung zur Hundertjahrfeier der Erfindung des elektromagnetischen Telegraphen gezeigt wurde. Die Illustration zeigt alle drei von Carl Friedrich Gauß und Wilhelm Weber verwandten Bestandteile ihrer experimentellen Anlage. Links im Vordergrund ist als Sender der Zeichengeber zu sehen, der aus einem hölzernen Stativ besteht, in dem zwei Magnetstäbe senkrecht gehalten werden. Eine zylindrische Induktionsspule ruht auf dem Ende eines um eine waagerechte Achse drehbar gelagerten zweiarmigen Hebels. Durch Niederdrücken bzw. Loslassen des Hebels wird die Spule ein Stück auf- oder abwärts bewegt und erzeugt so im Induktionsverfahren einen Stromstoß. In der Abbildung wird dieser über eine kurze Drahtleitung zu dem Zeichenempfänger im linken Hintergrund des Schaubildes geleitet. Dieser Galvanometer besteht aus zwei auf einen Holzrahmen aufgewickelten Multiplikatorenspulen und einem in ihnen waagerecht freischwingenden Magnetstab, der an einem Faden an der Decke aufgehängt ist. Dessen Ausschläge müssen durch ein Fernrohr beobachtet werden, nicht nur weil sie für das bloße Auge kaum erkennbar sind, sondern vor allem weil der Atem des Beobachters die Exaktheit der Anlage stören würde. Bei dieser Abbildung hat der unbekannte Grafiker zwar die Instrumente korrekt wiedergegeben, aber auch seiner Phantasie etwas freien Lauf gelassen: Gauß saß meistens nicht an der Empfangs-, sondern an der Sendeseite der Anlage.

DIE ERFINDUNG DES ELEKTROMAGNETISCHEN TELEGRAPHEN (1833)

Ein Astronomie- und Mathematikprofessor und sein Physikkollege spannen einen Draht über Göttingen

Im Frühsommer des Jahres 1833 erblickten zahlreiche Göttinger Bürger zu ihrer Verwunderung über den Dächern ihres Universitätsstädtchens einen Bindfaden, der bei Sonnenschein sogar metallisch aufblitzte. Bei näherem Hinsehen entdeckten sie, dass der Strang in der Stadtmitte am Umgang an der Turmspitze der Johanniskirche, der als Beobachtungsposten für nächtliche Feueralarme fungierte, aufgehängt war. Von dort führte er nach Nordwesten in das Physikalische Kabinett neben der Paulinerkirche, in der die Universitätsbibliothek untergebracht war, und nach Südosten über eine weitere Aufhängung an der Entbindungsklinik, dem sogenannten Accouchierhaus, in die Sternwarte jenseits der Wallanlage. Diese beiden Endstationen der gut ein Kilometer langen Leitung legten des Rätsels Lösung nahe: Es musste sich um eine Experimentalanlage des berühmten Astronomen und Mathematikers Carl Friedrich Gauß und seines erst kurz zuvor berufenen Kollegen, des Physikers Wilhelm Weber, handeln.

Gauß hatte sich schon im Kindesalter als ein mathematischer Wunderknabe entpuppt. Er war 1777 in Braunschweig geboren worden und stammte aus ärmlichen Verhältnissen: Sein Vater war im Sommer «Lehmentierer», d. h. Maurer, und im Winter Gassenschlächter, stieg später zum Boten einer Sterbekasse auf. Gauß meinte später scherzhaft, er habe daher früher rechnen als schreiben können. Er wurde 1799 an der braunschweigischen Landesuniversität Helmstedt mit einer Arbeit über den Fundamentalsatz der Algebra promoviert. Das junge Genie erfreute sich der Förderung seines Landesherrn, doch Herzog Carl Wilhelm Ferdinand von Braunschweig wurde 1806 als preußischer Feldmarschall in der Schlacht bei Jena und Auerstedt tödlich verwundet. Im Jahr darauf nahm Gauß, der sich zunehmend astronomischen Studien zugewandt hatte, einen Ruf an die Universität Göttingen als Professor der Astronomie an. Als Direktor der Sternwarte bezog Gauß mit seiner Familie eine Dienstwohnung in diesem Gebäude, in der er bis zu seinem Tode 1855 lebte, nur wenige Schritte von seiner Forschungseinrichtung entfernt. Mit dem Lehrbetrieb hatte der weltbekannte Gelehrte wenig im Sinn; er verstand es, Interessenten an seinen Vorlesungen mit der Bemerkung zu verschrecken, sie würden wahrscheinlich aus Mangel an studentischem Zuspruch nicht stattfinden – Musterbeispiel einer «selffulfilling prophecy».

Auf Insistieren des mit ihm befreundeten Entdeckers und Naturforschers Alexander von Humboldt nahm Carl Friedrich Gauß im September 1828 an der siebten Versammlung deutscher Naturforscher und Ärzte in Berlin teil. Dort beeindruckte ihn ein Vortrag von Wilhelm Weber, einem jungen Hallenser Privatdozenten der Physik. Weber war 1804 als Sohn eines Theologieprofessors in Wittenberg zur Welt gekommen. Die dortige vor allem durch die protestantische Reformation bekannte Universität wurde allerdings 1817 nach Halle verlegt. 1825 veröffentlichte Wilhelm Weber zusammen mit seinem Bruder Ernst Heinrich eine bedeutende «Wellenlehre auf Experimente begründet». Gauß sorgte dafür, dass Weber 1831 zum Professor für Physik an die Universität Göttingen berufen wurde. Aus der wissenschaftlichen Zusammenarbeit des Physikers mit dem im mitmenschlichen Umgang eher abweisenden Mathematiker und Astronomen erwuchs eine echte Freundschaft, trotz des beträchtlichen Altersunterschiedes von 27 Jahren.

Alexander von Humboldt hat Carl Friedrich Gauß und Wilhelm Weber nicht nur miteinander bekannt gemacht, er gab ihnen auch den Anstoß zu ihrem großen gemeinsamen Projekt, der Erforschung des Erdmagnetismus. Nachdem schon im 18. Jahrhundert die Funktion unseres Planeten als eines gewaltigen Magneten erkannt worden war, hatte der preußische Entdecker und Naturforscher Ende der 1820er Jahre im Garten des Mendelssohn'schen Palais ein «magnetisches Häuschen» errichtet, bei dessen Bau keine Eisenteile verwandt wurden. Nach diesem Berliner Vorbild errichtete Gauß gleich neben seiner Göttinger Sternwarte ein magnetisches Observatorium, in dem er «unter vielfachem Beistande von Freund Weber», wie er an Humboldt schrieb, das die Erde umgebende Magnetfeld untersuchte. Im Rahmen eines «Magnetischen Vereins» koordinierten die beiden Göttinger Forscher ähnliche Projekte in zahlreichen europäischen Städten, deren Ergebnisse Gauß dann in seinem 1838 veröffentlichten Buch über «Die Allgemeine Theorie des Erdmagnetismus» zusammenfasste.

Quasi nur ein Nebenprodukt dieser jahrlangen Forschungen von Gauß und Weber war die Erfindung des elektromagnetischen Telegraphen. Sie knüpften dabei an die Entdeckung des Dänen Hans Christian Ørsted aus dem Jahr 1819 an, dass eine freischwebende Magnetnadel auch durch elektrischen Strom abgelenkt werden konnte. Andere bahnbrechende Erkenntnisse in der Elektrotechnik zu Beginn des 19. Jahrhunderts, das zu Recht als das Zeitalter der elektrischen Erfindungen bezeichnet wird, waren die von dem Italiener Alessandro Volta 1801 beachtete Erzeugung von Elektrizität durch die Elektrolyse von Kupfer- und Zinkplättchen und die von dem Engländer Michael Faraday 1831 erkannte Bedeutung von Induktionsströmen, d. h. der Entstehung von elektrischem Strom durch die Bewegung eines Magneten in der Nähe eines Drahtes, vorzugsweise einer Drahtspule. Alle diese Entdeckungen griffen die beiden Göttinger Naturwissenschaftler bei der Installation der telegraphischen Verbindung zwischen ihren Arbeitsplätzen auf, wobei eine ideale Arbeitsteilung zwischen dem mehr theoretischen Kopf von Gauß und dem mehr praktischen Talent von Weber zum Zuge kam.

Die Instrumente, welche die beiden Göttinger Professoren dabei einsetzten, waren angepasste Geräte aus ihrer allgemeinen Erforschung des (Erd-)Magnetismus. Gauß hat sie in Berichten an die Göttinger Sozietät der Wissenschaften beschrieben, besonders ausführlich in einem Festvortrag am 19. September 1837 aus Anlass der Hundertjahrfeier der Universität Göttingen – einem Tag, der in der Geschichte der Protestation der Göttinger Sieben gegen den Verfassungsbruch des neuen hannoverschen Königs eine große Rolle spielen sollte. Als Sender in der telegraphischen Mitteilung fungierte zunächst die galvanische, das heißt elektrochemische Herstellung eines Stromstoßes durch eine sogenannte Voltasäule, einen Vorläufer der späteren Batterien. Da diese Stromquelle aber keine konstanten Signale ermöglichte, ersetzten Gauß und Weber sie bald durch eine magnetische Induktion. Dabei wurden zwei Magnetstäbe von einer Spule aus vielfachen Drahtwindungen umgeben. Durch die Bewegung dieser Spule entstand ein Stromstoß, der sich in die angeschlossene Leitung fortsetzte.

Diese Leitung von der Göttinger Sternwarte bzw. nach ihrer Verlängerung von dem daneben stehenden Magnethäuschen über die

Göttinger Dächer zum Physikalischen Kabinett neben der Universitätsbibliothek bestand, wie Wilhelm Weber im April 1833 in seinem Antrag an den Göttinger Stadtdirektor auf Genehmigung der Aufhängung am Johanniskirchturm schrieb, aus zwei von einem Bindfaden gehaltenen haardünnen Metalldrähten, die ganz schwache galvanische Ströme fortleiteten. Anfangs wurde ein Draht aus Silber und Kupfer verwandt, der sich aber als bruch- und wetteranfällig erwies und daher einige Wochen später durch einen etwas stärkeren gefirnissten Stahldraht ersetzt wurde. Mitte Juni konnte Gauß seinem Freund Alexander von Humboldt schreiben, dass nun endlich die Leitungsverbindung dank der unbeschreiblichen Geduld ihres Freundes Weber hergestellt worden sei.

Als Empfänger diente im Physikalischen Kabinett ein fortentwickeltes Magnetometer, das heißt ein freischwebender Magnetstab innerhalb einer Drahtspule. Seine Ausschläge mussten wie bei den erdmagnetischen Untersuchungen durch ein im Abstand von fünf Metern installiertes Fernrohr beobachtet werden, nicht nur weil sie für das bloße Auge kaum erkennbar waren, sondern vor allem weil der Atem des Beobachters die Exaktheit der Versuchsanordnung gestört hätte.

Durch einen mit der Sendeanlage verbundenen sogenannten Kommutator konnte die Richtung des Stromes umgekehrt werden. Das bewirkte auf der Empfängerseite, dass der Magnetstab entweder nach rechts oder links ausschlug. Diese Signale dienten Gauß und Weber zunächst zur Koordination der Zeiten für die erdmagnetischen Beobachtungen, die sie an ihren getrennten Forschungsplätzen unternahmen, und zur genauen Einstellung der dabei benutzten astronomischen Uhren.

Doch waren den Göttinger Forschern von Anfang an auch die Möglichkeiten einer universalen elektromagnetischen Nachrichtenübertragung bewusst. So sind im Nachlass von Gauß mehrere Code-Alphabete überliefert. In ihnen steht ein Pluszeichen für einen positiven und ein Minuszeichen für einen negativen Stromstoß. Drei Minuszeichen bedeuten den Buchstaben «A», je zwei aufeinanderfolgende Minus- und Pluszeichen den Buchstaben «B», je zwei aufeinanderfolgende Plus- und Minuszeichen den Buchstaben «C», und so weiter. Im Juni 1833 konnte Gauß, wie er an Humboldt schrieb, bereits in Sekundenschnelle «kleinere Phrasen» an den ein Kilometer entfernten Weber übermitteln. Deren Inhalt ist nicht verbürgt, doch hat Gauß auf seinem Notizzettel neben dem Codealphabet den programmatischen Spruch notiert: «Wissen vor Meinen / Sein vor Scheinen», und daneben vermerkt: «30 Buchstaben, 4½ Minuten»; vielleicht ein Indiz für die erste durch einen elektromagnetischen Telegraphen übermittelte Nachricht.

Diese Entdeckung des elektromagnetischen Telegraphen im Jahr 1833 steht nicht nur in einer Kette von Erfindungen auf dem Gebiet der Elektrizität und insbesondere der Elektromagnetik, sondern auch der jahrtausendealten Bemühungen um die Beschleunigung der Nachrichtenübertragung. Dem elektromagnetischen Telegraphen direkt vorangegangen war Ende des 18. Jahrhunderts während der Französischen Revolutionskriege die Einführung der optischen Telegraphie, bei der von hohen Gebäuden mit an Masten befestigten bewegbaren Balken Signale übermittelt wurden. So wurde in Preußen 1832 eine für die Verteidigung der 1815 erworbenen Westprovinzen wichtige 750 km lange optische Telegraphenlinie angelegt, die erste Station befand sich auf der Berliner Sternwarte in der Dorotheenstraße, die letzte, 60. Station in Koblenz auf dem vormaligen kurfürstlichen Schloss, dem Sitz des preußischen Oberpräsidenten der Rheinprovinz. Diese eher umständliche Weise der Nachrichtenübertragung wurde durch die Einführung der elektromagnetischen Telegraphie obsolet, die nicht mehr vom Wetter und von der Tageszeit abhängig war.

Die beiden Göttinger Entdecker der elektromagnetischen Telegraphie waren sich der praktischen Bedeutung ihrer Erfindung durchaus bewusst. Wilhelm Weber schlug Mitte 1835 der Leipzig-Dresdner Eisenbahngesellschaft die Verwendung des Telegraphen zur besseren Abwicklung des Eisenbahndienstes vor, erhielt aber eine mit Kostengründen argumentierende Ablehnung. Zur gleichen Zeit schrieb Gauß an den mit ihm befreundeten Astronomen und Geodäten Heinrich Christoph Schumacher in Altona: «Könnte man darauf Tausende von Talern wagen, so glaube ich, daß vor allem die elektromagnetische Telegraphie zu einer Vollkommenheit und einem Maßstab gebracht werden könnte, vor der die Phantasie fast erschrickt.»

In den Folgejahren arbeiteten zahlreiche Erfinder an der praktischen Umsetzung der Erfindung von Gauß und Weber. Carl August Steinheil entwickelte 1836/37 in München den schreibenden Nadeltelegraphen, der aber in Deutschland nicht zur praktischen Anwendung kam. Erst die Einführung des Schreibtelegraphen durch den Amerikaner Samuel Morse (1837/42) und der von ihm aufgestellte Code haben der praktischen Anwendung des elektromagnetischen Telegraphen zum Durchbruch verholfen. Telegraphenmasten säumten die seit 1839 expandierenden Eisenbahnlinien, nur vier Jahre nachdem sich Wilhelm Weber von der Leipzig-Dresdner Eisenbahncompagnie eine Absage geholt hatte.

Wilhelm Weber und vor allem Carl Friedrich Gauß waren sich, wie gesagt, schon 1833 der praktischen Bedeutung ihrer Erfindung, aber auch der damit verbundenen ökonomischen Risiken bewusst. Sie waren geborene Forscher, überließen die Weiterentwicklung ihrer Entdeckung Erfindern mit unternehmerischem Wagemut wie Samuel Morse in den USA oder Werner Siemens in Deutschland. Doch mit der Entdeckung des elektromagnetischen Telegraphen durch die beiden Göttinger Professoren kündigte sich die ungeheure Beschleunigung des Nachrichtenwesens im 19. Jahrhundert an.

Das Ende der von Carl Friedrich Gauß und Wilhelm Weber im Frühsommer 1833 über den Dächern von Göttingen installierten Leitung kam im Dezember 1845. Während eines Gewittersturms schlug ein gewaltiger Blitz in den Eisendraht ein und zerbröselte ihn in Tausende von Partikeln. Das einzige Opfer war, wie Gauß in einem Brief berichtete, «daß einer Dame von herabfallenden glühenden Drahtstücken ein paar Löcher durch den Huth gebrannt sind». So wirkte die erste elektromagnetische Telegraphenleitung auf den Spuren der Erfindung von Benjamin Franklin aus dem Jahr 1752 auch wie ein Blitzableiter, bewahrte den Johanniskirchturm und vermutlich die ganze Stadt Göttingen vor größerem Schaden, wie Gauß in dem genannten Brief mit Genugtuung feststellen konnte.

Zur Popularität der sieben Göttinger Professoren, die Ende 1837 gegen den Verfassungsstreich ihres Monarchen protestierten, trugen wesentlich ihre weitverbreiteten Porträts bei. In dieser Lithographie von Carl Rohde wird der Historiker und Politiklehrer Dahlmann als der Wortführer der Gruppe in ihrem Mittelpunkt abgebildet. In der oberen Reihe sind der Literaturhistoriker Gervinus und der Staats- und Kirchenrechtler Albrecht zu sehen, in der Mitte neben Dahlmann der Theologe und Orientalist Ewald sowie der Physiker Weber, in der unteren Reihe die Germanistenbrüder Wilhelm und Jacob Grimm.

DIE PROTESTATION DER GÖTTINGER SIEBEN (1837)

Professoren gewinnen ihre Auseinandersetzung mit dem hannoverschen König dank der Unterstützung durch die gesamtdeutsche Öffentlichkeit

Am 18. November 1837, an einem Samstagabend, trafen sich in Göttingen sechs ordentliche Professoren. Offiziell stand auf der Tagesordnung eine Sitzung der Wissenschaftlichen Prüfungskommission der Georgia Augusta, wie sich die örtliche Universität nach ihrem kurfürstlichen Gründer im Jahr 1737 nannte. Doch mehr noch ging es den im Haus der Brüder Grimm versammelten akademischen Kollegen um die Auseinandersetzung, die seit der Thronbesteigung des neuen Herrschers im vorangegangenen Juni im Königreich Hannover und insbesondere an dessen Landesuniversität schwelte. Diese Krise war mit dem königlichen Patent vom 1. November 1837 zur Aufhebung des hannoverschen Staatsgrundgesetzes von 1833 und der Entbindung aller Beamten vom Eid auf diese Verfassung explodiert.

Die sechs Professoren waren der Staats- und Kirchenrechtler Wilhelm Eduard Albrecht, der Theologe und Orientalist Heinrich Ewald, der Literaturhistoriker Georg Gottfried Gervinus, die beiden Germanisten und Universitätsbibliothekare Jacob und Wilhelm Grimm und der Physiker Wilhelm Weber. Nicht anwesend war der Wortführer der Gruppe, der Historiker und Staatswissenschaftler Friedrich Christoph Dahlmann. Seit mehr als einer Woche fesselte ihn eine Erkältung ans Haus. Zunehmend frustriert, entschloss sich Dahlmann schließlich, ein Schreiben an das Universitätskuratorium zu entwerfen, in welchem er und die mitunterzeichnenden Professoren ihr Festhalten am Staatsgrundgesetz von 1833 mit ihren allgemeinen rechtsstaatlichen Überzeugungen und ihrer persönlichen Ehre als Universitätslehrer begründeten. Sie erklärten, dass sie daher an Wahlen nach dem vom König wieder in Kraft gesetzten altständischen Staatsgrundgesetz von 1819 nicht teilnehmen und die Beschlüsse einer nach dieser Verfassung gebildeten Ständeversammlung nicht anerkennen würden.

Man rechnete mit der Unterstützung durch weitere Professoren. Doch da die Angelegenheit eilte und man des langen Hin und Her in Kollegenkreisen überdrüssig war, setzten die Sieben ihre Unterschriften unter die Erklärung und schickten sie noch am Abend desselben Tages mit der Postkutsche an das in der Hauptstadt Hannover amtierende Universitätskuratorium.

Das Königreich Hannover, das 1814 auf dem Wiener Kongress aus dem Kurfürstentum Braunschweig-Lüneburg hervorging, war seit 1714 mit dem Vereinigten Königreich von Großbritannien und Irland verbunden. Diese Personalunion erlosch am 20. Juni 1837 mit dem Tode des kinderlosen Königs Wilhelm IV. Aufgrund des unterschiedlichen Thronfolgerechts bestieg in London Victoria, die Nichte des verstorbenen Königs, gerade einmal 18 Jahre alt, den Thron. In Hannover aber kam ihr als militärischer und politischer Haudegen berüchtigter Onkel Ernst August mit seinen 66 Jahren zum Zuge. In einem ersten Streich vertagte der kampferprobte Reitergeneral der Napoleonischen Kriege und hochkonservative Tory die Ständekammer und suspendierte das hannoversche Staatsgrundgesetz, das sein reformgesinnter Bruder und Amtsvorgänger 1833 den bürgerlichen Kräften in Hannover konzediert hatte. Der Entwurf dieser Verfassung stammte von Friedrich Christoph Dahlmann, der 1831 schon kurz nach der Übernahme seines Göttinger Lehrstuhls als Deputierter der Universität in die Ständekammer geschickt worden war. Dahlmann setzte im 1833 verabschiedeten hannoverschen Staatsgrundgesetz seine gemäßigt liberalen Vorstellungen von einer konstitutionellen Monarchie um.

König Ernst August rechtfertigte die endgültige Aufhebung dieses Staatsgrundgesetzes in seinem Patent vom 1. November 1837 mit der juristischen Behauptung, bei der Verabschiedung seien formale Fehler gemacht worden, vor allem sei seine Zustimmung als Mitglied des Herrscherhauses nicht eingeholt worden. Doch ausschlaggebend für seinen Verfassungsstreich waren nicht juristische Vorbehalte, sondern politische Gründe: Nach frustrierenden Jahren im britischen Oberhaus, in denen er sich in Opposition gegen die von der Mehrheit des Unterhauses getragene Reformpolitik befand, wollte Ernst August endlich seine Vorstellungen einer unbegrenzten königlichen Herrschaft in einem eigenen Königreich, unbeeinflusst von Familienrücksichten und parteipolitischen Winkelzügen, verwirklichen. Davon sollte ihn auch die örtliche Professorenschaft nicht abhalten, dieses «Federvieh der Tintenkleckser», wie Ernst August es nannte.

Die Eingabe der sieben Göttinger Professoren an das Universitätskuratorium hatte den Charakter einer Eides- und Gewissensverwahrung. Sie trug noch den ehrerbietigen Titel devoter Förmlichkeit: «Unterthänigste Vorstellung einiger Mitglieder der Landesuniversität, das Königl. Patent vom 1sten November betr.» Es war eine interne Eingabe der Unterzeichner an ihre vorgesetzte Behörde. Die Charakterisierung als öffentliche «Protestation» kam erst in den nachfolgenden Schreiben zwischen dem König, dem Kuratorium, der Universität und den Sieben auf und hat sich vor allem durch die Rechtfertigungsschriften der Professoren eingebürgert.

Die sieben Professoren hatten keine Veröffentlichung geplant. Doch durch die jugendbewegte Energie der Göttinger Studentenschaft wurde die interne Eides- und Gewissensverwahrung sprichwörtlich über Nacht zum öffentlichen Auslöser für einen in ganz Deutschland wahrgenommenen Skandal. Dahlmann hatte, wie er bei der späteren Vernehmung vor dem Universitätsgericht bekundete, von dem Schreiben drei Abschriften anfertigen lassen. Die eine Kopie schickte er an Franz Hermann Hegewisch, seinen dezidiert altliberalen Schwager und Medizinprofessor in Kiel, die zweite an Jacob und Wilhelm Grimm und die dritte an Georg Gottfried Gervinus. Letzterer fertigte eine weitere Abschrift an, die er einem sympathisierenden Kollegen gab, der nicht mit unterzeichnet hatte. Dieser lieh die Erklärung für eine halbe Stunde einem befreundeten Studenten aus, der umgehend den Text zehn Freunden diktierte, die wiederum im Schneeballsystem in der Nacht vom 19. auf den 20. November 1837 massenhaft Kopien produzierten. Zwischendurch stärkten sich die Kommilitonen an dem Bier, das man aus der Gaststätte «Krone» heranschleppte.

So existierten am Morgen des 20. November an die 800 Kopien, die im Laufe des Tages auf mehrere Tausend anschwollen. Sie wurden von den 900 Göttinger Studenten an ihre Eltern, nicht nur in Hannover, sondern auch im deutschen Ausland geschickt. Von Anfang an bedachten die Initiatoren der studentischen Aktion auch Zeitungsredaktionen in allen deutschen Landen und selbst im Ausland. Überall in Deutschland wurde in den folgenden Tagen von der Protestation der sieben Göttinger Professoren berichtet und oft auch deren Inhalt abgedruckt, nur im Königreich Hannover wurde jede Mitteilung unterdrückt.

Von alledem erfuhr der König erst mehr als eine Woche später. Ernst August von Hannover war am Morgen des 28. November 1837 in seinem Schloss Rotenkirchen bei Einbeck im Süden des Landes gerade dabei, sich für den Jagdausritt anzukleiden, als ihn eine Eildepesche aus der Hauptstadt erreichte. In ihr berichtete ihm Georg von Schele, sein leitender Kabinettsminister, dass sieben Professoren der Göttinger Universität neun Tage zuvor gegen die vom König verfügte Aufhebung des hannoverschen Staatsgrundgesetzes von 1833 und die Entbindung aller hannoverschen Beamten vom Eid auf diese Verfassung protestiert hätten. Noch mehr erregte den Monarchen die Mitteilung, dass deutsche und selbst ausländische Zeitungen schon seit Tagen über den Widerspruch der sieben Professoren berichteten. Auf Nachforschung stellte sich schließlich heraus, dass das Schreiben der sieben Professoren noch im Universitätskuratorium lag. Die Beamten an der Spitze der Behörde hatten gehofft, die Unterzeichner auf gütlichem Wege zur Zurücknahme der Eidesverwahrung überreden zu können, indem sie ihnen den drohenden Schaden nicht nur für die Universität, sondern auch die eigene berufliche Zukunft vor Augen führten.

Der König sah die «Unterthänigste Vorstellung» als Indiz dafür, dass die sieben Professoren «augenfällig eine revolutionäre, hochverräterische Tendenz verfolgen, welche sie persönlich verantwortlich macht: sie scheinen daher der Macht des peinlichen Richters verfallen». Der alte Oberst erwog, nach Göttingen zu reiten, sich selbst an die Spitze der Gegenattacke zu setzen. Von einem solchen Husarenstreich rieten seine Berater ab, überredeten ihn zu einem justizförmlichen Verfahren. Die sieben Professoren wurden am 4. Dezember vom Göttinger Universitätsgericht verhört und gaben freimütig zu, dass sie nicht nur die Erklärung unterzeichnet, sondern dass auch drei von ihnen die Erklärung weitergegeben hatten, wenn auch nicht an die Studenten und die Öffentlichkeit, wie der König in verschwörungstheoretischer Annahme unterstellte.

Am Montag, den 11. Dezember 1837, unterzeichnete König Ernst August die Entlassungsdekrete, die hauptsächlich auf das Argument abstellten, die sieben Professoren hätten durch die Gehorsamsverweigerung ihm gegenüber selbst ihr Dienstende herbeigeführt. Der Befehlshaber des Landdragonerkorps überbrachte die Verfügungen nach Göttingen, wo sie beim Prorektor am 14. Dezember 1837 um 12 Uhr eintrafen. Dahlmann erhielt beim Mittagessen mit seiner Familie die Ladung des Prorektors, sich um 14 Uhr einzufinden, um die Entscheidung des Königs zu erhalten. Während die Entlassung allen Sieben mit schriftlicher Urkunde übermittelt wurde, teilte der Prorektor Dahlmann, Gervinus und Jacob Grimm als den angeblichen Organisatoren der Veröffentlichung der Protestation den königlichen Befehl zum Verlassen des Königreichs innerhalb von drei Tagen nur mündlich mit – offensichtlich scheute die Obrigkeit die schriftliche Dokumentation.

Die Stimmung unter den Göttinger Studenten, als sie von dieser harten Maßnahme gegen die sieben populären Professoren hörten, stieg auf den Siedepunkt. Sie planten einen Fackelzug, doch alle öffentlichen Ansammlungen wurden verboten. Die Obrigkeit versetzte nicht nur in der Stadt die Universitätspedelle in Alarmbereitschaft und verstärkte die Polizeipräsenz, sondern zog auch in und vor Göttingen an die 300 Soldaten zusammen, um die 900 Studenten in Schach zu halten. Der Prorektor – der Rektortitel war dem Landesherrn vorbehalten – teilte seinen des Landes verwiesenen Kollegen mit, dass die direkte Ausreise nach Kassel über Hannoversch Münden verweigert worden und der Umweg über Witzenhausen als kurhessischen Grenzort zu nehmen sei. Auch außerhalb Göttingens sollte ein demonstrativer Abschied der Studenten von ihren drei Professoren unmöglich gemacht werden: Die Universitätsbehörde verbot den Lohnkutschern bei schwerer Strafe, Wagen und Pferde an Studenten zu verleihen. Daraufhin brachen am 16. Dezember abends 400 Studenten auf, um zu Fuß in der kalten Winternacht die 25 Kilometer bis zur hessischen Grenze zurückzulegen. Kurz nach Mittag am nächsten Tag kamen die beiden Kutschen mit Dahlmann und seinem Sohn, Jacob Grimm und dem Ehepaar Gervinus an die Grenze zu Kurhessen. An der Werrabrücke warteten Hunderte von Studenten, begrüßten ihre vertriebenen akademischen Lehrer mit einem donnernden Hoch und überreichten den drei Professoren Kränze aus Trockenblumen. Sie spannten die Pferde von den Kutschen ab und zogen die beiden Fuhrwerke persönlich über die Brücke. Anschließend reisten Jacob Grimm nach Kassel, Gervinus nach Heidelberg und Dahlmann nach Leipzig.

Alle entlassenen Professoren bis auf den Physiker Wilhelm Weber griffen zu der ihnen vertrauten Waffe, der Feder. Die erste Rechtfertigungsschrift veröffentlichte Wilhelm Eduard Albrecht schon Ende Januar 1838 unter dem Titel «Die Protestation und Entlassung der sieben Göttinger Professoren». Der Jurist Albrecht nimmt in der Geschichte des Öffentlichen Rechts in Deutschland – wie man dem gleichnamigen Werk von Michael Stolleis entnehmen kann – einen verdienstvollen Platz durch seine Lehre von der juristischen Staatspersönlichkeit ein. Dieser rechtswissenschaftlichen Innovation zufolge standen an der Spitze des öffentlich-rechtlichen Normengefüges nicht mehr der persönliche Wille des Fürsten, sondern die Institution des Staates und dessen verfassungsmäßige Ordnung. Mit dieser neuen Doktrin setzte sich Albrecht von den alten Vorstellungen einer Feudalherrschaft und der absoluten Monarchie ab, wie sie der hannoversche König Ernst August personifizierte. In seiner Rechtfertigungsschrift wandte Albrecht diese öffentlich-rechtliche Reformauffassung auf den Widerspruch der Göttinger Sieben an. Vor allem aber verschaffte er mit seinem Titel dem Begriff der «Protestation» öffentliche Prägnanz.

Die «Unterthänigste Vorstellung» der sieben Professoren wurde zwar schon vom König und seinen Beratern als «Protestationsschrift» bezeichnet, doch meinten diese damit eine Äußerung des *Protestes gegen* die königliche Herrschaft. Hingegen begriffen Albrecht und alle seine sechs Kollegen ihre Erklärung als *Protestation für* eine verfassungsmäßige Ordnung und erst daraus abgeleitet als Einspruch gegen eine willkürliche Maßnahme des Königs. Die Göttinger Sieben standen mit dieser Rechtfertigungslehre in der protestantischen Tradition eines auf die Wahrheit des Gewissens begründeten Zeugnisablegens (pro-testare), was nicht wundert, gehörten fünf von ihnen doch der lutherischen und die Brüder Grimm der reformiertcalvinistischen Kirche an.

Diese grundsätzliche Klärung des Begriffs einer Protestation führte Dahlmann in seiner kurz darauf unter dem Titel «Zur Verständigung» verfassten Schrift weiter. Als Historiker und Politiklehrer legte er zunächst das Hauptgewicht auf die zeitgeschichtliche Dokumentation der Göttinger Ereignisse. Doch seine Würdigung der Protestation gipfelte in der bis heute immer wieder zitierten

Charakterisierung der Eingabe der Göttinger Sieben: «Sie ist von Grund aus eine *Protestation des Gewissens* [Hervorhebung von Dahlmann durch Sperrung], eine Wahrung der Rechte des Gewissens, welches sich keine pflichtwidrige Handlung aufdringen lassen will; nur durch ihren Gegenstand ist sie zugleich *politische Protestation* [Hervorhebung von Dahlmann durch Sperrung], ohne es indeß in dem vollen Umfange seyn zu wollen.»

Die ethische Rechtfertigung der Protestation der Göttinger Sieben fand ihren stärksten Ausdruck in der Broschüre von «Jacob Grimm über seine Entlassung». Der Text stammt wie im Titel erkenntlich weitgehend von Jacob Grimm, doch auch sein Bruder Wilhelm wirkte an ihm mit, musste aber ungenannt bleiben, da er noch mit seiner Familie in Göttingen lebte. Aus Wilhelm Grimms Feder stammte vor allem der dramatische Anfang: «Der Wetterstrahl, von dem mein stilles Haus getroffen wurde, bewegt die Herzen in weitem Kreise.» Im Mittelpunkt der Rechtfertigungsschrift der Brüder Grimm steht die Unverbrüchlichkeit der Eide: Es stehe nicht in der Macht des Königs, den einmal vor Gott ausgesprochenen Eid zu lösen. Charakteristisch für den Lebensweg der Brüder Grimm von studierten Juristen zu Gründern der Germanistik als einer historisch orientierten Sprach- und Literaturwissenschaft ist, dass auf dem Deckblatt der Broschüre das mittelalterliche Nibelungenlied zitiert wird: «War sint die eide komen?»

Heinrich Ewald verfasste gleich zwei weitschweifige Schriften, in denen er in dramatischen, geradezu apokalyptischen Worten den Umsturz an der Universität und in seinem Gelehrtenleben schilderte, von einem «Gräuel der Verwüstung am Ort des Heiligthums» sprach. Der protestantische Theologe sah die Grundlagen der Göttinger Protestation in den religiösen Gedanken der Reformation. Er verglich die Entlassung der Professoren mit der fast am gleichen Tag erfolgten Absetzung des katholischen Erzbischofs von Köln durch die preußische Regierung im Gefolge des Mischehenstreits und verneinte mit kulturprotestantischer Entschiedenheit jede Ähnlichkeit der beiden Ereignisse. Auch Gervinus verteidigte den Widerspruch der sieben Göttinger Professoren aus ihrem protestantischen Glauben und kritisierte die Feigheit jener Evangelischen in Hannover, die sich nicht mit ihnen solidarisiert hatten.

Allen Rechtfertigungsschriften der Göttinger Sieben lag die Lehre von der Befugnis zu einem gewissensgebundenen und gewaltfreien Widerspruch, von einem passiven Widerstandsrecht, zugrunde. Der Begriff selbst fiel in der Eingabe der Sieben noch nicht, wenn auch die Ankündigung eines Boykotts der Wahlen zu einer nach Auffassung der Sieben verfassungswidrigen Ständekammer und deren Beschlüsse den Tatbestand erfüllte. Lediglich Albrecht sprach in seiner Veröffentlichung explizit von dem «Recht eines s.g. negativen (passiven) Widerstandes», das er allerdings sogleich abgrenzte «von einem revolutionären, d.h. aktiven Widerstande». Der Jurist folgte damit Dahlmanns prägnanten Ausführungen in dessen politikwissenschaftlichem Hauptwerk über «Die Politik auf den Grund und das Maaß der gegebenen Zustände», das wenige Jahre zuvor (1835) erschienen war: Gegen verfassungswidrige Maßnahmen der Obrigkeit sollten Untertanen das Recht zwar nicht zum aktiven, bewaffneten Widerstand haben – das wäre eine von ihm und der gemäßigt liberalen Mehrheit des vormärzlichen Bürgertums verabscheute Revolution. Doch um die verfassungsmäßige Ordnung aufrechtzuerhalten, sollten «gewisse Weigerungen, ein Verneinen des Gehorsams in gewissen Fällen, ein Nicht-Thun ohne alle aggressive Zuthat» legitim sein. Die Göttinger Sieben standen damit in der altständischen Tradition eines Widerstandsrechtes, wie Martin Luther es in seiner Lehre von der gerechten Obrigkeit weitergeführt hatte. Sie verstanden sich als bewahrende, in diesem Sinne konservative Kräfte, während der König mit seinem Verfassungsstreich als revolutionärer Umstürzler angeprangert wurde.

Die Rechtfertigungsschriften der Göttinger Sieben konnten mit Ausnahme der Publikation von Wilhelm Eduard Albrecht wegen der Einsprüche des vormärzlichen Zensursystems nicht in Deutschland veröffentlicht werden. Dahlmann organisierte, dass sie im Ausland, in Basel, mit einer Auflage von jeweils 2500 Stück erschienen. Das hat ihrer großen Resonanz in Deutschland und auch in Göttingen keinen Abbruch getan. Allerdings mussten in der hannoverschen Universitätsstadt Käufer eine polizeiliche Erklärung abgeben, zu welchem Zweck sie die Schrift gekauft hätten. Manche antworteten schlicht: «Um sie zu lesen.»

Nach der Publikation dieser Rechtfertigungsschriften von sechs der sieben entlassenen Göttinger Professoren griff die hannoversche Regierung in den Werkzeugkasten der Gegenpropaganda und ließ Schriften veröffentlichen, die gegen die Sieben und für den König Stellung nahmen. Doch der Monarch schoss sich durch einen seiner flapsigen Sprüche selbst in den Fuß, als er auf einer Berliner Abendgesellschaft auf die Frage nach den sieben «verlaufenen Göttinger Professoren» erklärte: «Professoren, Tänzerinnen und Huren kann man überall für Geld wieder haben.» Alexander von Humboldt, auf den Frauen bekanntlich keine Anziehungskraft ausübten, überlieferte nicht nur diese königliche Entgleisung, sondern auch seine eigene schlagfertige und süffisante Antwort: Er habe mit Tänzerinnen und Huren «nie in Verbindung gestanden» und sei selbst «ein halber Professor».

Aus vielen deutschen Städten wurden Sympathieadressen an die sieben entlassenen Professoren geschickt. Diesen Worten ließ man auch Taten, meint Geldzuwendungen, folgen. Am erfolgreichsten war eine Unterstützungsaktion, zu der sich schon am 8. Dezember 1837, also noch vor der endgültigen Entlassung der sieben Professoren, in Leipzig einige Buchhändler, Verleger, Großkaufleute und Finanziers zusammenfanden. Fünf der ursprünglich neun Initiatoren gehörten auch dem Komitee an, das den Bau der Eisenbahnlinie zwischen der sächsischen Wirtschaftsmetropole und Dresden, der Hauptstadt des Königreiches, beaufsichtigte. Das erklärt, warum sich die Leipziger großbürgerlichen Unterstützer der Göttinger Professoren gleich im Anschluss an die Sitzungen des Eisenbahnkomitees trafen. Sie erreichten durch eine gesamtdeutsche Subskriptionsaktion, dass den sieben Entlassenen für die Zeit ihrer Stellungslosigkeit ihr Gehalt garantiert werden konnte.

Die Verwirklichung dieser Absicht stieß allerdings zunächst auf erhebliche Vorbehalte im Kreis der Empfänger, die nicht als individuelle Almosenempfänger dastehen wollten. Dahlmann musste seine Kollegen erst davon überzeugen, dass die Sammelaktion Ausdruck einer kollektiven Solidarisierung des deutschen Bürgertums mit der Protestation der sieben Professoren für eine verfassungsmäßige Ordnung sei. Als offensichtlich wurde, dass sich die erhoffte Wiederanstellung der sieben Göttinger hinziehen würde, gab sich die Leipziger Initiative durch die Gründung eines «Göttinger Vereins» eine statutenmäßige Organisation mit Vorsitzendem, Kassierer und Schriftführer. Die große Bedeutung dieser nicht nur materiellen, sondern auch moralischen Unterstützung hat Bettine von Arnim im April 1840 in einem Brief an den preußischen Kronprinzen Friedrich Wilhelm, der zwei Monate später den Thron bestieg, in dem ihr eigenen Stil einer poetischen Romantikerin ausgedrückt: «Die Deutschen haben sie [die Göttinger Sieben] in ihre Mitte genommen und nähren und schützen sie, Gott berufen, vor Mangel. Das Brot, was sie da empfangen, schmeckt süß. Wir wollen anerkennen, daß es das köstlichste Brot ist von ganz Deutschland ihnen dargereicht, aus Dank, daß sie recht getan haben.»

Die Sieben bemühten den Rechtsweg gegen ihre Entlassung, auch durch eine Beschwerde beim Frankfurter Bundestag, waren damit aber erfolglos. Sie blieben bis zu fünf Jahre ohne akademische Anstellung, auf Einnahmen aus Büchern und Spenden von Unterstützungsvereinen angewiesen. Als erster erhielt der Theologe und Orientalist Ewald schon nach einem Jahr wieder eine Professur in Tübingen. Anfang 1840 konnten der Jurist Albrecht und der Physiker Weber an der Leipziger Universität wieder einen Lehrstuhl übernehmen. Letzterer war 1837 von Carl Friedrich Gauß, seinem befreundeten Kollegen und Miterfinder des elektromagnetischen Telegraphen, bedrängt worden, seine Unterschrift unter die Protestation zurückzuziehen, hatte sich aber aus Solidarität mit seinen sechs Kollegen geweigert. Darauf sicherte Gauß aus seiner Privatschatulle Webers Lebensunterhalt. Gervinus musste sich mit einer Honorarprofessur an seiner Heimatuniversität Heidelberg begnügen, bevor er 1853 aufgrund eines schriftstellerischen Angriffs auf die monarchische Ordnung seine Lehrbefugnis endgültig verlor und einem Hochverratsprozess unterworfen wurde.

Für die verbleibenden drei stellungslosen Professoren brachte erst der preußische Thronwechsel vom Juni 1840 eine Wende. Auf hartnäckige Fürsprache der mit ihm befreundeten Schriftstellerin Bettine von Arnim berief Friedrich Wilhelm IV., dieser schöngeistige «Romantiker auf dem Thron», Ende 1840 Jacob und Wilhelm Grimm zu besoldeten Mitgliedern der Berliner Akademie der Wissenschaften. Auf diese Weise wurde die Fortführung der Arbeiten am «Deutschen Wörterbuch» sichergestellt, das die Brüder nach der Göttinger

Entlassung übernommen hatten. Sie planten, das Unternehmen in fünf Jahren mit fünf Bänden abschließen zu können, doch konnte das große Werk erst 1961 mit insgesamt 32 Bänden von einer gesamtdeutschen Arbeitsgruppe vollendet werden. Als Jacob Grimm 1861 starb, zwei Jahre nach seinem Bruder, saß er, nachdem er den Artikel zum Begriff «Freiheit» abgeschlossen hatte, an dem Wort «Frucht».

Auch Dahlmann widmete sich in dem halben Jahrzehnt akademischer Stellungslosigkeit einem umfangreichen Projekt, einer dreibändigen Geschichte Dänemarks. Seine Wiederanstellung an einer deutschen Universität wurde gar fünf Jahre lang bis 1842 von dem nachtragenden hannoverschen König hintertrieben, er erwog schon die Annahme eines Rufes in die ferne Schweiz, auf einen Lehrstuhl in Bern. Im November 1842 erhielt Dahlmann – ebenfalls auf Vermittlung Bettine von Arnims beim preußischen König – einen Lehrstuhl für deutsche Geschichte und Staatswissenschaft an der Universität in Bonn. Als er dort mit dem Dampfschiff aus Frankfurt am Main ankam, begrüßten ihn Böllerschüsse: So groß war das Ansehen des inzwischen 57-jährigen Gelehrten.

In diesem Jahrfünft von 1837 bis 1842 wurden die sieben entlassenen Professoren von der bürgerlichen Öffentlichkeit auf das Heiligenpodest von Heroen der Gewissenspflicht und des Widerstandsethos gehoben. Im Rückblick kann Protestation und Entlassung der sieben Göttinger Professoren im Jahr 1837 als wichtige Vorstufe zur bürgerlichen Märzrevolution des Jahres 1848 verstanden werden. In ihr kam wie in keinem anderen vormärzlichen Ereignis der Vorrang des Ziels einer rechtsstaatlichen Verfassung im politischen Denken und Handeln der gemäßigten gesellschaftlichen und politischen Mitte zum Ausdruck. Mit Demokratie als einer Volksherrschaft hatte das vormärzliche Bürgertum nichts gemein, verachtete diese vielmehr als Herrschaft des Pöbels.

In der Reaktion auf die Göttinger Affäre, der ein partikularstaatlicher Konflikt zugrunde lag, formierte sich eine gesamtdeutsche Öffentlichkeit, welche sich das liberal-bürgerliche Doppelziel von freiheitlicher Verfassung und nationaler Einheit zu eigen machte. Und nicht zuletzt erkannte das deutsche Bürgertum in den sieben gesinnungsfesten Göttinger Professoren die Verkörperung jener Werte, nach denen es strebte und deren es sich selbst vergewisserte: Recht und Gerechtigkeit, Ehre und Treue, Gewissen und Überzeugung, Mut und Verantwortungsgefühl. So befestigte die Protestation und Entlassung der Göttinger Sieben die Meinungsführerschaft von Professoren im deutschen Vormärz. Kein Wunder, dass vier der sieben Professoren – Albrecht, Dahlmann, Gervinus und Jacob Grimm – im Mai 1848 in die deutsche konstituierende Nationalversammlung in der Frankfurter Paulskirche gewählt wurden.

Vordergründig waren es aus den eingangs geschilderten Gründen «nur» sieben der insgesamt 41 ordentlichen Professoren an der Universität Göttingen, die am 18. November 1837 eine Protestation gegen den Verfassungsstreich des hannoverschen Königs unterschrieben. Ihnen schlossen sich am 13. Dezember 1837, dem Tag der Entlassung der Sieben, weitere fünf Professoren und Privatdozenten an. Diese sogenannten Nachprotestierer wurden nicht von der Obrigkeit belangt, wohl aus deren Einsicht heraus, dass man die öffentliche Erregung nicht noch weiter anfachen und das Fortbestehen der hannoverschen Landesuniversität nicht gefährden wollte. Nach der Protestation und Entlassung der sieben Professoren sackte die Zahl der an der Georgia Augusta eingeschriebenen Studenten innerhalb eines Jahrzehntes von über 900 auf unter 600 ab.

Die vom hannoverschen König entlassenen Professoren, die für Eides- und Verfassungstreue ihre Lehrstühle verloren, gingen in die Geschichte des deutschen Vormärzes als die «Göttinger Sieben» ein. Die magische Zahl begünstigte noch ihren Ruhm. Sie gelten in Anlehnung an den Titel einer von Gottfried Keller 1861 veröffentlichten Schweizer Novelle als ein «Fähnlein der sieben Aufrechten», das der Willkür ihres Herrschers widerstand.

Der hier abgebildete undatierte Stich zeigt den ersten Zug auf der am 24. April 1837 von Leipzig aus eröffneten Teilstrecke von 9,2 km Länge nach dem Dorf Althen. Der Zug wird von der in England gefertigten Lokomotive «Blitz» mit dem anschließenden Tenderwagen gezogen, es folgen für die Festgäste sechs geschlossene Wagen der 1. Klasse und abschließend ein offener Wagen der 3. Klasse. Im Hintergrund ist der provisorische Bahnhof in der Gaststätte bei Althen zu sehen, in der das Festmahl auf die wagemutigen Passagiere wartet.

DER BAU DER EISENBAHN ZWISCHEN LEIPZIG UND DRESDEN (1837/39)

Ein neues Verkehrsmittel beschleunigt das allgemeine Zeitgefühl

Am frühen Morgen des 24. April 1837 zog es Tausende von Leipzigern zu einem großen Ereignis an den Nordrand der Stadt. Von dort war die Abfahrt des Zuges angekündigt, mit dem der erste Streckenabschnitt der in Bau befindlichen ersten deutschen Fernbahnlinie von Leipzig ins 115 km entfernte Dresden eingeweiht werden sollte. An dieser ersten Fahrt zum Dorf Althen sollten nur die Mitglieder des Direktoriums der Leipzig-Dresdner Eisenbahn-Compagnie und die leitenden Ingenieure teilnehmen, um auf diese Weise, wie es hieß, ihren «Muth und eine furchtlose Zuversicht in die Solidität und Gefahrlosigkeit des Werkes zu bezeugen». Doch drei Minuten vor der Abfahrt jubelte die dichtgedrängte Menschenmenge: «Prinz Johann kommt.» Der königliche Thronfolger war von der sächsischen Residenzstadt die ganze Nacht hindurch in die Messemetropole kutschiert, um an der Eröffnungsfahrt teilzunehmen.

Pünktlich um 9 Uhr setzte sich unter dem Beifall der Menschenmenge die mit Kränzen und Fahnen geschmückte Lokomotive mit dem vielversprechenden Namen «Blitz» in Bewegung, erst langsam schnaufend, dann immer schneller rasselnd, bis zu einer Geschwindigkeit von über 40 Kilometern pro Stunde. Pferdewagen und Reiter suchten den brausenden Stürmer auf der nahen, fast parallel verlaufenden Chaussee zu begleiten, wurden aber bald abgehängt. Entlang der Strecke postierte Militärs und Bahnwärter salutierten. Nach 20 Minuten kam der Zug im 9 Kilometer entfernten Althen an, wo die Passagiere in der ersten deutschen Bahnhofsgaststätte ein großes Frühstück erwartete. Im Stundenabstand folgten Fahrten für das allgemeine Publikum, das sich die Sensation nicht entgehen ließ. So ergriffen bis Ende des Jahres 1837 bereits Hunderttausende die Gelegenheit, das neue Verkehrsmittel zu benutzen und zu bewundern.

Nach insgesamt vierjähriger Bauzeit konnte am 7. April 1839 die ganze Strecke von Leipzig nach Dresden eröffnet werden. Aus diesem Anlass wurde, wie der Verleger Heinrich Brockhaus berichtete, ein großes zweitägiges Festprogramm mit Böllerschüssen, Musik, Reden, Ordensverleihungen und Banketts schlachtplanmäßig abgewickelt.

Dieses Mal gab sich auch das sächsische Königspaar die Ehre. Vivatrufe erschollen auf die Majestäten, aber auch die Erbauer.

Die Vollendung der Strecke zwischen Leipzig und Dresden verkörperte den publikumswirksamen Beginn eines neuen Verkehrszeitalters in Deutschland, war aber keineswegs die erste deutsche Eisenbahnlinie. Dieser Ehrentitel kam der 1835 eröffneten sechs Kilometer langen Ludwigsbahn zwischen Nürnberg und Fürth zu, die aber nur tagsüber von Lokomotiven gezogen wurde – nachts wurden aus Lärmschutzgründen Pferde vorgespannt – und die im Gegensatz zu der viel längeren sächsischen Unternehmung lediglich Personen, keine Güter beförderte.

Auch diese bayerisch-fränkische Strecke hatte Vorgänger. In diesen verkörperte sich die eigentümliche Verbindung zweier Entdeckungen, der Erfindung der Dampfmaschine durch James Watt im Jahr 1769 und der schon in der frühen Neuzeit bemerkten Beschleunigung von Radverkehr durch die Anlage von Schienen. Nicht nur in England und in den USA, sondern auch in Deutschland, insbesondere im Ruhrgebiet, gingen der Eisenbahn mit ihren Lokomotiven von Pferden gezogene Gruben- und Werksbahnen auf eisernen Schienenwegen voran, die vor allem dem Transport von Kohle aus Bergwerken über kurze Strecken dienten. Aufbauend auf diesen Erfahrungen, setzte sich der frühindustrielle Unternehmer Friedrich Harkort in Wetter schon in den 1820er Jahren für Eisenbahnen mit Dampfkraft ein, plante unter anderem eine Rhein-Weser-Bahn von Minden nach Köln, die aber zunächst am Veto des preußischen Königs Friedrich Wilhelm III. scheiterte. Das 1814/15 von Preußen besiegte und dezimierte Königreich Sachsen dampfte daher voran, als es um die technisch-industrielle Führung in Deutschland ging.

An der ersten Eröffnungsfahrt der Leipzig-Dresdner Eisenbahn im April 1837 nahm auch Friedrich List teil, die intellektuelle Lokomotive des Projektes – die sich allerdings zu diesem Zeitpunkt bereits auf der Fahrt aufs Abstellgleis befand. List, 1789 in Reutlingen als Sohn eines wohlhabenden Weißgerbers geboren, zeichnete sich seit jungen Jahren durch zwei Eigenarten aus: Er sprühte von genialischer Innovationskraft und hatte ein egozentrisches Naturell, das ihn leicht bei Autoritäten anecken ließ. List trat mit 16 Jahren als Schreiber in den württembergischen Staatsdienst ein, machte unter dem Reformminister Freiherr von Wangenheim Karriere und empfahl zusammen mit diesem 1817 die Einrichtung einer Staatswirtschaftlichen Fakultät an der Universität Tübingen zur wissenschaftlichen Bildung der höheren Verwaltungsbeamten. List selbst übernahm mit 28 Jahren an dieser Fakultät einen Lehrstuhl für Staatsverwaltungspraxis. 1819 von seiner Heimatstadt in die württembergische Ständekammer gewählt, führten bald darauf seine publizistischen Angriffe auf die erstarrten Formen von Regierung und Verwaltung nicht nur zum Ausschluss aus dem Gremium, sondern auch zu einer Verurteilung zu 15 Monaten Festungshaft. Er entzog sich 1824 der vollständigen Verbüßung dieser Strafe, indem er in die USA auswanderte.

Dort machte List sein Glück mit der Entdeckung eines reichen Steinkohlelagers nordwestlich von Philadelphia, welches er durch eine 21 Meilen lange Gütereisenbahn erschloss. Doch zog es den erfolgreichen Auswanderer in die alte Heimat zurück. So schrieb er an einen Freund in Deutschland: «Mitten in den Wildnissen der blauen Berge [den Blue Mountains in Pennsylvania, W. B.] träumte mir von einem deutschen Eisenbahnsystem; es war mir klar, dass nur durch ein solches die Handelsvereinigung in volle Wirksamkeit treten konnte.» Eisenbahn und der ebenfalls von List inspirierte deutsche Zollverein waren für diesen «siamesische Zwillinge», die den Weg zur nationalen Einheit des deutschen Vaterlandes ebnen würden.

1832 kehrte Friedrich List nach Deutschland zurück. Er hatte in den USA nicht nur die amerikanische Staatsbürgerschaft angenommen, sondern sich auch vom Präsidenten zum Konsul der Vereinigten Staaten ernennen lassen, um sich durch diplomatische Immunität vor der Metternich'schen Demagogenverfolgung zu schützen. Im Jahr darauf siedelte List nach Leipzig über, wo er für sich und seine Familie nach den Jahren des Herumziehens eine berufliche Zukunft, finanzielle Sicherheit und eine dauerhafte Heimat erhoffte. 1833 veröffentlichte List das für die Entwicklung des deutschen Eisenbahnwesens grundlegende Programm «Ueber ein sächsisches Eisenbahn-System als Grundlage eines allgemeinen deutschen Eisenbahnsystems und insbesondere die Anlegung einer Eisenbahn von Leipzig nach Dresden». In dieser Schrift berechnete er, anknüpfend an seine amerikanischen Erfahrungen, die Kosten und den Profit des Projektes zum Bau der Eisenbahn zwischen den beiden sächsischen Städten und entwarf ein Gesetz über die Gründung einer einschlägigen Aktiengesellschaft.

List propagierte Eisenbahnen vorrangig als ein Güterverkehrsmittel, von dem er sich eine tiefgreifende Belebung des innerdeutschen Handels und in der Folge eine allgemeine Hebung des Lebensstandards versprach. Es ging ihm weniger um die Verbindung einzelner Städte, sondern, wie man dem Untertitel seiner Programmschrift und der angefügten Planskizze entnehmen kann, um ein umfassendes System von Eisenbahnstrecken, das sich auf ganz Deutschland und potentiell den ganzen europäischen Kontinent erstrecken sollte. Selbst eine Verbindung in den Fernen Osten war im Visier dieses Eisenbahnpioniers.

Lists Vorschlag stieß zunächst auf große Resonanz in der wirtschaftsbürgerlichen Elite Leipzigs, der Metropole Sachsens, das mit seiner Textil- und Werkzeugmaschinenindustrie das Pionierland der industriellen Revolution in Deutschland war. Leipziger Bürger beschlossen auf einer Versammlung im November 1833 eine Petition für den Bau einer Eisenbahn nach Dresden an den Sächsischen Landtag, die umgehend bewilligt wurde.

In einer weiteren öffentlichen Versammlung wurde im März 1834 ein Komitee aus erfahrenen und erfolgreichen Leipziger Geschäftsleuten gewählt. Seine Leitung übernahmen der Unternehmer Gustav Harkort, der Bruder des rheinisch-westfälischen Eisenbahnpioniers Friedrich Harkort, und Albert Dafour Féronce, ein Fabrikant und Bankier hugenottischer Abstammung. Friedrich List konnte, da er kein Stadtbürgerrecht in Leipzig besaß, nicht in das Komitee gewählt werden, wurde aber von diesem kooptiert.

Am 17. März 1835 wurde die Leipzig-Dresdner Eisenbahn-Compagnie (LDEC) gegründet. Deren von Friedrich List konzipierter Aufruf an die «sächsischen Mitbürger» zur Aktienzeichnung war ein Riesenerfolg beschieden: Im Mai 1835 wurde an einem einzigen Tage fast das ganze vorgesehene Kapital von 1,5 Millionen Talern gezeichnet. Auch in den folgenden Monaten war List mit zahlreichen von ihm konzipierten Berichten über die technischen und wirtschaftlichen Details des Eisenbahnprojektes der eigentliche Träger seiner Öffentlichkeitsarbeit. Doch schon auf der ersten Generalversammlung der Eisenbahn-Compagnie Anfang Juni 1835 im Saal des Gewandhauses zeichnete sich ab, dass sich die Wege der Leipziger Eisenbahngeschäftsleute und Friedrich Lists trennen würden. Nicht nur wurden dessen weitschweifige Ausführungen von der Versammlungsleitung mit der Ermahnung zur Kürze unterbrochen, auch wurde List nicht in den Ausschuss und das Direktorium der Gesellschaft gewählt.

List hatte aufgrund seines Engagements erwartet, als geschäftsführender Direktor an die Spitze des Unternehmens zu treten und sich damit seiner chronischen Finanzsorgen entledigen zu können, doch verwies Gustav Harkort darauf, dass man List nie eine entsprechende Zusage gemacht habe. Die Leipziger Geschäftsleute nahmen ihm wohl auch übel, dass er in den Wochen zuvor in Berlin mit Regierungsvertretern und Bankiers über ein preußisches Eisenbahnsystem als wesentliche Stufe zur Verwirklichung seiner gesamtdeutschen Eisenbahnpläne verhandelt hatte, ohne das Leipziger Komitee zu informieren. Die sächsischen Eisenbahnaktionäre befürchteten, auf eine Nebenlinie abgedrängt zu werden. Sie fanden List für seine Bemühungen mit einer zweimaligen «Ehrengabe» von 2000 Talern ab. Aus Stolz tendierte dieser dazu, die milde Gabe abzulehnen, doch aus finanzieller Not akzeptierte er sie.

Im Herbst 1837 ging List mit seiner Familie nach Paris. Im gleichen Jahr schloss er seinen Beitrag über «Eisenbahnen und Canäle, Dampfboote und Dampfwagentransport» für das bekannte Staats-Lexikon ab, dessen Herausgabe auf seine Initiative zurückging, dann aber den Freiburger Professoren Karl von Rotteck und Karl Theodor Welcker anvertraut worden war. Die detaillierten Erörterungen in diesem überbordenden Lexikonartikel von 130 Seiten fasste List in dem Ergebnis zusammen, dass die Eisenbahnen die «eigentlichen Volkswohlfahrts- und Bildungsmaschinen» seien, die den «Interessen der gesammten Menschheit» dienen würden.

1841 siedelte List nach Augsburg über, wo er sein volkswirtschaftliches Hauptwerk über «Das Nationale System der Politischen Ökonomie» verfasste. Auch in Frankreich und anschließend in Bayern drang er mit seinen Eisenbahnplänen nicht durch. Anfang Dezember 1846 erschoss sich Friedrich List in einem Anfall von Depression auf einem Spaziergang am Fuß der Tiroler Alpen in Kufstein, von finanziellen Sorgen um den Unterhalt seiner Familie und unerträglichen Kopfschmerzen geplagt, aber wohl auch aus Verzweiflung über das Scheitern seiner vielen Pläne und Projekte.

Friedrich Lists Bedeutung bei der Initiative zur ersten deutschen Ferneisenbahn wird allgemein anerkannt, doch die Bewertung seiner Leipziger Verabschiedung ist bis heute kontrovers. Auf der einen Seite sieht es so aus, als ob die kleinlichen und provinziellen Leipziger Geschäftsleute und Bankiers nur den Profit ihrer Aktionäre im Auge hatten. Ihnen scheint der umtriebige Projektemacher mit seinen «hochfliegenden Anträgen» (Gustav Harkort) unheimlich geworden zu sein. Auf der anderen Seite verstand es List nicht, auf die Interessenlagen seiner Partner einzugehen. So nahm er keine Rücksicht auf die Befürchtungen der Sachsen, von den Preußen dominiert zu werden. Leipzig und die Episode der Initiative zu der Eisenbahnlinie nach Dresden war der Höhepunkt, aber auch die Wende im tragischen Leben von Friedrich List.

Die Ausführung des Projektes lag danach in den Händen von sächsischen Fachleuten und über 6000 örtlichen Arbeitern, die vor allem für die gewaltigen Erdbewegungen benötigt wurden. Bei der Festlegung der Trasse griff man aber auf den Sachverstand englischer Ingenieure zurück. Dabei wurde von vornherein Platz für die Verlegung eines zweiten Gleises eingeplant, nach dessen Bau im Jahr 1840 entsprechend dem britischen Vorbild der Linksverkehr eingeführt wurde. An die 100 Brücken über Bäche und Chausseen waren anzulegen, wobei die Elbüberquerung bei Riesa, nordwestlich von Meißen, die größte Herausforderung darstellte. Die eigentliche Sensation war aber ein 513 Meter langer Tunnel bei Oberau, den Freiberger Bergknappen bohrten. Am Ostausgang des Tunnels wurde eine Haltestation mit einer Gaststätte errichtet. So konnten die Schaulustigen aus Dresden die dunkle Höhle bewundern, aus der zunächst ein großes Getöse erschallte und dann ein feuriger Drache hervorstieß, manchmal sogar von einem zweiten Drachen gefolgt, wenn dem Zug zwei Lokomotiven vorgespannt waren. Jungverliebten bot die Dunkelheit im Tunnel die Gelegenheit zu einem unbeobachteten Kuss.

Bald stellten sich bei dem Projekt Kostensteigerungen heraus, die ursprünglich veranschlagte Summe von 1,5 Millionen Talern verdreifachte sich. Auf dringlichen Rat von Friedrich List waren für die erste Teilstrecke mit Eisenblech beschlagene Holzschienen verwandt worden, die aber bald abgenutzt waren. So entschied sich das Direktorium der Leipziger Eisenbahnkompagnie für eiserne Profilschienen, die anfangs noch aus England importiert werden mussten. Von dort stammten auch die ersten Lokomotiven, die im Geiste der deutschen Romantik auf Namen wie «Blitz», «Comet», «Windsbraut», «Drache», «Adler» und «Pfeil» getauft wurden. Auch die in Frack und Zylinderhut gekleideten Lokomotivführer kamen zunächst von der Insel. Doch bei der Eröffnung der Gesamtstrecke im April 1839 fuhr dem Festzug bereits eine bei Dresden von einem Professor am dortigen Polytechnikum gebaute Lokomotive namens «Saxonia» hinterher.

Die Loks der Leipzig-Dresdner Eisenbahn zogen in der Anfangszeit an die zehn Wagen, manchmal auch mehr, wenn zwei Lokomotiven vorgespannt wurden. Die Passagiere hatten die Wahl zwischen drei Wagenklassen. Die Wagen der 3. Klasse waren offen, daher wurden Gummimäntel gegen den Regen, Schutzbrillen für die Augen und Gazemasken gegen den Rauch angeboten. Die 2. Klasse hatte zwar ein Dach, aber in den Fenstern nur Vorhänge. Nur in der 1., der teuersten Klasse fand man einigermaßen Schutz vor den Einwirkungen von Natur und Technik. Von Anfang an war auch die Verladung von Kutschen mitsamt Insassen vorgesehen: Die Autoreisezüge des 20. Jahrhunderts lassen grüßen.

Mit dem Bau der Leipzig-Dresdner Eisenbahn brach in Deutschland ein regelrechtes Eisenbahnfieber aus. Schon 1838 waren Verbindungen zwischen Berlin und Potsdam, Düsseldorf und Erkrath sowie Braunschweig und Wolfenbüttel für den Verkehr freigegeben worden. Ein Jahr nach der Vollendung der Leipzig-Dresdner Linie wurde im August 1840 die Fernstrecke von Leipzig nach Magdeburg mit 120 km Länge eröffnet und damit die sächsische Metropole an das bald darauf expandierende preußische Netz angeschlossen – Friedrich List konnte sich mit seinen Plänen rehabilitiert fühlen. 1841 bis 1843 erhielt die preußische Hauptstadt Bahnverbindungen nach Wittenberg, Stettin und Frankfurt/Oder. Die 1840 eröffnete Strecke von München nach Augsburg war der Anfang eines bayerischen Eisenbahnnetzes – an das die erste deutsche Eisenbahn von Nürnberg nach Fürth keinen Anschluss fand und daher verkümmerte.

Deutschland wurde in den 1840er Jahren zu dem nach Belgien eisenbahnreichsten Land Europas. Doch entstand ein Wildwuchs von Eisenbahnlinien, in denen sich der deutsche Partikularismus widerspiegelte. Noch heute erinnern die Kopfbahnhöfe zumeist in früheren Residenzstädten an diese Anfänge des Eisenbahnwesens; die Anlage von Durchgangsbahnhöfen wie in Braunschweig (1960) und Berlin (2006) erforderte einen großen technischen und finanziellen Aufwand, aber auch erhebliche politische Energie wie aktuell in Stuttgart. In Leipzig wurde 1913 der ursprüngliche Endbahnhof der Strecke nach Dresden mit dem Berliner, dem Magdeburger und dem Thüringer Bahnhof zu einem riesigen Kopfbahnhof von 22 Gleisen zusammengelegt.

Militärische Überlegungen kamen in den Anfangsjahrzehnten der deutschen Eisenbahnplanung kaum zum Zuge. Zwar hatte Friedrich List bereits in seiner Leipziger Zeit in einem Aufsatz für das von ihm herausgegebene «Eisenbahn-Journal» «militärische Aspekte des deutschen Eisenbahnsystems» behandelt und hatte 1843 Helmut von Moltke, damals Hauptmann im preußischen Generalstab, auf die strategische Relevanz von Eisenbahnen hingewiesen. Doch erlangte dieser Aspekt praktische Bedeutung erst in der zweiten Jahrhunderthälfte, als Preußen unter Bismarcks Führung zur dominierenden mitteleuropäischen Macht aufstieg.

Bis in die zweite Hälfte der 1840er Jahre mussten in Deutschland der Großteil des Eisenbahnmaterials, sowohl die Schienen als auch die Lokomotiven, aus England oder Belgien importiert werden. Lediglich der Waggonbau erfolgte vor Ort, in Leipzig gleich neben dem Dresdner Bahnhof. Doch dann induzierte die Expansion der Eisenbahnen in Deutschland die einheimische Schienenproduktion, Kohleförderung und Herstellung von Koks sowie den deutschen Lokomotivbau. Bald deckten deutsche Firmen wie Borsig in Berlin, Maffei in München und Henschel in Kassel nicht nur den Lokbedarf in Deutschland ab, sondern exportierten auch Lokomotiven.

Während in England die Einführung des Eisenbahnverkehrs ein Produkt der fortgeschrittenen Industrialisierung des Landes war, wirkte in Deutschland die rasante Entwicklung des Eisenbahnwesens als Auslöser der Industrialisierung. Hans-Ulrich Wehler, der renommierte Gesellschaftshistoriker, hat resümiert, dass die Eisenbahnen «der klassische Führungssektor der deutschen Industriellen Revolution» waren.

Auch die Entwicklung des Aktien- und Bankenwesens ist in Deutschland vor allem durch den Eisenbahnbau vorangetrieben worden. In den ersten Jahrzehnten wurde das enorme Kapital für diese Großprojekte vor allem von privaten Investoren aufgebracht. Die anfängliche Skepsis der Obrigkeiten gegenüber den finanziellen Risiken des Eisenbahnbaus brachte 1828 der preußische König Friedrich Wilhelm III. in den entschiedenen Worten zum Ausdruck, mit denen er das Projekt von Friedrich Harkort für die Rhein-Weser-Bahn von Köln nach Minden blockierte: «[Das] jetzige Kommunikationsbedürfnis ist durch die vorhandenen Chausseen gesichert, die künftige kommerzielle Wichtigkeit der Anlage [beruht] auf unsicheren Voraussetzungen und andere dringende Bauten [nehmen] die disponiblen Mittel in Anspruch.» Daher oblag den staatlichen Behörden zunächst nur die Festlegung des gesetzlichen Rahmens für die Aktiengesellschaften und vor allem der Enteignungsprozeduren für die Bahntrassen.

Im Verlauf der 1840er Jahre führte die große Rendite auf die frühen Bahnaktien zu einem Spekulationsfieber, das staatlicherseits nur mühsam eingedämmt werden konnte. Nach 1850 wurden die deutschen Eisenbahnen sukzessive verstaatlicht. So ging auch die Leipzig-Dresdner Eisenbahn in den Besitz der Königlich Sächsischen Eisenbahngesellschaft über. In ihr spielte Max Maria von Weber, der Ingenieurssohn des Komponisten, eine leitende Rolle, der unter anderem die Einführung eines geschlossenen Lokomotivführerstandes anregte.

Doch viel einschneidender als die Umwälzung in Technik und Wirtschaft war die Revolution, welche die Einführung der Eisenbahn im Lebensgefühl der Gesellschaft bewirkte. Man muss sich vor Augen halten, dass man zuvor für die über 100 Kilometer zwischen Leipzig und Dresden zu Fuß vier Tage brauchte und auch die Expresspostkutsche noch 16 Stunden benötigte. Diese Zeit verkürzte sich 1839 mit der Eröffnung der Eisenbahnlinie schlagartig auf vier Stunden. Davon profitierte auch der vielbeschäftigte Felix Mendelssohn Bartholdy, seit 1835 Leiter des Leipziger Gewandhausorchesters. Er benutzte bereits kurz nach der Eröffnung die Eisenbahn nach

Dresden, um in der sächsischen Hauptstadt Geschäftliches zu erledigen. 1842/43 fuhr der musikalische Star häufig mit der Bahn über Köthen nach Berlin, um mit dem kunstsinnigen preußischen König Friedrich Wilhelm IV. über seine Ernennung zum Preußischen Generalmusikdirektor zu verhandeln. Auch bei der Beerdigung Mendelssohns nach seinem frühen Tod im Alter von 38 Jahren kam das neue Verkehrsmittel nochmals zum Einsatz: In der Nacht vom 7. auf den 8. November 1847 wurde der Leichnam von Felix Mendelssohn Bartholdy von einem Sonderzug von Leipzig über Dessau, den Geburtsort seines Großvaters Moses, nach Berlin überführt, um dort im Familiengrab auf dem Friedhof der Dreifaltigkeitsgemeinde beigesetzt zu werden.

Natürlich regten sich am Anfang der Eisenbahnrevolution auch zahlreiche Bedenken gegen diese Neuerung. Vertreter der traditionellen Verkehrsmittel wie Kutscher und Postillione protestierten, Bauern hatten Angst vor den Gefahren für ihre Herden, und Anwohner fürchteten sich vor den Auswirkungen des Funkenflugs und Lärms. Die Vorbehalte gegen die allgemeine Beschleunigung des Lebensrhythmus brachte 1838 bei der Eröffnung der Strecke von Berlin nach Potsdam der preußische König Friedrich Wilhelm III. in der ihm eigenen soldatischen Knappheit auf das oft zitierte Bonmot: «Unser Zeitalter liebt den Dampf; alles soll Karriere gehen. Die Ruhe und Gemütlichkeit leidet aber darunter. Kann mir keine große Freude davon versprechen, ein paar Stunden früher in Berlin oder Potsdam zu sein.» Doch sein Kronprinz, der zwei Jahre später den preußischen Thron bestieg, erkannte bei der gleichen Gelegenheit die Unaufhaltsamkeit des technischen Fortschritts: «Diesen Karren, der durch die Welt rollt, hält kein Menschenarm mehr auf.»

Der Platz vor der Südseite des unvollendeten Doms ist auf dieser Lithographie von Georg Osterwald aus dem Jahr 1842 von einer Menschenmenge dicht gefüllt. In der Mitte, vor einem neugotischen Pavillon, sieht man, wie König Friedrich Wilhelm IV. von Preußen die drei symbolischen Hammerschläge auf den Grundstein vollführt, mit dem der Weiterbau des Domes am 4. September 1842 in Angriff genommen wurde. Rechts neben dem Grundstein steht der Kölner Erzbischof-Koadjutor Johannes von Geißel mit seinem geistlichen Gefolge. Der mittelalterliche Domkran zieht den ersten Stein auf den Stumpf des Südturms. An der Spitze des Krans ist ein Adler als preußisches Hoheitszeichen angebracht. An der Wand des Südquerhauses weht eine Fahne mit der Inschrift «Protector» (dem Beschützer). Das Bild spiegelt die Begeisterung über den Beschluss zur Vollendung des Kölner Doms wider.

DAS KÖLNER DOMBAUFEST (1842)

Der preußische König Friedrich Wilhelm IV.
legt den Grundstein zur Vollendung des Kölner Doms
als einem deutschen Nationaldenkmal

Im Spätsommer 1842 konnte Köln endlich ein Fest des Optimismus feiern nach einer depressiven Zeit des Niedergangs und der Zurücksetzung. In dem vorangegangenen Halbjahrhundert hatte die alte Metropole von römischer Geburt und mittelalterlicher Erhabenheit im Gefolge der Französischen Revolution und dem damit verbundenen Ende des Alten Reiches nicht nur ihre reichsstädtischen Freiheiten, ihre traditionsreiche Universität und zeitweise den Sitz eines Erzbistums verloren. Auch nach der Befreiung Deutschlands von der napoleonischen Herrschaft und der Übernahme des Rheinlandes durch das protestantische Preußen war Köln bei der Vergabe von politisch-administrativen und akademischen Privilegien wie dem Standort des Oberpräsidenten der Rheinprovinz, der nach Koblenz vergeben wurde, dem Sitz des Provinziallandtags, bei dem Düsseldorf zum Zuge kam, und der Rheinischen Hochschule, die in Bonn errichtet wurde, übergangen worden. Umso mehr war es Balsam auf die wunde Kölner Seele, dass mit dem Dombaufest am 4. September 1842 die Grundsteinlegung zur Vollendung seiner Kathedrale als eines lokalen wie nationalen Symbols gefeiert werden konnte, hatte der Dom doch seit drei Jahrhunderten als halb fertiger Torso das Stadtbild geprägt.

Der Tag begann am frühen Morgen in der mit Fahnen und Teppichen herausgeputzten Stadt und bei Glockengeläut von den zahlreichen Kirchen des «heiligen Köln» mit einem Umzug vom Neumarkt zum Dom. An der Spitze gingen nach der Musikkapelle Tausende Mitglieder des Dombauvereins, daran anschließend sämtliche am Bau beteiligten Arbeiter, die Steinmetze, Maurer, Zimmerleute, Dachdecker, Schmiede, Schlosser, Anstreicher und Glaser mit den Zeichen ihrer Gewerke, gefolgt von einer großen Zahl von Geistlichen und schließlich zahlreichen Militär- und Zivilbeamten. Am Dom wurde der Zug von den Ehrengästen erwartet, allen voran vom preußischen König Friedrich Wilhelm IV. und seiner Gattin sowie zahlreichen weiteren deutschen Fürsten. Österreich wurde durch seinen Staatskanzler und Außenminister Fürst Metternich repräsentiert. Neben den Hoheiten standen überregionale und städtische

Honoratioren wie Alexander vom Humboldt, der Kammerherr und Kulturberater des preußischen Königs, und Sulpiz Boisserée, ein Kölner Kaufmann und Kunstsammler, der eigentliche Motor der Dombaubewegung.

Der Festakt im Dom begann mit dem geistlich-liturgischen Zeremoniell, zelebriert vom Erzbischof-Koadjutor Johannes von Geißel und seinem Gefolge. Dieser hatte sein geistliches Amt im September 1841 nach dem schweren Konflikt zwischen der Katholischen Kirche und dem preußischen Staat übernommen, der sich an der Frage der Religionszugehörigkeit der Kinder aus den sogenannten konfessionellen «Mischehen» entzündete. Die preußische Regierung und die Kirchenoberen in Rom und Köln hatten sich eigentlich auf einen Kompromiss geeinigt, von dem jedoch der seit 1836 amtierende Kölner Erzbischof Clemens August Droste zu Vischering abrückte. Der ultramontane und starrköpfige Kirchenführer bestand auf dem expliziten Versprechen einer katholischen Kindererziehung als Voraussetzung der kirchlichen Trauung einer «Mischehe». Am 14. November 1837 beschloss der preußische Ministerrat seine Absetzung, Droste Vischering musste seine Diözese verlassen und einen Zwangsaufenthalt in der Festung Minden nehmen. Dieses harte Vorgehen der preußischen Obrigkeit entfachte die Proteststimmung in der katholischen Bevölkerung, wurde von ultramontanen Kreisen propagandistisch als Angriff auf die Kirche gebrandmarkt und beförderte die Formierung des politischen Katholizismus als einer eigenständigen Parteiströmung.

Entschärft wurde der Konflikt erst im Juni 1840, als mit Friedrich Wilhelm IV. ein Monarch seine Regentschaft begann, der dem Ideal eines auf der Einheit aller Gläubigen beruhenden christlichen Staates anhing. Er erreichte gut ein Jahr später eine vorsichtige Entspannung, im Mischehenstreit, einen Waffenstillstand. So ernannte der Papst Johannes von Geißel, den Bischof von Speyer, zum Kölner Erzbischof-Koadjutor, zum Stellvertreter des zwar seines Amtes, aber nicht seiner Würde verlustigen Droste zu Vischering. Nach dessen Tod im Münsteraner Exil konnte Geißel 1845 als Kölner Erzbischof inthronisiert werden, 1850 wurde der gleichermaßen papsttreue, gelehrte und diplomatische Kirchenführer in den Kardinalsrang erhoben.

Dem frischgebackenen preußischen König war daran gelegen,

der Beilegung dieses Konfliktes mit der katholischen Kirche einen echten Frieden folgen zu lassen, schließlich war er selbst mit einer Prinzessin aus dem katholischen Herrscherhaus Bayerns verheiratet. Dafür bot sich diesem Monarchen, den eine Vorliebe für symbolische Politik auszeichnete, der Entschluss zur Vollendung des Kölner Doms und die Feier einer pompösen zweiten Grundsteinlegung als ideales Medium an.

Nach dem Pontifikalamt im restaurierten Chor wurde die Grundsteinweihe nach katholischem Ritual auf einer pompösen Tribüne gefeiert, die auf der Südseite des Doms zwischen dem Chor und dem nur zwei Geschosse hohen Südturm vor dem rudimentären Langschiff errichtet worden war. Schon die Eingangssätze der Grundsteinurkunde zeugten von der Verknüpfung religiöser Glaubensbekenntnisse und nationalpatriotischer Hoffnungen, die an die Vollendung des Kölner Doms geknüpft wurden: «Nachdem unter Gottes Beistand und den Segenswünschen des deutschen Vaterlandes heute der Grundstein zum Fortbau der alterwürdigen Kathedralkirche des Erzbisthums Köln feierlich eingeweiht und mit ihm ein ewiges Denkmal der Frömmigkeit, der Eintracht und Treue der verbündeten Stämme deutscher Nation an heiliger Stätte ist eingefügt worden ...».

Nach dem religiösen Akt wurde der König eingeladen, die üblichen drei Hammerschläge auf den Grundstein vorzunehmen. Er ergriff die Gelegenheit zu einer emphatischen Rede, erklärte, dies sei kein gewöhnlicher Prachtbau, sondern «das Werk des Brudersinnes aller Deutschen, aller Bekenntnisse». In der Vollendung des Kölner Doms sollten sich die Einigkeit zwischen den deutschen Fürsten und Völkern und der Frieden zwischen den Konfessionen und Ständen dokumentieren, die zum «Bau des Vaterlandes» unerlässlich seien. Mit Referenz an den kölnischen Lokalpatriotismus forderte Friedrich Wilhelm IV. zum Schluss seiner Rede auf: «Rufen Sie mit Mir das tausendjährige Lob der Stadt: Alaaf Köln!»

Dem König antwortete aus der Menschenmenge ein unbeschreiblicher Sturm des Jubels und der Zustimmung. Nur der neben ihm stehende Fürst Metternich gab seiner Skepsis unübersehbaren Ausdruck, zog während der Rede des Königs demonstrativ einen langen Kamm aus der Tasche, um sich auf das Bedächtigste sein gelichtetes Haar vom Hinterkopf nach vorne zu strähnen. Vom österreichischen

Staatskanzler ist auch aus den Tagen des Kölner Dombaufestes die briefliche Sorge überliefert, Friedrich Wilhelm IV. habe nicht nur seine Zuhörer, sondern sich selbst an einer Rhetorik berauscht, deren Nichterfüllung einmal auf ihn zurückfallen könnte.

Gegenüber dieser kurzen, aber fulminanten Rede des Königs verblassten alle weiteren und längeren Ansprachen des Erzbischof-Koadjutors, des Präsidenten des Dombauvereins und des Dombaumeisters. Nach der anschließenden Einmauerung des Grundsteins wurde am südwestlichen Turmstumpf unter den Hochrufen der Zuschauer von unten und der Bauleute von oben der erste zum Fortbau der Kathedrale bestimmte Stein von dem hölzernen Kran emporgezogen. Er hatte über Jahrhunderte stillgestanden und war an diesem Tag an seiner Spitze mit einem preußischen Adler geschmückt worden. Zum Abschluss des Festes lud der König 700 Gäste zu einem Abendessen in einem Zelt ein, und die ganze Stadt leuchtete in abendlicher Illumination.

Als an diesem ersten Septembersonntag des Jahres 1842 die Vollendung des Kölner Domes in Angriff genommen wurde, war nach den fast drei Jahrhunderten des Baustillstands noch die Hälfte des im Hochmittelalter geplanten Bauvolumens zu errichten. Der erste Grundstein für den neuen gotischen Dom war am 14. August 1248 gelegt worden, drei Monate nachdem durch eine Unachtsamkeit bei Bauarbeiten der alte Dom zu Köln durch eine Feuersbrunst zerstört worden war. Auch diese im romanischen Stil gehaltene karolingische Basilika aus dem neunten Jahrhundert hatte einen Vorgängerbau, eine Bischofskirche aus der ersten Hälfte des vierten Jahrhunderts, die den Platz eines römischen Tempels aus dem ersten Jahrhundert nach Christi Geburt einnahm. So steht der Kölner Dom wie viele traditionsreiche Gotteshäuser des Christentums auf einem Areal, das schon vorangehenden Religionen heilig gewesen war.

Knapp 75 Jahre nach Baubeginn wurde der Hochchor mit seinem Kapellenkranz fertig und 1322 eingeweiht; durch eine provisorische Wand nach Westen geschlossen, diente er schon in mittelalterlicher Zeit als Gotteshaus. Die Arbeiten an den übrigen Abschnitten des ambitionierten Bauprojekts gingen weitere zweieinhalb Jahrhunderte weiter, erlahmten aber gegen Ende des Mittelalters und wurden 1560 ganz eingestellt. Über den nur teilweise ausgeführten Gewölbepfeilern des Langhauses wurden Notdächer errichtet. Der südwestliche Turm hatte knapp 60 Meter erreicht, der hölzerne Baukran auf seiner Spitze war über viele Jahrhunderte ein Mahnmal für die Nichtvollendung des ehrgeizigen Vorhabens. Vom nordwestlichen Turm stand nur ein Untergeschoss von wenigen Metern. Es fehlte vor allem der gewaltige Westbau mit seinen über 150 Meter hohen Türmen. In der frühen Neuzeit verfiel der Torso des Kölner Doms immer mehr. Während der französischen Besetzung am Ende des 18. Jahrhunderts diente er als Proviantlager der französischen Truppen, selbst der Abbruch der Ruine wurde erwogen.

Die Initiative zur Vollendung des Kölner Doms ging wie bei so vielen anderen gesellschaftlichen Bewegungen der ersten Hälfte des 19. Jahrhunderts von der intellektuell-literarischen Elite aus. Sie war Ausdruck jener umfassenden Neubewertung der historischen Vergangenheit im Allgemeinen und des Mittelalters im Besonderen, die in Deutschland um die Wende vom 18. zum 19. Jahrhundert einsetzte. Höhepunkt dieses Umschwungs waren die Jahre der Befreiungskriege gegen die napoleonische Herrschaft, als deutsche Intellektuelle sich nicht nur im militärischen Kampf gegen die französischen Truppen engagierten, sondern sich auch mehrheitlich für der Französischen Revolution entgegengesetzte kulturell-weltanschauliche Grundorientierungen engagierten. Sprach man in dem vorangegangenen Zeitalter der Aufklärung, unter dem Einfluss der Prinzipien der Vernunft und einer säkularen Weltordnung, vom Mittelalter als einem «dunklen und finsteren» Zeitalter, so entdeckte man in der anschließenden Epoche der Romantik die Welt des Gefühls und des Glaubens wieder.

Dieser Wandel betraf auch die Einstellung zum Baustil des Kölner Doms. Waren in der Aufklärung die klassischen Formen der Antike das überzeitliche Maß der Dinge, so erblickte man nun in der historischen Kunstrichtung der mittelalterlichen Gotik das große Vorbild. Am Anfang dieser Gotik-Rezeption stand der junge Johann Wolfgang Goethe, der nach der Betrachtung des Straßburger Münsters 1770 sein abschätziges Urteil über die Gotik revidierte und ausrief: «Das ist deutsche Baukunst, unsere Baukunst.» Das war zwar im Hinblick auf den Ursprung des gotischen Baustils in den nordfranzösischen Kathedralen ein Irrtum, der sich aber im Hinblick auf das Aufblühen der Neugotik in Deutschland als wirkmächtig erwies. 1815 verfasste Goethe für die preußische Regierung, die soeben die Rheinprovinz übernommen hatte, eine Denkschrift über die Erhaltung der Kunstschätze am Rhein, die er im Jahr darauf unter dem Titel «Kunst und Altertum an Rhein und Main» veröffentlichte. Nach Auffassung des weimarischen Dichterfürsten erforderte die Erhaltung des Kölner Doms seine Vollendung.

In der Zwischenzeit war das Eintreten für den Abschluss des mittelalterlichen Bauprojektes zum allgemeinen Anliegen der romantischen Bewegung geworden. 1791 kamen dem Naturforscher und Ethnologen Georg Forster die unvollendeten Säulen des Kölner Doms wie die Bäume eines uralten Waldes vor. Friedrich Schlegel, als Schriftsteller und Sprachwissenschaftler mit seinem Bruder August Wilhelm einer der Initiatoren der frühromantischen Bewegung in Deutschland, hob 1804/05 in seinen «Grundzüge(n) der gotischen Baukunst» den Kölner Dom auf das Podest eines Riesenwerks, das mit «den stolzesten des neuen oder alten Roms verglichen werden könnte». Eine explizit nationalpolitische Dimension erhielt das Vorhaben 1814, während sich die Befreiung Deutschlands von der französischen Fremdherrschaft abzeichnete, durch den «Aufruf zur Vollendung des Kölner Doms», den Joseph Görres in seinem «Rheinischen Merkur» veröffentlichte. Für diesen späteren Bannerträger des politischen Katholizismus war die unvollendete Kathedrale ein Symbol deutscher Zerrissenheit, ihre Vollendung galt ihm als «ein Symbol des neuen Reiches, das wir bauen wollen».

Alle diese Anstöße wurden von Sulpiz Boisserée, dem eigentlichen Geburtshelfer bei der Vollendung des Kölner Doms, gebündelt und in die praktische Wirklichkeit umgesetzt. Dieser Kölner Kaufmann und Kunstsammler, Sohn eines wallonischen Vaters und einer italienischstämmigen Mutter, konnte an die Wiederentdeckung der beiden über vier Meter langen Fassadenrisse von der Westfront des Baus anknüpfen. Sie waren in der französischen Zeit verloren gegangen, eines der beiden Pergamente hatte im Dachgeschoss eines Gasthofs bei Darmstadt als Unterlage beim Trocknen von Dörrobst gedient. Auf der Grundlage dieser ursprünglichen Baupläne veröffentlichte Boisserée in den 1820er Jahren 18 riesige Kupfertafeln mit dem damaligen Zustand und der vorgestellten Vollendung des Doms, welche die Phantasie der Öffentlichkeit beflügelte.

Die erste Stufe zur Vollendung der Kirche war die Sicherung und Renovierung der vorhandenen Bauteile, vor allem des Chorgebäudes. Nach der Übernahme der Rheinprovinz durch Preußen im Gefolge des Wiener Kongresses kam König Friedrich Wilhelm III. mit Papst Pius VII. 1821 überein, nicht nur das alte Erzbistum Köln wiederzuerrichten, sondern auch den Kölner Dom aus Staatsmitteln zu restaurieren. An die Spitze dieser Bemühungen trat 1833 als Dombaumeister Ernst Friedrich Zwirner, der von Anfang an die Vollendung des ihm anvertrauten Bauwerkes angestrebt hatte.

Seine Stunde kam, als im Juni 1840 König Friedrich Wilhelm IV. von Preußen die Nachfolge seines Vaters antrat. Die Grundsteinlegung 25 Monate später und das dabei verkündete Versprechen, das mittelalterliche Projekt sechs Jahrhunderte nach Baubeginn endlich zu vollenden, war *das* Symbol für die Hoffnungen, die mit dem preußischen Thronwechsel verbunden wurden. Zeichnete sich Friedrich Wilhelm III. durch eine eher introvertierte, schlichte und soldatische Persönlichkeit aus, so charakterisierten seinen Sohn extrovertierte, geistreiche und kunstsinnige Züge. Friedrich Wilhelm IV. war mit einem bis heute immer wieder zitierten Buchtitel von David Friedrich Strauß «Der Romantiker auf dem Thron».

Schon als junger Kronprinz war er im Juli 1814 von Sulpiz Boisserée in Köln durch die Stadt und den Domtorso geführt worden, hatte begeistert reagiert und den Wunsch geäußert, das Gotteshaus sogleich auszubauen. In den Folgejahren schlossen sich zahlreiche weitere Besuche an. Nach seiner Thronbesteigung beteiligte sich Friedrich Wilhelm IV. intensiv an Planung und Finanzierung des Projekts. Anfang 1842 unterschrieb er eine Kabinettsorder, durch die jährlich 50 000 Taler aus Steuermitteln zur Finanzierung angewiesen wurden. In der Kölner Kathedrale verkörperten sich für Friedrich Wilhelm IV. seine mittelalterliche Reichsidee und christlich-romantische Staatsvorstellung.

So war es für den König selbstverständlich, dass er Anfang 1842 die Konstituierung eines Dombauvereins aus Kölner Bürgern genehmigte und sogar dessen Protektorat übernahm. Im Dombauverein fanden sich das Kölner Bildungs- und Wirtschaftsbürgertum, insbesondere Kaufleute, Fabrikanten und Bankiers, Pfarrer, Juristen und rheinische Landadlige zusammen, um den «Fortbau der katholischen Domkirche in Köln nach dem ursprünglichen Plane» zu fördern, wie es im ersten Paragraphen der Satzung hieß. Mitglied war auch Joseph DuMont, der Herausgeber der «Kölnischen Zeitung». Er ermöglichte es, dass dieser Tageszeitung seit Juli 1842 an jedem Sonntag gratis das «Kölner Domblatt» als Organ des Vereins beigelegt wurde. An zahlreichen weiteren Orten des In- und selbst des Auslandes wurden Dombau-Hilfsvereine aktiv. So gelang es dem Kölner Dombauverein als einem für das deutsche 19. Jahrhundert typischen Vereinszusammenschluss, die andere Hälfte der Baukosten für die Vollendung des Doms aufzubringen. Auch für König Ludwig I. von Bayern, dessen Schwester mit dem preußischen König verheiratet war, war die Unterstützung des Kölner Dombaus eine «Ehrensache für Deutschland». Er übernahm nicht nur die Schirmherrschaft über einen Bayerischen Dombauverein, sondern stiftete auch für das südliche Seitenschiff fünf große Glasfenster, die in München von der Königlichen Glasmalereianstalt geschaffen wurden.

Schließlich muss zu den wichtigsten Trägern dieses ehrgeizigen Großprojektes auch der schon erwähnte Dombaumeister gezählt werden. Ernst Friedrich Zwirner, ein oberschlesischer Protestant, war ein Meisterschüler des preußischen Stararchitekten Schinkel. Seine große Begabung beruhte auf einer außergewöhnlichen Verknüpfung von baumeisterlicher Handwerkspraxis und architektonisch-bildhauerischer Kunstfertigkeit. Zwirner arbeitete nicht mit privaten Bauunternehmern, sondern nahm die mittelalterliche Tradition einer eigenen Dombauhütte auf. Es verwundert nicht, dass der König ihm zur Ermunterung zum Abschluss des Festes am 4. September 1842 eine Gehaltserhöhung gewährte.

In den ersten Jahren nach der Grundsteinlegung kamen die Arbeiten zur Vollendung des Doms zunächst zügig voran. Mitte August 1848 konnte man in Köln ein zweites Dombaufest aus Anlass der Sechshundertjahrfeier der ersten Grundsteinlegung im Jahr 1248 veranstalten. Es versprach mit seinem Festprogramm und den prominenten Teilnehmern genauso glänzend auszufallen wie sechs Jahre zuvor. Der preußische König ließ sich vom Dombauverein nach anfänglichem Zögern überreden, wieder seine Schutzherrnrolle bei dem Projekt zu zelebrieren, erneut begleitet von seinem Kammerherrn Alexander von Humboldt. Doch lag es Friedrich Wilhelm IV. schwer auf dem Magen, dass sich die politischen Umstände seines Besuchs in der Rheinprovinz inzwischen durch den Ausbruch der Märzrevolution gravierend verändert hatten. Nicht nur dominierten in Köln die schwarz-rot-goldenen Flaggen der freiheitlichen deutschen Nationalbewegung über den schwarz-weißen Fahnen Preußens. Auch war der österreichische Erzherzog Johann, der schon 1842 am ersten Kölner Dombaufest teilgenommen hatte, inzwischen von der Frankfurter Nationalversammlung zum Reichsverweser gewählt worden – ein dem preußischen Monarchen von Gottes Gnaden ekelhafter Vorgang. (Diese Spannung zwischen dem Souverän des preußischen Königreiches und dem Repräsentanten der liberal-konstitutionellen Einheitsbewegung ist auch in der auf dem Umschlag dieses Buches abgebildeten Begrüßungsszene zwischen dem Hohenzollern und dem Habsburger zu erkennen, die bei flüchtiger Betrachtung sowohl als freudige Umarmung wie auch als Ausdruck eines Ringkampfes gedeutet werden kann.) Friedrich Wilhelm IV. fühlte sich im Gefolge seines erneut begeisterten Empfangs durch die Kölner Bevölkerung während des zweiten Dombaufestes ermuntert, nach seinen Berliner Demütigungen der vorangegangenen Monate wieder auf das Erstarken seines monarchischen Stolzes zu setzen. Als ihn in Köln Heinrich von Gagern begrüßte, antwortete er dem Präsidenten der deutschen konstituierenden Nationalversammlung: «Vergessen Sie nicht, daß es noch Fürsten in Deutschland gibt, und daß ich zu ihnen gehöre.»

Während der bürgerlichen Revolution von 1848/49 trat auf Seiten des Dombauvereins eine Finanzierungskrise ein, die Arbeiten an dem Großprojekt mussten erheblich eingeschränkt werden, es drohte sogar ihre Einstellung. So war der preußische Staat gezwungen, mit einem immer größeren Anteil einzuspringen. Schließlich griff man zur Vollendung der Türme sogar zu dem Ausweg einer Dombau-Lotterie, gegen die Bedenken der Geistlichkeit, aber mit großem Erfolg. 1868 wurde der über 500 Jahre alte hölzerne Kran auf dem Südturm abgetragen und durch einen von einer Dampfmaschine betriebenen Aufzug ersetzt: ein Beispiel dafür, wie sich bei der Vollendung des Kölner Doms mittelalterliche Bauplanung mit moderner Technik verband.

Als 1880 der Nordturm vollendet wurde, war er mit fast 160 Metern das damals höchste Gebäude der Welt. So konnte am 15. Oktober 1880, 632 Jahre nach dem Baubeginn, in Anwesenheit von Wilhelm I., dem jüngeren Bruder Friedrich Wilhelms IV., der seit 1871 als deutscher Kaiser amtierte, die Vollendung der mittelalterlichen Kathedrale gefeiert werden.

Die am 4. September 1842 auf dem Dombaufest gegebene Absichtserklärung zur Vollendung des Kölner Doms wurde von drei Säulen getragen: dem König von Preußen, der katholischen Hierarchie des Erzbistums Köln und dem im Dombauverein dominierenden nationalliberalen Bürgertum des Rheinlands. An der Spitze stand dabei, daran konnte kein Zweifel aufkommen, Friedrich Wilhelm IV. Für ihn bot das Ereignis die symbolisch aufgeladene Gelegenheit, nach der Thronbesteigung sein Programm der Einigkeit der deutschen Fürsten und Stämme sowie des Friedens zwischen den Konfessionen und Ständen publikumswirksam zu beschwören. Der preußische Monarch verstand das Kölner Dombaufest als konservativ-christlichen Kontrast zu den vorangegangenen oppositionellen Festen der Vormärzzeit, sei es des studentenbewegten Wartburgfestes oder des demokratisch gestimmten Hambacher Festes. Diese obrigkeitsstaatliche Funktionalisierung des Kölner Dombaus stieß auch Heinrich Heine auf, der zunächst im Juni 1842 zu den Initiatoren eines Pariser Hilfsvereins gehörte, sich dann aber im Januar 1844 mit bissigen Worten in seinem Reiseepos «Deutschland. Ein Wintermärchen» gegen das Projekt zur Vollendung der Kathedrale wandte.

Friedrich Wilhelm IV. ging es vor allem um die Aussöhnung zwischen dem preußischen Staat und der katholischen Kirche. Im November 1837, ziemlich zeitgleich mit der Protestation der sieben Göttinger Professoren gegen den Verfassungsstreich des hannoverschen Königs, hatte ein länger schwelender Konflikt zwischen der preußischen Obrigkeit und dem Kölner Erzbischof Droste zu Vischering über die Regelung der Kindererziehung in konfessionellen Mischehen zur Verhaftung des Erzbischofs und seiner Verbringung auf die Festung Minden geführt. Friedrich Wilhelm IV. leitete nach seinem Thronantritt eine weniger konfrontative Ära in der preußischen Kirchenpolitik ein. Droste zu Vischering wurde aus der Festungshaft entlassen, durfte allerdings nicht mehr nach Köln und in sein dortiges

Amt zurückkehren. Im März 1842 wurden im Rahmen eines Kompromisses zwischen dem preußischen Staat und der römischen Kurie die erzbischöflichen Befugnisse einem Koadjutor (d. h. Beistand) anvertraut, der nach dem Tod Drostes auch im Titel dessen Nachfolger wurde.

Die katholische Kirche in Deutschland und insbesondere im Rheinland hatte eine Zeit der Krisen hinter sich. Die Auflösung des Alten Reiches, die napoleonischen Neuordnungen und die damit verbundene Säkularisierung hatten alte Gewissheiten infrage gestellt. Dies betraf nicht nur den weltlichen Besitz der Kirche, sondern auch den allgemeinen Zeitgeist. Vor diesem Hintergrund lag der Kirchenführung daran, aufgrund ihrer tradierten Ordnung und Werte neue Stärke nach innen und außen zu gewinnen, in der Kirchenfrömmigkeit ihrer Gläubigen ebenso wie in der Intensivierung des päpstlichen Primats. Der Kölner Erzbischof-Koadjutor gab beim Dombaufest für die Vollendung der Kathedrale in bezeichnender Reihenfolge die Losung aus: «Religion, Kunst und Vaterland». Johannes Geissel hegte wie viele katholische Würdenträger die – unbegründete – Befürchtung, dass der protestantische preußische Staat seine angestammte Bischofskirche zu einer beiden christlichen Religionen zur Verfügung stehenden Simultankirche deklarieren würde, wie dies auf Weisung von König Friedrich Wilhelm IV. mit der bergischen Klosterkirche der Zisterzienser, dem sogenannten Altenberger Dom, geschah. Für die katholische Hierarchie und die große Mehrheit der rheinischen Katholiken war und ist der Kölner Dom *das* Wahrzeichen eines katholischen Rheinlandes.

Im Dombauverein waren diese hochkirchlichen Anliegen und ultramontanen Kräfte in der Minderheit und wurden von der Mehrheit des dort versammelten liberalen Bildungs- und Besitzbürgertums in Schach gehalten. Diesem ging es bei seinem vor allem finanziellen Engagement für die Vollendung des Doms primär um den Beweis seiner eigenen geistigen und wirtschaftlichen Stärke. Man erwartete vom Einsatz für das Lieblingsprojekt des neuen preußischen Königs ein offeneres Ohr des Monarchen und seiner Bürokratie nicht nur für die ökonomischen Interessen der aufstrebenden Klasse, sondern vor allem für deren Begehren nach einem größeren institutionellen Einfluss auf die preußische Politik. Das liberal und national gesinnte Bürgertum verstand die Kölner Rede des Königs als eine Ankündigung der preußischen Krone, nun endlich das am Ende der Befreiungskriege gegebene Verfassungsversprechen einzulösen und unter preußischer Führung die deutsche Einheit herbeizuführen, wenn nicht sogar Preußen in Deutschland aufgehen zu lassen.

Diese Hoffnung auf den Reformwillen Friedrich Wilhelms IV. teilten selbst die demokratischen Kräfte, die sich in jenen Jahren erst langsam aus dem liberalbürgerlichen Lager heraus entwickelten. So wurde in der von Kölner Bankiers und Unternehmern finanzierten «Rheinischen Zeitung», deren Redaktionsleitung gerade Karl Marx übernahm, ein dichterisch formulierter Aufruf an den preußischen König veröffentlicht, dieser sollte nicht nur Dome, Burgen und Paläste ausbauen, sondern auch einen «Dom der Freiheit» errichten.

Die auf dem Dombaufest im September 1842 verkündete Absicht, die mittelalterliche Kölner Kathedrale fertigzustellen, war Ausdruck einer Zusammenarbeit verschiedenster politischer Kräfte. Mit ihr waren vielfältige Hoffnungen verbunden, die Thomas Nipperdey, der in Köln geborene große Historiker des 19. Jahrhunderts, mit dem prägnanten Begriff der «Omnibuserwartungen der Dombaubewegung» charakterisiert hat. Doch sollte sich dieses euphorische Gemeinschaftsgefühl in der harten politischen Wirklichkeit bald verflüchtigen. Friedrich Wilhelm IV. hielt an seiner Vorstellung einer auf dem Gottesgnadentum beruhenden monarchischen Autorität fest und umgab sich mit hochkonservativen Beratern, die eine Öffnung des preußischen Staates zu liberal-konstitutionellen Reformen abzublocken verstanden. Unter den Katholiken wurden die Kräfte des politischen Katholizismus immer stärker, die gegenüber der protestantischen Führung Preußens auf eine echte Gleichberechtigung im Staat drängten, ein Konflikt, der in der zweiten Hälfte des 19. Jahrhunderts im sogenannten Kulturkampf kulminierte. Das Bürgertum erwartete, dass sein wirtschaftlicher und geistiger Aufschwung das Doppelziel von nationaler Einheit und konstitutioneller Freiheit herbeiführen würde, musste aber in der Revolution von 1848/49 das Scheitern dieser Hoffnungen erfahren. So verkörperte das Kölner Dombaufest vom 4. September 1842 den vormärzlichen Höhepunkt, aber auch Abschluss der «frohen Tage der Erwartung», die Heinrich von Treitschke für die Zeit nach der preußischen Thronübernahme durch Friedrich Wilhelm IV. diagnostizierte.

Allen Kräften, die sich 1842 mit unterschiedlichen, oft widersprüchlichen Erwartungen in dem Entschluss zur Vollendung des Kölner Doms zusammenfanden, waren aber zwei Motive von kulturpolitischer Dimension gemeinsam, das erste von eher regionaler, das zweite von nationaler Bedeutung. Parteiübergreifend wurde die Kölner Kathedrale wahrgenommen als imposanter Abschluss des idyllischsten Abschnitts des Rheintals durch das Schiefergebirge des Mittelrheins mit seinen landschaftlichen, historischen und mythischen Attraktionen. An diesem zeitgenössischen Aufschwung der Rheinromantik hatte Friedrich Wilhelm IV. bereits als junger Kronprinz gleich nach der Übernahme der Rheinprovinz durch Preußen regen Anteil genommen. 1823 schenkte ihm die Stadt Koblenz die Burgruine Stolzenfels, die er in den Folgejahren durch preußische Staatsarchitekten mit Schinkel an der Spitze im Geiste der romantischen Neugotik renovieren und ausbauen ließ. Zehn Tage nach dem Kölner Dombaufest und einer anschließenden Jubelreise durch die Rheinprovinz wurde diese rheinische Sommerresidenz des Königs am 14. September 1842 feierlich eingeweiht, nach dem Kölner Vorbild mit einem Festzug der am Bau beteiligten Meister und Gesellen in altdeutscher Tracht und abendlicher Illumination des Rheintals, insbesondere seiner Burgen und der Festung Ehrenbreitstein.

Ernst Moritz Arndt, der christlich grundierte Troubadour einer nationalen Befreiung Deutschlands von fremden Einflüssen und Herrschaftsgewalten, schlug 1814 nicht nur vor, die Jahrestage der Völkerschlacht bei Leipzig zum Anlass zu Nationalfeiern zu nehmen. Auch setzte er sich dafür ein, zur Erinnerung an dieses glorreiche Ereignis ein Denkmal zu errichten, das «groß und herrlich sein müsse wie ein Koloß, eine Pyramide, ein Dom zu Köln». Im Jahr darauf empfahl der damals noch an der Berliner Universität lehrende Theologe de Wette, zum Denkmal für die Wiederauferstehung der Religion und Errettung des Volks in Deutschland «erhabene Tempel im Styl der alten deutschen Baukunst aus freiwilligen Beyträgen» zu errichten. Görres allerdings wandte in seinem Aufruf zur Vollendung des Kölner Doms ein, die Nation sei noch nicht reif genug, ein Nationaldenkmal neu zu errichten, sie solle sich erst den unvollendeten

Vermächtnissen der Vergangenheit widmen. Nach dem Ende der Befreiungskriege ebbte die Vorstellung von einem Dom als dem für Deutschland adäquaten Ehrenmal zunächst ab, wurde aber 1840 infolge der in der Rheinkrise erfahrenen Bedrohung durch den französischen Nachbarn wiederbelebt. So wurde die Vollendung des auf dem linken Ufer des Rheins stehenden Kölner Doms auch vielfach als Verkörperung der im Lied beschworenen «Wacht am Rhein» propagiert.

In der Vollendung der Kölner Kathedrale fand das für das deutsche 19. Jahrhundert und darüber hinaus bis zum Ende der nationalsozialistischen Herrschaft in der Mitte des 20. Jahrhunderts typische Wechselverhältnis von Nationalismus und Religion seinen architektonischen Ausdruck. Seitdem ist die nationalistische Komponente zurückgetreten. In der bundesrepublikanischen Gründerzeit wurde der Kölner Dom unter Konrad Adenauer zu einem Ort der deutsch-französischen Aussöhnung umgewidmet. Heute entspricht er, zumindest in seinem Äußeren, weniger dem Idealtypus eines religiösen Gotteshauses und mehr dem eines öffentlichen Mahnmals. Dazu haben vor allem die städtebaulichen Veränderungen in seiner Umgebung beigetragen, angefangen mit seiner sogenannten Freilegung durch den Abriss der die Kathedrale in mittelalterlicher Tradition umgebenden Gebäude zu Ende des 19. Jahrhunderts bis hin zur Errichtung der Domplatte in den 1960er Jahren, auf welcher der Bau heute steht. Ganz gleich, ob man sich mit der Eisenbahn von Osten über die Hohenzollernbrücke oder von Westen und Süden über die große Gleisschleife dem Kölner Hauptbahnhof nähert, der Kölner Dom wirkt weniger wie eine filigrane Kirche aus der Zeit der mittelalterlichen Gotik und mehr wie ein wuchtiges Denkmal aus dem 19. Jahrhundert.

Schon 1841 nannte Karl Marx in der Vorrede zu seiner Jenenser Dissertation über die antike Naturphilosophie Prometheus, der nach seiner Provokation der Götter von diesen an den Felsen gefesselt worden war, den «vornehmste(n) Heilige(n) und Märtyrer im philosophischen Kalender». Lorenz Clasen, der Zeichner dieser Karikatur aus dem Jahr 1843, transponiert den griechischen Mythos in die Zensurrealität der Gegenwart: Karl Marx ist an die Druckpresse gefesselt, ein preußischer Adler an der Leine eines Eichhörnchens, d. h. des Kultusministers Eichhorn, hackt nach der Leber des Redakteurs der «Rheinischen Zeitung», und zu dessen Füßen beklagen die rheinischen Städte Köln, Düsseldorf, Aachen, Elberfeld, Krefeld und Trier die Bedrängnis und das schließliche Verbot des Blattes.

KARL MARX
UND DIE «RHEINISCHE ZEITUNG» (1843)

Der radikale Philosoph spielt als Redakteur einer liberal-bürgerlichen Zeitung Katz und Maus mit der preußischen Zensur

Ab Mitte Januar 1843 erschien in der in Köln veröffentlichten «Rheinischen Zeitung» eine Artikelserie unter der Überschrift «Rechtfertigung des ††-Korrespondenten von der Mosel». Der Text machte nicht nur unter der regionalen und bald auch überregionalen Leserschaft Furore, er rief auch bei den preußischen Zensurbehörden Entrüstung hervor, die letztendlich zur Schließung des Blattes führte. Bald war es ein offenes Geheimnis, dass sich hinter dem Anonymus mit den zwei Kreuzzeichen der Redakteur des Blattes verbarg, der vierundzwanzigjährige Karl Marx.

Die Zeitung «für Politik, Handel und Gewerbe», wie sie im Untertitel firmierte, war zu Beginn des Jahres 1842 von vermögenden Aktionären ins Leben gerufen worden, die an der Spitze des rheinischen Liberalismus standen. Dazu gehörten an erster Stelle mit Ludolf Camphausen, Gustav Mevissen und Dagobert Oppenheim drei Kölner Bankiers und Unternehmer, die mit ihren Aktivitäten in Eisenbahnbau, Dampfschleppgesellschaften und Bergbau als Vorreiter der industriellen Entwicklung in Westdeutschland wirkten. Doch auch Peter Joseph Mühlens, der Fabrikant des weltbekannten Eau de Cologne, zählte zu diesem wohlhabenden Kreis von rheinischen Liberalen, die eine publizistische Plattform für ihre Ziele von Freihandel, Zollunionen und bürgerlicher Verfassungsentwicklung anstrebten. Sie setzten bei diesen Erwartungen auf die Hoffnungen, die in Preußen mit der Thronbesteigung König Friedrich Wilhelms IV. im Juni 1840 verbunden wurden. Die drei preußischen Zensurminister des Äußeren, des Inneren und der Justiz waren allerdings von Anfang an skeptisch gegenüber der sich abzeichnenden radikalen Tendenz des Blattes. Doch Ernst von Bodelschwingh, der damalige Oberpräsident der Rheinprovinz und spätere preußische Finanzminister, erreichte mit Hinweis auf die wirtschaftliche und politische Bedeutung des gemäßigten Liberalismus in seiner Provinz, dass der Zeitungsgründung eine vorläufige Konzession gewährt wurde.

Die Mitarbeiter der «Rheinischen Zeitung» entstammten weitgehend dem Kreis der Junghegelianer. Dieser von Berlin ausgehende Diskussionszirkel von Linksintellektuellen war von Georg Wilhelm Friedrich Hegel zur dialektischen Methode inspiriert worden, setzte sich aber inhaltlich von der Apotheose des preußischen Staates durch den großen Philosophen ab und propagierte unter Führung der Brüder Bruno und Edgar Bauer eine revolutionäre Umwälzung von Herrschaft und Religion. Durch diese junghegelianische Verbindung wurde auch Karl Marx für den Mitarbeiterkreis der «Rheinischen Zeitung» gewonnen.

Karl Marx, 1818 in Trier geboren, stammte aus einer traditionsreichen Rabbinerfamilie. Sein Vater allerdings entschied sich für den Beruf eines Advokaten und trat bald nach dem Übergang seiner Heimatstadt von der französisch-napoleonischen in die preußische Herrschaft zum protestantischen Glauben über. Der Sohn Karl wurde als Sechsjähriger 1824 mit seinen Geschwistern im evangelischen Glauben getauft. Nach dem Abitur am Trierer Gymnasium studierte Marx ab 1835 Rechts- und Kameralwissenschaften in Bonn, wechselte ein Jahr später an die Berliner Universität. Neben dem Brotstudium der Jurisprudenz beschäftigte ihn mehr das Selbststudium der Geschichte und Philosophie. 1841 wurde Karl Marx mit einer Dissertation zur griechischen Naturphilosophie an der Universität Jena promoviert. Der junge Doktor ging von Berlin nach Bonn zurück und trug sich mit dem Gedanken einer Habilitation an der Rheinischen Hochschule. Im Frühjahr 1842 erreichte den Vierundzwanzigjährigen das Angebot seiner Studienfreunde, an der «Rheinischen Zeitung» mitzuarbeiten. Bereits sein erster, im Mai 1842 erscheinender Zeitungsbeitrag über die Verhandlungen des 6. Rheinischen Landtages, insbesondere über dessen Debatten zur Pressefreiheit, erregte Aufsehen.

Das Anliegen des Trierer Jungjournalisten, nicht abstrakte und radikale Allgemeinheiten zu veröffentlichen, sondern von konkreten Sachverhalten des Alltags auszugehen, traf sich sogar in gewisser Weise mit der wachsenden Kritik der preußischen Zensur an der generellen Tendenz des Organs. Dazu gehörte nach Ansicht des Oberpräsidenten der Rheinprovinz Eduard von Schaper insbesondere die Untergrabung der Grundlagen der christlichen Religion, die Begünstigung von feindseligen Stellungnahmen gegenüber befreundeten Mächten (gemeint war der russische Zar), die Verbreitung von französischen Sympathien und Ideen im Rheinland und der Angriff auf die Grundlagen der preußischen Verfassungsordnung, insbesondere das monarchische Prinzip und die ständischen Verhältnisse. Den Beiträgen aus junghegelianischer Feder wurde vor allem die Schürung eines «allgemeinen Mißtrauens zwischen den Organen des Herrschers und den Untertanen» vorgeworfen. Auch Marx wandte sich immer mehr von dem Verbalradikalismus Bruno Bauers und insbesondere dessen abstrakter Religionskritik ab, die den an der Bonner Theologischen Fakultät unter ihrem Dekan Friedrich Bleek abgeblitzten Privatdozenten auf den Weg des Atheismus führte. Damit wurden nach Marx' Auffassung nicht nur die mehrheitlich katholischen Rheinländer, sondern auch die überwiegend evangelischen Aktionäre der «Rheinischen Zeitung» vor den Kopf gestoßen. Marx war skeptisch gegen «weltumwälzungsschwangere und gedankenleere Sudeleien im saloppen Styl, mit etwas Atheismus und Communismus versetzt», wie er an Arnold Ruge, den ihm nahestehenden Herausgeber der «Hallischen Jahrbücher», schrieb. Eine zu entschiedene Opposition gegen die Grundpfeiler der gegenwärtigen Staatszustände in Preußen würde nicht nur die Verschärfung der Zensur, sondern sogar das Verbot der Zeitschrift provozieren. Für Marx galt es, wie er im August 1842 in einem Brief an Dagobert Oppenheim erklärte, «Stufe für Stufe, innerhalb der constitutionellen Schranken, die Freiheit zu erkämpfen».

Die im Herbst 1842 offensichtliche Krise der «Rheinischen Zeitung», nicht zuletzt in den Abonnentenzahlen, veranlasste deren Leitung, Karl Marx am 15. Oktober zum Eintritt in die Redaktion aufzufordern. Er siedelte von Bonn nach Köln über und wurde zum «eigentlichen Redakteur», faktisch zum Chefredakteur der Zeitung mit einem Jahresgehalt von 600 Talern. Während zuvor die junghegelianischen Mitarbeiter der Redaktion auf der Nase herumgetanzt waren, bestimmte nun ein willensstarker Redakteur das journalistische Alltagsgeschäft der Zeitung. Er gab die Richtlinie vor, nicht von philosophischen Allgemeinheiten auszugehen, sondern auf konkrete politische, gesellschaftliche und wirtschaftliche Sachverhalte zu rekurrieren. Nicht Revolution, sondern Reform war für den jungen Marx die Parole.

In diesem Sinne setzte sich Marx in seinem ersten Beitrag nicht mehr als freier Mitarbeiter, sondern nun als Schriftleiter der «Rheinischen Zeitung» Ende Oktober 1842 mit dem Entwurf eines Holzdiebstahlgesetzes auseinander, der im Rheinischen Landtag debattiert wurde. Er prangerte die geplante Ausdehnung der Strafbewehrung auf das Sammeln von Bruchholz in Wäldern als eine ungerechte Verschärfung der Notlage der ärmeren Schichten an.

Zu einer regelrechten Fehde mit den preußischen Regierungsbehörden weitete sich dann die Serie von Artikeln zur Not der Winzer an der Mosel aus, die in der zweiten Januarhälfte des Jahres 1843 veröffentlicht wurde. Anlass dieser Beiträge aus der Feder von Karl Marx waren zwei einen Monat zuvor verfasste Berichte, in denen ein örtlicher Korrespondent der Zeitung das Elend der Bauern an der Mosel und die Untätigkeit der Regierungsbehörden angeprangert hatte. Oberpräsident von Schaper ließ daraufhin in allen rheinischen Blättern ein Reskript einrücken, in dem er mit höflichen, aber entschiedenen Worten Tatsachen und Begründungen dieser Vorwürfe anmahnte. Er erwartete vor allem, dass der anonyme Autor der beiden Artikel, dessen Worte aufnehmend, «die Krebsschäden, welche an dem Marke des Winzers zehren», und «die Vampyre, welche an dessen Herzblute saugen», benennen würde. Besonders dringlich war dem Oberpräsidenten die Aufforderung, das Versagen der Verwaltung an der Mosel an konkreten Fällen nachzuweisen, hatte Eduard von Schaper doch von 1839 bis 1842 als Präsident der Regierung in Trier gewirkt. Peter Coblenz, der Moselkorrespondent der «Rheinischen Zeitung», fühlte sich außer Stande, die angeforderten Belege zu liefern. Daher übernahm Karl Marx die Antworten, die dann am 15., 17., 18., 19. und 20. Januar 1843 erschienen.

Marx war seit seiner Trierer Kindheit mit dem Weinbau bestens vertraut, besaß sein Vater doch mehrere Weinberge, in denen seine Kinder spielten. Jahrzehnte später bedankte sich Karl Marx aus dem Londoner Exil für die Zusendung von Wein durch einen Freund in Bordeaux mit den Worten: «Da ich aus einer Weingegend stamme und Ex-Weinbergbesitzer bin, weiß ich den Wert des Weines sehr wohl zu schätzen.»

Die eigene Herkunft erleichterte es Karl Marx also, die «Rechtfertigung des ††-Korrespondenten von der Mosel» zu übernehmen. Im ersten am 15. Januar 1843 erschienenen Artikel setzte er sich einleitend das Ziel, der «rücksichtslose(n) Stimme der Noth» in der Weinbaugegend Ausdruck zu geben. Das Elend in seiner Heimatregion führte Marx auf eine Kulmination von misslichen Faktoren in den 1830er Jahren zurück. An erster Stelle nannte er die im Weinbau herrschenden Konjunkturschwankungen. Zahlreiche ertragreiche Ernten in der zweiten Hälfte der 1820er Jahre hätten Profite eingebracht, mit denen die Winzer zu oft überhöhten Preisen zusätzliche Weinberge angekauft und erschlossen hätten. Die dabei eingegangenen finanziellen Verpflichtungen hätten in den nachfolgenden mageren Jahren zu «größeren Kalamitäten bei der ärmeren Winzerklasse» geführt.

Verschärft wurden die Auswirkungen dieser lang anhaltenden Konjunkturkrise durch die preußische Zollvereinspolitik. Nach 1818 hatte der Moselwein zunächst durch die Zollgesetzgebung des Königreichs eine vorherrschende Stellung auf dem preußischen Markt gewonnen, die zu einer Vernachlässigung der Qualität der Weinproduktion zugunsten ihrer Quantität führte. Doch im Gefolge der Zollverträge, zunächst mit dem Großherzogtum Hessen im Jahr 1828 und schließlich in dem 1834 vereinbarten Deutschen Zollverein, verdrängten Weine aus dem Rheingau, der Pfalz und Süddeutschland den Moselwein vom preußischen Markt. Die Weinpreise verfielen, schließlich wurde der Moselwein weitgehend unverkäuflich. Staatliche Hilfsmaßnahmen für die Winzer wie Nachlässe bei der Grund- und Weinsteuer und Notstandsarbeiten im Wegebau und bei der Flussregulierung waren nur ein Tropfen auf den heißen Stein. Karl Marx kritisierte, dass der preußische Staat lediglich bereit war, den Übergang in andere Agrarproduktionen wie den Anbau von Maulbeerbäumen zur Seidenproduktion zu erleichtern, deren Erfolgsaussichten aber angesichts der steilen und steinigen Moselhänge gering waren. Er summierte: «Der Mosellaner verlangt also, daß wenn er die ihm durch die Natur und die Sitte zugewiesene Arbeit vollbringt, der Staat ihm die Atmosphäre verschaffe, in welcher er wachsen, gedeihen, leben kann.»

Aus dem beschriebenen großen Elend an der Mosel folgerte Karl Marx «die Nothwendigkeit einer freien Presse» und begab sich damit auf ein Themengebiet, das dem jungen Journalisten seit Beginn seiner Mitarbeit an der «Rheinischen Zeitung» besonders am Herzen lag.

Ausgangspunkt war eine vertrauenerweckende Instruktion des preußischen Königs vom 10. Dezember 1841 an sein Staatsministerium. In ihr hatte Friedrich Wilhelm IV. eine mildere Handhabung des nach den Karlsbader Beschlüssen verabschiedeten rigiden preußischen Zensurgesetzes vom 18. Oktober 1819 in Aussicht gestellt: «Seine Majestät der König [hat] jeden ungebührlichen Zwang der schriftstellerischen Tätigkeit ausdrücklich zu mißbilligen» und die «Anerkennung des Werths und des Bedürfnisses einer freimüthigen und anständigen Publizität» zu achten geruht.

Nach dieser zu einiger Hoffnung berechtigenden königlichen Äußerung stimmte Karl Marx schon im Mai 1842 in seinem ersten Beitrag zur «Rheinischen Zeitung» über die Verhandlungen des Rheinischen Landtages zur Pressefreiheit in den allgemeinen Ruf nach unbeschränkter Pressefreiheit und Veröffentlichung der Verhandlungen der Volksvertretungen ein, der sich in den 1840er Jahren immer stärker in allen deutschen Staaten erhob. Aus einer unzensierten Presse sprach nach Ansicht des Jungjournalisten der allseitige, allgegenwärtige und allwissende wahre «Staatsgeist». Zensur hingegen sei ein Ausdruck obrigkeitlicher Ängstlichkeit, durch welche die Teilnahme an den vaterländischen Interessen und das Nationalgefühl verloren gehe. In der Fortsetzung seiner «Rechtfertigung des ††-Korrespondenten von der Mosel» schrieb Marx am 19. Januar 1843 dem unzensierten Journalismus die staatstragende Rolle zu, die Anliegen der Volksnot an die «Stufen des Thrones» zu tragen. Marx wollte mit diesen Argumenten die preußische Obrigkeit auf ihrem Weg zur Lockerung und schließlichen Abschaffung des Zensursystems bestärken. Wie illusorisch solche Hoffnungen allerdings waren, machte schon die Kabinettsordre Friedrich Wilhelms IV. vom 14. Oktober 1842 deutlich, die nicht zuletzt durch die Auseinandersetzungen mit der «Rheinischen Zeitung» bewirkt worden war. Der vom Selbstverständnis eines christlichen und patriarchalischen Sittenrichters inspirierte Monarch ließ bei allen blumigen Formulierungen keinen Zweifel daran aufkommen, dass die von ihm gewährte Freiheit des Wortes nicht durch «Waffen der Lüge und Verführung» um ihre Früchte und ihren Segen betrogen werden dürfte.

Marx' journalistische Strategie, auf die Fortschrittlichkeit der preußischen Obrigkeit zu setzen, wurde besonders deutlich in seinen Äußerungen zu den Verwaltungsbehörden. Er nahm den aus der Zeit der preußischen Reform stammenden Anspruch der höheren Beamtenschaft auf, als vermittelndes Element zwischen bürgerlicher Gesellschaft und obrigkeitlichem Staat zu wirken. Der junge Journalist, der mit seinem Studium der Rechts- und Kameralwissenschaften die akademischen Voraussetzungen für die Aufnahme in den höheren Verwaltungsdienst erfüllt hatte, konzedierte diesem den Anspruch auf «höheres amtliches Wissen» und «Unfehlbarkeit» des Sachverstandes. Diese Achtung vor der höheren Beamtenschaft schlug sich auch in der Ehrerbietung nieder, mit der Marx dem Oberpräsidenten von Schaper gegenübertrat, immerhin der bürokratischen Spitze des Zensursystems in der Rheinprovinz und dem Autor jener eindrücklichen Nachfragen, welche der «Rheinischen Zeitung» zusetzten.

In solch ehrfurchtsvollen Worten schlug sich die Leitidee von Karl Marx für den Stil in der «Rheinischen Zeitung» nieder: «Der Ton aber ist wahrhaftig ernst, ruhig und würdig.» Mit dieser Maxime trug er der Vorgabe in den preußischen Zensurinstruktionen Rechnung, dass in den vorgelegten Manuskripten nicht nur die Inhalte, sondern auch die Form und der Ton der Sprache zu überprüfen seien. Dass Marx auch anders als im moderaten Duktus schreiben konnte, erkennt man an seinen streitsüchtigen Artikeln gegen Konkurrenzblätter wie die katholisch-ultramontan orientierte «Kölner Zeitung» und die proösterreichisch eingestellte Augsburger «Allgemeine Zeitung».

Bei allem Bemühen von Karl Marx, der Zensur und vor allem ihrer schwersten Waffe des Zeitungsverbots keine Angriffsflächen zu bieten, kam es doch in den zehn Monaten seiner Mitarbeit und den fünf Monaten seiner Redaktionsleitung zwischen ihm und den Zensoren zu ständigen Reibereien. Insgesamt mühten sich in den 15 Monaten der Existenz der «Rheinischen Zeitung» nacheinander vier Zensoren mit ihr ab. In den letzten drei Monaten der Publikation musste, nachdem der zuständige Zensor seine Arbeit abgeschlossen hatte, die ganze druckfertige Ausgabe der Zeitung nochmals abends dem Kölner Regierungspräsidenten vorgelegt werden, der sie dann in der Nacht für den Druck am folgenden Tag freigab – oder blockierte. Vom vierten Zensor Wilhelm von Saint Paul ist aus dem Briefwechsel mit seinem Berliner Vorgesetzten überliefert, welchen Stress ihm die Redaktion der «Rheinischen Zeitung» und insbesondere Marx mit «unaufhörlichen und überwältigenden Anmutungen» verursachte. Saint Paul fühlte sich nicht nur durch die Vielzahl von eingereichten Manuskripten, sondern vor allem durch die Unmasse von Druckfehlern drangsaliert. Auf der anderen Seite klagte Marx in einem Brief an Arnold Ruge vom 30. November 1842 darüber, dass er «von Morgens bis Abend die schrecklichsten Censurquälereien, Ministerialschreiben, Oberpräsidialbeschwerden, Landtagsklagen, Schreien der Actionäre etc.etc.» zu ertragen habe.

Die Zensurquerelen um die «Rheinische Zeitung» erreichten schließlich im Januar 1843 ihren dramatischen Höhepunkt. Der dritte, der vorletzte Zensor meldete, nachdem Marx ihm den Text des folgenden Abschnittes seiner Artikelserie mit Hinweisen auf konkretes Fehlverhalten von Verwaltungsbehörden in der Moselgegend vorgelegt hatte, prinzipielle Bedenken gegen den weiteren Abdruck der «Rechtfertigung des ††-Korrespondenten von der Mosel» an. Offensichtlich befürchtete die preußische Obrigkeit eine weitere Eskalation der Chronique Scandaleuse, standen doch entsprechend der Ankündigung des Autors vom Beginn der Artikelserie noch Abschnitte über «Die Vampyre der Moselgegend» und «Vorschläge zur Abhülfe» aus. Am 20. Januar 1843 beschlossen die drei preußischen Zensurminister, der «Rheinischen Zeitung» zum 1. April 1843 die Lizenz zu entziehen. Sie konzedierten zwar, dass sich der Ton der Publikation in den letzten Monaten unter Marxens Redaktion gemäßigt habe. Doch habe sich nichts an der «offenbar böswilligen Tendenz» der Zeitung geändert, die «das Bestehende in Kirche und Staat anzufeinden und zu untergraben und allgemeines Mißvergnügen mit der Staatsverwaltung zu erwecken» suche. Das waren bis in die Wortwahl dieselben Monita, die der Zeitung seit ihrem Erscheinen immer wieder vorgehalten worden waren. Offensichtlich wollte die Berliner Obrigkeit lieber ein Ende mit Schrecken für das rheinische Experiment einer freiheitlicheren Presse als einen Schrecken ohne Ende.

Man nahm damit in Kauf, die einflussreichen Kölner Aktionäre des Unternehmens vor den Kopf zu stoßen. Die Auflage der «Rheinischen Zeitung» war unter der redaktionellen Leitung von Karl Marx von 900 auf 3500 gestiegen, wobei zu berücksichtigen ist, dass die einzelnen Zeitungsexemplare zumeist von einer Vielzahl von Lesern konsumiert wurden. Marx setzte sich im Entwurf einer Denkschrift vom 12. Februar 1843 mit den Verbotsbegründungen auseinander und stellte resümierend fest, die «Rheinische Zeitung» habe sich für «Preußen als den Staat des Fortschritts» eingesetzt. Doch schließlich zog er am 17. März 1843 die persönliche Konsequenz aus den unzumutbaren Zensurverhältnissen und den Spannungen in der Redaktion und trat aus dieser aus. Schon Ende Januar hatte Marx nach der Verbotsentscheidung der obersten Zensurbehörde in einem Brief an Arnold Ruge geschrieben: «Ich bin der Heuchelei, der Dummheit, der rohen Autorität und unseres Schmiegens, Biegens, Rückendrehens und der Wortklauberei müde gewesen. Also die Regierung hat mich wieder in Freiheit gesetzt.»

Die Aktionäre versuchten alles, um die Obrigkeit umzustimmen. In vielen rheinischen Städten wurden Petitionen für das Fortbestehen der «Rheinischen Zeitung» verfasst, allein in Köln mit an die 1000 Unterschriften, darunter auch von Bürgern, die der politischen und konfessionellen Tendenz der Zeitung eher skeptisch gegenüberstanden. Man bemühte sich um eine gemäßigt-liberale Redaktionsleitung und schickte eine Delegation in die Hauptstadt, die zwar von den drei Zensurministern empfangen, aber nicht zum König vorgelassen wurde. Am 31. März 1843 erschien die letzte Nummer der «Rheinischen Zeitung», sie wurde wie eine Reliquie mit 8 bis 10 Silbergroschen gehandelt. Das Zeitungsverbot trug zur weitgehenden Enttäuschung der im liberalen Bürgertum mit der Thronbesteigung Friedrich Wilhelms IV. verbundenen Hoffnungen bei.

Nach dem Ende der rheinischen Zeitungsepisode fuhr Karl Marx mit dem Dampfschiff von Köln nach Bad Kreuznach. Dort traf er sich mit Jenny von Westphalen, mit der er bereits sechs Jahre verlobt war. Am 19. Juni 1843 wurde in der örtlichen evangelischen Kirche geheiratet, obwohl dem Atheisten Marx in dem linksrheinischen Gebiet Preußens auch die Möglichkeit einer Ziviltrauung offengestanden hätte – augenscheinlich eine Rücksichtnahme auf die Braut und deren konservativ eingestellte Familie. Fünf Monate später siedelte das Ehepaar nach Paris über. In Deutschland schien Karl Marx keine berufliche und politische Zukunft mehr offenzustehen. Es begannen die langen Exiljahrzehnte des Begründers des «wissenschaftlichen Sozialismus», die schließlich über Brüssel nach London führten, wo Marx 1883 starb.

Karl Marx nahm das Verbot der «Rheinischen Zeitung» im Frühjahr 1843 zum Anlass, sich «von der öffentlichen Bühne in die Studierstube zurückzuziehen». So schrieb er 1859 im Vorwort zu seinem Buch «Zur Kritik der Politischen Oekonomie», einer Vorstudie zu seinem mit dem 1. Band im Jahr 1867 erscheinenden Monumentalwerk über «Das Kapital». Rückblickend nannte Marx 1859 in diesem Vorwort seine Beiträge über die Verhandlungen des Rheinischen Landtags zum Holzdiebstahl und zur Parzellierung des Grundeigentums, insbesondere aber seine amtliche Polemik mit dem Oberpräsidenten von Schaper über die Lage der Moselbauern seine erste «Beschäftigung mit ökonomischen Fragen». Er konzedierte zugleich, dass 1842/43 sein guter Wille «weiterzugehen» noch größer als seine Sachkenntnis gewesen sei. In der Tat brachten die Mosel-Artikel noch wenig Substantielles zu einer wirtschaftlichen Analyse des Elends der Weinbauern, stand Marx in diesen jungen Lebensjahren doch noch ganz unter dem Einfluss des deutschen Idealismus Hegel'scher Tradition.

Andererseits fällt auf, dass sich Karl Marx in diesen Zeitungstexten immer wieder von der Versuchung abgrenzte, staatliche und wirtschaftliche Zustände aus dem individuellen Willen der handelnden Personen abzuleiten und diese zu kritisieren. Ihm ging es vielmehr darum, die «*sachliche Natur der Verhältnisse*» (in Kursivschrift von Marx hervorgehoben) herauszuarbeiten. Von dieser Maxime aus dem Jahr 1843 war es für den Klassiker der politökonomischen Analyse 1859 ein konsequenter Schritt, wie er im folgenden Abschnitt seines Vorwortes «Zur Kritik der Politischen Oekonomie» konstatierte, seiner Erforschung der gesellschaftlichen Zustände den Aspekt der *Produktionsverhältnisse* zugrunde zu legen.

Ludwig Emil Grimm, der jüngere Bruder von Jacob und Wilhelm Grimm, gestaltete 1838 dieses Bild der 53-jährigen Bettine von Arnim, nachdem er schon deren jugendliche Schönheit festgehalten hatte. Bettine sitzt sinnierend in einem Sessel, neben ihr der für sie als engagierte Leserin und Schriftstellerin sinnbildliche Bücherstapel. Dominierend in der Bildstaffage ist aber das Modell des geplanten Goethe-Denkmals, das die vielseitige Künstlerin schon 1824 entwarf. Es entstand im Rahmen der bürgerschaftlichen Initiative in Frankfurt am Mai, dem berühmtesten Sohn der Stadt ein Denkmal zu widmen. Da Bettine den Entwurf des preußischen Starbildhauers Christian Daniel Rauch als Darstellung eines «alten Kerl(s) im Schlafrock» empfand, zeichnete sie selbst einen Entwurf, den ein Bildhauer in mehrere Gipsmodelle umsetzte. Eines dieser Modelle übergab Bettine im Juli 1824 bei einem Besuch in Weimar dem angebeteten Dichterfürsten, ein weiteres stellte sie an prominenter Stelle in ihrem Wohnzimmer auf. Bettine von Arnims Entwurf eines Goethe-Denkmals wurde 1853 unter Weglassung der prachtvollen Sockelausgestaltung in Marmor ausgeführt und in Weimar aufgestellt.

BETTINE VON ARNIMS «DIES BUCH GEHÖRT DEM KÖNIG» (1843)

Eine exzentrische Freifrau macht den preußischen König auf die Misere der Armen vor den Toren Berlins aufmerksam

Mitte Juli 1843 erschien in Berlin ein Buch, das nicht nur mit einer Widmung als Titel und seiner prominenten Verfasserin für Aufsehen und Verwirrung sorgte. Auch sein auf den ersten Blick rätselhafter Inhalt stieß auf höchst konträre Reaktionen, die zwischen begeisterter Zustimmung und schroffer Ablehnung schwankten.

Die Veröffentlichung mit dem Titel «Dies Buch gehört dem König» stammte von Bettina von Arnim, geborene Brentano. Diese romantische Schriftstellerin, die sich meistens «Bettine Arnim» nannte, war durch die sensationelle, wenn auch kontroverse Veröffentlichung von «Goethes Briefwechsel mit einem Kinde» (1835) zu großer Prominenz aufgestiegen. Die verwitwete Freifrau führte in Berlin ein offenes Haus, vor allem für Studenten, stand damit in der Salontradition von Rahel Varnhagen und Henriette Herz. Schon als Kind hatte sie als eigenwillig und unbändig gegolten und setzte diese Persönlichkeitszüge nun für ihre politischen Anliegen ein.

So war es Bettine und ihrem Einfluss auf den preußischen König Friedrich Wilhelm IV. zu verdanken, dass nach dessen Thronbesteigung 1840 die drei Jahre zuvor in Göttingen entlassenen Brüder Grimm nach Berlin berufen wurden und 1842 Friedrich Christoph Dahlmann einen Lehrstuhl in Bonn erhielt. Der letztgenannte Wortführer der Göttinger Sieben hatte 1834 Bettine, die kaum dem bürgerlichen Frauenideal einer stillen und unterstützenden Ehefrau entsprach, bei den Grimms kennengelernt und schrieb danach mit einer Mischung von Bewunderung und Vorsicht: «Die Arnim […] hat einen wahrhaft schöpferischen Geist und eine ganz eigenthümliche Kraft, die besseren Elemente der Gesellschaft aufzuregen; […] Fortgesetzter Umgang mit ihr mag auch seinen Druck haben, aber es kommt auch etwas dabei heraus.»

Mit ihrem sogenannten Königsbuch knüpfte Bettine von Arnim 1843 in inhaltlicher Hinsicht an ihr vorangegangenes Goethebuch an. Im erzählerischen Mittelpunkt des ersten Teils steht die «Frau Rat» Catharina Elisabeth Goethe, die fabulierfreudige und lebensfröhliche Mutter Johann Wolfgang von Goethes. Zu dieser alten

Dame hatte Bettine Brentano 1806/07 ein freundschaftliches Verhältnis entwickelt. Sie unterhielt sich mit ihr über lange Stunden auf Frankfurterisch über Gott und die Welt, vor allem aber über die Kindheit ihres berühmten Sohnes.

Ein Vierteljahrhundert später hob Bettine aus diesem Schatz ihrer Erinnerungen an Sohn und Mutter Goethe den Stoff für ihre beiden ersten Buchveröffentlichungen. Nach dem Erfolg ihres 1835 veröffentlichten «Goethes Briefwechsel mit einem Kinde» walzte die Schriftstellerin 1843 in ihrem Königsbuch ihre mehr oder weniger fiktiven Gespräche mit der Mutter des Weimarer Dichterfürsten aus. Diese «schwätzt» in dem Buch, wie ihr der Schnabel gewachsen ist: Das ist eine Selbsteinschätzung der «Frau Rat», die aber nach Zeugnis aller Zeitgenossen auch auf Bettine von Arnim zutrifft. Als Sparringspartner für die bei aller Altersweisheit immer noch sehr quirlige Mutter Goethes lässt Bettine einen Pfarrer und einen Bürgermeister auftreten. Sie verkörpern den von den Romantikern und ihrem Geniekult verachteten Typus des Philisters, eines engstirnigen Kulturbanausen und Spießbürgers.

Traditionelle Religion erscheint der Frau Rat als eine Verdunkelung der Wahrheit. In langen elliptischen Sätzen umkreist sie ihre pantheistische Gottesvorstellung, die sie mit ihrem berühmten Sohn teilt, gipfelnd in dem Ausruf: «Die Natur ist der allumfassende Begriff von Gott.» Im Gespräch mit dem Bürgermeister, dem Vertreter der obrigkeitsstaatlichen Ordnung, kritisiert Goethes Mutter nicht nur die Verfolgung von sogenannten Demagogen, sondern stellt auch generell die Bestrafung von angeblichen Verbrechern infrage, deren Taten doch wesentlich durch die gesellschaftliche und wirtschaftliche Not der Zeit bewirkt würden. Auf besondere Verachtung trifft die Praxis von Schweige- und Isoliergefängnissen und von Verurteilungen zur Todesstrafe.

Zwischen diesem ersten Teil des Buches über die Gespräche von Frau Rat Goethe mit seinen poetischen und weitschweifigen 534 Seiten und den folgenden 64 Seiten mit ihrer konzisen und realitätsgesättigten Sozialreportage über eine Armenkolonie vor den Toren Berlins ist ein deutlicher Stilwechsel zu beobachten. Dieser abschließende Text ist mit dem Titel überschrieben: «Erfahrungen eines jungen Schweizers im Vogtlande». Ihr Verfasser ist der junge Schweizer

Lehrer Heinrich Grunholzer, der 1842/43 für ein Jahr an der Berliner Universität studierte. Auf einer Geburtstagsfeier für Wilhelm Grimm im Februar 1842 lernte er Bettine von Arnim kennen, nach seiner Tagebucheintragung «eine kleine Frau mit hellen Augen und zerzaustem Haar», die ihm mit ihrem Wortschwall zunächst etwas merkwürdig vorkam. Doch bald gehörte Grunholzer, ein junger Intellektueller mit liberalen und demokratischen Auffassungen, zu dem großen Kreis von studentischen Verehrern der wunderlichen Lady. Sie ermunterte ihn zu einer Erkundigung der Lebensumstände von Armen im sogenannten Vogtland, einer Gegend nordwestlich der noch von Zollmauern umgebenen Stadt Berlin. Für die Aufnahme der Ergebnisse in ihr Buch bezahlte Bettine von Arnim ein Honorar von 50 Talern an Grunholzer.

Das Gelände im Nordwesten von Alt-Berlin war in der frühen Neuzeit durch umfangreiche Abholzungen für die Bautätigkeiten in der Stadt zu einer trostlosen Sandwüste verkommen, eine feste Ansiedlung war lediglich die Scharfrichterei einschließlich des Galgens. Friedrich der Große suchte den Treibsand dieser «Berliner Sahara», wie der Volksmund sie nannte, durch die Ansiedlung von sächsischen Gärtnern zu bändigen, deshalb erhielt auch die vom Rosenthaler Tor hinausführende Chaussee den Namen einer «Gartenstraße», den sie noch heute trägt. In der zweiten Hälfte des 18. Jahrhunderts entstanden auf diesem Gelände vor der Stadt Unterkünfte für Maurer und Zimmerleute, die als Saisonarbeiter vor allem aus dem Vogtland, der westlich des Erzgebirges gelegenen Mittelgebirgsregion um Plauen, nach Berlin kamen. Daher bürgerte sich für diese knapp ein Quadratkilometer große vorstädtische Kolonie die Bezeichnung «Neu-Voigtland» und später «Vogtland» ein.

Die Saisonarbeiter wurden sesshaft, importierten aus ihrer alten Mittelgebirgsheimat auch die Beschäftigungen, mit denen sie sich im Winter über Wasser hielten, insbesondere die Handweberei, bei der Flachs zu Leinen verarbeitet wurde. Dieser Erwerbszweig unterlag in Deutschland seit Beginn des 19. Jahrhunderts einem kontinuierlichen Niedergang, trug wesentlich zur Entstehung von Massenarmut bei, zum sogenannten Pauperismus. Waren die deutschen Handweber während der napoleonischen Kontinentalsperre noch von der Konkurrenz aus England mit ihren mechanisierten Webstühlen geschützt, so kamen sie nach dem Ende der Befreiungskriege immer mehr unter den Konkurrenzdruck der billigeren Baumwollprodukte der britischen Webindustrie. Deutsche Handweberfamilien konnten kaum die für Ernährung und Unterkunft notwendigen Einkünfte erarbeiten, sie vegetierten am Rande des Existenzminimums.

Die Elendszustände wurden noch vergrößert durch die allgemeine Landflucht von früheren Leibeigenen. Sie waren durch die preußische Agrarreform von 1807 zwar frei, aber zumeist arbeitslos geworden. Sie zogen daher in die Städte in der Hoffnung auf Tagelöhnerbeschäftigungen oder zumindest die Brosamen der kommunalen Armenversorgung. Da sie sich das Leben in den Städten nicht leisten konnten, suchten diese pauperisierten Massen Einkommen und Unterkunft vor den Städten, heute würde man sagen, in den Slums. So sank auch das Berliner Vogtland zum Armen- und Unterschichtenquartier der Großstadt herab, in den Augen der städtischen Bevölkerung sogar zur Verbrechergegend.

Die Pauperisierung von großen Bevölkerungsteilen hielt die Wohlhabenderen nicht davon ab, auf ein Geschäft mit der Not der Armen zu spekulieren. Dazu gehörte in Berlin vor allem der königliche Kammerherr Freiherr Heinrich Otto von Wülcknitz. Als Erbe eines ausgedehnten Guts- und Waldbesitzes im Nordosten der Stadt in der Nähe von Bernau legte er auf seinem Grundstück vor dem Hamburger Tor, an der Ecke von Garten- und Torstraße, zunächst einen Holzplatz an. Dann nutzte er das Gelände zum Bau von sogenannten Familienhäusern, in denen arme Familien zu niedrigen Mietpreisen wenigstens ein Dach über dem Kopf haben sollten. In den Jahren 1820 bis 1824 ließ Wülcknitz um zwei Höfe herum fünf Gebäude mit bis zu fünf Stockwerken in zumeist dürftiger Fachwerkbauweise mit Lehmwänden errichten. Zu der Bauanlage gehörten neben einem Schulgebäude und zwei Brunnen in den Höfen auch ein «Appartement», eine vornehme Umschreibung für überdachte, aber offene Latrinen mit 48 Sitzen für die 2500 Bewohner. Diese Anlage verpestete die Luft im ganzen Gelände; die Exkremente wurden über den Hof in offenen Rinnsteinen in eine Senkgrube am Rande des Grundstücks geleitet. Einige Kinder ertranken in der Kloake. Die fünf Häuser waren in 400 Stuben unterteilt. In diesen Einraumwohnungen von durchschnittlich 21 Quadratmetern waren 2500 Menschen zusammengepfercht. Sie wohnten, kochten, schliefen und arbeiteten, zumeist an Spindeln und Webstühlen, unter äußerst beengten und erbärmlichen Existenzbedingungen. Der zuständige Armenarzt charakterisierte nach einer Begehung die Familienhäuser als einen Infektionsherd für medizinische und sittliche Gebrechen.

Heinrich Grundholzer besuchte 33 dieser 400 Stuben. In seinem Bericht schilderte der junge Schweizer Lebensgeschichten sowie Lebensverhältnisse der Familien und stellte ihren kärglichen Einnahmen aus Arbeit und Almosen der Armenversorgung die Ausgaben für Miete, Nahrung und Brennmaterial (zumeist Torf) gegenüber. Er beschrieb ihre Tätigkeiten als Weber, Schuster und Schnitzer, gab ein anschauliches Bild von Schulden, Krankheiten und allgemein den Stimmungen der Heruntergekommenen. So notierte Grundholzer über einen Haushalt: «In [Stube] Nr. 66 traf ich die ganze Familie zusammen. Zwei kleine Kinder schliefen auf einem Strohsacke auf dem Boden, mit einem leichten Tuche bedeckt. Die Mutter lag krank im Bette. Der Vater, Tagelöhner Benjamin, pflegte sie. Dieser ist ein verständiger, rüstiger und gewiß braver Mann. Bisweilen verdient er 2½ Taler in der Woche; dann muß er aber wieder mehrere Tage müßiggehen. Eigene Krankheit und Krankheit der Familie hat ihn in die größte Armut gebracht. Von der Armendirektion erhielt er einmal 3, ein andermal 2 Taler Unterstützung. Dessen ungeachtet mußte er Kleider und Bettzeug verkaufen. Er führt mich zum Bette der Kranken und zeigte mir, wie die Bettanzüge nur mit Stroh angefüllt waren. Seine Kleider sind so schlecht, daß er Sonntags nicht ausgehen darf. Es muß einen vernünftigen Mann tief schmerzen, auf solche Weise ins Zimmer gebannt zu sein.»

Bettine von Arnim fand in diesen Berichten im Detail belegt, was sie im Allgemeinen über die Notlage der Armen und die Auswege aus deren Misere dachte. Ihre Sicht resümierte sie in einem Vorwort, das sie den «Erfahrungen eines jungen Schweizers im Vogtlande» voranstellte: «Der Vater webet zu Bett und Hemden und Hosen und Jacke das Zeug und wirkt Strümpfe, doch hat er selbst kein Hemd. Barfuß geht er und in Lumpen gehüllt! Die Kinder gehen nackt, sie wärmen sich einer am andern auf dem Lager von Stroh und zittern vor Frost. Die Mutter weift [wickelt, W. B.] Spulen vom frühsten Tag zur sinkenden Nacht. Öl und Docht verzehret ihr Fleiß, und erwirbt nicht so viel daß sie die Kinder sättigen kann. Abgaben fordert der Staat vom Mann und die Miete muß er bezahlen sonst wirft ihn der Mietherr hinaus und die Polizei steckt ihn ein. Die Kinder verhungern und die Mutter verzweifelt.»

Die Freifrau appellierte an die Höhergestellten, vom Bürgertum über den Adel bis zum König, die Armen als Teil der allgemeinen Menschheit zu achten und den Wohlstand mit ihnen zu teilen. Sie selbst ließ einen mit ihr befreundeten Architekten eine menschenfreundlichere «Wohnstadt für Arme» entwerfen.

Vor allem aber appellierte Bettine von Arnim an die «landesväterliche Milde» des preußischen Königs Friedrich Wilhelm IV. In diesem Sinne verstand sie auch die eigentümliche Vieldeutigkeit des Titels ihres Buches. Mit der Widmung gelang es ihr zunächst einmal, die Hürden des Zensurverfahrens zu überspringen. Schon Anfang 1842 hatte sie durch Vermittlung Alexander von Humboldts von Friedrich Wilhelm IV. die Blankozusage erhalten, ihm ein Buch widmen zu dürfen, obwohl sie ihm dessen Inhalt bewusst nicht preisgab. Die Zensurbehörden mit Innenminister Graf von Arnim-Boitzenburg (nicht verwandt mit Bettines Ehemann) an der Spitze hatten erhebliche Bedenken, mussten sich aber dem persönlichen Wohlwollen des Königs für Bettine von Arnim beugen.

Darüber hinaus schlug sich in dem Buchtitel die Absicht der Autorin nieder, Friedrich Wilhelm IV. über die armenpolitischen Missstände in seinem Reich aufzuklären und ihn zur Abhilfe zu überreden. Mehrfach ließ Bettine von Arnim während dieser Entstehungszeit des Königsbuches in dem umfangreichen Briefwechsel, den sie mit Freunden und Verwandten führte, ihre Absicht aufblitzen, dem König «die Wahrheit zu sagen».

Diese engagierte Dichterin wollte jenseits der erstarrten Regeln höfischer, bürokratischer und diplomatischer Politik eine freundschaftliche und persönliche Beraterin ihres Königs sein. Sie träumte davon, ihn im Geiste des frühromantischen Aufbruchs zu einem Königtum der geistigen, kulturellen und sozialen Erneuerung führen, vielleicht sogar verführen zu können. Bettine von Arnim stellte sich eine Monarchie vor, wie sie wenige Jahre später der renommierte Staatswissenschaftler Lorenz Stein auf den Begriff eines «Königtums der sozialen Reform» brachte. Es sollte ein Volkskönigtum sein: «Der Fürst hängt ab von der Liebe des Volkes.» «Volk und Fürst [sollen] ein Leib seien.» In einem Brief bat Bettine von Arnim 1844 Friedrich Wilhelm IV., statt des von ihm in Berlin geplanten Doms in Schlesien tausend Hütten zu bauen.

Als Bettine von Arnim im Sommer 1843 Friedrich Wilhelm IV. das diesem gewidmete Buch durch Alexander von Humboldt zukommen ließ, bedankte sich der König zunächst mit galanten Worten – ohne es gelesen zu haben. Doch dann bei der Lektüre schlug seine Stimmung in Unmut um. Der Bettines Ideenwelt zugrunde liegende in die Zukunft gerichtete Wunschtraum von einem alle versöhnenden Volkskönigtum war mit Friedrich Wilhelms IV. rückwärts auf das ständische Mittelalter gerichteter Idee von einem Gottesgnadentum der königlichen Herrschaft unvereinbar. So prallten zwischen Dichterin und König zwei konträre Versionen der Romantik aufeinander.

Das allgemeine Echo auf Bettine von Arnims Königsbuch war höchst gegensätzlich. Demokratische Radikale, insbesondere die Dichter und Intellektuellen des «Jungen Deutschland» mit Karl Gutzow an der Spitze, der zu Bettines Berliner Fanclub gehörte, waren begeistert. Angeblich ist Karl Marx durch Bettine und ihr Königsbuch zu seinem Interesse an der Lage der unteren Klasse angeregt worden, von ihr sogar durch das Vogtland geführt worden, doch dieses Gerücht trifft nicht zu. Nachweisen lässt sich lediglich, dass Bettine 1842 in Bad Kreuznach das Brautpaar Karl Marx und Jenny von Westphalen getroffen hat, denn die Braut Jenny beschwerte sich in einem Brief an eine Freundin, dass die schrullige Berliner Alte ihr dauernd den Bräutigam zu langen Wanderungen entführen würde.

Ambivalenter fiel die Reaktion bei der Familie, Verwandten und Freunden aus. Einige ihrer sieben Kinder äußerten starke Bedenken. Vor allem ihrem Sohn Siegfried und der Tochter Maximiliane war der Aktivismus der Mutter peinlich: Der Erstgenannte hoffte auf eine Karriere in der preußischen Diplomatie, die zweite war mit einem Grafen verlobt. Auch Bettines Schwager Friedrich Carl von Savigny, der zum preußischen Gesetzgebungsminister aufgestiegen war, äußerte sich sehr skeptisch. Die hochkonservative Prominenz von höfischen Ratgebern des Königs, die sogenannte Kamarilla, war empört. So sah der Innenminister von Arnim-Boitzenburg in dem Buch «vermöge der darin dargelegten und verteidigten Irreligiösität und vermöge des darin geprägten heillosen Radikalismus [...] eine der gemeingefährlichsten Schriften».

Dennoch blieb Bettines Buch aufgrund der königlichen Zusage von der preußischen Zensur unbehelligt, in Bayern aber wurde sein Vertrieb verboten. Der Verkauf einer Zusammenfassung des Buches, die der Oldenburger Lehrer Adolf Stahr unter dem Titel «Bettine und ihr Königsbuch» in Hamburg veröffentlichte, wurde allerdings im Februar 1844 in Preußen untersagt. Bettine von Arnims Korrespondenz zumal mit dem Ausland wurde überwacht und ihr Salon bespitzelt. Zahlreiche ihrer jugendlichen Anhänger wurden als «Communisten» denunziert – ein Begriff, der sich ab den frühen 1830er Jahren für die frühsozialistischen Verfechter einer radikalen sozialen Gleichheitsidee einbürgerte.

Unter diesen widrigen Umständen musste Bettine von Arnim ihr nächstes Projekt, das sogenannte Armenbuch, aufgeben. Es sollte sich an den Anhang des Königsbuches mit seiner Sozialreportage aus dem Berliner «Vogtland» anschließen und empirische Untersuchungen zur Lage der Armen in ganz Preußen enthalten. Zu diesem Zweck ließ sich Bettine aus dem ganzen Königreich Berichte und Statistiken zur Lage der Armen schicken und schaltete entsprechende Annoncen in Zeitungen. In Schlesien sammelte ein befreundeter Fabrikant Unterlagen zur Situation der Weber, als dort im Juni 1844 der Aufstand losbrach, den Gerhart Hauptmann Ende des 19. Jahrhunderts in seinem Schauspiel über «Die Weber» verewigt hat. Graf Arnim-Boitzenburg, der preußische Innen- und Zensurminister, verdächtigte daraufhin seine Namensverwandte, die blutige Unruhe mitverursacht zu haben. Als dann der Bettine wohlgesinnte Alexander von Humboldt ihr bedeutete, dass diese Veröffentlichung dem König unerwünscht sei und an der Zensur scheitern würde, stellte sie das Vorhaben ein, obwohl es sich bereits im Druck befand. Doch auch nach dieser Erfahrung verstummte die politische Stimme der alternden Dichterin nicht, erhob sich noch einmal während der bürgerlichen Revolution von 1848/49 für die bedrängten Polen im preußischen Königreich. Am 20. Januar 1859 starb sie in Berlin, wurde auf dem südwestlich von Berlin gelegenen Gut Wiepersdorf neben ihrem Mann begraben.

Die Abhilfe für die vormärzliche Massenarmut, wie der Anhang zu Bettine von Arnims Königsbuch sie anhand der von Wülcknitz'-schen Familienhäuser im Vogtland schilderte, lag sprichwörtlich um die Ecke dieser Berliner Armenbehausungen: In der nahe gelegenen Chausseestraße siedelten sich seit den 1830er Jahren Eisengießereien und Maschinenbaubetriebe an, darunter auch die berühmten Lokomotivfabriken von August Borsig und Louis Schwartzkopf. Auch der Bau der Eisenbahnen ab dem Ende dieses Jahrzehntes verschaffte vielen Armen eine dauerhafte, wenn auch strapaziöse Beschäftigung. 1842 nahm an der Gartenstraße der Stettiner Bahnhof den Betrieb auf, der später als Nordbahnhof firmierte, bevor er mit der deutschen Teilung unterging. So gelang den meisten Bewohnern des Vogtlandes, zumindest ihren Kindern, der Weg vom vorindustriellen «Pöbel», wie die armen und erwerbslosen Unterschichten im Vormärz bezeichnet wurden, zum industriezeitlichen «Proletariat», immer noch eine mit vielen Beschwernissen verbundene Existenz, aber doch oberhalb des Existenzminimums.

Für den Erbauer der Berliner «Familienhäuser» ging seine Spekulation nicht in der erhofften Weise auf: Baron Wülcknitz konnte mit diesen Behausungen nicht den erstrebten Gewinn erwirtschaften, nahm nach Mietstreiks der Bewohner und Scherereien mit den Behörden 1828 hohe Hypotheken auf die Gebäude auf und setzte sich mit dem Kapital nach Paris ab. Die Leidtragenden waren nicht nur seine Mieter, sondern auch seine Gläubiger. Die erbärmlichen «Familienhäuser» im Berliner Vogtland wichen erst 1882, nachdem sich die bebaute Stadt längst um viele Kilometer erweitert hatte, soliden fünfstöckigen Wohnhäusern, die teilweise auch die Zerstörungen des Zweiten Weltkrieges und die Mangelwirtschaft der DDR überstanden haben.

Bettine Brentano, verheirate Freifrau von Arnim, war eine sehr eigensinnige und eigenwillige Frau. Mit den Worten ihrer Tochter Maximiliane war sie ein «Anwalt der Armen und Unglücklichen, der Unterdrückten und Verfolgten». Motiviert wurde sie dazu, folgt man ihrer einfühlsamen Biographin Ingeborg Drewitz, durch ihr unbändiges Liebesgefühl. Bettine Arnim ging in individueller wie gesellschaftlicher Liebe auf. Ihr großes Selbstbewusstsein beruhte nicht auf der Vorstellung von einer persönlichen intellektuellen oder gesellschaftlichen Überlegenheit, sondern ihrem Empfinden einer universalen Menschlichkeit. Selbstliebe und Menschenliebe war für sie eines. Damit eckte sie zu ihrer Zeit an und ist noch heute faszinierend.

Auf dieser Logiskarte für die auswärtigen Teilnehmer am ersten schleswig-holsteinischen Sängerfest in der Stadt Schleswig werden die Gäste mit einer Ansicht des Ortes am westlichen Ende der Ostseebucht Schlei und den Vignetten von zwei bedeutenden historischen Gebäuden der Stadt begrüßt. Links ist der frühmittelalterliche Schleswiger Dom zu sehen: Schleswig war seit dem Ende des zehnten Jahrhunderts Sitz eines Bistums. Rechts schmückt das Schloss Gottorf die Logiskarte: Dieses ebenfalls auf eine mittelalterliche Anlage zurückgehende Gebäude war nach seiner barocken Ausgestaltung Residenz der Herzöge von Schleswig-Holstein-Gottorf und seit 1721 Sitz der dänischen Statthalter für das Herzogtum Schleswig. Die Wahl der Stadt Schleswig für das erste schleswig-holsteinische Sängerfest war ein politisches Fanal: Stadt wie insgesamt das Herzogtum Schleswig gehörten nicht zum Deutschen Bund, sollten nach dem Willen der liberalbürgerlichen Nationalbewegung aber nicht nur mit dem Herzogtum Holstein vereint werden, sondern auch gemeinsam dem künftigen deutschen Nationalverband angehören.

DAS SCHLESWIG-HOLSTEIN-LIED (1844)

Nationale Sehnsucht
aus deutschen Männerkehlen

Am Sonntag, den 24. Juli 1844 kamen in der kleinen Residenzstadt Schleswig an der Schlei, einem Meeresarm der Ostsee, 500 Sänger aus dem Herzogtum gleichen Namens und dem südlichen Nachbarherzogtum Holstein zusammen, um unter begeisterter Anteilnahme von vielen Tausend Zuhörern ein Sängerfest zu feiern. Höhepunkt und Abschluss war die Erstaufführung eines Liedes, das speziell für das Fest geschrieben und komponiert worden war. Die sieben Strophen, nach begeisterten «da capo»-Zurufen mehrfach wiederholt, schlossen in dem patriotischen Aufruf «Wanke nicht, mein Vaterland!», der auch als Titel des Liedes fungierte. Doch noch wirkungsmächtiger war der Beginn des Gesangs: «Schleswig-Holstein, meerumschlungen, deutscher Sitte hohe Wacht!» Bis dahin wurden die beiden norddeutschen Herzogtümer meist nacheinander aufgezählt, verbunden nur durch ein Komma oder ein «und», jetzt wurden sie durch ein Bindezeichen zu einer Einheit verschmolzen. Kein Wunder, dass dieses «Schleswig-Holstein-Lied» in die Geschichte nicht nur des deutschen Männergesangs, sondern auch der deutschen Nationalbewegung einging.

Die beiden Herzogtümer Schleswig und Holstein waren seit Jahrhunderten in Personalunion mit Dänemark verbunden. 1460 hatten die Stände von Schleswig und von Holstein in dem Nordseestädtchen Ripen, an der Grenze von Schleswig zu Jütland gelegen, den aus dem deutschen Geschlecht der Oldenburger stammenden dänischen König Christian I. zu ihrem Landesherrn gewählt. Allerdings war Schleswig dänisches Lehen und gehörte nie zum Heiligen Römischen Reich Deutscher Nation, während dagegen Holstein immer ein Glied des Reiches und des ihm nachfolgenden Deutschen Bundes war. Die beiden Herzogtümer Holstein und Schleswig waren also lediglich durch eine Personalunion mit dem Königreich Dänemark verbunden.

Nach seiner Wahl zum Herzog von Schleswig und Grafen von Holstein – das letztgenannte Territorium wurde erst 1474 vom Kaiser zu einem Herzogtum erhoben – garantierte König Christian I. den Ständen in den beiden Territorien am 5. März 1460 in einer Wahlkapitulation, das heißt, seinem Versprechen für den Fall der erfolgreichen Wahl, «dat se bliven ewich tosamende ungedelt», zu Neuhochdeutsch: «dass sie ewig zusammen ungeteilt bleiben». Diese Zusage wurde bei jedem nachfolgenden dänischen Thronwechsel wie selbstverständlich wiederholt, sie sollte erst im 19. Jahrhundert unter der Herrschaft des Nationalstaatsprinzips zu großem und langwierigem Streit führen.

Friedrich Christoph Dahlmann, der 1812 als promovierter Altertumswissenschaftler auf ein Extraordinariat für Geschichte an der schleswig-holsteinischen Landesuniversität berufen worden war, machte bald nach seinem Kieler Amtsantritt die Ripener Formel zur Grundlage seines verfassungspolitischen Programms für die beiden Herzogtümer. Er interpretierte das der Schleswig-Holsteinischen Ritterschaft historisch verbürgte Recht als die Garantie der Unzertrennlichkeit von Holstein und Schleswig. Zwar stellte er als quellenorientierter Historiker nicht infrage, dass Schleswig nie zum deutschen Reichsverband gehört hatte. Doch da das nördliche Herzogtum durch seine Geschichte und insbesondere die Ripener Wahlkapitulation untrennbar mit dem südlichen Herzogtum verbunden sei, sollte, so argumentierte Dahlmann, auch Schleswig in den Genuss des Verfassungsversprechens in Artikel 13 der Deutschen Bundesakte von 1815 kommen, und zwar in Form einer gemeinsamen Konstitution für beide norddeutschen Herzogtümer. In letzter Konsequenz dieser historisch-verfassungspolitischen Argumentation musste auch das Herzogtum Schleswig in den Deutschen Bund aufgenommen werden.

Dahlmann vertrat diese Position der angeblichen Garantie einer Realunion zwischen Schleswig und Holstein nicht nur vom akademischen Katheder aus. Er suchte sie auch als Sekretär der Ständigen Deputation der schleswig-holsteinischen Ritterschaft in zahlreichen Petitionen an den dänischen König und schließlich in Klageschriften an den Bundestag als dem obersten Verfassungsorgan des Deutschen Bundes durchzusetzen. Auf solche Bestrebungen konnte sich die Zentrale des dänischen Königreichs nicht einlassen. Dänemark hatte durch seine lange, im Vergleich zu anderen Alliierten zu lange Bündnisgenossenschaft mit dem napoleonischen Frankreich in den schmachvollen Kieler Frieden vom Januar 1814 einwilligen müssen, durch den es Norwegen an Schweden abtreten musste, sein vormaliges skandinavisches Großreich zu einem auf die dänischen Inseln und die jütländische Halbinsel reduzierten Kleinstaat schrumpfte, dem allerdings auch weiterhin Island, Grönland und die Färöer gehörten. Umso mehr waren der König und seine Regierung in Kopenhagen darauf bedacht, nicht auch noch die beiden Herzogtümer, vor allem nicht Schleswig zu verlieren. Umgekehrt musste der dänischen Zentrale daran gelegen sein, ihren lockeren Staatsverband durch administrative Reformen zu stärken. Der Deutsche Bund, dem der dänische König als Herzog von Holstein angehörte, ließ 1823 Dahlmann als Wortführer der schleswig-holsteinischen Ritterschaft mit seinem Petitum auf eine Gesamtverfassung für die beiden Herzogtümer mit dem Verweis auf die Nichtkompetenz des Bundes für Schleswig abblitzen.

In der heutigen Geschichtswissenschaft überwiegt bei Weitem die Skepsis, ob die dem Ripener Privileg von Dahlmann und in seinem Gefolge von der deutschen Nationalbewegung unterstellte Deutung als Garantie der Unzertrennlichkeit Schleswig und Holsteins berechtigt ist. Sowohl der Textzusammenhang in der langen Wahlkapitulation als auch der Vergleich mit ähnlichen Privilegien der Zeit sprechen eher dafür, dass die Zusage des künftigen Landesherrn nur die territoriale Unteilbarkeit jedes einzelnen der beiden Länder, nicht aber das unauflösbare Band zwischen ihnen beinhaltete. Doch auch wenn der Historiker Dahlmann mit seiner Auslegung des spätmittelalterlichen Ripener Privilegs falsch lag, so hat er doch damit im historischen Kontext des 19. Jahrhunderts und seiner Nationalbewegungen politische Geschichte geschrieben.

Dahlmann und seine Parole von der Unzertrennlichkeit der beiden Herzogtümer wurde nicht nur vom holsteinischen Adel – aus oft eigennützigen Gründen seiner privilegierten Stellung auch in Schleswig – unterstützt, er fand auch an der Kieler Universität die Zustimmung eines Kreises ihm befreundeter Kollegen. Mit ihnen veröffentlichte er seit dem Sommer 1815 die «Kieler Blätter», eine «vaterländische Zeitschrift», wie sie sich im Vorwort bezeichnete. Zum Programm der vierteljährlich erscheinenden «Kieler Blätter» gehörten alle für das gebildete Bürgertum interessanten Wissensgebiete, besonders aber die «Unterstützung unserer vaterländischen Bestrebungen durch Beiträge gleichgesinnter, sachkundiger, gebildeter Männer». Gleich im ersten Heft dieser Zeitschrift veröffentlichte Dahlmann «Ein Wort über Verfassung». Darin entwickelte er im ersten Teil die für alle seine späteren Bemühungen in Politikwissenschaft und politischer Praxis grundlegende Konzeption einer «guten Verfassung», die in Anlehnung an Aristoteles eine gemischte und wertorientierte Konstitution beinhaltete, und begründete im zweiten Teil sein Verständnis des Ripener Privilegs.

Zur selben Zeit hielt Dahlmann im Juni 1815 an der Kieler Universität die akademische Festrede zum Sieg der Alliierten bei Waterloo. Der junge Historiker verstand die Befreiung Deutschlands von der napoleonischen Herrschaft als den Beginn seiner nationalen Einigung. Diese nationaldeutschen Äußerungen Dahlmanns fanden zwar die Zustimmung seiner Professorenfreunde, doch bei seinem Landesherrn, dem dänischen König, stießen sie auf Verärgerung. Vor allem wirkten sie auf seine studentischen Zuhörer eher befremdlich, sie fanden sie «zu deutsch, zu frei» und «knirschten mit den Zähnen», wie Julie Hegewisch, die baldige Ehefrau Dahlmanns, berichtete. Noch stand die öffentliche Stimmung in den beiden Herzogtümern loyal zur dänischen Krone, befand sich der Kieler Professorenkreis mit seinem deutschen Patriotismus in der absoluten Minderheit. 1819 stellten die «Kieler Blätter» ihr Erscheinen ein, auch infolge der Karlsbader Beschlüsse. Dahlmann zog sich aus der praktischen Politik zurück, konzentrierte sich auf historische Forschungen. Nachdem die Kopenhagener Zentrale ihm die Beförderung zum Ordinarius versagt hatte, nahm er 1829 einen ehrenvollen Ruf auf einen Lehrstuhl für deutsche Geschichte und Staatswissenschaften in Göttingen an, wo ihn nicht nur ein angemessenes Salär und ein illustrer Kollegenkreis erwarteten, sondern auch die Aussicht auf Beteiligung an der verfassungspolitischen Reform des Königreichs Hannover.

Nach der Abweisung der von Dahlmann initiierten Klage der Ritterschaft durch den Bundestag wurde es relativ ruhig in der deutsch-dänischen Auseinandersetzung um die Schleswig-Holstein-Frage. Erst ab 1830 wurde die Kontroverse wieder virulent. Dazu trug vor allem ihre Verschiebung von der verfassungs- auf die sprachpolitische Ebene bei. In Holstein dominierte in allen Bevölkerungsschichten das Deutsche. Uneinheitlicher war die Lage in Herzogtum Schleswig. Im Südteil sprach man ebenfalls überwiegend Deutsch. Im mittleren Landesteil überwog an der Nordseeküste Friesisch und an der Ostseeküste mehr Deutsch als Dänisch, in der Moorlandschaft dazwischen aber dominierte Dänisch. In Nordschleswig hingegen, nördlich der Linie zwischen Tondern und Flensburg, war Dänisch die allgemeine Umgangssprache. Noch komplexer als die territoriale Sprachverteilung im Herzogtum Schleswig war die soziale Schichtung. Überall, auch in Nordschleswig, dominierte in den Städten und unter den Honoratioren, insbesondere bei den Beamten und Lehrern, das Deutsche. Doch auf dem Lande, unter den Bauern, sprach man Dänisch, allerdings oft in einem Dialekt nicht unähnlich dem Jütländischen.

Ende der 1830er Jahre wurden sich die bäuerlichen Bewohner Nordschleswigs ihrer dänischen Sprache bewusst, kam es zu Spannungen mit den Deutsch sprechenden Beamten und Bildungsbürgern. Unter Wortführerschaft einiger dänischer Pastoren und Professoren, mit dem bedeutenden dänischen Theologen, Schriftsteller und Reformpädagogen N. F. S. Grundtvig an der Spitze, drängte die Bevölkerungsmehrheit Nordschleswigs auf Anerkennung des Dänischen als gleichberechtigte Amts- und Gerichtssprache, die der König dann 1840 gewährte.

Im deutschsprachigen Süden witterte man hinter dieser sprachpolitischen Entscheidung eine schleichende Dänisierung des ganzen Herzogtums und die Vorstufe zur Eingliederung Schleswigs in das dänische Königreich. Die Stimmung wurde noch gereizter, als 1842 in der schleswigschen Ständekammer, in der Deutsch die Verhandlungssprache war, ein Abgeordneter aus Nordschleswig plötzlich Dänisch sprach, obwohl er des Deutschen ebenso mächtig war. So schwoll zu Beginn der 1840er Jahre die Anhängerschaft sowohl der dänischen Bewegung im Norden als auch des deutschen Lagers im Süden in den zwei mit der dänischen Krone verbundenen Herzogtümern an, wobei beide sich der Unterstützung durch die nationalen Strömungen in Dänemark bzw. Deutschland erfreuten. Antagonistische nationale Gefühle, die zwischen Bedrohungsängsten und Überheblichkeit schwankten, schaukelten sich gegenseitig hoch.

Ein wesentliches Medium dieser nationalen Zeitströmungen im 19. Jahrhundert und weit hinein in das folgende Jahrhundert war die Männergesangsbewegung. In zahlreichen deutschen Städten wurden in den Vormärzjahrzehnten sogenannte Liedertafeln gegründet, in denen Männer ihr Gefühls- und Geselligkeitsbedürfnis nicht nur im gemeinsamen Chorgesang, sondern auch beim Essen und Trinken verwirklichten, Prost- und Trinksprüche nicht zu vergessen. In Berlin gründete Karl Friedrich Zelter, der bekannte Baumeister und Freund Goethes, 1809 die erste Liedertafel, das populäre Standbein seines musikorganisatorischen Engagements neben der mehr an konzertanter Musik orientierten Singakademie, in der männliche wie weibliche Stimmen zu Gehör kamen. In diesen männerbündischen Liedertafeln sang man nicht nur unpolitische, oft wein- und weibselige Volkslieder, sondern kultivierte auch das seit den Freiheitskriegen populäre politische Lied. Deren patriotische Texte stammten vielfach von Theodor Körner, der als Mitglied des Lützowschen Freikorps im Kampf gegen die napoleonische Fremdherrschaft gefallen war, und Ernst Moritz Arndt. Letzterer verfasste den absoluten Hit der politischen Schlagerliste des Vormärzes, das 1813 vor der Leipziger Völkerschlacht niedergeschriebene Lied: «Was ist des Deutschen Vaterland? Ist's Preußenland? Ist's Schwabenland?» Die gleichermaßen patriotische wie religiöse Antwort auf diese Frage nach dem deutschen Vaterland gab Arndt mit der Zeile: «So weit die deutsche Zunge klingt, und Gott im Himmel Lieder singt.»

Die von der bürgerlichen Bildungsschicht getragenen örtlichen Liedertafeln, in denen besonders Lehrer, Chorleiter und Organisten, Ärzte und Rechtsanwälte, Schriftsteller und Journalisten den Ton angaben, taten sich ab den 1830er Jahren überall in Deutschland zu Sängerbünden zusammen, um gemeinsame Sängerfeste zu veranstalten. Im Festritual dieser regionalen und später nationalen Großveranstaltungen wechselten sich Gesangsaufführungen, Festmähler und Toaste in heiterer, oft angeheiterter Stimmung ab, so auch in den beiden norddeutschen Herzogtümern. Dementsprechend organisierte die Liedertafel in dem Städtchen Schleswig für die Zeit vom 23. bis 27. Juli 1844 ein «Schleswig-Holsteinisches Sängerfest». 32 Liedertafeln sagten zu, je zur Hälfte aus den beiden Herzogtümern. Die Straßen des Ortes wurden mit Eichenlaubgirlanden und Fahnen geschmückt. Aus den Farben Weiß und Rot des holsteinischen Wappens und dem Blau und Gelb des Schleswiger Wappens kombinierte man «schleswig-holsteinische Flaggen», wobei das Gelb wegfiel. So wurden die horizontal angeordneten Farben Blau-Weiß-Rot zur Fahne der beiden Herzogtümer, heute des Bundeslandes Schleswig-Holstein.

Zur Begrüßung wurde jedem der 500 Sänger am Abend des 23. Juli im Festlokal des «Hotel Hamburg» ein großer Pokal guten Weins gereicht, aus dem er einen Schluck nahm. Die auswärtigen Gäste wurden danach in Privatquartieren untergebracht. Am folgenden Tag, dem eigentlichen Festtag, zog man zunächst am frühen Morgen mit Musik durch die Stadt; um 9 Uhr trafen sich drei- bis viertausend Zuhörer im frühmittelalterlichen Schleswiger Dom zu einem Konzert mit geistlicher Musik. Um halb zwei Uhr versammelten sich die Liedertafeln auf dem Rathausmarkt und zogen im feierlichen Zug auf die einen Kilometer westlich gelegene Schützenkoppel, einen Hügel damals noch vor der Stadt. Auf dem Festplatz waren an die 14 000 Menschen versammelt, 2500 von ihnen nahmen an der Festtafel Platz. Zwischen den Liedern wurden Toaste ausgebracht, oft mit Bezug auf die Ripener Urkunde.

Höhepunkt und Abschluss des Sängerfestes war die Erstaufführung des Liedes «Wanke nicht, mein Vaterland» durch die Schleswiger Liedertafel unter Leitung des Kantors und Musikdirektors Carl Gottlieb Bellmann, des Organisten des Schleswiger St. Johannis-Klosters, der das Lied vertont hatte. Der Text war ursprünglich von dem Berliner Justizrat Karl Straß verfasst worden, die erste Zeile lautete: «Schleswig, Holstein, schöne Lande». Er fiel sehr lyrisch, aber nach Meinung der Organisatoren zu unpolitisch aus. Daraufhin verfasste Matthäus Friedrich Chemnitz, ein Schleswiger Rechtsanwalt und Mitglied der örtlichen Liedertafel, kurzfristig einen neuen, politischeren Text. In diesem dominierte aber nicht eine offensive Auseinandersetzung mit der dänischen Zentralgewalt, sondern die defensive Bewahrung der Stammesverwandtschaft der beiden Herzogtümer. Höchstens die Erwähnung von Stürmen, die aus dem Norden drohten, und milden Winden aus dem Süden konnte als subtiler Hinweis auf Schleswig-Holsteins Stellung in der Auseinandersetzung zwischen der dänischen und der deutschen Nationalbewegung gedeutet werden. Das Lied endete in der siebten, seiner letzten Strophe mit den Zeilen: «Teures Land, du Doppeleiche, unter einer Krone Dach, stehe fest und nimmer weiche, wie der Feind auch dräuen mag! Schleswig-

Holstein, stammverwandt, wanke nicht, mein Vaterland!» Mit dem Bild der Doppeleiche waren natürlich die beiden Herzogtümer und ihre historische Verbundenheit gemeint. Der Hinweis auf die gemeinsame Baumkrone sprach vermutlich die deutsche Identität beider Territorien an, konnte aber auch als Hinweis auf die Personalunion der dänischen Herrschaft über sie verstanden werden. Das Singen des Liedes ist denn auch von der Zentralgewalt in Kopenhagen nicht geahndet worden, im Gegensatz zum Zeigen der schleswig-holsteinischen Trikolore, die 1845 als politische Parteifahne verboten wurde.

Bei aller inhaltlichen Zurückhaltung des Schleswig-Holstein-Lieds wurde seine nationaldeutsche Botschaft doch in ganz Deutschland verstanden. Auf dem ersten gesamtdeutschen Sängerfest in Würzburg Anfang August 1845 war es einer der Höhepunkte des Programms, wurde durch einen Massenchor von an die 1600 Männerstimmen vorgetragen. Danach gehörte es zum festen Repertoire der Männergesangsbewegung und aller nationalen Feste. Konkurrenz machte dem Schleswig-Holstein-Lied das 1841 von dem nordschleswiger Apenrader Arzt August Wilhelm Neuber verfasste «Schleilied», das ebenfalls von dem Kantor Bellmann vertont wurde. Im Text dieses Liedes wurde das von Dahlmann wiederentdeckte Ripener Privileg «dat se bliven ewich tosamende ungedelt» verkürzt auf die eingängigere Formel «up ewig ungedelt», die zum Schlachtruf im nationalpolitischen Kampf Deutschlands um seine Nordgrenze aufstieg.

Das «Schleilied» Neubers war von dem «Rheinlied» inspiriert worden, das 1840 Nikolaus Becker, ein in Bonn geborener Schreiber an einem niederrheinischen Friedensgericht, verfasst hatte. Schon seine erste Strophe ließ keinen Zweifel an der gegen die Franzosen gerichteten nationalistischen Emphase aufkommen: «Sie sollen ihn nicht haben, den freien deutschen Rhein, ob sie wie gier'ge Raben sich heiser danach schrein.» Zeitgeschichtlicher Hintergrund des Liedes war die in seinem Entstehungsjahr dräuende Krise um die Grenze zwischen Deutschland und Frankreich, die in einem Krieg zu explodieren drohte. Nach der Niederlage Napoleons bei Waterloo war Frankreich auf seinen Besitzstand von 1792 reduziert worden, hatte damit alle seine frisch eroberten linksrheinischen Besitzungen nördlich des Elsasses verloren. Nachdem 1840 die Bestrebungen der bourbonischen Julimonarchie in der Orientkrise zwischen dem

Osmanischen Reich und Ägypten von den anderen europäischen Großmächten frustriert worden waren, erneuerte der französische Ministerpräsident Adolphe Thiers alte Ansprüche Frankreichs auf den Rhein als seine natürliche Grenze, was vom einheimischen Publikum begeistert aufgenommen wurde. In Deutschland wie in Frankreich schaukelten sich nationale Bedrohungsängste hoch. Die deutsche Öffentlichkeit reagierte nicht nur mit dem Hinweis auf die historische Verbundenheit des ganzen Rheinlands mit dem Alten Reich, sondern besonders mit der von der Romantik entdeckten Bedeutung der nun preußischen Westprovinz für die kulturelle Identität Deutschlands. Schon Ernst Moritz Arndt hatte 1813 vom Rhein als «Teutschlands Strom aber nicht Teutschlands Gränze» gesprochen. Der deutsch-französische Antagonismus um den Rhein stellte in den 1840er Jahren das «Junge Deutschland», linksgerichtete deutsche Intellektuelle, die gleichermaßen die aufklärerischen und freiheitlichen Traditionen des französischen Nachbarn und das kulturelle Erbe ihres Vaterlandes bewunderten, vor eine innere Zerreißprobe. Wie kein anderer ist Heinrich Heine von diesem Zwiespalt geprägt worden. In seiner Reisebeschreibung über «Deutschland. Ein Wintermärchen» von Anfang 1844 kommen ihm beim Anblick des «alten Vater Rheins» sentimentale Gedanken. «Doch schwerer liegen im Magen mir / Die Verse von Nikolaus Becker.»

Das «Rheinlied» von Nikolaus Becker erlebte eine große, aber kurze Hochblüte, da in Frankreich die Regierung Thiers im Oktober 1840 zurücktrat und seine Nachfolger sich eines Besseren besannen, als den Konflikt mit den deutschen Nachbarn weiter anzuheizen. Einer umso größeren Langzeitwirkung erfreute sich «Das Lied der Deutschen», das Heinrich Hoffmann von Fallersleben am 26. August 1841 im Sommerurlaub auf der damals noch zum britischen Königreich gehörenden Insel Helgoland niederschrieb. Der Breslauer Germanistikprofessor verfasste es ebenfalls in Reaktion auf die allgemeine Verunsicherung der Deutschen durch die Rheinkrise, enthielt sich aber aller antifranzösischen Töne, sondern beschwor das sentimentale Einheitsgefühl aller Deutschen. Als Melodie schwebte dem Dichter schon beim Verfassen des Textes die Kaiserhymne Joseph Haydns von 1797 vor. Dieses sogenannte Deutschlandlied war lange Jahrzehnte nur einer unter vielen patriotischen Gesängen. Seine erste Strophe mit dem «Deutschland, Deutschland über alles» bekam ihre aggressive und imperialistische Deutung erst im Ersten Weltkrieg und im nationalsozialistischen «Dritten Reich», als es zusammen mit dem Horst-Wessel-Lied gesungen wurde.

Mehr nationalpolitische Bedeutung als der Beginn der ersten Strophe des Deutschlandliedes hatte im 19. Jahrhundert ihr Schluss: «Von der Maas bis an die Memel, von der Etsch bis an den Belt». Mit diesen geographischen Verweisen wurde die Nordgrenze des anzustrebenden deutschen Nationalstaates auf den sogenannten Kleinen Belt fixiert, eine Meeresenge, welche die Grenze des Herzogtums Schleswig gegenüber Jütland definierte. Hoffmann von Fallersleben gab damit 1841 der verfassungsgeschichtlich begründeten Konzeption Friedrich Christoph Dahlmanns aus dem Jahr 1814/15 lyrischen Ausdruck.

Im Mittelpunkt der deutschen Nationalbewegung stand seit den Vormärzjahrzehnten die Frage der Grenzen des angestrebten Nationalstaates, insbesondere auch im Norden gegenüber Dänemark. Unter der Parole ewiger Untrennbarkeit der beiden Herzogtümer sollten sich im März 1848 die Schleswig-Holsteiner gegen die dänische Herrschaft erheben und die in der Frankfurter Paulskirche tagende deutsche Nationalversammlung mit Dahlmann an der Spitze im Streit um die Sistierung des Malmöer Waffenstillstandes im Herbst 1848 ihre europäische Ohnmacht erfahren, 1864 Preußen und Österreich einen Krieg gegen Dänemark führen und 1920 in einer vom Völkerbund organisierten Volksabstimmung um Nordschleswig gerungen werden. Erst Anfang der 1950er Jahre gelang dem Königreich Dänemark und der Bundesrepublik Deutschland durch binationale Vereinbarungen ein dauerhafter Grenzfrieden, indem nicht nur die 1920 durch die Teilung Schleswigs gezogene Grenze endgültig bestätigt, sondern ihr auch durch den beiderseitigen Schutz der jeweiligen Minderheiten die Schärfe genommen wurde. Zur gleichen Zeit wurde die dritte Strophe des Deutschlandliedes mit seiner Beschwörung von «Einigkeit und Recht und Freiheit» zur Nationalhymne der Bundesrepublik Deutschland erklärt. Das «Schleswig-Holstein-Lied» von 1844 hat seine ursprüngliche expansionistische Deutung verloren und fungiert heute als Hymne des nördlichsten deutschen Bundeslandes, zu dem nicht mehr der Nordteil des früheren Herzogtums Schleswig gehört.

Dieser von Johann Michael von Soelte 1838 veröffentlichte Stahlstich von Ernst Rauch zeigt den südöstlichen Teil der im Bau befindlichen Ludwigstraße. Neben dem filigranen Kirchengebäude mit seinen Arkaden als Verbindungen zum Pfarrhaus auf der einen und zum Wohnhaus des Architekten Friedrich von Gärtner auf der anderen Seite dominiert der langgestreckte Ziegelsteinbau der Staatsbibliothek, der damals auch das Reichsarchiv beherbergte, das später in das danebenliegende Kriegsministerium einzog. Anschließend folgt eine abwechslungsreiche Reihe von privaten Adels- und Bürgerpalästen, die erst im «Dritten Reich» dessen monumentalistischen Architekturvorstellungen weichen mussten. Im Süden wird auf dieser Abbildung die Prachtstraße noch nicht von der Feldherrnhalle abgeschlossen, das die Altstadt abschließende Schwabinger Tor ist aber bereits abgerissen. Der Gesamteindruck der Ludwigstraße als einer gleichzeitig imposanten und kalten Anlage drängte sich schon vor der Vollendung des königlichen Projektes auf.

DIE EINWEIHUNG DER MÜNCHENER ST. LUDWIGSKIRCHE (1844)

Der bayerische König setzt sich mit dem Bau einer Prachtstraße ein Denkmal

Am Sonntag, den 8. September 1844 konnte nach fünfzehnjähriger Planungs- und Bauzeit endlich die St. Ludwigskirche in München durch den altehrwürdigen Erzbischof Freiherr von Gebsattel eingeweiht werden. Es fällt auf, dass bei dieser feierlichen Zeremonie nicht nur der Architekt Friedrich von Gärtner und der Maler Peter von Cornelius, dem die neue Kirche imposante Wandfresken verdankte, fehlten. Auch König Ludwig I. von Bayern war nicht anwesend, der doch den Bau der Kirche als Krönung seines Konzeptes einer Prachtstraße nördlich der Münchener Altstadt geplant hatte.

1828 hatte der König, der schon als Kronprinz seit 1813 das Projekt der nach ihm benannten Ludwigstraße verfolgt hatte, aus seiner Kabinettskasse 100 000 Gulden für den Kirchbau versprochen, wenn dabei Gärtner als Architekt und Cornelius für die Ausmalung des Innenraums zum Zuge kommen würden. Die dreischiffige Basilikakirche sollte nach Ludwig dem Heiligen benannt werden, der als König von Frankreich im 13. Jahrhundert schon zu Lebzeiten das Ideal eines christlichen Herrschers verkörpert hatte. Ihm nachzueifern gedachte der bayerische König, der sich als Protektor nicht nur der bayerischen, sondern aller deutschen Katholiken verstand. Ludwig I. hatte seinen Vornamen bei der Geburt im Jahr 1786 von seinem Patenonkel erhalten, der als König Louis XVI. sechseinhalb Jahre später ein gewaltsames Ende durch die Französische Revolution fand. Dass der Name der neuen Kirche zumeist auf ihren Erbauer bezogen wird, ist nicht so falsch, ließ der bayerische König doch zu, dass die künstlerische Darstellung des heiligen Ludwig in dem Gotteshaus seine Gesichtszüge trägt.

Nach der Grundsteinlegung im Jahr 1829 musste der Bau der St. Ludwigskirche aufgrund finanzieller Probleme immer wieder unterbrochen werden, kam erst 1835 nach einem Kompromiss zwischen dem König und der Stadt München richtig in Schwung. Das mit über einer Million Gulden kostspielige Resultat konnte sich sehen lassen. Nicht nur setzt die Außengestaltung des Gotteshauses mit seinen beiden hoch aufragenden Kirchtürmen einen markanten

Gegenakzent zu der von horizontalen Linien dominierten Architektur der Ludwigstraße. Auch prunkt St. Ludwig im Innern durch eine farbenprächtige Ausmalung und imposante Wandfresken, in denen der zur romantisch-katholischen Malschule der Nazarener gehörende Peter von Cornelius die christliche Heilsgeschichte illustrierte.

Diese Verbildlichung des Alten wie des Neuen Testaments kulminiert in der Darstellung des Jüngsten Gerichts an der Altarwand. Ihre Kernfigur ist, wie im 20. Kapitel der Offenbarung des Johannes angekündigt, Jesus Christus als Weltenrichter, der kommen wird, um die Lebenden und die Toten zu richten: die Seligen zu ewigem Leben, die Sündigen zum Sturz in die Hölle. Die von diesem Urteil Betroffenen hat der Künstler Cornelius auf den beiden Seiten seines Monumentalfreskos in einer Vielzahl von Gestalten ausgemalt. Zu den auf der rechten Hälfte dargestellten Verdammten gehört nicht nur der Verräter Judas Ischariot, sondern auch eine Serie von Figuren, die Sünden wie die Frömmelei, den Geiz und die Unkeuschheit symbolisieren. Auf der linken Seite hingegen erkennt man unter den zu ewigem Leben aufsteigenden Seelen nicht nur Bischöfe wie den Kirchenvater Augustinus und Künstler wie Dante, sondern auch den Auftraggeber des Kunstwerks, König Ludwig I. von Bayern. Das Gemälde ist mit seiner Höhe von 18 Metern und seiner Breite von 11 Metern nach dem von Michelangelo geschaffenen Werk in der Sixtinischen Kapelle des Vatikans das zweitgrößte Altarfresko der Welt und lädt zum Vergleich mit diesem ein. Stellt der Künstler der italienischen Hochrenaissance mit seinem Arrangement von muskulösen Gestalten vor strahlendem blauen Himmelshintergrund die Gesamtdynamik des Weltgerichts dar, so übertrifft ihn der romantische Künstler der deutschen Vormärzzeit in seinem von roten und braunen Farbtönen dominierten Werk mit seinen über 100 Figuren zwar an Detailreichtum, doch die Gesamtaussage des christlichen Mythos vom Weltgericht tritt dabei eher in den Hintergrund.

Über diesem Monumentalgemälde und der Ausführung der übrigen Fresken ist es dann auch zum Zerwürfnis zwischen dem König und seinem Hofmaler gekommen. Schon die zeitlichen Verzögerungen bei der Fertigstellung der Fresken hatten Ludwig I. verärgert. Als der König dann 1841 das fertige Werk besichtigte, gab er seinem Missfallen unverblümten Ausdruck, der der Legende nach in den Worten gipfelte: «Ein Maler muß malen können, sonst kann ich ihn nicht brauchen.» Der Monarch zielte mit dieser verletzenden Bemerkung vermutlich weniger auf Peter von Cornelius als vielmehr auf dessen Schüler und Gehilfen, die alle Fresken bis auf das zentrale Wandgemälde des Jüngsten Gerichts nach den Kartonentwürfen des Meisters auf den Wänden und Decken ausführten. Hinzu kam, dass der König wohl die damals bei Kunstexperten und Theologen vorherrschende Kritik teilte, dass die Glaubensdarstellungen durch den Maler Cornelius nicht mit der allgemeinen ornamentalen Ausgestaltung des Innenraums durch den Architekten Gärtner abgestimmt seien. Offensichtlich ist, dass der Herrscher, der auf seinen Kunstverstand stolz war, und sein Hofmaler miteinander unzufrieden waren. Cornelius ging nach dem Zerwürfnis nach Berlin, wo er sich in den Dienst Friedrich Wilhelms IV. von Preußen stellte, ebenfalls eines königlichen Förderers der Künste, der sich mit der Vollendung des Kölner Doms und dem Neubau eines Berliner Doms eigene Denkmäler setzen wollte.

Die St. Ludwigskirche ist der religiöse, aber auch künstlerische und stadtplanerische Höhepunkt der Ludwigstraße, die von 1817 bis 1852 in München unter dem Patronat des Kronprinzen und späteren Königs Ludwig I. erbaut wurde. Diese Prachtstraße von einem Kilometer Länge wurde vom Süden von der mittelalterlichen und frühneuzeitlichen Altstadt Münchens nach Norden bis in das Dorf Schwabing konzipiert.

Voraussetzungen für dieses Großprojekt waren vorangegangene Umbrüche in der Gestalt des bayerischen Herrschaftsverbandes und seiner Hauptstadt. Um die Wende vom 18. zum 19. Jahrhundert hatte sich das von den Wittelsbacher Kurfürsten regierte Territorium durch die Angliederung nicht nur Frankens und Schwabens und dann im Gefolge des Wiener Kongresses auch der linksrheinischen Pfalz, sondern ebenfalls durch die Übernahme zahlreicher geistlicher Territorien während der Säkularisation und die Eingliederung freier Reichsstädte arrondiert und um das Dreifache vergrößert. 1806 war Bayern mit dem Untergang des Heiligen Römischen Reiches Deutscher Nation zum souveränen Königreich erhoben worden. Dessen Herrschern war nun daran gelegen, mit einer imposanten Hauptstadt «Staat zu machen»: München sollte von einer bloßen Residenzstadt zu einer repräsentativen Regierungs- und Verwaltungsmetropole eines modernen Territorialstaates ausgebaut werden.

Bereits 1795 hatte Kurfürst Karl Theodor, der – aus der kurpfälzischen Linie der Wittelsbacher stammend – 1777 die Nachfolge seiner altbayerischen Verwandten in München angetreten hatte, den Festungscharakter der Residenzstadt an der Isar aufgehoben. Die aus dem Mittelalter und der frühen Neuzeit stammenden Mauern und Zitadellen waren durch die Entwicklungen in Kriegstechnik und Militärstrategie wertlos geworden. Sie waren nur noch Bau- und Verkehrshindernisse, die der dringend notwendigen Stadterweiterung im Wege standen. Durch den Zuzug von Beamten, Handwerkern und Künstlern im Rahmen des Aufschwungs Münchens zur Hauptstadt des erweiterten Bayerns herrschte in der beengten Altstadt eine unerträgliche Wohnungsnot. So war es nur folgerichtig, dass um die Wende vom 18. zum 19. Jahrhundert in München mit der Schleifung von Stadtmauern, dem Abbruch von Toren, der Einebnung von Gräben und der Abtragung von Wällen begonnen wurde. Die Entfestigung war in München wie an vielen anderen deutschen Orten in einem doppelten Sinne, architektonisch wie allgemeingesellschaftlich, ein elementarer Aufbruch.

1808 lobte König Max I. Joseph einen Wettbewerb für die Bebauung des Vorgeländes im Nordwesten der Altstadt aus. Zwei Architekten, die ihm und seinem Vorgänger aus der Pfalz an die Isar gefolgt waren, konzipierten einen Generalplan zur Gestaltung der sogenannten Maxvorstadt, der sich mit seiner schachbrettartigen Konzeption von quadratischen Häuserblöcken an das vom aufgeklärten Absolutismus geprägte Stadtraster der pfälzischen Residenzstadt in Mannheim anlehnte. Der Krieg gegen das napoleonische Frankreich, dem sich Bayern 1813 anschloss, zögerte die Umsetzung dieser Pläne hinaus, doch nach dem Wiener Kongress wurde die Friedensaufgabe der Stadterweiterung wieder aufgenommen. Als Erstes war die Münchener Stadtausfahrt nach Norden zu begradigen, die bis dahin nur auf unebenen und verwinkelten Wegen über die Festungsanlagen und im Anschluss daran auf der gekrümmten Schwabinger Landstraße möglich war.

Bauherr dieses ehrgeizigen Großprojektes wurde der bayerische Kronprinz Ludwig. Er erklärte bereits in jungen Jahren, noch während des Befreiungskrieges gegen das napoleonische Frankreich, dass Bayern in der Nachkriegsordnung zwar nicht wie Österreich und Preußen eine erstrangige politische und militärische Rolle spielen werde, aber umso mehr zu einer kulturellen Vormacht aufsteigen könne. Die Verwirklichung dieser Leitidee wurde später zur Maxime seiner Königsherrschaft.

Schon im Alter von 26 Jahren war Ludwig von seinem Vater die Leitung der Bauangelegenheiten in Bayern übertragen worden. Die Oberaufsicht über die Baupolitik diente neben der Förderung der Künste als Spielwiese für den Thronfolger, auf der sich Ludwig mit der ihm eigenen Begeisterungsfähigkeit, aber auch Arbeitswut betätigen konnte. Fast täglich führte der Kronprinz Besprechungen mit den Architekten und besuchte die Großbaustelle im Norden der Stadt. Er setzte nicht nur die Baulinien fest und gab die Fassadengestaltung vor, sondern beaufsichtigte auch die Details der Bauausführung, was ihm den Spitznamen eines «Oberpaliers» eintrug, der bayerisch-österreichischen Wortvariante für Polier.

Als rechte Hand des kronprinzlichen Bauherrn wirkte mit Leo (von) Klenze ein nur zwei Jahre älterer Architekt. Er war wie Karl Friedrich Schinkel in Preußen ein Baumeister und Stadtplaner von großer künstlerischer Begabung, der den Idealen des von der Antike inspirierten Klassizismus anhing. Nachdem der Plan Klenzes für die Straßenführung und die Neubauten nördlich des Schwabinger Tors, das abgetragen werden sollte, im Mai 1817 genehmigt worden war, begann seine Verwirklichung an der Westseite der neuen Straße mit der Errichtung einiger Wohnhäuser für wohlhabende Bürger wie hohe Beamte, Bauunternehmer und Geschäftsleute. Dazu gehörten auch ein Schlossermeister und ein «bürgerlicher Kleidermacher», das heißt ein Schneider. Die Wunschvorstellung des Kronprinzen zielte aber auf eine Prachtstraße mit Adelspalästen nach dem Vorbild der italienischen Renaissance. Dem entsprach der anschließende Bau eines imposanten Palais für den Herzog von Leuchtenberg, der im selben Jahr begonnen wurde. Dieser von Klenze nach dem Vorbild des Palazzo Farnese in Rom entworfene Palast prunkte nicht nur mit über 250 Räumen, darunter einem Ballsaal, einem Theatersaal, einer Gemäldegalerie und einer Kapelle, sondern auch einem «geruchlosen beweglichen Abtritt», einer sanitären Neuerung, die erst kurz zuvor in Paris erfunden worden war. Seine Baugeschichte signalisierte aber auch früh die finanziellen Hürden, die sich dem bayerischen Kronprinzen bei der Verwirklichung seines Bautraumes in den Weg stellen sollten.

Zum Herzog von Leuchtenberg hatte 1815 der Vater und Vorgänger Ludwigs I., König Maximilian I. Joseph, Eugène Beauharnais erhoben, der 1806 im Zeichen der damaligen französisch-bayerischen Koalition als Stief- und Adoptivsohn Napoleons die bayerische Königstochter Auguste geheiratet hatte. Während der bayerische König auch in der nachnapoleonischen Zeit seinem Schwiegersohn wohlwollend zugeneigt und um dessen standesgemäße Versorgung bemüht war, brachte sein Sohn Ludwig dem Schwager und Emporkömmling aus fremden Landen Gefühle der Abneigung entgegen. So kam es infolge von Meinungsverschiedenheiten zwischen den beiden über höfische Statusfragen bald nach der Grundsteinlegung am Palais Leuchtenberg zu einem Baustopp, der Hunderte von Arbeitern in die Arbeitslosigkeit stürzte und nur mühsam ein Jahr später durch einen Kompromiss überwunden werden konnte.

Als Pendant mit spiegelbildlicher Fassade zum Leuchtenbergpalais wurde 1826 bis 1828 das Odeon gebaut, ein Konzert- und Ballsaal, welcher der Ausbuchtung der neuen Straße an ihrem südwestlichen Ende den Namen gab. Gegenüber, auf der Ostseite des Odeonsplatzes, entstand als Abschluss zum Hofgarten ein Bazargebäude, das erste Kaufhaus seiner Art in München, in das auch das bereits seit 1810 bestehende Café Tambosi eingegliedert wurde. Als schönster Adelspalast in der Ludwigstraße galt das von Klenze erbaute Palais des Herzogs Max in Bayern, der aus einer Wittelsbacher Nebenlinie stammte und die Schwester Ludwigs I. geheiratet hatte. Im Garten dieses Gebäudes ließ dieser Herzog einen Zirkusbau zur Belustigung seiner Kinder bauen, darunter auch seiner Tochter Elisabeth, genannt Sisi, die später als österreichische Kaiserin berühmt wurde.

Doch in der Zwischenzeit hatte sich Ludwig nach seiner Thronbesteigung im Jahr 1825 von Klenze entfremdet. Es kam immer mehr zu Spannungen zwischen den erratischen Kunstvorstellungen und Detailanweisungen des monarchischen Autokraten und den professionellen Grundüberzeugungen seines Hofarchitekten. Auch fanden sich keine Privatleute mehr, welche sich den Vorgaben des Königs nach monumentalen Geschosshöhen und fensterarmen Fassadenflächen unterwerfen wollten, die ihrer Vorstellung von bürgerlicher Wohnkultur widerstrebten. Die Folge war ein Kurswechsel beim Bau der Ludwigstraße. 1826 ordnete der König deren Weiterführung bis Schwabing an und beauftragte Friedrich Gärtner, den Architekturprofessor an der Münchener Kunstakademie, mit der Fortführung des Projektes. Dieser entwarf nicht nur alle folgenden Bauten des Straßenensembles, sondern bewältigte unter dem Patronat des Königs auch die Probleme bei der Sicherstellung ihrer finanziellen Grundlage.

In der ersten Bauphase nach dem Ende des Befreiungskrieges hatte Ludwig aus seiner Privatschatulle Grundstücke vor dem Schwabinger Tor aufgekauft und dann unter Auflage der von ihm und Klenze entwickelten Gestaltungsrichtlinien an die Bauinteressenten weiterverkauft. Ludwig war schon als Kronprinz für seine haushälterische Sparsamkeit bekannt, auf diese Weise erwirtschaftete er auch die Mittel für sein zunächst privates und dann königliches Mäzenatentum. Die Bereitstellung der Gelder für den Erwerb des Grundes, der für die umfangreiche Straßenoberfläche benötigt wurde, legte Ludwig der Stadt auf. Diese, schon durch die Kriegsfolgelasten am finanziellen Abgrund stehend, sah sich gezwungen, die Biersteuer zu verdoppeln.

Zur offenen Konfrontation zwischen Monarch und Kommune kam es dann über dem königlichen Projekt der Ludwigskirche. Ludwig trug zwar einen Teil der Baukosten, doch erwartete er von der Stadt, dass sie die Hauptlast schultern würde. Der Magistrat lehnte im April 1829 den «ebenso kostspieligen wie entbehrlichen Bau» ab, der zu weit von dem absehbaren Wohngebiet der geistlich zu versorgenden Bevölkerung entfernt sei. Allgemein wurde es der Stadt überdrüssig, sich für das königliche Projekt der Ludwigstraße finanziell ausbluten zu lassen. Der König drohte daraufhin, die Universität wieder aus München zu verlegen, und deutete noch Schlimmeres an, den Abzug seiner Residenz. Vor diesem Ultimatum knickte der Magistrat ein und hatte im Gefolge über Jahrzehnte eine riesige Schuldenlast zu tragen.

Bedingt durch diese Finanzierungsprobleme, aber auch die Vorgaben des Königs, wurden ab 1827 im Nordteil der Ludwigstraße keine Privathäuser mehr errichtet, sondern nur noch staatliche Gebäude und schließlich, da auch bei deren Finanzierung die Ständevertretung störrisch wurde, Bauten von zwar öffentlichen Institutionen, die aber nicht dem parlamentarischen Budgetrecht unterworfen waren. Den Anfang machte der Bau des Kriegsministeriums in den Jahren 1827 bis 1830, der noch von Klenze entworfen worden war. Daran schloss sich nördlich die Errichtung der bayerischen Staatsbibliothek einschließlich des Reichsarchivs an, welche durch die Berge von alten Büchern und Handschriften notwendig geworden war, die der bayerische Staat im Rahmen der Säkularisation aus Klosterbibliotheken erhalten hatte. Der Bau dieses über 150 Meter langen Gebäudes auf der Ostseite der Ludwigstraße, 1833 nach Plänen von Gärtner begonnen, zog sich ebenfalls aufgrund von Finanzierungsproblemen hin. Als die Bibliothek schließlich nach einem Jahrzehnt eröffnet werden konnte, verfügte sie zwar über eine imposante, mit Fresken ausgemalte Freitreppe vom Erdgeschoss in den ersten Stock zur Bücherausleihe, über die aber nur der König emporsteigen durfte. Zum Schluss fehlten, wie damals beklagt wurde, Mittel für die Bücherregale.

Auch die Vollendung und endliche Einweihung der St. Ludwigskirche wurde durch diese Finanzierungsprobleme verzögert. Als das Gotteshaus schließlich im Sommer 1844 fertiggestellt war, wünschte sich der König den 25. August, seinen Geburts- und Namenstag, als Datum der Kirchweihe. Doch da sich König und Erzbischof über die Dotierung der Pfarrstelle an der neuen Kirche noch nicht einig waren, verschob sich die Konsekration auf den Tag der Geburt Mariäs, der «Patrona Bavariae», am 8. September 1844. Ludwig I. dokumentierte seine Verstimmung durch seine Nichtteilnahme an der Feier. Insgesamt war der Bau der Ludwigstraße ein Musterbeispiel für die mit Großprojekten verbundenen finanziellen und bürokratischen Hürden.

An der Ludwigstraße fand auch die Ludwig-Maximilians-Universität ihren endgültigen Sitz. Diese bayerische Landesuniversität war 1472 in Ingolstadt gegründet und 1800 nach Landshut verlegt worden. 1826 holte Ludwig I. sie in die Hauptstadt, wo sie zunächst sehr beengt in der Altstadt im aufgelassenen Jesuitenkolleg untergebracht wurde. Schließlich beauftragte der König Friedrich Gärtner mit dem Entwurf eines Universitätsgebäudes, das zwischen 1835 und 1840 am

Nordende der Prachtstraße auf der Westseite errichtet wurde. Diesem Flügelbau gegenüber wurden auf der Ostseite spiegelbildliche Gebäude für ein Priesterseminar und eine Erziehungsanstalt für Töchter aus höheren Ständen errichtet. Auf diese Weise entstand am nördlichen Ende der Ludwigstraße eine Platzanlage, die ein Pendant zum Odeonsplatz an ihrem südlichen Anfang bildet.

Für die Baulücken, die auf der Westseite immer noch der Schließung harrten, griff der König, da keine städtischen oder staatlichen Mittel mehr zur Verfügung standen, auf Stiftungen und Staatsbetriebe zurück. So wurden in den 1840er Jahren die Blindenanstalt von Freising nach München verlegt, ein Damenstiftsgebäude erbaut und erhielt die bayerische Berg- und Salinenadministration ihr zentrales Verwaltungsgebäude.

Den Abschluss der Ludwigstraße bilden zwei ebenfalls von Friedrich von Gärtner entworfene Militärdenkmäler. Im Süden beginnt die Ludwigstraße mit der Feldherrnhalle, die als klassizistische Loggia nach Florentiner Vorbild (Loggia dei Lanzi) 1844 vollendet wurde. Sie wurde anstelle des Schwabinger Tors und eines altbayerischen Gasthofes errichtet und beschirmt die Denkmäler von Graf Tilly, dem kaiserlich-katholischen Feldherrn des Dreißigjährigen Krieges, und Fürst Wrede, dem bayerischen Heerführer im Befreiungskrieg und Unterdrücker der Pfälzer Oppositionsbewegung im Jahr 1832. Das Siegestor, das im Norden die Ludwigstraße abschließt, ist pauschal «Dem bayerischen Heere» gewidmet. Das nach dem Vorbild des Konstantinbogens im Stil eines römischen Triumphbogens 1852 fertiggestellte Monument mit seiner Quadriga, einer von vier Löwen gezogenen Bavaria, und den Kampfszenenreliefs erinnert nicht, wie oft vermutet wird, an den Beitrag des bayerischen Heeres zur Befreiung von Napoleon, der eher gering war. Ludwig I. zeichnete sich nicht durch eine besondere Zuneigung zum bayerischen Heer aus, machte vielmehr dessen Etat zum Hauptleidtragenden seiner Sparbemühungen. Doch vielleicht sollten diese beiden Symbolbauten ebendiese materielle Benachteiligung kompensieren.

Den Anstoß zum Projekt seiner Straße und die Anregungen bei ihrer Bauausführung hatte Ludwig durch seine häufigen Besuche in Italien erhalten. Sie begannen mit der traditionellen Kavalierstour des achtzehnjährigen Kronprinzen und wiederholten sich danach

76 Mal, oft mehr als einmal im Jahr. Für Ludwig beinhalteten diese Reisen in den Süden zumal in späteren Jahren nicht nur Erholung, sondern vor allem architektonisches und künstlerisches Sightseeing. Sie machten ihn zum überzeugten Anhänger des Historismus, des Bauens in den Formen der Vergangenheit, wie er im ganzen 19. Jahrhundert in Europa vorherrschte.

Anfangs dominierten bei den Plänen für die Ludwigstraße noch antike Bauformen, insbesondere der vom Formenkanon der griechischen Tempel inspirierte Baustil des Klassizismus. In der Ludwigstraße kam er vor allem in deren ersten Bauten zum Tragen. Später waren Bauten der italienischen Renaissance das Vorbild, beginnend mit dem Gebäude der Staatsbibliothek. Die St. Ludwigskirche war weitgehend von der Romanik inspiriert, sowohl bei der Aufnahme der Basilikagestalt als auch in den Details der Ausmalung. Diese Wandlungen im Baustil, in denen sich auch der Übergang der Architektenleitung von Klenze auf Gärtner niederschlug, erfolgten allerdings nur Schritt für Schritt, wie es der eklektischen Natur eines historistischen Baustils entsprach. Für die zweite Bauphase der Ludwigstraße hat sich eingebürgert, von einem «Rundbogenstil» zu sprechen, wie ihn König Ludwig I. in seinen Bauaufträgen vorgab.

Trotz dieser Stilvielfalt, die beim Bau zum Tragen kam, macht die Ludwigstraße den Eindruck eines Gesamtkunstwerks und nicht eines Konglomerats von herausragenden Gebäuden, vielleicht mit der einen Ausnahme der St. Ludwigskirche. Dieser vormärzliche Boulevard vermittelt ein einheitliches monumentales Raumerlebnis, ist ein «Straßenraum» (Oswald Hederer) mit den Häusern als Straßenwänden. Für Touristen, die ihn von der Feldherrnhalle oder dem Siegestor aus betrachten, ist er von beeindruckender Größe und Geschlossenheit. Für Fußgänger ist er, baum- und geschäftslos, keine Straße zum Flanieren, sondern eine oft als windig und eintönig empfundene Verbindung zwischen der heimeligen Altstadt und der abwechslungsreichen Leopoldstraße Schwabings. Die Ludwigstraße ist und war nie eine Straße zum Wohlfühlen, sondern zum Imponieren.

Ludwig I. verwirklichte sein Faible für große Bauunternehmungen auch in überregionalen Verkehrsprojekten für sein Königreich. Gleich nach seiner Thronbesteigung im Jahr 1825 nahm er das alte

Projekt einer Schifffahrtsverbindung zwischen Donau und Main wieder auf, das angeblich auf Karl den Großen zurückgeht. Nach langwierigen Planungen, bei denen es vor allem um die Überwindung der europäischen Wasserscheide in der Fränkischen Alb ging, wurde die Umsetzung des Projektes 1836 in Angriff genommen. Trotz des Einsatzes von bis zu 9000 Arbeitern verzögerte sich der geplante Abschluss und stiegen die Baukosten um mehr als das Doppelte an. Der nach dem König benannte «Ludwig-Donau-Main-Kanal» konnte schließlich im Juli 1846 in Betrieb genommen werden. Zu diesem Zeitpunkt hatte sich der Schwerpunkt der königlich-bayerischen Verkehrsplanung bereits auf den Bau von Eisenbahnen verlagert. Die 1835 fertiggestellte «Ludwigs-Eisenbahn» zwischen Nürnberg und Fürth, die erste deutsche Eisenbahn, war noch ganz durch die Privatwirtschaft der fränkischen Metropole finanziert worden. Doch ab dem Beginn der 1840er Jahre wurde in Bayern ein staatliches Eisenbahnsystem aufgebaut, beginnend mit dem Bau einer Süd-Nord-Verbindung von Lindau über Augsburg, Nürnberg und Bamberg bis Hof, wo man Anschluss an das schon weit entwickelte sächsische Eisenbahnnetz fand.

Im März 1848 verzichtete König Ludwig I. unter dem Druck der Revolution auf seinen Thron, nicht zuletzt im Gefolge seiner Mesalliance mit der Tänzerin Lola Montez. Bei der Thronentsagung ließ sich Ludwig von seinem Sohn und Nachfolger zusichern, dass ihm weiterhin die Mittel zur Verfügung ständen, um seine Bauten an der Ludwigstraße zu Ende führen zu können. Mit der Prachtstraße zwischen der Münchener Altstadt und dem Vorort Schwabing setzte sich König Ludwig I. von Bayern ein Denkmal, sie trägt zu Recht den Namen ihres königlichen Erbauers. Sie war schon 1822 zum 35. Geburtstag des damaligen Kronprinzen nach ihm benannt worden. Sie ist das Produkt nicht nur des Herrschaftsanspruches dieses Monarchen, den Golo Mann als einen «echten Autokraten» charakterisiert hat, sondern auch seines ausgeprägten historisierenden Kunstsinns. In der Ludwigstraße verkörpert sich «Ludwigs I. Kunst-Königtum» (Heinz Gollwitzer). So war es nur konsequent, dass im Jahr 1862 auf dem Odeonsplatz ein Reiterstandbild Ludwigs I. errichtet wurde, noch zu Lebzeiten des abgedankten Königs, der 1868 starb.

Doch ist die Münchener Ludwigstraße, wenn man nicht nur die

Umstände ihrer Errichtung, sondern auch die Architektur ihrer Gesamtanlage und die Zweckbestimmung der Mehrzahl ihrer Gebäude resümiert, nicht bloß das Produkt eines autokratischen Herrscherwillens. Sie symbolisiert auch ein Staatsverständnis aus der Zeit des aufgeklärten Absolutismus, in dem sich der Monarch als Repräsentant des Staates versteht. Die Ludwigstraße spiegelt bis heute die unpersönliche Staatlichkeit Bayerns wider, in welcher die regionalen Gegensätze vor allem zwischen Altbayern, Franken und der Pfalz aufgehoben werden sollen.

Unter dem Vater und Vorgänger König Ludwigs I. hatte dessen Minister Graf von Montgelas seit 1799 die Staatswerdung Bayerns vor allem durch administrative Reformen vorangetrieben. Kronprinz Ludwig war zwar die treibende Kraft hinter Montgelas' Entlassung im Jahr 1817, setzte aber den von diesem eingeleiteten Prozess der Staatsbildung auf kultureller und symbolischer Ebene fort. Während der ebenfalls von Ludwig I. initiierte und von seinem Hofarchitekten Leo von Klenze entworfene Ruhmestempel der Walhalla an der Donau bei Regensburg mit ihren Büsten großer Deutscher als deutsches Nationaldenkmal zu verstehen ist, ist die Münchener Ludwigstraße *das* bayerische Staatsdenkmal. Beim Blick von der Feldherrnhalle zum Siegestor rief Charles de Gaulle als Präsident der Französischen Republik beim Staatsbesuch am 8. September 1962 voller Bewunderung aus: «C'est vraiment une capitale.»

Die Bildbeschreibung der Stettiner Hungerunruhen in diesem Holzstich von G. Nicholls aus den «Illustrated London News» vom 15. Mai 1847 lautet (in Übersetzung): «Am Morgen attackierte ein Unterklassenmob die Kartoffelvorräte, die auf den Markt gebracht wurden. Der Haufen, begleitet von zahlreichen Frauen und Jungen, erstürmte danach Bäckerläden, stahl Brot und zertrümmerte Einrichtungen. Erst nachdem Trommeln erklungen, Truppen einmarschiert und durch die Straßen patrouilliert sowie einige Unruhestifter verhaftet worden waren, beruhigte sich langsam wieder die Lage. Proklamationen wurden angeschlagen, dass Bürger mit weißen Armbinden als Wachen fungieren würden und das Militär mit Munition versehen worden sei. Da Soldaten, Offiziere und der General weiterhin mit Schlamm und Steinen beworfen wurden, war das Militär gezwungen, Waffengewalt einzusetzen, zahlreiche Personen wurden verletzt, zwei davon tödlich. Erst am folgenden Tag (27. April 1847) traten Ruhe und Ordnung wieder ein.»

DIE HUNGERUNRUHEN (1847)

Die Armen besorgen sich ihr «täglich Brot»

Nachdem Bauern auf dem Wochenmarkt der kleinen Stadt Schwiebus in der preußischen Provinz Brandenburg, siebzig Kilometer östlich von Frankfurt/Oder in der Neumark gelegen, am Samstagmorgen, den 24. April 1847 ihre Kartoffelpreise im Vergleich zum Vormonat verdreifacht hatten, protestierten die Kunden mit heftigen Worten und begannen Kartoffelsäcke auszuschütten. Den ganzen Tag durchzogen größere Gruppen die Stadt und das nähere Umland und «beschlagnahmten» bei Händlern, Gastwirten und Gutsbesitzern Lebensmittelvorräte, die zumeist vor das in der Mitte des Marktplatzes gelegene Rathaus geschafft wurden. Dort wurden unter den Augen der hilflosen städtischen Obrigkeit die Kartoffeln und das Getreide zu einem von den Einwohnern als angemessen erachteten niedrigeren Preis verkauft, wenn sie nicht schon direkt von den Plünderern als Beute nach Hause geschleppt worden waren. An dieser Aktion beteiligten sich mehr als tausend der knapp fünftausend Bürger der Stadt, darunter viele ehrbare Handwerker, meist aus dem Tuchmachergewerbe. Manche von ihnen brachten auf Vorhaltungen der Ehefrauen ihre Prise zurück zur Polizei, zum Bürgermeister oder vor das Rathaus. Als drei Tage später auf Anordnung des Landrats Militär anmarschierte, war der Spuk der Selbstversorgungsaktion der ärmeren Schichten in Schwiebus bereits vorbei.

Gewaltsamer verlief zur gleichen Zeit in der preußischen Hauptstadt die berüchtigte Berliner «Kartoffelrevolution». Sie brach am Morgen des 21. April 1847 auf dem Gendarmenmarkt aus, als eine Händlerin ihren Preis abrupt erhöhte, die empörten Kundinnen daraufhin die Kartoffelsäcke zerschnitten und sich bedienten, ohne zu bezahlen. Die Marktfrau flüchtete in einen benachbarten Bäckerladen, der von der erregten Volksmenge belagert und demoliert wurde. Am folgenden Tag wurden zahlreiche Bäckereien und Fleischereien geplündert, Fenster an der Oper sowie am Schauspielhaus eingeworfen und Gaslampen zertrümmert. Erst am dritten Tag gelang es mit militärischer Hilfe, die Ordnung wiederherzustellen. Zum Einsatz kam die ganze Berliner Garnison von über siebentausend Soldaten, von denen 82 verwundet wurden. Unter den Aufrührern gab es sicherlich eine noch größere Zahl an Verletzten. Aus Rache wurden Wilhelm Prinz von Preußen, dem Befehlshaber des Berliner Gardekorps und späteren König von Preußen sowie Gründungskaiser des Deutschen Reiches von 1871, Scheiben in seinem Kronprinzenpalais eingeworfen.

Was sich auf dem Lande in dem Marktstädtchen Schwiebus und in der Hauptstadt in Berlin abspielte, waren nur zwei von an die zweihundert Hungerunruhen, die im April und Mai 1847 die öffentliche Ordnung in Deutschland erschütterten. Im Königreich Preußen entflammten die Proteste vor allem in den ostelbischen Provinzen. An der Spitze stand die Provinz Posen, das Armenhaus des preußischen Staates, in dem die nationalpolitischen Spannungen mit der überwiegend polnischen Bevölkerung die gärende Unruhe noch steigerten. Hungerproteste loderten aber auch in Südwestdeutschland, im Obermaingebiet und in Franken auf.

Im Rheinland und in Westfalen hingegen blieb es 1847 weitgehend ruhig, im Gegensatz zur vorangegangenen Hungerkrise des Jahres 1816/17. Deren Ursache war die Eruption des Vulkans Tambora im April 1815 im fernen Indonesien gewesen, während sich in Wien der Kongress der europäischen Mächte unter dem Schock der Rückkehr Kaiser Napoleons in die französische Hauptstadt mühte, seine Beratungen endlich zu einem Abschluss zu bringen. Die von diesem größten Vulkanausbruch der Menschheitsgeschichte in die Luft geschleuderten Gas- und Schwebepartikel erreichten 1816 Europa und führten dort zu einem kalten und völlig verregneten «Jahr ohne Sommer». Die Folge waren katastrophale Missernten und in ihrer Konsequenz eine dramatische Explosion der Lebensmittelpreise, Massenarmut und Hungersnot. 1817, das «Jahr des Hungers», sah überall in Europa einen Anstieg der Kriminalität und der Sterblichkeit sowie Protestaktionen. Insbesondere im Rheinland und in Westfalen, den zwei durch den Wiener Kongress an Preußen gefallenen Regionen, verursachte die extrem schlechte Witterung eine beispiellose Notlage, die am Niederrhein noch durch Überschwemmungen gesteigert wurde. Doch 1847 blieben die beiden preußischen Westprovinzen wie auch das Königreich Sachsen von der Hungerkrise und den dadurch bewirkten Unruhen weitgehend verschont: In diesen Regionen hatte inzwischen die Industrialisierung eingesetzt, mit der Entfaltung des Eisenbahnstreckenbaus an der Spitze, und war infolgedessen die allgemeine Kaufkraft wesentlich angestiegen. Was sich in den anderen deutschen Gebieten im Frühjahr 1847 ereignete, war der letzte große Ausbruch jener frühneuzeitlichen «food riots», die in ganz West- und Mitteleuropa immer wieder aufloderten.

In den großen Städten – neben Berlin sind auch die Residenzstädte Dresden und Stuttgart zu nennen – entwickelten sich die Hungerunruhen meist zu gewalttätigen Machtproben mit der Obrigkeit und den Wohlhabenden. Doch in den Kleinstädten und auf dem Lande blieb es bei Aktionen zur Umverteilung der knappen Grundnahrungsmittel. Die Bedürftigen verstanden ihre Taten als einen aus der Not gerechtfertigten Mundraub, sie wollten nur ihr eigenes und das Überleben ihrer Familien sichern. Dazu gehörten auch durchgängig in den Jahrzehnten des Vormärzes die Holzdiebstähle aus staatlichen und privaten Wäldern, die Karl Marx im Oktober 1842 in seinem ersten Artikel als Schriftleiter der «Rheinischen Zeitung» gerechtfertigt hatte. In allen diesen Konflikten prallten private Eigentums- und Gewinninteressen der Besitzenden mit den Nahrungsansprüchen der Notleidenden aufeinander.

Zu den hungernden Armen gehörten nicht nur Arbeitslose und ungelernte Tagelöhner, sondern vor allem auch eine große Zahl von Erwerbstätigen aus den untergehenden Textilgewerben wie den Webern und Seidenwirkern sowie den überbesetzten Massenhandwerken der Tischler, Schneider und Schuhmacher. Bei ihnen – vor allem den Gesellen, weniger den Meistern – kam zu der wirtschaftlichen Not noch die soziale Verunsicherung durch den von der preußischen Gewerbereform eingeleiteten Übergang von der althergebrachten Zunftordnung in eine moderne Marktwirtschaft hinzu.

Im Hinblick auf die Zusammensetzung der Aufbegehrenden ist auch die häufige Beobachtung der Zeitgenossen interessant, dass bei den Unruhen Männer zu Plünderungen und Zerstörungen, Weiber hingegen zum Schimpfen, Schreien und Aufhetzen neigten. Frauen gaben auch den Ton bei den traditionellen «Katzenmusiken» an, mit denen unliebsamen Amtspersonen und Begüterten durch Miauen, Bellen und Heulen, untermalt vom Scheppern von Töpfen, Deckeln und Kesseln, ein Missbilligungsständchen gebracht wurde.

Die Adressaten der Hungerproteste waren zunächst die Händler und Marktfrauen, dann Kaufleute und Ladenbesitzer. Vor allem gegen Bäcker, deren Täuschungen bei Brotgewichten und -preisen schon lange die Kunden aus den Unterschichten frustriert hatten, richteten sich nicht nur Plünderungen, sondern auch Zerstörungen. So wurden in der Berliner «Kartoffelrevolution», die eigentlich mehr eine «Brotrevolution» war, an die dreißig Bäckerläden attackiert, nicht nur ihre Fenster und Türen eingeschlagen und Ladenschilder abgerissen, sondern auch ihre Geräte und ihr Mobiliar demoliert. Ebenfalls die Konditorei Kranzler an der Ecke Friedrichstraße/Unter den Linden wurde verwüstet. Dieses später berühmte Café hatte 1825 ein Wiener Zuckerbäckergeselle in der preußischen Hauptstadt eröffnet und zehn Jahre später durch den renommierten Architekten August Stüler nicht nur erweitern, sondern auch mit einer Straßenterrasse versehen lassen – ein Novum in Nord- und Ostdeutschland.

Beutezüge und tumultuarische Wut des sogenannten «Pöbels» richteten sich schließlich vor allem gegen Speicher und Wohnhäuser der Getreidegroßhändler, denen wucherisches Geschäftsgebaren vorgeworfen wurde. Sie würden die Preissteigerungen nur zur Profitmacherei benutzen, indem sie das Getreide aufkauften und horteten und dann an ferne Kunden verkauften, statt es zu einem erschwinglichen Preis an die Hungernden vor Ort abzugeben. Zahlreiche der Großhändler waren Juden, die Auseinandersetzung mit diesen «Kornjuden» trug daher oft antisemitische Züge.

Der zeitliche Höhepunkt der Hungerproteste im April/Mai 1847 war aufschlussreich für die Ursachen der ihnen zugrunde liegenden Nahrungskrise. Im Frühjahr tritt im jährlichen Erntezyklus immer eine kritische Phase ein: Die neue Ernte steht noch nicht zur Verfügung, während die Restbestände der alten Ernte durch den Winter meist aufgebraucht sind und das Saatgut für das Sommerkorn nicht angegriffen werden darf.

Im Frühjahr 1847 wurde die Lage nicht nur in Deutschland, sondern in ganz Europa durch Missernten in den beiden vorangegangenen Jahren bei Kartoffeln und Getreide noch verschärft. Das trieb die Preise dieser beiden Grundnahrungsmittel in für die ärmeren Bevölkerungsschichten unerschwingliche Höhen. Bis heute hat sich in diesem Zusammenhang im kollektiven Geschichtsbewusstsein die Erinnerung an die große Hungersnot bewahrt, bei der in Irland in den 1840er Jahren von 8,5 Millionen Einwohnern eine Million starb und viele der Überlebenden dann nach Nordamerika auswanderten. Doch auch in den deutschen Hungerregionen stiegen die Sterblichkeitsziffern in der Mitte der 1840er Jahre im Vergleich zum Anfang des Jahrzehnts um 20 Prozent an.

Auslöser der Hungerkrise in der zweiten Hälfte der 1840er Jahre war eine mysteriöse Kartoffelkrankheit. Im Spätsommer 1845 wurde auf den Kartoffelfeldern in West- und Mitteleuropa bemerkt, dass sich auf den Blättern der Pflanzen dunkelbraune Flecken und an deren Unterseite ein weißer schimmelartiger Befall ausbreiteten, was nach wenigen Tagen zum Absterben des ganzen Laubes führte. Die Knollen, die dann ausgegraben wurden, hatten eine graublau verfärbte Oberfläche, ihr Fleisch war braun, breiig und stinkig, kurzum: ungenießbar. Der Befall schritt bei feucht-warmer Witterung und auf nassen und schweren Böden, so beobachteten die Bauern und berichteten die Behörden, ungemein schnell voran und führte zum völligen Verlust der Früchte auf dem Felde und im Lager. So konnte im Herbst 1845 und 1846 überall in Deutschland und in den Nachbarländern nur etwa die Hälfte der üblichen Kartoffelernte eingebracht werden, in manchen besonders betroffenen Gegenden gar nur ein Viertel.

Kartoffelpflanzen waren seit der Mitte des 16. Jahrhunderts aus Lateinamerika in Europa eingeführt worden. Sie wurden zunächst in fürstlichen Anlagen eingesetzt, seit den 1730er Jahren allgemein in Gärten. Zum großflächigen Feldanbau ging man erst in der ersten Hälfte des 19. Jahrhunderts über, als die Kartoffeln zum Hauptnahrungsmittel der ärmeren Volksklassen wurden. Das plötzliche Auftreten der Kartoffelpest im Jahr 1845 führte zu wilden Spekulationen über ihre Ursachen: Viele fromme Landbewohner sahen in ihr eine göttliche Fügung und Strafe; selbst technische Neuerungen der Zeit wie die Einführung von Eisenbahnen und Dampfschiffen wurden verantwortlich gemacht.

Die sich seit 1845 ausbreitende Kartoffelkrankheit entwickelte sich rasch zu einer Teuerungskrise und dann zur Hungerkatastrophe, weil noch weitere und allgemeinere Notlagen hinzukamen. An erster Stelle ist die extreme Wetterlage des Folgejahres zu nennen, dessen Frühjahr zunächst völlig verregnet war, dem dann im Sommer eine lange Dürreperiode folgte. Das führte zu einer umfangreichen Missernte bei der Produktion von Getreide, vor allem Roggen, auf welchen die Bevölkerung nach dem weitgehenden Ausfall der Kartoffeln umso mehr angewiesen war. Im Jahr 1846 brach der normale Ernteertrag von Getreide in Deutschland um mehr als 40 Prozent ein. So wurden die Grundnahrungsmittel immer teurer: Von 1845 auf 1847 verdoppelten sich die Kartoffelpreise, während die Roggenpreise um 60 Prozent anstiegen; regional war die Teuerung oft noch dramatischer.

Diese explodierenden Marktpreise führten dazu, dass die Grundnahrungsmittel vor dem Hintergrund der andauernden Sozialkrisen für die ärmeren Schichten der Bevölkerung kaum mehr bezahlbar waren. Auf dem Lande gehörten dazu vor allem die Tagelöhner, die sogenannten Heuerlinge, die von den Großgrundbesitzern und Bauern nur eine Hütte mit einem kleinen Gemüsegarten gepachtet hatten und eine Kuh sowie ein Schwein besaßen. Sie lebten von der ungesicherten Hilfsarbeit für die Landbesitzer. Für viele der Armen auf dem Lande war die Versuchung groß, selbst das Saatgut zu verzehren, was ihre Nahrung im Folgejahr noch weiter dezimierte.

Zahlreiche der ländlichen Heuerlinge zogen aufgrund der Notlage zusammen mit den Angehörigen des untergehenden Heimgewerbes in die Städte und vermehrten dort die Masse der städtischen und oft arbeitslosen Tagelöhner, zu denen auch noch die Überzahl von Handwerksgesellen hinzukam. Sie alle lebten, wie Bettine von Arnim es in ihrem «Dies Buch gehört dem König» beschrieben hatte, von der Hand in den Mund, wenn sie überhaupt etwas zu essen hatten. In vielen Städten wurde ein Drittel der Einwohner in den Armenlisten geführt. Diese Massenarmut führte zur Verbreitung bösartiger Mangelkrankheiten: Diarrhö (Durchfall) mit Kreislaufkollaps, Schwindsucht (Tuberkulose), Cholera, Ruhr und Typhus. Allein im polnischen Gebiet der preußischen Provinz Posen erkrankten 80 000 Menschen an Hungertyphus, fast 18 000 erlagen ihm. Gleichzeitig sanken die Geburtenzahlen.

Der weitgehende Ernteausfall bei Kartoffeln und Getreide, aber auch die Notschlachtungen des Viehs zwangen die Hungernden, auf Ersatznahrungsmittel auszuweichen. Die Behörden propagierten mit mäßigem Erfolg den Verzehr von traditionell tabuisiertem Pferdefleisch. Beim Backen von Brot wurde nicht nur auf Buchweizen zurückgegriffen, sondern es wurden auch die Früchte und Wurzeln der Quecken verwandt, einer Unkrautpflanze. Als menschliche Nahrung dienten neben Viehfutter Brennesseln und wildwachsende Kräuter.

In der Hungersnot vom Frühjahr 1847 griffen Bagatelldelikte wie Bettelei, kleinere Diebstähle und Vagabundentum um sich. Es braute sich ein Protestpotential zusammen, wie es knapp drei Jahre zuvor im schlesischen Weberaufstand von der Obrigkeit nur mit blutiger Gewalt unterdrückt werden konnte. Die staatlichen Behörden reagierten auf die Hungerunruhen mit «Zuckerbrot und Peitsche».

Schon 1835 war im Königreich Preußen die «Aufregung durch Geschrei und Pfeifen [...] bei Gelegenheit eines Aufruhrs» mit strenger körperlicher Züchtigung sowie Gefängnis-, Strafarbeits- und Zuchthaushaft bis zu sechs Monaten strafbewehrt worden. Im Jahr darauf wurde durch Gesetz ein abgekürztes Strafverfahren beim Umgang mit Aufrührern eingeführt. So wurden nach der gewaltsamen Niederschlagung der Berliner Kartoffelrevolution Ende April 1847 an die dreihundert Tumultuanten verhaftet und zirka hundert von ihnen verurteilt. Die höchste Strafe erhielt ein 32-jähriger Arbeiter und Vater von zwei Kindern, der zu zehn Jahren Zuchthaus verurteilt wurde, weil er einen Offizier geschlagen und einem Soldaten den Säbel entrissen hatte.

Doch ließ sich der preußische König ein halbes Jahr später dazu bewegen, Gnade vor Recht ergehen zu lassen: Aus Anlass seines Geburtstages verkündete Friedrich Wilhelm IV. am 15. Oktober 1847 eine Amnestie für diejenigen, die «durch die augenblickliche Noth zu Vergehen oder Verbrechen verleitet» worden waren, wenn der verursachte Schaden weniger als fünf Taler betrug. Regierungstreue Zeitungen begrüßten diese «staatskluge Maßnahme», doch die bürgerliche «Deutsche Zeitung» verurteilte sie als eigentumsgefährdende Rechtfertigung von sozialem Aufstand und revolutionärer Unruhe. Herausgeber dieses liberalen Presseorgans war Georg Gottfried Gervinus, der zehn Jahre zuvor als einer der sieben Göttinger Professoren durch seine Protestation gegen den Verfassungsbruch des hannoverschen Königs ein staatsbürgerliches Widerstandsrecht wahrgenommen hatte: Die Entfremdung zwischen dem politischen Liberalismus des Bürgertums und den sozialökonomischen Forderungen der sich zur Arbeitsklasse transformierenden Unterschicht zeichnete sich ab.

Bei unterstützenden Maßnahmen für die Hungernden handelte die Obrigkeit nur sehr zögerlich und zurückhaltend. So wurde in Preußen der Verbrauch von Kartoffeln in der Branntweinproduktion erst am 1. Mai 1847 verboten. Dadurch wurde nicht nur ein für die ostelbischen Junker lukrativer Produktionszweig, sondern auch der Konsum von Schnaps eingeschränkt, der für die hungernden Unterschichten oft der einzige Trost war.

Zollpolitische Maßnahmen kamen hinzu: Die Einfuhr von Getreide wurde durch die Senkung der Zölle erleichtert, auf der anderen Seite die Getreideausfuhr durch Anhebung der Zölle erschwert. Schließlich rang man sich zur umfassenden Einstellung des Getreideexports aus den Hungergebieten durch. Im Gegensatz zum Getreide, das man auch aus dem fernen Russland und selbst aus Nordamerika einführen konnte, waren solche Hilfskäufe auf dem internationalen Markt bei den leichter verderblichen Kartoffeln kaum möglich.

Die allgemeine Kaufkraft sollte durch öffentliche Arbeitsbeschaffungsmaßnahmen gestärkt werden, die vor allem im Chaussee-, Eisenbahnstrecken-, Festungs- und Kanalbau organisiert wurden. In München beispielsweise eröffneten sich Beschäftigungsmöglichkeiten bei der Fertigstellung der Ludwigstraße und der sie umgebenden Maxvorstadt. In der bayerischen Hauptstadt kam es im Vormärz zwar nicht zu Hungerprotesten im Gefolge der Nahrungskrise bei Kartoffeln und Getreide. Doch als der König 1844 eine Erhöhung des Bierpreises um 30 Prozent ankündigte, weil die für die Herstellung des bayerischen Nationalgetränks notwendigen Rohstoffe knapper und teurer geworden waren, randalierten am 1. Mai 1844 Tausende, mit denen sich selbst die Soldaten solidarisierten, welche die Unruhe niederschlagen sollten. König Ludwig I. war gezwungen, die Bierpreiserhöhung zurückzunehmen.

Die Zurückhaltung der staatlichen Behörden bei den Hilfsmaßnahmen für die hungernden Untertanen war eine Konsequenz aus dem unter dem Einfluss der marktwirtschaftlichen Lehren von Adam Smith an der Wende vom 18. zum 19. Jahrhundert eingeleiteten Übergang vom früheren System des kameralistischen Dirigismus und feudalistischen Paternalismus zu einem wirtschaftspolitischen Kurs des ökonomischen «Laissez-faire». In Preußen kam hinzu die chronische Finanznot der Regierung aufgrund der Nichterfüllung des Verfassungsversprechens von 1810/15, die möglichen Steuererhöhungen im Wege stand. Die Bewältigung der Krise wurde daher vor allem den Gemeinden mit ihren Armendirektionen und der bürgerlichen Gesellschaft mit ihren Privatinitiativen überlassen.

Die Kommunen allerdings waren meist überfordert. In wohlhabenderen Städten und Gegenden wie im Rheinland funktionierte die Armenfürsorge, doch in den ärmeren Ostprovinzen Preußens, wo sie am dringlichsten war, mangelte es ihr an Ressourcen. Besser funktionierten rein gesellschaftliche Hilfsmaßnahmen. In zahlreichen deutschen Städten und Gemeinden entstanden nachbarschaftliche Vereine, die Kartoffeln und Getreide *en gros* kauften und preiswert oder umsonst verteilten. Geschichte machte der Hilfsverein von Weyersbusch im Westerwald, den der dortige Bürgermeister Friedrich Wilhelm Raiffeisen gründete: Aus diesem Zusammenschluss ging die mächtige landwirtschaftliche Genossenschaftsorganisation hervor.

In zahlreichen Orten wie in Berlin suchten «Armen-Speisungs-Anstalten» die sozialen Missstände zu mildern. In diesen Suppenküchen wurden vor allem die sogenannten Rumfordsuppen ausgegeben. Zu Ende des 18. Jahrhunderts hatte der amerikanisch-englische Globetrotter Benjamin Thompson, zum Reichsgrafen von Rumford geadelt, sich in München für die Soldaten seines Dienstherrn, des bayerischen Kurfürsten, und für die örtlichen Arbeitslosen und Bettler dieses Rezept einer billigen und doch nahrhaften Suppe ausgedacht (die bayerische Residenzstadt verdankt ihm auch die Anlage ihres Englischen Gartens). 1847 kamen beim stundenlangen Kochen in Wasser nicht nur die von Rumford vorgeschlagenen Graupen und Erbsen zum Einsatz, sondern auch Essig, Blut, Knochen und Talg sowie halbvergammelte Kartoffeln.

Die 1846/47 durch die Hungerkrise bewirkte Verelendung der ärmeren Deutschen führte auch zu einem explosionsartigen Ansteigen der Auswanderung, überwiegend in die Vereinigten Staaten von Amerika. Dabei ist aber zu berücksichtigen, dass sich die Ärmsten der Armen diese Flucht aus der Misere der alten Heimat in die Kornkammern und Fleischparadiese Nord- und später Südamerikas wegen der Passagegebühren und des für den Beginn in der neuen Heimat notwendigen Startkapitals kaum leisten konnten. In den knapp drei Jahrzehnten von 1816 bis 1844 wanderten etwas über 300 000 Deutsche aus, in den folgenden fünf Jahren wurde diese Zahl mit 308 000 überschritten. 1853 wurde der Höhepunkt in der gesamten deutschen Überseewanderung des 19. und 20. Jahrhunderts mit 240 000 Auswanderern pro Jahr erreicht. Davon profitierte auch der 1827 gebaute neue Bremer Hafen, wenn sich auch die Vorrangstellung von Bremerhaven als deutscher Auswandererhafen erst in den beiden letzten Jahrzehnten des 19. Jahrhunderts herausbildete.

Seit dem ersten Auftreten der Kartoffelfäule im Sommer 1845 suchten nicht nur Bauern und Behörden ihre Ursachen zu entschlüsseln und eine mögliche Kur zu finden, sondern beschäftigten sich auch die naturwissenschaftlichen Experten mit der Pflanzenkrankheit. Schon im September 1845 war der Kartoffelfraß auf der 23. Versammlung Deutscher Naturforscher und Ärzte in Nürnberg von deren Sektion für Botanik, Land- und Forstwirtschaft erörtert worden. In zwei intensiven Sitzungen wurden die Symptome der agrarischen Epidemie beschrieben und wurde eine Kommission, später sogar ein ständiger Ausschuss eingesetzt. Man kam zwar zu Empfehlungen für therapeutische Maßnahmen wie der Züchtung resistenter Kartoffelsorten und ihrem Anbau auf trockeneren Böden, doch die Ursache der Krankheit wurde noch nicht erkannt.

Auch die Agrarchemie mit ihrem Gründer Justus (von) Liebig, dem berühmten Erforscher vieler chemischer Geheimnisse, an der Spitze suchte das Rätsel der Kartoffelkrankheit zu entschlüsseln. Liebig, damals noch in Gießen lehrend, vertrat 1845 die Meinung, dass eine erhöhte Konzentration des Proteins Casein zur pflanzlichen Fäule führe. Das erwies sich zwar letztendlich als eine falsche Vermutung, doch der große Chemiker wurde mit seinem 1840 veröffentlichten Buch über «Agrarchemie» nicht nur zum Begründer dieses landwirtschaftlichen Wissenschaftszweiges, sondern auch zum Erfinder der modernen Mineraldüngung. Er entdeckte, dass Pflanzen wichtige anorganische Nährstoffe in Gestalt von Salzen aufnehmen. Dieser Kunstdünger kam allerdings erst in der zweiten Hälfte des 19. Jahrhunderts und im 20. Jahrhundert zum vollen Einsatz, führte auch in Deutschland zu einer Vervielfachung der agrarischen Ernteerträge und damit zur industriellen Bewältigung der vorindustriellen Nahrungskrisen.

Erst 1861 wies der damals in Freiburg lehrende Botaniker Anton de Bary einen Pilz als Erreger der Kartoffelkrankheit nach. Dieser Schimmel erhielt den Namen «Phytophthora infestans», zu Deutsch: der angreifende Pflanzenzerstörer. Der Kartoffelpilz entwickelt sich im Innern der Blätter der Pflanze und sendet Sporenträger nach außen, die als dunkle Flecken auf der Oberseite und als feiner Mehltau auf der Unterseite der Blätter sichtbar werden. Bei feucht-warmer Witterung schreitet der Verfall ungemein schnell voran und endet mit dem Verfaulen des ganzen Laubes, der Ansteckung der Knollen durch die Keime und dem völligen Verlust der Früchte auf dem Felde oder im Lager. Gegen diesen Befall wurde erst Ende des 19. Jahrhunderts ein wirksames Fungizid entwickelt. Der Kartoffelpilz wurde wahrscheinlich in den 1840er Jahren zusammen mit Guano-Dünger aus Lateinamerika in Europa eingeführt.

Die im Frühjahr 1847 in Deutschland und Westeuropa virulenten Hungerproteste verebbten, als sich für den Sommer und Herbst dieses Jahres bessere Ernten ankündigten. Die Preise für Getreide und Kartoffeln sanken, auch wenn das Kaufpotential der unteren Bevölkerungsschichten weiterhin zu niedrig war.

Was blieb, war die nicht nur bei der staatlichen Obrigkeit, sondern auch im bürgerlichen Mittelstand grassierende Angst vor einer erneuten Eruption des durch Hunger und Verarmung explosiv gewordenen Phänomens des Pauperismus. Die Furcht vor der Infizierung der Unterschichten durch kommunistische Ideen, wie Karl Marx und Friedrich Engels sie in ihrem im Februar 1848 veröffentlichten «Manifest der Kommunistischen Partei» auf den Begriff brachten, verbreitete sich. Während der Hungerproteste im Frühjahr 1847 schlossen sich die Wohlhabenderen nicht nur zu Armenversorgungsorganisationen, sondern auch zu «Sicherheitsvereinen» zusammen. Man stellte Bürgerwachen und Bürgerwehren zur Aufrechterhaltung der öffentlichen Ordnung und zum Schutz des bürgerlichen Eigentums auf und blieb sich auch in der Folgezeit bewusst, dass die Gefahr eines Bürgerkrieges zwischen den bemittelten und unbemittelten Schichten lauerte. In Anlehnung an den ersten Satz des «Manifests der Kommunistischen Partei» muss konstatiert werden: Ein Gespenst ging um in Europa – das Gespenst der sozialen Revolution.

Dieser Stich von Franz Heister aus dem Jahr 1848 hält den Augenblick fest, als in der ersten Sitzung der deutschen konstituierenden Nationalversammlung am 18. Mai 1848 die Abgeordneten aufstanden, die rechte Hand erhoben und dreimal riefen: «Die Versammlung ist konstituiert! Sie lebe hoch!» Auf den glanzvollen Einzug in die Paulskirche folgte danach ein chaotischer erster Sitzungstag. Die Abbildung vermittelt einen anschaulichen Eindruck der großen Kompaktheit des Sitzungssaals in dem Kirchengebäude, insbesondere der 1200 Zuschauerplätze auf der Empore.

DIE ERÖFFNUNG DER DEUTSCHEN KONSTITUIERENDEN NATIONALVERSAMMLUNG (18. MAI 1848)

384 Abgeordnete ziehen mit «Zuversicht und Hoffnung» in die Paulskirche ein

Nachdem sich bis zum 17. Mai dieses Jahres [1848] Nachmittags über 300 Abgeordnete angemeldet hatten, war in einer vorläufigen Versammlung derselben, welche um 5 Uhr Nachmittags desselben Tages im Kaisersaal des Römers stattfand, beschlossen worden, die Nationalversammlung am Nachmittage des folgenden Tages zu eröffnen und sie von einem Alterspräsidenten leiten zu lassen.

Demnach versammelten sich am 18. Mai 1848 Nachmittags 3 Uhr die in Frankfurt am Main anwesenden Nationalvertreter im Kaisersaal des Römers.

Es waren folgende Abgeordnete: [384 Namen]

[...]

Nachdem dieß [die Ernennung des Alterspräsidenten und dessen Stellvertreters sowie die Ernennung von acht Schriftführern] geschehen war, setzten sich die deutschen Nationalvertreter in Bewegung, um im feierlichen Zuge mit entblößtem Haupt sich in die Paulskirche zu begeben.

Der Austritt aus dem Römer erfolgte aus dem östlichen Portale Punkt 4 Uhr Nachmittags, und der Zug bewegte sich unter dem Geläute aller Glocken und dem Donner der Kanonen über den Römerberg, durch die neue Kräme, an der Börse vorbei nach dem westlichen Eingange der Paulskirche. [...]

Von der Treppe des Römers bildete die Frankfurter Stadtwehr Spalier bis zur Kirche und empfing den Zug mit den üblichen militärischen Ehrenbezeugungen. Der laute Vivatruf des Volkes mischte sich mit dem der Stadtwehr, aus den Fenstern wurden Tücher geschwenkt, und große schwarz-roth-goldne Fahnen wehten zur Feier des Tages aus den meisten Häusern der Stadt.»

So beginnt unter dem Datum des 18. Mai 1848 der von Franz Wigard herausgegebene «Stenographische Bericht über die Verhandlungen der deutschen constituirenden Nationalversammlung zu Frankfurt a. M.». Dieser Zusammentritt eines gesamtdeutschen Nationalparlaments war nicht nur die Erfüllung einer zentralen Forderung der vormärzlichen Oppositionsbewegungen. Durch ihn sollten auch die sozialen Unruhen und politischen Ausschreitungen der zwei Monate zuvor in Deutschland ausgebrochenen Revolution in konstitutionelle und parlamentarische Bahnen gelenkt werden. Der Funke des Umsturzes in Paris, durch welchen in der letzten Februarwoche in Frankreich die Bourbonenmonarchie abermals durch eine Republik abgelöst wurde, war in den ersten beiden Märzwochen auf Deutschland übergesprungen. Auf dem Lande, vor allem in Südwestdeutschland, brachen schon lange schwelende Agrarunruhen wieder aus, mit gewalttätigen antisemitischen Übergriffen gegen das sogenannte Wucherjudentum verbunden. In den Städten, insbesondere in Berlin und Wien, erhoben sich neben Studenten vor allem unterbürgerliche Schichten, insbesondere Handwerksburschen und Tagelöhner, um gegen die Armut und den durch die Industrialisierung bewirkten sozialen Wandel zu protestieren.

Die alten monarchischen und feudalen Kräfte, die von 1815 bis 1848 die politische und gesellschaftliche Ordnung unter ihrer Fuchtel gehalten hatten, knickten erstaunlich schnell ein. In Wien gab Staatskanzler Fürst Metternich, dessen System über Jahrzehnte im Deutschen Bund für «Ruhe und Ordnung» gesorgt hatte, sein Amt ohne Zögern auf, um die Habsburgermonarchie zu retten, und floh auf Schleichwegen ins englische Exil nach London. In Berlin zog König Friedrich Wilhelm IV. nach blutigen Barrikadenkämpfen Mitte März seine Truppen zurück, verneigte sich im Schlosshof vor den dort aufgebahrten dreihundert gefallenen Aufständischen und ritt demonstrativ mit den revolutionären Nationalfarben Schwarz-Rot-Gold am Arm durch die preußische Hauptstadt. In München übergab König Ludwig I. seinem Sohn Maximilian den bayerischen Thron, nachdem die durch seine Mesalliance mit der spanischen Tänzerin Lola Montez hervorgerufene allgemeine Vertrauenskrise nicht mehr einzudämmen war.

Dieses Bürgerkriegschaos sollte in geordnete Bahnen gelenkt werden. Der erste Schritt dazu war die Einberufung einer Versammlung von Mitgliedern der früheren und gegenwärtigen einzelstaatlichen Ständevertretungen nach Frankfurt. In den Beratungen dieses sogenannten Vorparlaments vom 31. März bis 4. April 1848 standen sich bereits die beiden Alternativen einer konstitutionellen Reform der überkommenen Monarchie und der revolutionären Einführung einer Republik gegenüber. Die Entscheidung dieser Grundsatzfrage wurde vom Vorparlament der nachfolgenden Nationalversammlung übertragen. Für deren Zusammensetzung legte man die Wahlprinzipien fest. Zwar sollten nur «Selbständige» gewählt werden können, doch aktiv konnten über 80 Prozent der volljährigen männlichen Deutschen an den Wahlen teilnehmen: ein riesiger Fortschritt gegenüber den Einschränkungen des vormärzlichen Zensuswahlsystems – das Wahlrecht von Frauen musste allerdings in Deutschland noch bis 1919 warten. Das Wahlgebiet wurde auf Schleswig sowie die preußischen Provinzen West- und Ostpreußen ausgeweitet, die bis dahin nicht dem Deutschen Bund angehört hatten.

Die äußeren Umstände dieses Vorparlaments fungierten auch als Generalprobe für den anderthalb Monate später über die Frankfurter Bühne gehenden Einzug der Abgeordneten der konstituierenden Nationalversammlung. Das Vorparlament trat am 31. März 1848 unter dem Vorsitz seines Alterspräsidenten Johann Smidt, des jahrzehntelangen Bremer Bürgermeisters sowie Bundestagsdelegierten und Erbauers des neuen «Bremer Havens», im Kaisersaal des Römers zusammen. Unter Glockengeläut, Kanonenschüssen und Salutrufen zogen die 574 Mitglieder des Vorparlaments dann durch ein Spalier der Stadtwache und der Frankfurter Bürger in die nahe gelegene Paulskirche, die zu einem politischen Versammlungslokal ausgeschmückt worden war. Überall wehten schwarz-rot-goldene Fahnen.

Die Wahlen zur deutschen konstituierenden Nationalversammlung fanden am 1. Mai 1848 statt. Insgesamt 585 Abgeordnete wurden gewählt, zusätzlich Ersatzleute, von denen viele in den folgenden Monaten nachrückten, so kam die immer wieder genannte Zahl von 800 Mitgliedern dieses ersten gesamtdeutschen Parlaments zustande. Überwiegend siegten Beamte, Richter, Geistliche, Lehrer und Professoren: Die Paulskirche war eine Versammlung von Akademikern und Honoratioren. Viele von ihnen waren in den vormärzlichen Jahrzehnten obrigkeitlicher Repression ausgesetzt gewesen. So verhalf das öffentliche Ansehen der sieben vom hannoverschen König im Dezember 1837 entlassenen Göttinger Professoren vier von ihnen in die Nationalversammlung. Friedrich Christoph Dahlmann, ihr Wortführer, wurde allerdings nicht im ersten Anlauf gewählt.

Im katholisch dominierten Bonn gaben die Wahlmänner – in Preußen wurden die Abgeordneten indirekt gewählt – einem katholischen Rechtsprofessor den Vorzug vor dem erzprotestantischen Lehrer der Deutschen Geschichte und der Staatswissenschaften. Nachdem sich die Nachricht von Dahlmanns Bonner Nichtwahl verbreitet hatte, brach über diesen Anfang Mai 1848 aus allen Gegenden Deutschlands eine wahre Flut von Wahlangeboten herein. Gewählt wurde Dahlmann schließlich in drei hannoverschen Wahlbezirken einschließlich der Hauptstadt und in drei der sechs holsteinischen Wahlkreise. Er nahm die Wahl in Segeberg wegen der «großen Einstimmigkeit» an: Von 5568 in Segeberg und Umgebung abgegebenen Stimmen hatte Dahlmann 5501 erhalten.

Während sich im September 1814 eine Vielzahl von deutschen Fürsten mit ihren Familien und Beratern, manchmal auch Mätressen auf den Weg nach Wien als der habsburgischen Residenzstadt begeben hatte, um die nachnapoleonische Ordnung zu vereinbaren, waren es in der zweiten Maiwoche des Jahres 1848 Hunderte von überwiegend bürgerlichen Volksvertretern, die sich auf den Weg nach Frankfurt am Main als der altehrwürdigen Stadt der Wahl und Krönung der Kaiser des Heiligen Römischen Reiches machten. Dahlmann allerdings war bereits seit zwei Monaten in Frankfurt am Main, er war am 10. März 1848 von Preußen als Vertrauensmann in den Ausschuss entsandt worden, welcher der Bundesversammlung bei ihren Reformbemühungen beistehen sollte. Für diesen sogenannten Siebzehnerausschuss arbeitete der Bonner Professor den ersten Entwurf einer Reichsverfassung aus.

Nicht nur die Zusammensetzung der Konferenz- bzw. Parlamentsteilnehmer hatte sich in den gut drei vormärzlichen Jahrzehnten entscheidend verändert, auch die Reisemittel hatten sich gewandelt. Im September 1814 waren die fürstlichen Herrschaften und ihr staatsmännisches Personal in edlen Kaleschen nach Wien gereist, nun konnten viele Abgeordnete der Nationalversammlung Eisenbahnen und Dampfschiffe benutzen, nur die Volksvertreter aus Mitteldeutschland waren noch überwiegend auf Postkutschen angewiesen.

Vom Vorparlament war beschlossen worden, die Nationalversammlung zu eröffnen, wenn mehr als 300 Abgeordnete, die gute

Hälfte aller Mitglieder, in Frankfurt eingetroffen waren. Die Anmeldung geschah an einem geschichtsträchtigen Ort, im Kaisersaal des Römers, der spitzgiebligen Häuserzeile aus dem Mittelalter, in welcher der städtische Rat residierte – und noch heute seinen Sitz hat. Der imposante Saal verdankt den Namen seiner Funktion während des Heiligen Römischen Reiches als Bankettsaal der frisch gekürten und inthronisierten Kaiser sowie der Ausschmückung mit den Porträts von 52 deutschen Kaisern, beginnend mit Karl dem Großen und endend mit Franz II. Der Abgeordnete Ludwig Uhland, der bekannte Tübinger Dichter und Literaturwissenschaftler, der den Kaisersaal bereits im September 1846 als Teilnehmer an der Frankfurter Germanistenversammlung kennengelernt hatte, beschrieb dessen magische Wirkung mit den Worten: «Es war, als ob einzelne Kaiser aus ihrem Rahmen sprängen und unter die Versammlung träten, sie mit ihrem bloßen Blick anzufeuern oder zu zügeln.» Dieser geschichtsträchtige Ausgangspunkt des Zugs der Abgeordneten symbolisierte die ruhmreiche deutsche Vergangenheit, welche das Parlament in der neuerbauten Paulskirche bei seinem Aufbruch in die Zukunft inspirieren sollte. In diesem Sinne hielt die Nationalversammlung in der von ihr im März 1849 verabschiedeten Verfassung am Staatsnamen eines Deutschen «Reiches» fest.

Nachdem die inzwischen anwesenden 384 Abgeordneten sich am Donnerstag, den 18. Mai 1848 um 15 Uhr im Kaisersaal versammelt und einen Alterspräsidenten sowie die Schriftführer bestellt hatten, machten sie sich um 16 Uhr auf den 250 Meter langen Zug über den Römerberg, den Platz vor dem Rathaus, durch die breite Marktstraße der «neuen Kräme», bogen an der neugebauten Börse zum Paulsplatz ein und betraten die Paulskirche durch deren Westeingang. Wie schon bei der Eröffnung des Vorparlaments war es eine stimmungsvolle Prozession vor dem akustischen Hintergrund des Glockengeläutes und der Böllerschüsse, durch ein Spalier der Frankfurter Stadtwehr und begleitet von den Begeisterungsrufen der Bevölkerung. Schwarzrot-goldene Nationalfahnen wurden nicht nur dem Zug vorangetragen, sondern hingen aus den meisten Fenstern.

Jahrzehntelang hatte der Deutsche Bund unter Leitung Metternichs die Trikolore aus Schwarz, Rot und Gold als Symbol des Umsturzes verfolgt, jetzt erklärte die Bundesversammlung in eiliger, fast voreiliger Reaktion auf die revolutionäre Unruhe am 9. März 1848 «die Farben des ehemaligen deutschen Reichspaniers – schwarz, roth, gold – zu [...] Farben des Deutschen Bundes». Die Bundesversammlung, dieser bisherige Hort der obrigkeitlichen Repression, übernahm damit nicht nur die Fahne der oppositionellen Bewegung der Vormärzzeit, sondern machte sich auch die auf Friedrich Ludwig Jahn zurückgehende Legende vom mittelalterlichen Ursprung der drei Farben zu eigen. Gleichzeitig hob die Bundesversammlung alle seit 1819 erlassenen Ausnahmegesetze auf, nicht zuletzt die Karlsbader Beschlüsse über die Einschränkung der Pressefreiheit, das Verbot von politischen Vereinigungen und die Überwachung der Universitäten.

Das Sitzungslokal, in das die Abgeordneten der Deutschen Konstituierenden Nationalversammlung am Spätnachmittag des 18. Mai 1848 einzogen, war die erst 15 Jahre zuvor eingeweihte lutherische Hauptkirche der Stadt Frankfurt. Die Paulskirche hatte die mittelalterliche Barfüßerkirche der Franziskaner ersetzt; dieser gotische Kirchenbau war im 18. Jahrhundert immer baufälliger geworden, und so entschloss man sich gegen Ende des Jahrhunderts, aus regionalem Rotsandstein einen Neubau im elliptischen Rundstil zu errichten. Die Wirren der französischen Revolutionszeit verzögerten die Fertigstellung der Paulskirche bis Anfang der 1830er Jahre.

Der Bau war ideal für eine große Versammlung. Das Parterre bot Platz für über 500 Personen, hinzu kamen unterhalb der Emporen ansteigende Sitzreihen auf beiden Seiten des Altars. Auf dem Emporenring, der auf einem Säulenkranz ruhte, waren weitere 1200 Plätze, so bot die Paulskirche insgesamt an die 2000 Sitzmöglichkeiten.

Dieser Kirchenbau wurde im März und April 1848 für den Zusammentritt der Nationalversammlung umgerüstet. Im Parterre sollten die Abgeordneten ihre Plätze einnehmen. Neben dem Rednerpult und dem Präsidium sollten zwischen den Säulen unter der Empore die Berichterstatter der Zeitungen, auf den anschließenden Seiten links die Damen und rechts die Herren mit Einlasskarten und die Diplomaten sitzen. Auf der Empore mit ihren aufsteigenden Sitzreihen fanden, wie gesagt, über tausend weitere Zuschauer Platz. Von Anfang an ließ die Akustik in dem Gebäude zu wünschen übrig. Auch das Einziehen einer leinwandverkleideten Holzdecke brachte nur wenig Verbesserung. Wer in der Nationalversammlung gehört werden wollte, musste über eine sonore Stimme wie Heinrich von Gagern als Parlamentspräsident und späterer Reichsministerpräsident verfügen; Friedrich Christoph Dahlmann hingegen konnte sich mit seinem eher leisen Organ kaum Gehör verschaffen, was ihm bei seinen bedeutungsschweren Reden oft abträglich war.

Der Altar und die Kanzel der Paulskirche verschwanden hinter einem Vorhang aus den deutschen Farben und dem doppelköpfigen Adler des alten Reiches. Die darüber stehende Orgel wurde durch das Riesengemälde einer Germania abgedeckt, die auf ihrem blonden Haar einen Kranz aus Eichenlaub trug, in der linken Hand die deutsche Nationalfahne an einer mittelalterlichen Turnierlanze hielt und in der rechten Hand ein Schwert mit einem Olivenzweig: Ausdruck der Bereitschaft, den Frieden zu verteidigen. Zu Füßen dieser im Vergleich zu späteren Darstellungen zwar imposanten, aber friedfertigen Frauengestalt jungen Alters lagen zerbrochene Ketten als Symbol der Überwindung der Zeiten von Knechtschaft und Zwang. Dieses symbolträchtige Ölgemälde von fast 5 Meter Höhe und mehr als 3 Meter Breite war von dem Frankfurter Künstler Philipp Veit im März 1848 in wenigen Tagen gemalt worden. Veit war ein Enkel des jüdischen Philosophen Moses Mendelssohn wie Felix Mendelssohn Bartholdy, im Gegensatz zu diesem aber zum Katholizismus übergetreten und gehörte der romantischen Malschule der Nazarener an. Es wird berichtet, dass der Küster der Paulskirche, nachdem er zum Hausmeister der Verfassungsversammlung aufgestiegen war, sich einen Schnurbart wachsen ließ und so zum respektablen Parlamentsdiener mutierte. Und natürlich war die ganze Paulskirche mit den deutschen Nationalfarben ausgeschmückt.

Das Tagungslokal in einem Frankfurter Kirchengebäude legte die Überlegung nahe, ob man die Verhandlungen der deutschen Nationalversammlung nicht mit einer religiösen Zeremonie eröffnen solle. In der ersten Sitzung machte der Münsteraner Abgeordnete Johann Gustav Müller einen entsprechenden Vorschlag, was nicht verwundert, war er doch katholischer Bischof in der westfälischen Hauptstadt. Doch die Idee wurde von Franz Raveaux mit dem Sprichwort abgeschmettert: «Hilft Dir selbst, so hilft Dir Gott.» Dieses Bemühen des auf dem linken Flügel der Versammlung stehenden Kölner Abgeordneten, der deutschen Nationalversammlung von 1848/49 einen ganz weltlichen Appeal zu geben, wird aber bis heute durch die Tatsache konterkariert, dass für sie die Bezeichnung «Paulskirche» vorherrschend geworden ist, wenn auch nur als Ort, nicht als Sakralbau. Damit mag lange Zeit ein «Scheitern» dieses ersten gesamtdeutschen Parlaments assoziiert worden sein, doch heute wird mit dieser Benennung die Achtung vor dem ersten gesamtdeutschen Parlament als dem Vorkämpfer eines freiheitlichen Nationalstaates in Deutschland verknüpft.

Nachdem die Abgeordneten am Spätnachmittag des 18. Mai 1848 in der festlich geschmückten Paulskirche ihre Plätze eingenommen hatten, erklärte der Alterspräsident die erste Sitzung der Nationalversammlung mit einem dürren Satz für konstituiert. Ein Abgeordneter intervenierte, man solle diese Konstituierung «feierlich» erklären. Daraufhin, so ist im Stenographischen Bericht festgehalten worden, erhoben sich sämtliche Abgeordneten von ihren Sitzen, hielten ihre rechte Hand empor und riefen unter stürmischem Beifall des ganzen Hauses dreimal: «Die Versammlung ist constituirt! Sie lebe hoch!»

Das Durcheinander, das sich dann in der ersten Sitzung anschloss, machte nicht unbedingt Hoffnung für die zukünftige Arbeit der Nationalversammlung. Unter Leitung des überforderten Alterspräsidenten kam es zu einer chaotischen Diskussion über die Notwendigkeit einer Geschäftsordnung und die Wahl des Versammlungspräsidenten, immer wieder von «Schreien und Lärm» unterbrochen, wie der Stenographische Bericht dokumentierte. Robert Mohl, der praktisch veranlagte langjährige Tübinger und nach seiner Entlassung von der württembergischen Landesuniversität Heidelberger Professor der gesamten Staatswissenschaft, hatte eine Geschäftsordnung ausgearbeitet, die aber erst noch verabschiedet werden musste. In den Erläuterungen zu seinem Entwurf hatte Mohl davor gewarnt, die Eröffnung der Versammlung einem Alterspräsidenten zu überlassen. Erst mit der Wahl Heinrich von Gagerns zum Präsidenten in der zweiten Sitzung trat die Versammlung am folgenden Tage in die geordnete Arbeit ein.

Die turbulente erste Sitzung schloss am 18. Mai 1848 gegen halb 8 Uhr abends. Danach gingen die Abgeordneten, wie viele von ihnen in Briefen und Erinnerungen berichteten, zum Abendessen in Frankfurter Gasthöfe. Dort widmete man sich der großen Aufgabe des Kennenlernens, die schon in der ersten Sitzung öfter erwähnt worden war. Bei der Wahl der Wirtshäuser, in die es die einzelnen Mitglieder der Nationalversammlung zog, spielten landsmannschaftliche Herkunft, aber noch mehr Empfindungen politischer Nähe eine Rolle. Bei den Aussprachen in den Gasthöfen ging es am Abend des ersten Sitzungstages vor allem um die Wahl des Präsidenten am folgenden Tag. Diese sich herausbildende Routine, beim Abendessen unter gleichgesinnten Kollegen die Verhandlungen vorzubereiten, wurde zum Ausgangspunkt der Fraktionsbildungen in der Paulskirche. So erklärt sich, dass die parlamentarischen Gruppen im ersten gesamtdeutschen Parlament die Namen von Gasthöfen tragen. Die rechte Mitte beispielsweise traf sich im gepflegten «Casino», die gemäßigte Linke hingegen im Gasthof «Zum König von Preußen», der sich auf Insistieren dieser großdeutsch orientierten Gruppe in einen «Deutschen Hof» umbenannte.

Ein führendes Mitglied des «Deutschen Hofes» war der Abgeordnete Gottlieb Christian Schüler, von dem ein fast täglicher Briefwechsel mit seiner Familie in Jena erhalten ist. So berichtete er seiner Frau vom wirren ersten Sitzungstag der Nationalversammlung. Doch nachdem man sich erst einmal untereinander kennengelernt hatte, überwog nach dem Eindruck dieses Abgeordneten ein guter Geist der «Zuversicht und Hoffnung» für die Verwirklichung der vormärzlichen Erwartungen auf staatsbürgerliche Freiheit und nationale Einheit aller Deutschen. Dieses Empfinden wurde von den meisten seiner Kollegen geteilt. Dass die Nationalversammlung in der Frankfurter Paulskirche am 18. Mai 1848 wie schon das Hambacher Fest am 27. Mai 1832 im Frühling eröffnet werden konnte, galt den Abgeordneten und den meisten Zeitgenossen nach der während der vorangegangenen drei Jahrzehnte von der reaktionären Obrigkeit auferlegten politischen Winterzeit als ein gutes Omen.

RESÜMEE

Natürlich wissen wir heute in Kenntnis des späteren Verlaufs der Geschichte, dass sich die meisten der Hoffnungen der deutschen Revolution von 1848/49 zunächst nicht erfüllt haben.

Ohne sich in den historischen Details ihres Ablaufs zu verlieren, können die Gründe für den fehlenden Erfolg der deutschen Revolution von 1848/49 nach übereinstimmender Meinung der Historiker in folgenden drei Aspekten summiert werden: An erster Stelle steht das Wiedererstarken der alten Kräfte. Nachdem die Monarchen und der Adel sich zunächst im Schock über die politischen und sozialen Aufstände gegenüber den auf Veränderung drängenden Kräften verhandlungsbereit gezeigt hatten, gewannen sie schon nach wenigen Monaten ihr Selbstbewusstsein und ihre Handlungsfähigkeit wieder. Dabei erwies sich als maßgeblich, dass sich die Herrschenden weiterhin auf die unbeirrte Loyalität des bürokratischen und vor allem des militärischen Staatsapparats verlassen konnten. Zweitens wurden die Erfolgsaussichten der Revolution durch den Zwiespalt der deutschen Nationalbewegung zwischen einer großdeutschen Perspektive mit Einschluss Österreichs und einer kleindeutschen Lösung unter Führung Preußens geschmälert. Als sich die Deutsche Nationalversammlung schließlich im März 1849 zur letztgenannten Option durchrang, hatte sich die reale Macht längst zugunsten der alten partikularen Kräfte verschoben. Hinzu kam, dass auch die europäischen Großmächte – Frankreich, Russland und insbesondere Großbritannien – der Entstehung eines mächtigen Nationalstaates in der Mitte Europas skeptisch gegenüberstanden. Drittens spalteten sich die Befürworter revolutionärer Veränderungen in liberal-konstitutionelle Anhänger einer parlamentarischen Monarchie und radikal-demokratische Vorkämpfer einer Republik. Die Ersteren hatten ihre Unterstützer im Bildungs-, Besitz- und Wirtschaftsbürgertum, die Letzteren vorwiegend in den aufbegehrenden Unterschichten, den um ihren Status und ihr

Existenzminimum bangenden Handwerksgesellen, den besitzlosen Landarbeitern und dem städtischen «Pöbel». Die Furcht der liberalen Bildungs- und Besitzbürger vor einer sozial-revolutionären Umwälzung von unten wuchs und führte zu ihrer Annäherung an die Ruhe und Ordnung versprechenden konservativen Kräfte.

Die Jahre von 1815 bis 1848 erschöpfen sich nicht in der Vorgeschichte einer erfolglosen politischen Revolution. Vielmehr sind sie von intensiven Wandlungsprozessen gekennzeichnet, in denen sich die hergebrachten Formen und Inhalte von Gesellschaft, Bildung, Technik und Wirtschaft stark veränderten. Es ist naheliegend, auch für diese tiefgreifenden Entwicklungen den Revolutionsbegriff zu verwenden. An erster Stelle ist der demographische Wandel zu nennen, der im letzten Drittel des 18. Jahrhunderts einsetzte und bis in die zweite Hälfte des nachfolgenden Jahrhunderts währte. So wuchs die Bevölkerung im Königreich Preußen von 10,6 Millionen im Jahr 1816 um mehr als die Hälfte auf 16,6 Millionen im Jahr 1848. Während in der vorangegangenen Zeit ein relatives Gleichgewicht zwischen einer gleichermaßen hohen Fruchtbarkeits- und Sterblichkeitsrate geherrscht hatte, kam es zwischen 1770 und 1860 zu einem enormen Bevölkerungswachstum aufgrund sinkender Sterblichkeit und der nach dem Wegfall der ständischen Begrenzungen von Ehe- und Familiengründungen noch weiter anwachsenden Geburtenrate.

Die Folgen der demographischen Revolution waren dramatisch, es entstanden große Unterschichten von Armen («Pauperismus»), die an und unter der Grenze des Existenzminimums vegetieren mussten. Als Ventil für den Überdruck im Bevölkerungskessel diente die in den 1840er Jahren einsetzende transatlantische Migration, überwiegend über den nach 1827 von Bremen an der Wesermündung neu angelegten Hafen. Die rapide Bevölkerungsvermehrung führte auch zu einem einschneidenden Wandel der Städte: An die Stelle der eingeengten Niederlassungen des Mittelalters und der frühen Neuzeit traten mit Beginn des 19. Jahrhunderts die unaufhörlich expandierenden Städte der Moderne. Der Bau der Münchener Ludwigstraße und der durch sie erschlossenen Viertel im Norden und Nordwesten des Stadtkerns bietet ein markantes Beispiel dieser stadtplanerischen Revolution in der Vormärzzeit.

Mit dem Beginn des Industriezeitalters verband sich die Hoffnung, die desparate Lage der notleidenden Massen zu verbessern und so die sogenannte soziale Frage zu bewältigen können. Deutschland allerdings befand sich in der ersten Hälfte des 19. Jahrhunderts noch in einer frühindustriellen Phase, in der zwar die wichtigsten Voraussetzungen für einen industriellen Aufschwung durch technologische Erfindungen vorhanden waren, aber noch nicht in der fabrikmäßigen Produktion eingesetzt wurden. Die bahnbrechende Erfindung der Dampfmaschine war bereits in der Mitte des 18. Jahrhunderts in England gemacht worden, doch dauerte es Jahrzehnte, bis die neuartige Energiequelle zum technischen Einsatz kam. So fallen in Deutschland alle praktischen Erstanwendungen der Dampfmaschine in der Textilfabrikation, im Hüttenwesen und im Bergbau sowie in der Dampfschifffahrt in die erste Hälfte des 19. Jahrhunderts.

Zum wichtigsten Motor beim industriellen Wandel von Wirtschaft und Gesellschaft wurden aber Bau und Betrieb von dampfgetriebenen Eisenbahnen. War die kurze Strecke zwischen Nürnberg und Fürth noch ein Solitär gewesen, setzte mit der Eröffnung der ersten Fernbahnverbindung zwischen Leipzig und Dresden 1839 ein regelrechter Boom dieses Sektors ein. Im anschließenden Jahrzehnt kam es durch den rapiden Aufbau eines Eisenbahnnetzes in fast allen deutschen Staaten zu einer sprunghaften Erweiterung von Gütermärkten, persönlicher Mobilität und finanzwirtschaftlichem Volumen.

Beispielhaft für den eher mühsamen Verlauf der Frühindustrialisierung in Deutschland ist die Gründung der Gussstahlfabrik Fried. Krupp in Essen. Der Gründer erfand zwar den hochwertigen Tiegelstahl, konnte aber diese Erfindung kaum in einen wirtschaftlichen Erfolg umsetzen und stand bei seinem Lebensende 1827 vor dem Bankrott. Auch seine Erben konnten in dem anschließenden Vierteljahrhundert das Unternehmen nur mühsam auf den Umfang einer kleineren Fabrik ausbauen. Doch dann setzte mit der Erfindung des nahtlosen Eisenbahnreifens für die Essener Gussstahlfabrik schlagartig eine fulminante Expansionsphase ein, wie sie mit Beginn der zweiten Hälfte des 19. Jahrhunderts für die ganze deutsche Industrie typisch wurde.

Bereits mit dem frühindustriellen Wandel in den vormärzlichen

Jahrzehnten waren einschneidende gesellschaftliche Veränderungen verbunden, vor allem in den Möglichkeiten und Geschwindigkeiten der Kommunikation. Dampfgetriebene Schiffe und Eisenbahnen führten nicht nur zu einer sprunghaften Beschleunigung der Reisezeiten, sondern auch zu einer enormen Steigerung der Verlässlichkeit von Fahrplänen, wie die exakten Fahrplanmitteilungen von Karl Baedeker in seinen Reiseführern für den Mittelrhein dokumentieren. Zur vormärzlichen Kommunikationsrevolution gehört auch die Erfindung des elektromagnetischen Telegraphen durch Carl Friedrich Gauß und Wilhelm Weber. Die beiden Göttinger Wissenschaftler waren 1833 noch nicht an der breiten technischen Anwendung und wirtschaftlichen Ausbeutung ihrer Entdeckung interessiert. Doch sieben Jahre später leitete Samuel Morse durch seine Standardisierung des elektromagnetischen Alphabets den Siegeszug der Telegraphie im Nachrichtenwesen des zweiten Drittels des 19. Jahrhunderts ein, dem dann im letzten Drittel die Erfindung des Telefons folgen sollte.

Weniger abrupt und ereignisbezogen, dafür aber umso langfristiger und durchgreifender waren die Veränderungen im Gesellschaftsgefüge, die sich in der deutschen Vormärzzeit anbahnten. Im Verlauf des 19. Jahrhunderts wurde in Deutschland die ständisch gegliederte Ordnung von einer bürgerlichen Klassengesellschaft auf marktwirtschaftlicher, kapitalistischer Basis abgelöst. Beruhte in den vorangegangenen Zeiten das vorherrschende Feudalsystem auf den statischen Prinzipien von Geburt und Hierarchie, so gewannen nun Besitz und Bildung als Mobilitätskriterien des sozialen Aufstiegs, aber auch des Abstiegs immer mehr an Bedeutung.

Der Adel verlor damit wesentliche geburtsständische Vorrechte, behielt allerdings eine politische Vormachtstellung, vor allem in Administration und Militär. Auch in der Landwirtschaft blieb er, vor allem in Ostelbien, die wirtschaftlich und gesellschaftlich tonangebende Kraft. Das vormärzliche Deutschland war noch überwiegend agrarisch dominiert, um die siebzig Prozent der Bevölkerung lebten auf dem Lande. Nach der Bauernbefreiung vom Anfang des 19. Jahrhunderts mit ihrer Ablösung der alten herrschaftlich-genossenschaftlichen Agrarverfassung kam es zu einer agrarkapitalistischen Kommerzialisierung der Großlandwirtschaft, von der insbesondere die Klasse der Rittergutsbesitzer profitierte, zu der nun nicht mehr nur adlige Familien gehörten, sondern in die sich auch kapitalträchtige Bürger einkauften. Unterhalb dieser sogenannten Junker lebten die meisten Bauern nach der Agrarreform in einer noch unsichereren Existenz als zuvor, sahen sich in regionaler Unterschiedlichkeit, die vor allem durch die divergenten Eigentumsregulierungen und Erbregelungen bedingt war, den Ungewissheiten von Markt und Kapital ausgesetzt.

Die Not der Landarbeiter ließ viele von ihnen in die Städte ziehen, wo sie eine prekäre Beschäftigung als Tagelöhner fanden, oft aber auch zu arbeitslosen Armen absanken. Diese Unterschicht wurde durch die vielen ländlichen und städtischen Handwerksgesellen vermehrt, deren Erwartung auf einen Aufstieg in eine selbständige Meisterexistenz nach der Aufhebung der alten Zunftordnung dahingeschwunden war. Der Weg vom «Pöbel zum Proletariat», wie ihn für diese notleidenden Unterschichten der Sozialhistoriker Werner Conze auf den Begriff gebracht hat, war in der ersten Hälfte des 19. Jahrhunderts noch selten, da sich in Deutschland das Fabriksystem nach englischem Vorbild erst noch entfalten musste.

Zwischen dem Adel an der Spitze und der Bauernschaft sowie der anwachsenden Masse der Armen am unteren Ende der tradierten Gesellschaftsordnung etablierte sich das auf Besitz und Bildung aufbauende Bürgertum, der sogenannte Mittelstand. Dazu gehörte jene kleine Gruppe von leistungsorientierten und risikobereiten Handwerkern und Kaufleuten, die zu erfolgreichen Fabrikgründern und Unternehmern aufstieg; wie beschwerlich dieser Weg war, zeigt die Gründung der Krupp'schen Gussstahlfabrik. Eine größere Bedeutung, sowohl in quantitiver Hinsicht angesichts des Anteils an der Bevölkerung, aber vor allem qualitativ im Hinblick auf das in der Gesellschaft vorherrschende Selbstverständnis, gewann in Deutschland das sogenannte Bildungsbürgertum. Zu dieser sehr heterogenen Schicht zählten die höheren Verwaltungsbeamten, die Richter und Rechtsanwälte, die Geistlichen, die Hochschul- und Gymnasiallehrer sowie die Ärzte. Sie alle begründeten ihr gesellschaftliches Selbstbewusstsein mit der Qualität ihrer umfassenden akademischen Bildung, dem Selbstverständnis als «Akademiker».

Dem sich ausbreitenden bildungsbürgerlichen Ideal entsprach

denn auch die große Aufwertung, die Universitäten und Wissenschaften in der ersten Hälfte des 19. Jahrhunderts erfuhren. Im Geiste der mit dem Namen Wilhelm von Humboldts verbundenen preußischen Universitätsreform wurde 1810 die neue Universität zu Berlin gegründet, die zum Vorbild des erneuerten Hochschulwesens nicht nur in Deutschland, sondern in der ganzen westlichen Welt und (später) in Japan wurde. Diesem Berliner Muster folgte man 1811 bei der Gründung der Universität Breslau und vor allem 1818 bei der Errichtung der Rheinischen Hochschule in Bonn, bei der integrationspolitische Ziele im Rahmen der Eingliederung der westlichen Provinzen in den altpreußischen Staatsverband hinzukamen.

Von dem vormärzlichen Bedeutungsgewinn des neuhumanistischen Bildungsideals profitierten unter den Wissenschaften nicht nur die Geisteswissenschaften mit der Philosophie und der Geschichtswissenschaft an der Spitze, die mit ihren Theorien und Methoden alle anderen Fächer inspirierten. Zur Philosophischen Fakultät gehörten bis in die zweite Hälfte des 19. Jahrhunderts auch die Naturwissenschaften wie die Chemie, Mathematik und Physik, die am vormärzlichen Aufschwung der Wissenschaften teilhatten. So fanden die Jahrestagungen der 1822 gegründeten Versammlung Deutscher Naturforscher und Ärzte eine Beachtung weit über den Kreis der beteiligten akademischen Disziplinen hinaus. Insgesamt wurden die Professoren zu den führenden Männern der sich entfaltenden bürgerlichen Gesellschaft, stiegen im deutschen Vormärz zu einem standesübergreifenden Ansehen auf, das bis weit ins 20. Jahrhundert anhielt.

Zwar gehörten zum Bildungs- und Besitzbürgertum in der vormärzlichen Zeit nur höchstens 15 Prozent der gesamten deutschen Bevölkerung. Doch ihre Lebensweisen und Werte prägten über ihren sozialen Umfang und ihre ökonomische Bedeutung hinaus die ganze Gesellschaft, die sich zunehmend als eine «bürgerliche» verstand. In früheren Zeiten hatte das vormoderne «ganze Haus» (Otto Brunner) dominiert, in dem nicht nur mehrere Generationen, Gesinde und Lehrlinge zusammenlebten, sondern auch Familien- und Arbeitsleben zusammenfielen. An seine Stelle trat nun das von der Mutter organisierte Domizil einer Kernfamilie aus Eltern, Kindern und Dienstmädchen, während der Vater seinen Arbeitsplatz außerhalb des bürgerlichen Wohnhauses hatte – von archaischen Ausnahmen wie den protestantischen Pfarrhäusern abgesehen. Thomas Nipperdey hat daher für die vormärzliche Zeit zu Recht «Revolutionen der Ehe- und Familienbeziehungen» konstatiert, in denen Privatspäre und Öffentlichkeit auseinandertraten.

Einigendes Band im Selbstverständnis des Bürgertums war sein Streben nach einer breiten höheren Bildung. An der Spitze der bürgerlichen Hochachtung stand dabei die olympische Figur Johann Wolfgang von Goethes, trotz aller Mäkeleien von Seiten seiner romantischen und jungdeutschen Kritiker. Dem «Faust» des Weimarer Dichterfürsten als dem Symbol geistigen Strebens galt die ungebrochene Faszination der bürgerlichen Gesellschaft. Zu dem Prestigeanspruch des vormärzlichen Bürgertums gehörte seine Achtung der sogenannten Hochkultur, zu der auch seine Verehrung für das musikalische, malerische und architektonische Erbe der deutschen Geschichte zählte. Deshalb war sowohl die Wiederaufführung der Bach'schen Matthäus-Passion durch Felix Mendelssohn Bartholdy als auch die Finanzierung der Vollendung des Kölner Doms, sieht man von der Initialförderung durch den preußischen König Friedrich Wilhelm IV. ab, ein im Kern bürgerliches und bürgerschaftliches Unternehmen.

Dieser gesellschaftliche, intellektuelle und wirtschaftliche Führungsanspruch, den das Bürgertum in der ersten Hälfte des 19. Jahrhunderts entwickelte, ließ es ihm als selbstverständlich erscheinen, dass ihm trotz aller obrigkeitlichen Behinderungen in absehbarer Zeit auch die politische Führung in der staatsbürgerlichen Gesellschaft zuwachsen würde. Friedrich Christoph Dahlmann hat diese Erwartung in seinem Hauptwerk über «Die Politik» (1835) in der ihm eigenen historisch geprägten Sprache formuliert: «Fast überall im Welttheile bildet ein weitverbreiteter, stets an Gleichartigkeit wachsender *Mittelstand* den Kern der Bevölkerung; er hat das Wissen der alten Geistlichkeit, das Vermögen des alten Adels zugleich mit seinen Waffen in sich aufgenommen. Ihn hat jede Regierung vornehmlich zu beachten, denn in ihm ruht gegenwärtig der Schwerpunkt des Staates, der ganze Körper folgt seiner Bewegung.»

Als Medium bei der Umsetzung ihres Kapitals an Besitz und Bildung in staatsbürgerliche Beteiligung setzte das vormärzliche Bürgertum auf die Öffentlichkeit als den gesellschaftlichen Transformationsriemen zwischen individuell-privater und kollektiv-politischer Sphäre. Dabei waren die nach Fortschritt strebenden Kräfte trotz aller obrigkeitlichen Behinderungen relativ erfolgreich, wie die bürgerschaftliche Solidaraktion für die Göttinger Sieben zeigte. Die Regierungen verboten zwar die politische Vereinsbildung, insbesondere die studentischen Zusammenschlüsse der Burschenschaften und der Turnerbewegung. Doch das engagierte Bürgertum wich in scheinbar unpolitische Vereinsbildungen wie die Gesangsvereine aus. Bezeichnend war das Ritual, beim Auftauchen eines Gendarmen einfach von verbotenen politischen Liedern auf unpolitische Gesänge überzuwechseln. Die häufig angeführte Vermutung, das deutsche Bürgertum habe sich vor den politischen Unterdrückungen in den Alltag eines unpolitischen Biedermeiers zurückgezogen, trifft für den vormärzlichen Alltag nicht zu.

Im Vormärz nahm auch die Buchproduktion einen Aufschwung, der Historiker von einer «Leserevolution» sprechen lässt. Neben der Fachliteratur, dem schöngeistigen Schrifttum und den Trivialromanen erfreuten sich vor allem die Konversationslexika als bildungsbürgerliche Informationsquellen wachsenden Zuspruchs, so stieg der erstmals 1808 veröffentlichte «Brockhaus» in der fünften Auflage von 1837 auf 32 000 Exemplare. Die vormärzlichen Zensurbestimmungen trafen besonders die Publikation von Zeitungen. Das Beispiel der 1842/43 vom rheinischen Großbürgertum finanzierten und von radikalen Intellektuellen wie Karl Marx geschriebenen «Rheinischen Zeitung» illustriert, wie Journalisten und Zensoren Katz und Maus miteinander spielten. Der große Aufschwung im deutschen Pressewesen kam allerdings erst in der zweiten Hälfte des 19. Jahrhunderts, nachdem in der Märzrevolution das Zensursystem abgeschafft worden war.

Besonders typisch für die öffentliche Meinungsbildung wurden im deutschen Vormärz die Feste, in denen sich das Bedürfnis nach mitmenschlicher Geselligkeit, vor allem im gemeinsamen Schreiten, Singen und Essen, mit politischen Absichten verband. Nach dem Ende der napoleonischen Kriege dominierte bei diesen Festen noch die offene politische Aussage, die Feier des Sieges über das französische Kaiserreich und der Aufruf, nun die innere Befreiung folgen zu lassen, prototypisch auf dem Wartburgfest vom Oktober 1817. Höhepunkt der vormärzlichen Festkultur wurde das Hambacher Fest vom Mai 1832, bei dem Tausende sich zur staatsbürgerlichen Freiheit, zur deutschen Einheit und zur Völkerverständigung bekannten. Die obrigkeitlichen Unterdrückungsmaßnahmen führten aber dazu, dass an die Stelle der explizit politischen Feste vordergründig unpolitische Anlässe und Anliegen traten. Dazu gehörten bereits die traditionellen Landwirtschaftsfeste, die 1810 mit dem Oktoberfest auf der Münchener Theresienwiese begannen. Besonders charakteristisch für die Wirkung von Festen wurden die in den 1840er Jahren immer häufigeren regionalen und überregionalen Sängerfeste, die 1845 im gesamtdeutschen Würzburger Sängerfest gipfelten. Das Potential von Festen erkannten auch die politischen Beharrungskräfte, wie das Kölner Dombaufest von 1842 dokumentiert, mit dem König Friedrich Wilhelm IV. die Versöhnung des preußisch-protestantischen Throns mit den geschichtsbewussten und katholischen Kräften des deutschen Bürgertums zelebrierte.

Alle diese gesellschaftlichen Ereignisse und Faktoren trugen in den Jahrzehnten des Vormärzes zu den Bemühungen um die Herstellung der politischen Einheit der Deutschen, zur deutschen Nationalbewegung, bei. Diese nahm ihren Ausgang in den vorausgehenden Befreiungskriegen. Im Widerstand gegen die napoleonische Fremdherrschaft und dann seiner militärischen Abschüttelung appellierten Intellektuelle, insbesondere Schriftsteller wie Ernst Moritz Arndt und studentische Führer wie Theodor Körner, an das patriotische Gefühl der Deutschen und stachelten es durch vaterländische Kompositionen an. Dieser Ursprung der deutschen Nationalbewegung erklärt, warum sie von Anfang an wesentlich auf nationalistischen Beschwörungen äußerer Feindschaft beruhte; insbesondere das benachbarte Frankreich galt den Deutschen über die folgenden anderthalb Jahrhunderte als der geborene Erbfeind.

Nach innen basierte die mit Beginn des 19. Jahrhunderts einsetzende deutsche Nationalbewegung auf der Hervorhebung der kulturellen Verbundenheit aller Deutschen, insbesondere ihrer Gemeinsamkeiten in Sprache und Geschichte. Unter dem Einfluss der kulturellen Strömungen der Romantik, die sich von den weltbürgerlichen Neigungen der vorangehenden Klassik absetzte, wie sie vor allem Johann Wolfgang von Goethe verkörperte, sammelten Gelehrte wie die Brüder Grimm nicht nur Märchen und Sagen, sondern auch den historischen Schatz deutscher Wörter. Ihre Bemühungen um das Forschungs- und Lehrgebiet der Germanistik, die in den beiden Germanistenversammlungen der Jahre 1846 und 1847 gipfelten, führten neben den Verehrern der deutschen Sprache und Literatur auch Deuter der deutschen Geschichte und Anhänger eines deutschen Volksrechts zusammen. Das Mittelalter verlor seinen Nimbus als dunkle Vergangenheit und wurde als glorreiche Zeit des Reiches wiederentdeckt, an die es in der deutschen Gegenwart anzuknüpfen gelte. Symbolischer Ausdruck dieser Wiederherstellung deutscher Einheit im Geiste der Vergangenheit wurde der Entschluss zur Vollendung des Kölner Doms im Jahr 1842.

Doch von Beginn an wurde die deutsche Nationalbewegung mit der Kontroverse um die Grenzen eines deutschen Reiches belastet. Der Rekurs auf den deutschen Sprachraum und die historischen Grenzen des alten «Heiligen Römischen Reiches Deutscher Nation», das ja kein deutsches Reich gewesen war, enthielt internationales Dynamit im Verhältnis zu den europäischen Nachbarstaaten und -völkern. Sowohl die kontroverse deutsche Westgrenze am oder jenseits des Rheins als auch die strittige Nordgrenze an der Eider belasteten auf der einen Seite die internationale Akzeptanz der nationalstaatlichen Einheit Deutschlands, förderten auf der anderen Seite in der Rheinkrise des Jahres 1840 und der 1846 einsetzenden Verschärfung des Konflikts um die nationale Zugehörigkeit Schleswigs zu Deutschland die patriotische Profilierung der öffentlichen Meinung im vormärzlichen Deutschland.

Die Deutschen wuchsen in der Vormärzzeit zu einer Kommunikationsnation zusammen, um die bahnbrechenden Überlegungen von Karl W. Deutsch aufzunehmen. Die Einführung der Eisenbahn förderte nicht nur den Personenverkehr, sondern beschleunigte und verstetigte auch den Postverkehr. In der bürgerlichen Gesellschaft des Vormärz setzte eine ungeheure Intensivierung der Briefkorrespondenz ein, die bis weit in das 20. Jahrhundert anhielt. Und natürlich erhielt durch das neue Transportmittel auch der Güterverkehr neue Möglichkeiten, nachdem schon durch die Zollunionen Handelsschranken gefallen waren. So wuchs Kleindeutschland zu einer Wirtschaftsnation zusammen. Das liberale Bürgertum erwartete, dass der staatliche Zusammenschluss der Deutschen zu einer Verfassungsnation nur eine Frage der Zeit sein würde.

Die vormärzlichen Konjunkturen der Verfassungsbewegung stimmten allerdings nicht besonders hoffnungsvoll. Eine erste vom Staatsgrundgesetz von Sachsen-Weimar-Eisenach 1816 eingeleitete Welle von Verfassungsgebungen in Mittel-, Südwest- und Süddeutschland wurde im Gefolge der Karlsbader Beschlüsse (1819) von der verschärften Restaurationspolitik und insbesondere dem im Deutschen Bund deklarierten Monarchischen Prinzip abgebremst. Erst im Gefolge der französischen Julirevolution kam es Anfang der 1830er Jahre wieder zur Verabschiedung neuer Verfassungen, von denen vor allem das hannoversche Staatsgrundgesetz von 1833 durch die Protestation von sieben Göttinger Professoren gegen seinen willkürlichen Bruch durch den Monarchen (1837) zu großer Prominenz gelangte. In Preußen erklärte der vom Gottesgnadentum beseelte König Friedrich Wilhelm IV. nach seiner Thronübernahme 1840 zur Enttäuschung aller konstitutionellen Liberalen, dass zwischen ihn und seine Untertanen kein Blatt Papier, meint keine Verfassungsurkunde, passe.

Insgesamt war im Gegensatz zu den vormärzlichen Fortschritten auf den Gebieten von Technologie und Wirtschaft, den Errungenschaften in Kultur und Wissenschaften und der Entfaltung einer bürgerlichen Gesellschaft die politische Entwicklung zwischen Wiener Kongress und Märzrevolution überwiegend von Stagnation, wenn nicht Rückschritt gekennzeichnet. Zwar wandelten sich in den meisten deutschen Territorien die zuvor altertümlichen personenverbandsstaatlichen Herrschaftsgefüge zu kompakten modernen Administrativstaaten. Doch der von den absolutistischen Monarchen zugelassene und von der Beamtenschaft getragene Reformimpetus machte vor der Öffnung der politischen Beteiligung für die Untertanen halt, schlug im Gegenteil zur Repression aller staatsbürgerlichen Fortschrittsforderungen um.

Parallel zu diesen politischen Enttäuschungen traten seit der Mitte der 1840er Jahre vermehrt wirtschaftliche Krisen und soziale Unruhen auf. Sie gipfelten nach dem Weberaufstand von 1844 in der Teuerungs- und Hungersnot des Jahres 1845/46. Bauern, Handwerker und arbeitslose Bedürftige sahen sich als Opfer der marktwirtschaftlichen

Entwicklung. Sie vereinigten sich zwar zu Protesten und Aufruhr, strebten aber nach Wiederherstellung der alten ständischen und zünftischen, scheinbar sicheren Verhältnisse.

Von renommierten Historikern wie Thomas Nipperdey und Hans-Ulrich Wehler ist argumentiert worden, der Versuch einer bürgerlichen Revolution im Jahr 1848/49 sei an der Überforderung durch die Vielzahl an krisenhaften Wandlungsprozessen gescheitert. Zu viele Modernisierungsaufgaben hätten sich überschnitten und zur selben Zeit eine Lösung verlangt. Für diese Auffassung spricht die spätere Entwicklung während der zweiten Hälfte des 19. Jahrhunderts, als Deutschland einen großen industriellen und wirtschaftlichen Sprung nach vorne machte, sich unterhalb des organisierten Bürgertums eine machtvolle Arbeiterbewegung etablierte, die nationalstaatliche Einigung durch die Fürsten und Militärs von oben erreicht wurde, aber der staatsbürgerliche Weg zu Liberalisierung und Parlamentarisierung des politischen Systems stecken blieb. Doch diese Kenntnis der Nachgeschichte sollte nicht dazu verführen, das Potential zum politischen Fortschritt im deutschen Vormärz und der anschließenden Märzrevolution in einer ex-post-Sicht zu verengen und abzuschwächen, nach dem Motto: So wie es gekommen ist, so musste es kommen.

Umgekehrt kann aber auch argumentiert werden, dass die Vielfalt der vormärzlichen Innovationsprozesse in Technologie, Wirtschaft, Kultur und Wissenschaft die optimistische Hoffnung und Zuversicht nahelegte, dass durch ihre Bündelung letztendlich die politische Erneuerung gelingen würde. Ganz überwiegend setzte das vormärzliche Bildungs- und Besitzbürgertum auf das allgemeine Prinzip des Fortschritts, der auch den Weg zu einer Staatsbürgergesellschaft eröffnen werde.

DANKSAGUNG

Die deutsche Geschichte zwischen 1815 und 1848, vom Wiener Kongress bis zur Märzrevolution, hat mich seit meinem Studienbeginn fasziniert. Schon in meinem ersten Semester an der Bonner Universität hörte ich die detailreiche, wenn auch etwas pedantische und überwiegend politik-historisch orientierte Vorlesung von Max Braubach über «Europäische Geschichte von 1815 bis 1830». Inspirierender war der Besuch der Vorlesung von Thomas Nipperdey im Sommersemester 1969 über die deutsche Geschichte des Vormärzes, aus dem dann der erste Band seiner großen «Deutschen Geschichte des 19. Jahrhunderts» hervorging. Allerdings war diese Vorlesung an der Freien Universität von den Westberliner Studentenunruhen überschattet.

Diese Vorlesungen und weitere Seminarveranstaltungen auch in der Politikwissenschaft und im Öffentlichen Recht regten mein von Gerhard A. Ritter betreutes Dissertationsprojekt über die «Lehre der Politik an den deutschen Universitäten des Vormärzes» an, aus dem dann meine Doktorarbeit über die Entstehung des Juristenprivilegs im höheren allgemeinen Verwaltungsdienst (1969, veröffentlicht 1972) hervorging. Auf die breiten Vorarbeiten für meine Promotion konnte ich drei Jahrzehnte später in meiner «Geschichte der Politikwissenschaft in Deutschland» (2001) zurückgreifen, wobei sich die Vormärzzeit als Höhepunkt, aber auch als Wendezeit in der Entwicklung meines professionellen Hauptfachs entpuppte. Die folgerichtige Fortsetzung dieses Interessenstrangs war meine nachfolgende Biographie über den vormärzlichen Historiker, Politiklehrer und Verfassungspolitiker Friedrich Christoph Dahlmann (2010). Schließlich hat mir das andauernde Vertrauen des Verlags C.H.Beck das breiter angelegte Projekt einer Darstellung der 33 Jahre deutscher Geschichte zwischen 1815 und 1848 geschenkt, das nun das Licht der Welt erblickt.

Noch mehr als meine früheren Veröffentlichungen beruht dieses Buch auf der Ermunterung und Unterstützung durch einen großen Freundeskreis. An erster Stelle sind vier Helfer zu nennen, welche die Entstehung des Textes durchgängig begleitet haben. Sebastian Ullrich als mein Lektor im Verlag hat nicht nur das Thema des Buches angeregt, sondern auch den zündenden Gedanken seiner Gestaltung in einer Abfolge von Szenen gegeben. Katinka Netzer, deren Bochumer Dissertation über die Germanistenversammlungen der Jahre 1846 und 1847 ich betreuen konnte, revanchierte sich bei der Korrektur meines Textes mit dem professionellen Sachverstand, den sie im Schreibzentrum der Ruhr-Universität den Studierenden zukommen lässt. Reimer Hansen hat mir erneut nicht nur mit seinem profunden Geschichtswissen, sondern auch mit dem Methodenbewusstsein eines Vollbluthistorikers beigestanden. Und nicht zuletzt hat Margaret Bleek, meine Ehepartnerin, meinen fast täglichen Gesprächen über den deutschen Vormärz zugehört und durch ihre Nachfragen meine Gedanken angeregt. Bei einzelnen Szenen waren hilfreich: Thomas Becker, Tillmann Bendikowki, Stephan Bitter, Tobias Bleek, Ernst Böhme, Michael Chapitis, Ewald Grothe, Wolfgang Helbich, Paul Hietela, Christian Jansen, Dirk Klose, Jochen Krause, Alfred Kube, Doug Loweth, Ansgar Schanbacher, Klaus Stadler, Ulrich Stadler, Michael Stolleis und Wolfhard Weber. Im Verlag haben zahlreiche hilfreiche Geister zur Transformation meines Textes in ein schönes Buch beigetragen; besonders zu danken habe ich Carola Samlowsky, vor allem auch für ihre Unterstützung bei der Bebilderung.

Diese Veröffentlichung ist meiner Enkeltochter Margo Roberts gewidmet, die am 9. August 2017 im kanadischen Toronto geboren wurde. Möge das Buch ihr das kulturelle Erbe der deutschen Heimat ihres Grandpa nahebringen.

ANHANG

BILDNACHWEIS

S. 15, 41, 63, 79, 135, 147, 175, 225, 237, 261 akg-images
S. 29, 123, 183, 275 bpk-Bildagentur
S. 249 Gottorfer Liedertafel e. v.
S. 103 Historisches Archiv Krupp
S. 113 Historisches Museum Bremerhaven
S. 289 Historisches Museum Frankfurt am Main; Foto: Horst Ziegenfusz
S. 161 Historisches Museum der Pfalz, Speyer; Peter Haag Kirchner
S. 53 Universitätsarchiv Bonn
S. 91, 197, 209 wikipedia

LITERATURVERZEICHNIS

EINZELDARSTELLUNGEN ZU DEN VORMÄRZSZENEN

(Die Zitate im Text entstammen vor allem den durch Sternchen markierten Veröffentlichungen.)

DER WIENER KONGRESS (1814/15)

Duchhardt, Heinz: Der Wiener Kongress. Die Neugestaltung Europas 1814/15, München 2013.

Günzel, Klaus: Der Wiener Kongress. Geschichte und Geschichten eines Welttheaters, München/Berlin 1995.

Nicolson, Harald: Der Wiener Kongreß oder Über die Einigkeit unter Verbündeten 1812–1822, Zürich 1946 (im englischen Original 1946).

Siemann, Wolfram: Metternich. Stratege und Visionär, München 2016.

*Spiel, Hilde (Hrsg.): Der Wiener Kongreß in Augenzeugenberichten. Düsseldorf 1965.

Straub, Eberhard: Der Wiener Kongress. Das große Fest und die Neuordnung Europas, Stuttgart 2014.

Zamoyski, Adam: 1815. Napoleons Sturz und der Wiener Kongress, München 2014.

DIE VERFASSUNG VON SACHSEN-WEIMAR-EISENACH (1816)

Hartung, Fritz: Das Großherzogtum Sachsen-Weimar-Eisenach unter der Regierung Carl Augusts 1775–1828, Weimar 1923.

*Kästner, Henning: Der Weimarer Landtag 1817–1848. Kleinstaatlicher Parlamentarismus zwischen Tradition und Wandel, Düsseldorf 2014.

Kotulla, Michael: Thüringische Verfassungsurkunden, Heidelberg 2014.

Luden, Heinrich: Rückblicke in mein Leben. Aus seinem Nachlasse, Jena 1847.

Tümmler, Hans: Carl August von Weimar, Goethes Freund. Eine vorwiegend politische Biographie, Stuttgart 1978.

DAS WARTBURGFEST (1817)

Brandt, Peter: Das studentische Wartburgfest am 18./19. Oktober 1817, in: Dieter Düding u. a. (Hrsg.): Öffentliche Festkultur. Politische Feste in Deutschland von der Aufklärung bis zum Ersten Weltkrieg, Hamburg 1988, S. 89–112.

*Fromann, Friedrich Johann: Das Burschenfest auf der Wartburg am 18ten und 19ten October 1817, Jena 1818. (Online: https://archive.org/details/bub_gb_ok0AAAAAcAAJ).

*Kieser, Dietrich Georg: Das Wartburgfest am 18. October 1817. In seiner Entstehung, Ausführung und Folgen. Nach Actenstücken und Augenzeugnissen, Jena 1818. (Online: https://zs.thulb.uni-jena.de/receive/jportal_jparticle_00145119).

Malettke, Klaus (Hrsg.): 175 Jahre Wartburgfest. 18. Oktober 1817–18. Oktober 1992. Studien zur politischen Bedeutung und zum Zeithintergrund der Wartburgfeier, Heidelberg 1992.

(Maßmann, Hans Ferdinand:) Kurze und wahrhaftige Beschreibung des großen Burschenschaftsfestes auf der Wartburg bei Eisenach am 18ten und 19ten des Siegesmondes 1817, gedruckt in diesem Jahr. (Online: https://reader.digitale-sammlungen.de/fs1/object/display/bsb10017059_0001.html).

DIE GRÜNDUNG DER UNIVERSITÄT BONN (1818)

Becker, Thomas: Der Gründungsauftrag der Bonner Universität, in: Thomas Becker/Wilhelm Bleek/Tilman Mayer (Hrsg.): Friedrich Christoph Dahlmann – Ein politischer Professor im 19. Jahrhundert, Göttingen 2012, S. 61–71.

*Bezold, Friedrich von: Geschichte der Rheinischen Friedrich-Wilhelms-Universität von der Gründung bis zum Jahr 1870, Bonn 1920.

Bonner Gelehrte. Beiträge zur Geschichte der Wissenschaften in Bonn, 8 Bände, Bonn 1968–1971.

Geppert, Dominik (Hrsg.): Preußens Rhein-Universität, 1818–1918 (Geschichte der Universität Bonn, Bd. 1), Göttingen 2018.

*Renger, Christian: Die Gründung und Einrichtung der Universität Bonn und die Berufungspolitik des Kultusministers Altenstein, Bonn 1982.

Satzinger, Georg (Hrsg.): Das Kurfürstliche Schloss in Bonn. Residenz der Kölner Erzbischöfe – Rheinische Friedrich Wilhelms-Universität, München / Berlin 2007.

DIE ERMORDUNG KOTZEBUES DURCH CARL SAND (1819)

*Acten-Auszüge aus dem Untersuchungs-Proceß über Carl Ludwig Sand; nebst andern Materialien zur Beurtheilung desselben und Augusts von Kotzebue, Altenburg und Leipzig 1821. (Wiederabgedruckt in: Universitätsverlag Winter, Heidelberg. Jahresgabe 2005 / 2006, S. 119–212).

Aktensammlung über die Entlassung des Professors D. de Wette vom theologischen Lehramt zu Berlin. Zur Berichtigung des öffentlichen Urteils von ihm selbst herausgegeben, Leipzig 1820.

Büssem, Eberhard: Die Karlsbader Beschlüsse 1819. Die endgültige Stabilisierung der restaurativen Politik im Deutschen Bund nach dem Wiener Kongreß von 1814 / 15, Hildesheim 1974.

Heydemann, Günther: Carl Sand. Die Tat als Attentat, Hof 1985.

*Hohnhorst, Staatsrath von (Levin Karl) (Hrsg.): Vollstaendige Uebersicht deren gegen Carl Ludwig Sand, wegen Meuchelmordes, verübt an dem K. Russischen Staatsrat v. Kotzebue, gefuhrten Untersuchung. Aus den Originalakten ausgezogen, geordnet, und herausgegeben von dem Staatsrat von Hohnhorst, Stuttgart und Tübingen 1820. (Online: https: / /books.google.de / books?id=oxtDAAAAcAAJ&redir_esc=y).

Schulze, Hagen: Sand, Kotzebue und das Blut des Verräters (1819), in: Alexander Demandt (Hrsg.): Das Attentat in der Geschichte, Frankfurt am Main 1999, S. 256–276.

Varnhagen von Ense, Karl August: Kotzebue's Ermordung (1851), in: ders.: Denkwürdigkeiten des eigenen Lebens, hrsg. von Konrad Feilchenfeld, Bd. 3, Frankfurt am Main 1987, S. 410–450.

Zamoyski, Adam: Phantome des Terrors. Die Angst vor der Revolution und die Unterdrückung der Freiheit 1789–1848, München 2016.

DIE URAUFFÜHRUNG VON CARL MARIA VON WEBERS «DER FREISCHÜTZ» (1821)

Abbate, Carolyn / Parker, Roger: Eine Geschichte der Oper. Die letzten 400 Jahre, München 2013 (engl. Original London 2001).

*Cornelissen, Thilo: Der Freischütz von C. M. v. Weber (Die Oper. Schriftenreihe über Musikalische Bühnenwerke), Berlin 1959.

*Csampai, Attila, und Holland, Dietmar (Hrsg.): Carl Maria von Weber: Der Freischütz. Texte, Materialien, Kommentare, Reinbek bei Hamburg 1981.

Dahlhaus, Carl / Miller, Norbert: Europäische Romantik in der Musik, Bd. 2: Oper und symphonischer Stil 1800–1850, Stuttgart / Weimar 2007.

Meyer, Stephen C.: Carl Maria von Weber and the Search for a German Opera, Bloomington 2003.

Oberhoff, Bernd: Carl Maria von Weber: Der Freischütz. Ein psychoanalytischer Opernführer, Gießen 2005.

Schwandt, Christoph: Carl Maria von Weber in seiner Zeit. Eine Biographie, Mainz 2004.

Zechner, Johannes: Der deutsche Wald. Eine Ideengeschichte zwischen Poesie und Ideologie 1800–1945, Darmstadt 2016.

DIE GRÜNDUNG DER VERSAMMLUNG DEUTSCHER NATURFORSCHER UND ÄRZTE (1822)

*Amtlicher Bericht über die Versammlung deutscher Naturforscher und Ärzte zu Berlin im September 1828, erstattet von den damaligen Geschäftsführern A. v. Humboldt und H. Lichtenstein, Berlin 1829. (Online: https://archive.org/stream/amtlicherbericht0707gese##page/n7/mode/2up).

Breidbach, Olaf / Fliedner, Hans-Joachim / Ries, Klaus (Hrsg.): Lorenz Oken (1779–1851), Weimar 2001.

Daum, Andreas W.: Alexander von Humboldt, München 2019.

Netzer, Katinka: Wissenschaft aus nationaler Sehnsucht. Verhandlungen der Germanisten 1846 und 1847, Heidelberg 2006.

Schanbacher, Ansgar: Menschen und Ideen. Die Gesellschaft Deutscher Naturforscher und Ärzte 1822–2016, Göttingen 2016.

Steif, Yvonne: Wenn Wissenschaftler feiern. Die Versammlungen deutscher Naturforscher und Ärzte 1822 bis 1913, Stuttgart 2003.

Sudhoff, Karl: Hundert Jahre Deutscher Naturforscher-Versammlungen, Leipzig 1922.

Wulff, Andrea: Alexander von Humboldt und die Erfindung der Natur, München 2016.

DER TOD VON FRIEDRICH KRUPP (1826)

Berdrow, Wilhelm: Friedrich Krupp. Der Erfinder und Gründer. Leben und Briefe, Berlin 1929.

*Beyer, Burkhard: Vom Tiegelstahl zum Kruppstahl. Technik- und Unternehmensgeschichte der Gussstahlfabrik von Friedrich Krupp in der ersten Hälfte des 19. Jahrhunderts, Essen 2007.

Gall, Lothar: Krupp. Der Aufstieg eines Industrieimperiums, Berlin 2000.

Grütter, Heinrich Theodor (Hrsg.): 200 Jahre Krupp. Ein Mythos wird besichtigt. Katalog zur Ausstellung im Ruhr Museum von 31. März bis 4. November 2012, Essen 2012.

DER BAU VON BREMERHAVEN (1827)

Benscheidt, Anja / Kube, Alfred: Brücke nach Übersee. Auswanderung über Bremerhaven 1830–1974, Bremerhaven 2006.

*Bessell, Georg: Geschichte Bremerhavens, Bremerhaven 1927, Neudruck 1989.

Elmshäuser, Konrad: Geschichte Bremens, München 2007.

Engelsing, Rolf: Bremen als Auswandererhafen 1683–1880, Bremen 1961.

Helbich, Wolfgang J.: Alle Menschen sind dort gleich. Die deutsche Amerika-Auswanderung im 19. und 20. Jahrhundert, Düsseldorf 1988.

DIE WIEDERAUFFÜHRUNG DER MATTHÄUS-PASSION (1829)

Applegate, Cecilia: Bach in Berlin. Nation and Culture in Mendelssohn's Revival of the St. Matthew Passion, Ithaca / London 2005.

Dahlhaus, Carl: Die Musik des 19. Jahrhunderts (Neues Handbuch der Musikwissenschaft, Bd. 6), Wiesbaden 1980.

Eichhorn, Andreas: Felix Mendelssohn Bartholdy, München 2008.

*Geck, Martin: Die Wiederentdeckung der Matthäuspassion im 19. Jahrhundert. Die zeitgenössischen Dokumente und ihre ideengeschichtliche Deutung, Regensburg 1967.

Hertz, Deborah: Wie Juden Deutsche wurden. Die Welt jüdischer Konvertiten vom 17. bis 19. Jahrhundert, Frankfurt am Main 2010 (amerik. Original: New Haven / London 2007).

Platen, Emil: Die Matthäus-Passion von Johann Sebastian Bach. Entstehung, Werkbeschreibung, Rezeption, 2. Aufl., Kassel/München 1997.

Ruddies, Hartmut: Felix Mendelssohn Bartholdy als Protestant, in: Hamburger Mendelssohn-Vorträge, hrsg. von Hans Joachim Marx, Hamburg, S. 61–80.

Rürup, Reinhard: Emanzipation und Antisemitismus. Studien zur «Judenfrage» der bürgerlichen Gesellschaft, Göttingen 1975.

*Todd, R. Larry: Felix Mendelssohn Bartholdy. Sein Leben, seine Musik, Stuttgart 2008 (amerik. Original: New York 2003).

DIE ERSTVERÖFFENTLICHUNG DES «BAEDEKER» (1832)

Baedeker. Ein Name wird zur Weltmarke. Die Geschichte des Verlages, Ostfildern 1998.

Frühauf, Helmut: Reisebeschreibungen und Reiseführer des 19. Jahrhunderts, dargestellt am Beispiel der Baedeker-Reiseführer, in: Jahrbuch für westdeutsche Landesgeschichte 26 (2000), S. 215–250.

Hinrichsen, Alex W.: Baedeker-Katalog. Verzeichnis aller Baedeker-Reiseführer von 1832–1887 mit einem Abriß der Verlagsgeschichte, Holzminden 1988.

Müller, Susanne: Die Welt des Baedeker. Eine Medienkulturgeschichte des Reiseführers 1830–1945, Frankfurt am Main / New York 2012.

Rheinreise von Mainz bis Köln. Historisch, topographisch, malerisch bearbeitet von Professor Joh. August Klein, Koblenz 1828.

*Rheinreise von Basel bis Düsseldorf mit Ausflügen in das Elsaß und die Rheinpfalz, das Murg- und Neckerthal, an die Bergstraße, in den Odenwald und Taunus, in das Nahe-, Lahn-, Ahr-, Roer-, Wupper-und Ruhrthal und nach Aachen. Sechste verbesserte und vermehrte Auflage der Klein'schen Rheinreise, bearbeitet von K. Bädeker, Koblenz 1849, Nachdruck durch Kommunikation Harenberg (Die bibliophilen Taschenbücher, Nr. 29), Dortmund 1978.

Tümmers, Horst-Johs: Rheinromantik – Romantik und Reisen am Rhein, Köln 1968.

DAS LEBENSENDE GOETHES (1832)

*Bogner, Ralf Georg (Hrsg.): Goethes Aufstieg ins Elysium. Nachrufe auf einen deutschen Klassiker. Dokumente 1832–1835, Heidelberg 1998.

Conrady, Karl Otto: Goethe. Leben und Werk, 2 Bände, Königstein / Ts. 1985.

Friedenthal, Richard: Goethe. Sein Leben und seine Zeit, München 1963.

Gaier, Ulrich: Johann Wolfgang Goethe: Faust. Der Tragödie Zweiter Teil, Erläuterungen und Dokumente, Stuttgart 2004.

Jaeger, Michael: Global Player Faust oder Das Verschwinden der Gegenwart. Zur Aktualität Goethes, Berlin 2008.

*Mandelkow, Karl Robert (Hrsg.): Goethe im Urteil seiner Kritiker. Doku-

mente zur Wirkungsgeschichte Goethes in Deutschland, Teil II 1832–1870, München 1977.
Safranski, Rüdiger: Goethe. Kunstwerk des Lebens. Biographie, München 2013.
Schöne, Albrecht: Johann Wolfgang Goethe. Faust. Kommentare, Frankfurt am Main 1999.

DAS HAMBACHER FEST (1832)

Baumann, Kurt (Hrsg.): Das Hambacher Fest, 27. Mai 1832. Männer und Ideen, 2. Aufl., Speyer 1982.
Foerster, Cornelia: Das Hambacher Fest 1832. Volksfest und Nationalfest einer oppositionellen Massenbewegung, in: Dieter Düding / Peter Friedemann / Paul München (Hrsg.): Öffentliche Festkultur. Politische Feste in Deutschland von der Aufklärung bis zum Ersten Weltkrieg, Reinbek bei Hamburg 1988, S. 113–130.
Herzberg, Wilhelm: Das Hambacher Fest. Geschichte der revolutionären Bestrebungen in Rheinbayern um das Jahr 1832, Ludwigshafen am Rhein 1908, Neudruck Leipzig 1974.
Hoffmann, Ludwig (Hrsg.): Vollständige Verhandlungen vor dem königlich-bayerischen Appellationsgerichte des Rheinkreises und in den öffentlichen Sitzungen des ausserordentlichen Assisengerichtes zu Landau gegen Dr. Wirth, Dr. Siebenpfeiffer [u. a.], Zweibrücken 1833.
Kermann, Joachim / Nestler, Gerhard / Schiffmann, Dieter (Hrsg.): Freiheit, Einheit und Europa. Das Hambacher Fest von 1832. Ursachen, Ziele, Wirkungen, Ludwigshafen / Rh. 2006.
Kultusministerium Rheinland-Pfalz (Hrsg.): Hambacher Fest 1832–1982. Freiheit und Einheit, Deutschland und Europa. Eine Ausstellung des Landes Rheinland-Pfalz zum 150-jährigen Jubiläum des Hambacher Festes, Neustadt an der Weinstraße 1983.
*Wirth, Johann Georg August: Das Nationalfest der Deutschen zu Hambach, Neustadt 1832, Neudruck: Vaduz 1977 und Neustadt a. d. W. 1981.

DIE ERFINDUNG DES ELEKTROMAGNETISCHEN TELEGRAPHEN (1833)

Bühler, Walther K.: Gauss. Eine biographische Studie, Berlin u. a. 1986.
*Drogge, Horst: 150 Jahre elektrische Telegrafie, in: Archiv für deutsche Postgeschichte, 1982, Heft 2, S. 73–99.

Feyerabend, Ernst: Der Telegraph von Gauß und Weber im Werden der elektrischen Telegraphie, Berlin 1933.

Mania, Hubert: Gauß. Eine Biographie, Reinbek bei Hamburg 2008.

Reich, Karin: Carl Friedrich Gauß 1777–1855, 2. Aufl., Gräfelfing bei München 1985.

Werner, Karl / Werner, Konrad: Wilhelm Weber, Leipzig 1976.

Wiederkehr, K. H.: Wilhelm Weber. Erforscher der Wellenbewegung und der Elektrizität 1804–1891, Stuttgart 1967.

DIE GÖTTINGER SIEBEN (1837)

Bleek, Wilhelm: Friedrich Christoph Dahlmann. Eine Biographie, München 2010.

*Bleek, Wilhelm / Lauer, Bernhard (Hrsg.): Protestation des Gewissens. Die Rechtfertigungsschriften der Göttinger Sieben, Kassel 2012.

*Kück, Hans: Die «Göttinger Sieben». Ihre Protestation und Entlassung im Jahre 1837, Berlin 1934, Neudruck Vaduz 1965.

Saage-Maaß, Mariam: Die Göttinger Sieben – demokratische Vorkämpfer oder nationale Helden? Zum Verhältnis von Geschichtsschreibung und Erinnerungskultur in der Rezeption des Hannoverschen Verfassungskonfliktes, Göttingen 2007.

DER BAU DER EISENBAHN ZWISCHEN LEIPZIG UND DRESDEN (1837/39)

*175 Jahre Leipzig-Dresdner Eisenbahn. Dresdner Hefte, Jg. 32, Heft 117, 2014.

Becher, Udo: Die Leipzig-Dresdner Eisenbahn-Compagnie, Berlin 1981.

Friedrich List und seine Zeit. Nationalökonom, Politiker, Publizist. 1889–1846. Katalog und Ausstellung zum 200. Geburtstag, Reutlingen 1989.

Gall, Lothar / Pohl, Manfred (Hrsg.): Die Eisenbahn in Deutschland. Von den Anfängen bis zur Gegenwart, München 1999.

*Haase, Ralf: Wirtschaft und Verkehr in Sachsen im 19. Jahrhundert. Industrialisierung und der Einfluss Friedrich Lists, hrsg. von der Sächsischen Landeszentrale für politische Bildung, Dresden 2009.

List, Friedrich: Schriften, Reden, Briefe, hrsg. von E. von Beckerath / K. Goeser / F. Lenz / W. Notz. / E. Salin / A. Sommer, 10 Bände, Berlin 1927–33, insbesondere Bd. 3/1 und 3/2: Schriften zum Verkehrswesen.

Schivelbusch, Wolfgang: Geschichte der Eisenbahnreise. Zur Industrialisierung von Raum und Zeit im 19. Jahrhundert. München 1977.

DAS KÖLNER DOMBAUFEST (1842)

Borger, Hugo (Hrsg.): Der Kölner Dom im Jahrhundert seiner Vollendung, Bd. 1: Katalog, Bd. 2: Essays, Köln 1980.

Borger-Keweloh, Nicola: Die mittelalterlichen Dome im 19. Jahrhundert, München 1986.

Dann, Otto (Hrsg.): Religion – Kunst – Vaterland. Der Kölner Dom im 19. Jahrhundert, Köln 1983.

Dehio, Ludwig: Friedrich Wilhelm IV. von Preußen. Ein Baukünstler der Romantik, Berlin 2001.

*Fest der Grundsteinlegung zum Fortbau des Doms, am 4. September 1842, in: Kölner Domblatt. Amtliche Mitteilungen des Central-Dombau-Vereins, vom 6. September 1842, S. 1–7. (Online: https://digi.ub.uni-heidelberg.de/diglit/koelner domblatt).)

Gussone, Nikolaus (Hrsg.): Das Kölner Dombaufest von 1842. Ernst Friedrich Zwirner und die Vollendung des Kölner Doms, Dülmen 1992.

Nipperdey, Thomas: Der Kölner Dom als Nationaldenkmal, in: Historische Zeitschrift 233, 1981, S. 595–613.

Pilger, Kathrin: Der Kölner Zentral-Dombauverein im 19. Jahrhundert. Konstituierung des Bürgertums durch formale Organisation, Köln 2004.

KARL MARX UND DIE «RHEINISCHE ZEITUNG» (1843)

Hansen, Joseph (Hrsg.): Rheinische Briefe und Akten zur Geschichte der politischen Bewegung 1830–1850, Bd. 1, Essen 1919, Neudruck Osnabrück 1967.

Kiesewetter, Hubert: Karl Marx und der Untergang des Kapitalismus, Berlin 2017.

*Marx, Karl / Engels, Friedrich: Gesamtausgabe (MEGA), Erste Abteilung: Werke, Versuche bis März 1843, Band 1 und 2, Berlin 1975.

*Dies.: Gesamtausgabe (MEGA), Dritte Abteilung: Briefwechsel, Band 1, Berlin 1975.

Monz, Heinz: Karl Marx. Grundlagen der Entwicklung zu Leben und Werk, Trier 1973 (2. Auflage des Buches: Karl Marx und Trier, Trier 1964).

Raddatz, Fritz J.: Karl Marx. Eine politische Biographie, Hamburg 1975.

Taubert, Inge, unter Mitwirkung von Jörg Ammer: Karl Marx und die «Rheinische Zeitung für Politik, Handel und Gewerbe», Leipzig 1975.

BETTINE VON ARNIMS «DIES BUCH GEHÖRT DEM KÖNIG» (1843)

*Arnim, Bettine von: Dies Buch gehört dem König. Nach dem Text der Erstausgabe hrsg. von Wolfgang Bunzel, München 2008.

Arnim, Bettine von: Politische Schriften (Bettine von Arnim: Werke und Briefe, Bd. 3), hrsg. von Walter Schmitz / Sibylle von Steinsdorff, Frankfurt am Main 1995.

Bäumer, Konstanze / Schultz, Hartwich: Bettina von Arnim (Sammlung Metzler. Materialien zur Literatur), Stuttgart / Weimar 1995.

Diers, Michaela: Bettine von Arnim, München 2001.

Drewitz, Ingeborg: Bettine von Arnim. Romantik – Revolution – Utopie. Eine Biographie, Köln 1969 und weitere Ausgaben.

*Geist, Johann Friedrich / Kürvers, Klaus: Das Berliner Mietshaus 1740–1862, Bd. 1: Eine dokumentarische Geschichte der «von Wülcknitzschen Familienhäuser» vor dem Hamburger Tor, der Proletarisierung des Berliner Nordens und der Stadt im Übergang von der Residenz zur Metropole, München 1980.

Vordtriede, Werner (Hrsg.): Bettina von Arnims Armenbuch, Frankfurt am Main 1981.

DAS SCHLESWIG-HOLSTEIN-LIED (1844)

Carr, William: Schleswig-Holstein 1815–48. A Study in National Conflict, Manchester 1963.

Düding, Dieter: Organisierter gesellschaftlicher Nationalismus in Deutschland (1808–1847). Bedeutung und Funktion der Turner- und Sängervereine für die deutsche Nationalbewegung, München 1984.

Hansen, Reimer: Die Bestimmung und Bedeutung der Unteilbarkeitsformel des Ripener Privilegs 1460, in: Oliver Auge / Burkhard Büsing (Hrsg.): Der Vertrag von Ripen 1560 und die Anfänge der politischen Partizipation in Schleswig-Holstein, im Reich und in Nordeuropa, Ostfildern 2012, S. 73–100.

Klenke, Dietmar: Der singende «deutsche Mann». Gesangvereine und deutsches Nationalbewußtsein von Napoleon bis Hitler, Münster u. a. 1998.

Rerup, Lorenz / Hansen, Reimer: Europa in seinen Regionen. Schleswig – ein europäisches Beispiel für die Entstehung, den Verlauf und die Lösung nationaler Konflikte, in: Grenzfriedenshefte 1993, H. 2, S. 77–107.

*Schleswig-Holsteinischer Heimatbund und Landesarchiv Schleswig-Holstein (Hrsg.): Schleswig-Holsteins Lied und Farben im Wandel der Zeit. 150 Jahre Schleswig-Holstein-Lied, Schleswig 1995.

*Unverhau, Henning: Gesang, Feste und Politik: deutsche Liedertafeln, Sängerfeste, Volksfeste und Festmähler und ihre Bedeutung für das Entstehen eines nationalen und politischen Bewusstseins in Schleswig-Holstein 1840–1848, Frankfurt am Main/New York 2000.

DIE EINWEIHUNG DER MÜNCHENER ST. LUDWIGS-KIRCHE (1844)

Architektur des Klassizismus in Bayern, Franken und Schwaben, hrsg. von Winfried Nerdinger, München 1980.

Gollwitzer, Heinz: Ludwig I. von Bayern, München 1997.

*Hederer, Oswald: Die Ludwigstrasse in München, München 1942.

Mann, Golo: Ludwig I. von Bayern, hrsg. mit einem Vorwort von Hans-Martin Gauger, Frankfurt am Main 1999.

Romantik und Restauration. Architektur in Bayern zur Zeit Ludwigs I. 1825–1848, hrsg. von Winfried Nerdinger, München 1987.

*St. Ludwig in München. Kirchenpolitik, Kirchenbau und kirchliches Leben. Ausstellungskatalog, München 1995.

DIE HUNGERKRISE (1845/46)

Abel, Wilhelm: Massenarmut und Hungerkrisen im vorindustriellen Europa. Versuch einer Synopsis, Hamburg 1974.

Bass, Hans-Heinrich: Hungerkrisen in Preußen während der ersten Hälfte des 19. Jahrhunderts, St. Katharinen 1991.

Behringer, Wolfgang: Tambora und das Jahr ohne Sommer. Wie ein Vulkan die Welt in die Krise stürzte, München 2015.

*Gailus, Manfred: Straße und Brot. Sozialer Protest in den deutschen Staaten unter besonderer Berücksichtigung Preußens, 1847–1849, Göttingen 1990.

*Ders./Volkmann, Heinrich (Hrsg.): Der Kampf um das tägliche Brot. Nahrungsmittel, Versorgungspolitik und Protest 1770–1990. Opladen 1994.

Schanbacher, Ansgar: Kartoffelkrankheit und Nahrungskrise in Nordwestdeutschland 1845–1848, Göttingen 2016.

DIE ERÖFFNUNG DER KONSTITUIERENDEN DEUTSCHEN NATIONALVERSAMMLUNG (18. MAI 1848)

Bleek, Wilhelm: Die Paulskirche in der politischen Ideengeschichte Deutschlands, in: Aus Politik und Zeitgeschichte, B 3–4/98, S. 28–39.

Botzenhart, Manfred: Deutscher Parlamentarismus in der Revolutionszeit 1848–1850, Düsseldorf 1977.

Eyck, Frank: Deutschlands große Hoffnung. Die Frankfurter Nationalversammlung 1848/49, München 1973.

Hils-Brockdorff, Evelyn/Hock, Sabine: Die Paulskirche. Symbol demokratischer Freiheit und nationaler Einheit, Frankfurt am Main 1998.

Jessen, Hans (Hrsg.): Die Deutsche Revolution 1848/49 in Augenzeugenberichten, Düsseldorf 1968.

Schüler, Sibylle/Möller, Frank (Hrsg.): Als Demokrat in der Paulskirche. Die Briefe und Berichte des Jenaer Abgeordneten Gottlieb Christian Schüler 1848/49, Köln 2007.

Valentin, Veit: Geschichte der deutschen Revolution von 1848/49, 2 Bände, Berlin 1930/31, Neudruck Köln 1970.

*Wigard, Franz (Hrsg.): Stenographischer Bericht über die Verhandlungen der deutschen constituierenden Nationalversammlung zu Frankfurt am Main, Bd. 1, Frankfurt am Main 1848, S. 1–14.

GESAMTDARSTELLUNGEN

Aschmann, Birgit (Hg.): Durchbruch der Moderne. Neue Perspektiven auf das 19. Jahrhundert, Frankfurt/New York 2019.

Berding, Helmut/Hahn, Hans-Werner: Reformen, Restauration und Revolution. 1806–1848/49 (Gebhardt: Handbuch der deutschen Geschichte, Bd. 14) 10. Aufl., Stuttgart 2010.

Conze, Werner (Hrsg.): Staat und Gesellschaft im deutschen Vormärz 1815–1848, Stuttgart 1962.

Fahrmeir, Andreas: Revolution und Reformen. Europa 1789–1850, München 2010.

Hartwig, Wolfgang: Vormärz. Der monarchische Staat und das Bürgertum, München 1985.

Huber, Ernst Rudolf: Deutsche Verfassungsgeschichte seit 1789. Bd. 1: Reform und Restauration 1789 bis 1830, Stuttgart 1957.

Huber, Ernst Rudolf: Deutsche Verfassungsgeschichte seit 1789. Bd. 2: Der Kampf um Einheit und Freiheit 1830 bis 1850, Stuttgart 1960.

Koselleck, Reinhart: Preußen zwischen Reform und Revolution, Stuttgart 1967.

Langewiesche, Dieter: Europa zwischen Restauration und Revolution 1815–1849, 4. Aufl., München 2004.

Nipperdey, Thomas: Deutsche Geschichte 1800–1866. Bürgerwelt und starker Staat, München 1983.

Osterhammel, Jürgen: Die Verwandlung der Welt. Eine Geschichte des 19. Jahrhunderts, 5. Aufl., München 2010.

Schnabel, Franz: Deutsche Geschichte im Neunzehnten Jahrhundert, 4 Bände, Freiburg im Breisgau 1929–1935.

Treitschke, Heinrich von: Deutsche Geschichte im neunzehnten Jahrhundert, 5 Bände, Berlin 1879–1894.

Wehler, Hans-Ulrich: Deutsche Gesellschaftsgeschichte. Bd. 2: Von der Reformära bis zur industriellen und politischen «Deutschen Doppelrevolution» 1815–1845/49, 4., durchgesehene Aufl., München 2005.

PERSONENREGISTER